정신건강
사회복지론

Social Welfare in
Mental Health

이영호 · 심경순 · 김태준 공저

학지사

🕊 머리말

이 책『정신건강사회복지론』에서는 기존『정신보건사회복지론』의 내용을 전체적으로 새롭게 편성하면서「정신건강증진 및 정신질환자 복지서비스 지원에 관한 법률」(약칭「정신건강복지법」)에 따른 정신건강서비스의 변화와 최근 국내 정신건강 이슈 몇 가지를 포함하였다.「정신건강복지법」은 국민일반의 다양한 정신건강문제와 정신질환의 예방적 차원과 연구 시스템, 정신질환자의 인권보호에 비중을 두고 있고 이전의「정신건강증진법」보다 진일보한 내용들을 포함하고 있다. 그러나 여전히 지역사회정신건강을 구현하기 위한 인프라 구축과 관련된 지원 내용 등에서는 미흡한 것이 사실이다. 또 국내의 지역사회정신건강 환경이 여전히 질병모델의 접근에서 충분히 자유롭지 못하며, 법과 현실 사이의 괴리에서 발생하는 문제점이 개선되어야 할 뿐만 아니라 계속적인 개혁이 이루어져야 하는 과제를 안고 있다.

따라서 이러한 상황에서 우리나라의 정신건강사회복지 분야는 국외의 패러다임 변화를 과연 어떻게 받아들이고 있고, 어떤 모델을 쓰고 있으며, 현재 활용하고 있는 방법들이 과연 효과적인지, 현재의 접근방법들이 현장에서 정신건강사회복지사의 정체성을 충분히 담보해 줄 수 있는지에 대해 비판적 담론이 충분히 이루어져야 한다.

새롭게 개정하는 이 책에서는 DSM-5 출판과「정신건강복지법」으로의 개정, 이 두 가지 변화에 따른 용어 변경과 최근 국내 정신건강문제의 쟁점이 되는 사안들을 적절히 반영하였다. 이는 매년 심각하게 사회문제가 되는 '아동ㆍ청소년 영역에서 ADHD'와 '4대 중독과 행위 중독' 그리고 '자살과 재난' 관련 정신건강문제와 정신건강사회복지적 차원의 시각과 개입 관련 내용들이다.

이 책은 정신건강사회복지사가 정신장애 클라이언트를 돕기 위해 새로운 관점에서 갖추어야 할 기본지식, 사회복지실천기술론을 현장에서 적용하고 응용할 때 강조하는 사항 그리고 정신건강사회복지사가 뚜렷한 정체성을 가지고 다른 정신건강전문가들과 협동해서 일하는 데 필요한 지식을 적극적이고 진일보한 관점에서 정리하였다.

이 책은 총 9개 장으로 구성되어 있다. 제1장은 정신건강사회복지의 개관으로 개념과 구성요소, 팀 구성원과 팀워크의 이해를 바탕으로 정신건강사회복지사의 역할을 기술하였다. 제2장은 정신건강영역에서 정신건강사회복지의 역사적 발달과정을 영국과 미국, 우리나라를 중심으로 살펴보았다. 정신건강사회복지의 발달과정 속에서 현재의 패러다임 전환에 대한 고찰과 오늘날 정신질환의 편견과 낙인이 어떠한 형성기제를 통해서 이루어지는지에 대한 통찰을 제공함으로써 이를 극복하기 위한 전략 수립에 단초를 제공하고자 하였다. 제3장은 우리나라 정신건강복지사업의 형성과정과 전달체계의 현황으로 구성하였다. 이 장에서는 최근 완전 개정된 「정신건강복지법」과 관련된 우리나라 정신건강복지정책의 추진방향을 반영하고, 국가적 정책과 정신건강사업이 어떻게 국민일반에게 전달되는지에 대한 전달체계의 이해를 돕고자 하였다. 제4장에서는 정신건강과 정신장애의 개념적 구분 및 정신병리와 증상에 대한 설명을 학생들이 이해하기 쉽게 기술하였다. 제5장에서는 정신장애에 대한 실천적 관점을 국외의 패러다임 변화에 따라 생태체계적 관점과 강점관점을 중심으로 제시하며 정신건강사회복지사로서의 정체성에 부합하는 관점을 갖도록 강조하였다.

제6장은 정신건강사회복지실천을 위한 사정방법과 근거모델, 사정분류체계, 심리사회적 사정내용을 사정도구 및 실무적용 사례와 연결하여 이해하

기 쉽게 구성하였다. 제7장에서는 정신건강영역을 세 가지 영역별로 세분화하였다. 우선 예방영역은 정신건강복지센터, 중독관리통합지원센터, 자살예방센터로 구분하고, 치료/상담영역은 정신의료기관(병원)과 개인개업실천으로 구분하였으며, 지역사회재활영역은 정신재활시설, 정신요양시설로 구분하여 정신건강사회복지사의 역할에 대한 함의를 중심으로 새롭게 보완하였다. 제8장에서는 정신건강사회복지사가 갖추어야 할 실천기술을 개인, 집단, 가족, 지역사회 수준으로 세분화하여 설명하였다. 개인을 위한 실천기술로 개별치료와 상담, 인지행동치료, 사례관리를 소개하였고, 집단을 위한 실천기술로 정신건강 현장에서의 집단활동에 대한 이해와 사회기술훈련을 소개하였다. 그리고 가족을 위한 실천기술로 정신장애인 가족을 이해하고 이들을 돕는 가족교육과 지원, 옹호 및 사회행동을 소개하였으며, 지역사회 수준을 위한 실천기술로 직업재활과 주거서비스를 소개하였다.

마지막으로, 제9장에서는 정신건강사회복지 실천대상의 이해와 개입방법을 최근 실천 이슈별로 세분화하여 설명하였다. 정신건강영역과 의료기관에서 가장 많이 만나는 조현병, 물질중독과 알코올중독, 우울증과 치매를 다루었고, 최근 이슈화되고 있는 아동·청소년 관련 정신건강문제와 개입, 자살 관련 개입전략, 재난 관련 문제와 개입전략을 사회복지적 관점에서 새롭게 추가하였다.

이 책의 저자들은 국내 정신건강영역의 현장인 대학병원 정신건강의학과, 정신병원, 정신건강복지센터, 정신재활시설, 개인 심리상담센터 등에서 많은 상담과 임상실천 경험을 갖고 있고, 현재도 개인 심리상담센터를 통해서 정신건강문제 상담과 다양한 개입을 하고 있다. 또한 학교에서 정신건강사회복지론을 강의하면서 학생들과의 다양한 피드백을 반영하였으며, 서로 바쁜 상황에서도 여러 차례 회합을 갖고 집필내용을 교환, 검토, 수정하면서 좋은 내용의 책을 만들고자 정성을 기울였다. 그럼에도 여전히 아쉬움과 부족함을 느낀다. 선배들과 동료 그리고 독자 여러분의 아낌없는 충고와 애정 어린 지적을 바란다. 향후 저자들은 이 책에 만족하지 않고 계속해서 부족함을 채워 나가며 정신건강영역의 환경적 변화와 정책적 변화를 반영해 지속적으로 개정해 나갈 것이다.

　이 책이 나오기까지 많은 관심과 격려를 해 주신 학지사 김진환 대표님과 여러 번의 수정작업을 꼼꼼하게 교정·편집해 주신 편집부 김진영 차장님께 진심으로 감사를 드린다.

2020년　9월
이영호·심경순·김태준

차례

제3장 정신건강복지사업과 전달체계의 현황 • 51

제1장

정신건강사회복지의 개관

학습목표

1. 정신건강사회복지의 개념을 살펴본다.
2. 정신건강사회복지의 구성요소에 대해 알아본다.
3. 정신건강현장에서의 팀워크의 필요성에 대해 알아본다.

　　정신건강사회복지사는 만성 정신장애인의 다양한 욕구충족과 성공적인 사회복귀
를 돕는 정신건강영역 치료팀의 꼭 필요한 존재라 할 수 있다.

　　그렇다면 정신건강사회복지는 무엇이며, 왜 정신건강영역에서 필수적인가? 정신
건강사회복지사는 누구와 함께 일을 하며 누구를 대상으로 하는가? 정신건강사회복
지사는 팀워크의 일원으로서 어떤 일을 하는가?

　　이 장에서는 정신건강사회복지의 개념과 구성요소에 대해서 구체적으로 살펴보
고자 한다. 또한 정신건강현장에서의 팀 구성원과 팀워크를 통한 실천에 대해 살펴
보고자 한다.

제1절 정신건강사회복지의 개념

1. 정신건강사회복지의 의의

오늘날의 의료시설이 직면하고 있는 제반 사회적 상황 속에서 정신건강의학과 의사는 환자를 전인적으로 진료할 수 없는 경우가 점차 많아지고 있다. 의료보험의 확대로 의료수요가 급증하고 의사 1인당 환자를 진료할 수 있는 절대적인 시간이 부족하여, 환자를 특히 전인적으로 이해해야 할 정신의학영역에서조차 환자를 지나치게 생물학적으로만 이해하는 경우가 많아지고 있다. 따라서 이러한 현실 속에서 정신건강사회복지사는 다른 전문직들과 함께 정신건강의학과 의사가 담당하고 있는 역할과 책임을 분담하여 수행하게 되므로 점차 그 중요성이 증가하고 있다.

정신의학영역에서 다루고 있는 정신질환들은 대체로 만성적인 질환이 많다. 따라서 단순히 병원 안에서 환자의 증상을 완화시키는 것뿐만 아니라 환자가 성공적으로 사회에 적응할 수 있도록 지속적인 원조가 필요하다. 물론 우리나라 여건에서 환자의 회복과 사회복귀에 일차적인 역할을 하고 있는 전문가는 정신건강의학과 의사가 되겠지만, 그들의 여건과 학문적 배경상 환자의 사회복귀를 전담하기는 어렵다고 본다. 따라서 만성 정신질환자들의 다양한 욕구를 충족시키고 사회복귀를 성공적으로 이루어 내기 위해 사회과학적 배경지식을 갖고서 가정과 지역사회를 배경으로 중요한 역할을 수행할 수 있는 정신건강사회복지의 중요성은 더욱더 증가하고 있다.

계속적으로 변화하고 있는 의학의 발달 및 의학개념의 확대와 더불어 정신의학 분야에서 정신사회재활의 필요성이 증가함에 따라, 정신건강사회복지는 병원 내에서 이루어지는 치료활동뿐만 아니라 지역사회 내에서 환자가 사회적 역할을 수행해 나갈 수 있도록 지속적으로 돕고 사회적 서비스가 적절하게 연결될 수 있도록 원조할 수 있는 전문직이라는 데 의의가 있다. 따라서 정신건강사회복지사는 만성 정신장애인들의 다양한 욕구충족과 성공적인 사회복귀를 돕는 정신건강의학과 치료팀의 필수적인 존재라 할 수 있다.

2. 정신건강사회복지의 정의

정신건강사회복지에 대한 정의는 학자마다 다르며, 시대적 변화에 따라서 다양하게 정의를 내리고 있다.

1954년 『미국사회사업연감(Social Work Year Book)』에 의하면, "정신건강사회복지는 정신의학과 함께 직접적이고 책임 있는 관계 내에서 이루어지는 사회사업이다. 이는 정신의학적 치료와 관련된 전문적인 사람들, 즉 정신건강의학과 의사, 심리학자, 간호사, 작업요법사 등을 포함하는 치료팀의 일원으로 정신병원이나 진료소, 기타 정신의학적 기관에서 실시하며, 그 목적은 정신적·정서적 장애로 고통받고 있는 사람들의 건강을 회복시키며 지역사회 내에서 정신건강을 촉진하는 활동을 하는 데 있다."라고 정의를 내리고 있다.

프리드랜더(Friedlander, 1980)는 "정신건강사회복지는 정신적·정서적 장애가 있는 사람들을 도울 목적으로 정신병원이나 진료소 또는 정신건강기관이 후원하여 실시하는 개별사회사업이다."라고 정의하였다.

바커(Barker, 1995)는 "정신건강사회복지란 정신건강영역에서 이루어지는 사회사업으로서 정신건강사회복지사들은 정신건강의학과 의사를 포함하여 여러 전문가와 함께 팀워크를 통해 환자에게 정신치료와 다양한 서비스를 제공하고, 가족에 대한 서비스를 제공하며, 이 영역에서 요구하는 훈련경험을 가지고 있어야 한다."라고 하였다.

이상의 정의에 따라서 정신건강사회복지는 정신의학영역에서 이루어지는 전문적인 사회복지실천이라고 요약할 수 있다. 하지만 정신의학영역을 어떻게 규정하는가와 그 나라의 사회문화적 환경에 따라서 다르게 정의될 수 있다. 정신건강사회복지가 단순히 정신의학자와의 협력으로 수행되는 사회복지실천인지 혹은 본질적인 면에서 특수한 사회복지실천인지에 대한 문제가 제기될 수 있다. 전자의 입장이라면 정신건강사회복지는 의사들과의 협력관계를 통하여 정신의학의 보조적인 역할을 담당하는 영역으로 이해된다. 즉, 정신건강사회복지는 정신건강복지시설이나 정신건강프로그램에서 부분적으로 이루어지는 사회복지실천이라고 할 수 있다. 여기에는 정신병원이나 진료소 등에서 정신건강의학과 의사를 포함하여 치료팀에 의해서 이루어지는 팀워크가 강조된다. 후자는 정신건강사회복지가 이루어지는 실천의 장과는 관계없이 실천의 본질을 강조하는 개념이다. 즉, 정신건강사회복지는 정신건강의학에 관한 지식을 사회복지실천과정에 적용하는 능력을 소유하고 있는 전문가에 의한 인간서비스 실천이라는 것이다. 정신건강사회복지에서는 인간의 정신병리에 대한 깊은 지식을 바탕으로 서비스실천에서 병리와 심리사회적 환경 간의 역동적 특성을 다룬다는 것을 의미한다.

권진숙 외(2017)는 "정신건강사회복지는 정신질환이나 정신장애를 가지고 있는 사람이나 그 가능성을 지닌 사람들에 대하여 정신건강의학적 전문지식과 사회복지이론 및 실천기술을 적용하여 그들의 사회적 기능을 회복시키고 궁극적으로는 삶의 질 향상을 목적으로 이루어지는 사회복지실천의 한 분야"라고 정의하고 있다.

3. 정신건강사회복지의 구성요소

김규수(1995: 424-425)는 정신건강사회복지의 정의를 대상, 주체, 활동장소, 목적, 개입방법 등 다양한 요소로 구성하여 정의하고 있다.

① 대상: 정신건강사회복지의 주 대상은 정신적, 정서적 장애를 가진 클라

이언트와 그 가족이다.

② 주체: 정신건강사회복지의 주체는 정신건강의학과 의사, 정신건강사회복지사, 정신건강임상심리사, 정신건강간호사, 작업치료사 등이 치료팀으로 구성된다.

③ 활동장소: 정신건강시설인 정신의료기관, 정신재활시설, 정신건강복지센터, 정신요양시설, 중독관리통합지원센터 등이 있으며, 학교정신건강시설, 치매노인보호 전문기관, 아동 관련 전문기관 등 그 범위가 점차 확대되고 있다.

④ 목적: 정신적, 정서적 장애로 고통받고 있는 사람들의 건강을 회복시키고, 정신건강을 촉진하는 활동 등 2차 예방활동뿐만 아니라 1차, 3차 예방활동으로 확대된 서비스를 제공한다.

⑤ 개입방법: 개별수준의 사회복지실천뿐만 아니라 집단, 가족, 지역사회 개입 등 통합적인 사회복지실천 방법을 적용하여 개입한다.

종합하면, 정신건강사회복지는 정신적, 정서적 장애로 전문적인 도움이 필요한 환자와 그 가족을 위해서 정신적, 정서적 문제는 물론 심리사회적 제반 문제를 도와 그들에게 필요한 사회적 기능회복, 재활 그리고 사회복귀를 돕는 목적으로 정신의료기관 및 정신건강기관 등에서 사회복지실천기술로 문제의 영역과 기관 특성에 따라 사회복지를 실천하는 과정이라고 말할 수 있다.

제2절 정신건강현장에서의 팀 구성원과 팀워크

1. 정신건강팀 구성원

최근 정신건강 분야에 있어서 치료는 그 원인 면에서도 다양하게 접근되고, 치료과정도 신체적 질환과는 다르게 입원치료, 퇴원, 심리사회적 재활 그리고 사회복귀에 이르기까지 다양한 치료팀들의 다원적인 접근과 프로그램이 요구되고 있다. 또한 정신건강서비스기관 역시 종합병원, 정신건강의학전문병원, 정신건강복지센터, 정신요양시설, 정신재활시설 등에 따라 치료와 재활, 사회복귀 등의 영역에서 학제 간 접근이 요구되고 있다. 즉, 정신건강의학과 환자의 증상 회복 정도에 따라 포괄적이고 연계된 서비스 프로그램이 사회적응을 할 때까지 연속적으로 이루어져야 한다.

따라서 효과적인 팀워크가 이루어지기 위해서는 전문 팀원 간에 목표달성을 위한 접근방법이 다를 수 있고, 치료적인 초점에 따라서 전문적인 판단이 다를 수도 있으며, 프로그램의 전개 폭과 깊이도 다를 수 있다는 것을 이해하고 수용하며 협력하는 자세가 중요하다.

1) 정신건강의학과 의사

정신건강의학과 의사(psychiatrist)는 치료에 대한 사회적·법적으로 인정된 책임을 갖는 정신의학적 배경과 그들의 본질적 관심 때문에 정신건강팀의 책임자 역할을 한다. 또한 환자의 질병에 대한 정신병리학적, 발생학적, 유전 등 소인(disposition)과 해부학적·생물학적·생화학적 과정의 영향 및 성격의 발달과 병리에 중점을 두고, 주로 임상진단과 약물치료 및 정신치료를 행하며 종합적인 치료의 전략 등을 계획하여 시도하도록 주관한다.

2) 정신건강임상심리사

정신건강임상심리사(mental health clinical psychologist)는 심리학적 이론과 훈련을 통하여 여러 가지 검사도구를 활용한 심리진단, 임상적인 문제에 대한 학습이론과 행동수정의 원리를 적용한 인지행동치료, 개인치료와 집단치료 그리고 성격, 정신병리 및 치료기법에 대한 연구, 교육 및 자문의 역할을 한다.

3) 정신건강사회복지사

정신건강사회복지사(mental health social worker)는 환자를 둘러싸고 있는 가족, 친구, 학교, 지역사회와의 관계망 및 환경의 지지체계에 초점을 두고 사회복지실천기술을 통하여 사정한다. 또한 환자의 입원기간을 통하여 개별 및 집단상담, 정신사회재활치료와 가족교육 및 가족치료를 실시한다. 그리고 퇴원을 앞둔 회복기 환자들이 사회로 복귀하는 데 있어 그들 가정과 사회환경을 평가하고, 퇴원 후 가정 및 사회에 재적응을 잘할 수 있도록 퇴원계획을 세운다. 정신건강사회복지사는 정신건강 분야에서 다른 전문직과 협력하면서 개인 및 가족 문제에 영향을 미치는 심리적·사회적·환경적 요인을 분석하고, 실천기술과 지역사회 자원을 활용하여 돕는 데 초점을 둔다.

4) 정신건강간호사

정신건강간호사(mental health nurse)는 환자와의 접촉이 가장 많은 팀 구성원으로, 특히 병실 내에서 간호사의 역할은 의료인의 신뢰를 바탕으로 환자와 관계를 맺고 병실의 일상적인 생활과 동료환자들과의 관계형성을 돕는 것이다. 또한 간호학의 전문적인 지식과 기술을 바탕으로 신체의 치료와 더불어 환자를 위한 치료적 환경을 조성한다.

2. 협력적 팀워크의 이해

1) 팀워크의 개념과 필요성

최근 정신건강 분야에서는 환자를 돌보는 데 대한 복잡성이 증가하고 많은 상이한 분야의 지식과 기술이 요구됨으로써 팀을 형성하는 계기가 되고 있다. 이는 건강과 질병에 대한 개인적·환경적 요소에 관하여 육체와 정신을 전체적으로 보는 견해(holistic ideas)에 대한 관심의 증가 그리고 지역사회에 기초한 서비스의 증가가 밑바탕에 깔려 있다. 협력이란 둘 혹은 그 이상의 전문 분야에서 의사전달 계획 및 활동을 포함하는 상호교환의 협조적 과정이라고 할 수 있다. 협력의 목적은 단지 한 학문 혹은 개인에 의한 성취가 미약하거나 이루어질 수 없었던 건강보호와 관련된 특수한 목표와 과업을 성취하는 것이다.

협력적 실천은 공식적이거나 비공식적일 수 있다. 공식적인 협력의 가장 구조화된 형태는 팀이다. 팀워크란 여러 동료에 의해 행해지는 작업이다. 정신건강영역에서 팀워크는 정신건강 세팅에서 환자에 대한 포괄적인 작업을 위해 정신건강의학과 의사, 정신건강간호사, 정신건강임상심리사, 정신건강사회복지사 등을 비롯한 각 전문가들이 그들의 전문적 기능과 책임을 토대로, 서로 간의 상호작용과 기술의 합동을 위한 숙련된 과정으로서 팀 성원의 개별적인 두드러짐보다는 전체의 효율성을 중시하며 환자와 환자집단에 대한 보다 나은 서비스에 일차적 목적을 두는 공동활동이다(안영실, 1987: 3). 정신건강기관에서 팀워크의 필요성이 요구되는 이유는 단순한 원인과 결과의 관계에서 파악할 수 있는 신체질환과 달리 정신장애는 생물학적 · 심리학적 · 사회환경적 요인들이 복잡하게 얽혀 발생되는바, 개별 환자가 어떤 하나의 질병으로 분류될 것이 아니라 총체적 환경 속에 포용되어 있는 하나의 전체로서의 인간으로 다루어져야 하기 때문이다(Compton & Galaway, 1999: 451-458).

2) 팀워크의 과정

정신건강사회복지사는 정신건강의학과 의사, 정신건강임상심리사, 정신건강간호사, 작업치료사 등 여러 전문가와 함께 활동하므로 팀워크에 상당한 주의를 기울일 필요가 있다. 하나의 팀은 보다 큰 조직체의 하위체계에 속해 있다. 따라서 보다 큰 체계 내에서 한 팀의 기능을 잘 수행하기 위해서는 그 기관의 목표와 전체 구조를 잘 이해해야 한다. 이러한 이해 없이 실천을 하게 될 경우에는 그 조직체로부터 후원을 받지 못하게 되거나 지원과 지지를 받지 못하게 된다(Hoonman, 1979: 465-478). 이러한 상황에 처하게 되면 팀 구성원들은 좌절감을 가질 수 있고 사기가 저하될 수 있다. 따라서 보다 큰 조직체 내에서 효과적인 팀워크를 위해 필요한 조건은 다음과 같다(Brill, 1976: 112).

- 목표달성의 방법에는 차이가 있을 수 있다는 인식과 더불어 목적달성을 위한 헌신적 노력이 있어야 한다.
- 주최 기관과 팀 간의 의사소통 통로가 있어야 한다.
- 팀 구성원들의 전문적인 판단이 존중되어야 한다.
- 팀은 주최 기관 업무의 효율성을 증대시키는 데 대한 책임성이 있어야 한다.

이러한 필요조건과 더불어 팀이 팀워크를 형성해 나가는 과정에 대해서는 학자에 따라 다르게 제시하고 있다. 저메인(Germain, 1984: 200-203)은 팀워크의 진행과정을 다음과 같이 5단계로 나누어 설명하고 있다.

- 역할분리단계: 이 단계에서는 각 분야의 성원들이 각자의 익숙한 기능과 역할에 따라 작용하려는 경향이 있어 협조에 대한 서약이 추상적 또는 이론적 수준에 머물고 있다. 역할분리는 불안과 경쟁을 억제하는 데 명백히 기여하고 있으나 언어화되지는 않는 단계다.
- 과대평가와 실망단계: 이 단계에서는 각 분야의 성원들이 분담된 협력목표를 성취하는 데 있어 복잡성을 인식하고 그 해결을 위해 서로가 의존한다. 그러나 각 성원들은 서로가 다른 성원들의 지식과 기술을 과대평가하고, 동시에 목표를 성취하는 데 필요한 과업의 복잡성을 지나치게 단순화하며, 그 자신의 지식과 능력 및 전문적인 지식의 범위 내에서 작용하려고 한다. 따라서 한 팀으로 만난다 하더라도 환자의 욕구와 치

료의 환경적 맥락에 관한 허심탄회한 전문적 전망이 통합되지 않아 실
망과 분노 그리고 엄격한 학문 분야로서의 역할에 대한 고집이 남아 있
는 단계다.

- 현실적 평가단계: 분담된 목표를 성취하는 데 다른 분야의 성원들이 어
  떻게 기여하는가를 점차적으로 인식하게 됨으로써 현실적 평가가 이루
  어진다. 한 분야가 타 분야를 넘어서서 우위를 차지하는 데 쏟는 노력이
  적을수록 일상화된 사고와 행동에 더 많이 도전하도록 지향되며, 전문
  직영역들도 덜 엄격하게 되는 경향이 있는 단계다.
- 조정단계: 통합적인 협력을 향한 진보가 분명해지는 단계로서 각 전문
  영역들의 차이점이 인정되고 그것이 언어화되며 만족스러운 조정이 이
  루어지게 된다. 이 단계에서 각 전문가들은 자신이 갖고 있는 관점에 따
  라서 정보를 수집하고 공유하여 공동의 목표를 향해 나아가게 된다.
- 역할의 통합단계: 환자−전문분야라는 전후 관계에 기초한 사고를 떠나
  건강과 질병에 연관이 있는 환자−환경관계라는 관점으로 움직이는 단
  계다. 이 단계에서는 분담된 목표와 과업에 관해 서로 견해를 주고받을
  수 있는 개방적 분위기가 형성되고, 과업활동도 쉽게 협상 또는 수용되
  며, 타 전문직의 훈련, 지식, 교육, 철학, 가치에 대한 이해와 존중이 이
  루어지게 된다.

한편, 팀워크에서 흔히 있을 수 있는 갈등은 그 자체를 무시해 버림으로써
해결되는 경우도 있지만, 대부분의 경우 갈등의 해결을 위해 다음과 같은 단
계를 고려하는 것이 도움이 된다(Muir, 1984: 168-176).

- 문제를 파악할 것. 개인적인 솔직한 토의, 팀회합 그리고 팀 구성원의 자
  기평가, 팀리더에 의한 리더십의 분석을 통하여 문제가 파악될 수 있다.
- 공통된 목표를 찾을 것

- 장애를 해결하는 데 팀 구성원의 기대를 명확히 하고 해결되지 않은 영역의 경계를 정할 것
- 동의한 규칙을 계속적으로 적용하고 해결하는 데 대한 팀의 소명의식을 공고히 할 것
- 팀의 신뢰 분위기를 조성할 것
- 긍정적인 팀 발전이 이루어짐에 따라 개인적인 목표와 팀 목표를 재평가할 것
- 장차 활동에 대하여 팀의 동의를 얻을 것 등

또한 다른 전문직이 정신건강사회복지사의 역할을 잘못 이해하여 정신건강사회복지사의 기능에 속하지 않는 일들을 부여하거나 기대할 수도 있고, 정신건강사회복지사가 해야 하고 할 수 있는 일을 다른 전문가의 역할로만 인식할 수도 있다. 따라서 정신건강사회복지사는 정신장애인의 치료를 위해 뚜렷한 역할이 어떠한 것이라는 것을 다른 전문직에 종사하는 사람에게 명확하게 이해시켜야 한다.

3) 팀 성원의 자세와 역할

정신의학팀이 효과적으로 기능하기 위해서는 팀 성원에게 다음과 같은 자세가 요구된다.

- 팀 성원은 자신의 개인적 기여가 팀의 다른 성원들의 기능에 관련될 수 있다는 관점에서 생각해야 한다.
- 환자에 대한 자신의 서비스를 보충하고 증진시키는 데 있어 팀의 다른 성원들로부터 무엇을 배울 것인가를 고려해야 한다.
- 각 성원들의 기여에 대한 존중과 자신의 역할 인식이 중요하다.
- 팀의 다른 성원들을 활용할 수 있는 방법에 대해 이해한다.

- 자신의 역할이 개별적인 사례(case)에 필요하다는 것을 팀의 다른 성원 들에게 인식시켜 나간다.
- 개별적인 두드러짐보다는 자신을 전체로서의 집단과 동일시하여 팀 목 적을 성취하는 데 팀의 매개체로서 활동해야 한다.
- 팀 작업을 행하는 데 있어 취해야 할 것이 무엇인지, 그리고 팀 책무를 효과적으로 할 수 있는 방법이 무엇인지에 관해 항상 염두에 두어야 한 다(안영실, 1987; Kramer, 1983: 458-465).

요약

이 장에서는 정신건강사회복지의 개념과 정신건강현장에서의 팀 구성원과 팀 워크에 대해서 살펴보았다. 정신건강사회복지에 대한 정의는 활동영역과 실천내 용, 실천기술 등과 또 학자와 시대에 따라 그 개념이 다르다. 따라서 다양한 학자의 견해와 활동영역에 의한 정신건강사회복지의 정의를 소개하고, 정신건강사회복지 의 구성요소에 대해서 알아보았다. 제2절에서는 정신건강현장에서의 팀 구성원인 정신건강의학과 의사, 정신건강임상심리사, 정신건강사회복지사, 정신건강간호사 에 대해 소개하였다. 특히 정신건강사회복지사는 만성 정신장애인과 가족의 다양 한 욕구를 충족시키고 사회복귀를 성공적으로 이루어 내기 위해서 정신과 치료팀 의 필수적인 존재로 인정받고 있다.

토의사항

1. 정신건강사회복지사의 정체성은 어디에서 온다고 생각하는지 의견을 나누어 보자.

2. 정신건강사회복지사의 역할에 대해서 더 추가되어야 한다고 생각되는 것은 무엇인가? 각자 정의해 보고 그렇게 정의하는 이유에 대해 의견을 나누어 보자.

3. 정신건강영역의 대상과 관련하여 보다 구체적으로 추가되어야 한다고 생각되는 것이 무엇인가? 서로의 의견을 나누어 보자.

4. 정신건강영역에서의 팀워크의 필요성을 살펴보고, 전문팀과의 원활한 팀워크가 이루어지기 위해서 우리가 노력해야 할 것들에 대해 토의해 보자.

제2장
◇◇◇◇◇◇◇

정신건강영역에서 정신건강사회복지의 역사적 발달과정

　　역사를 알아야 미래를 예측할 수 있고 시행착오를 막을 수 있다. 그래서 우리는
먼저 길을 떠난 사람들의 경험과 교훈을 귀담아 들어야한다. 정신건강과 사회복지의
연계성을 이해하기 위해서는 먼저 우리의 정신건강에 영향을 미친 서구의 정신건강
사회복지의 발달과정을 살펴볼 필요가 있다. 영국과 미국의 경우를 살펴본 다음 우
리나라의 역사를 살펴본다. 그리고 이 장의 후반부터는 정신질환에 대한 편견과 형
성기제에 대해서 알아본다. 정신질환에 대한 편견이 어떻게 형성되는가를 구체적으
로 살펴본 후 정신질환자에 대한 편견과 낙인의 극복방안에 대해서 고민해 보고자
한다.

🦌 제1절 서구 정신건강사회복지의 발달과정

1. 영국의 발달

1) 태동기

1880년대 영국에서는 사회복지단체가 주동이 되어 정신병원에서 퇴원한 환자를 대상으로 갈 곳이 없는 불우한 환자에게는 위탁가정이나 사회복지시설, 요양원 등에 의뢰하고, 퇴원한 환자들은 지역사회에 잘 적응할 수 있도록 직장을 알선해 주며 방문하여 필요한 보호를 하고 가족을 지도하였다.

1920년대는 정신건강운동이 아동상담소를 중심으로 이루어지던 시기로 정신건강사회사업도 아동상담소에서 다른 전문가들과 함께 팀으로 이루어져 가기 시작하였다. 처음에는 주로 민간단체에 의해 아동상담소들이 설치되었다. 1926년에 동런던 클리닉, 1929년에 런던아동가이던스 클리닉 등이 세워졌다. 그후 차츰 정부에 의한 아동상담소의 설립이 이루어졌다. 1944년 정신장애아동의 복지증진을 위한 「교육법(The Education Act)」의 제정으로 정신장애아에 대한 교육기회가 확대되었다.

2) 발전기

1930년대는 정신의학의 발달이 주로 정신병원을 중심으로 이루어지던 시기다. 따라서 사회복지사들도 주로 정신병원에서 입원환자와 외래환자를 중심으로 활동하게 되었다. 런던, 옥스퍼드, 맨체스터, 슈루즈버리 등 주요 대도시를 중심으로 정신병원이 설립되어 지역 간 불균형 상태를 야기하였다.

초기에는 정신병원에서의 직책이 아동상담소에서의 정신건강사회복지사의 직책보다 무엇인가 열등하다고 생각하였다. 그러나 정신병원에서는 아동상담소에서의 직책보다 더욱 광범위한 분야의 일을 하게 된다. 정신병원의 정신건강사회복지사는 사회력을 알아내고, 후속서비스를 제공하며, 환자와 가족 및 고용주에게 설명해 주고, 환자의 퇴원에 도움을 주며, 다른 사회서비스와 협력하고 행정적으로 도움을 주고, 치료 및 조사·연구 작업에 적극적으로 참여하는 등 역할이 다양하였다. 이 시기에 가장 중요한 발전 중의 하나는 정신병원에 있어서 정신의학 분야와 관련된 집단사회사업의 발전이다.

3) 정착기

이 시기에는 정신건강에 종사하는 사회복지사를 전문적으로 훈련시키고 지역사회정신건강센터를 중심으로 사회사업의 활동범위가 확대되어 갔다.

정신건강사회복지훈련센터가 1929년에 런던경제대학에 설치되었으며, 1930년에 17명의 회원으로 영국정신건강사회복지사협회(BAPSW)가 창립되어 1961년에는 회원이 850명으로 늘어났다. 1947년에는 맨체스터대학교에도 정신건강사회복지훈련센터가 설치되었다.

1948년 이전에는 대부분의 정신건강사회복지사가 정신병원과 지방정부에서 일하였다. 그리고 제2차 세계대전 이전의 지역사회 정신건강서비스는 주로 정신질환자에 대한 감독과 정신병원에 있는 환자에 대한 제한된 사후보호에 국한되었다. 1954년에는 리버풀대학교에 훈련센터가 설립되어 1962년까지 1,202명의 정신건강사회복지사를 배출시켰다.

1959년에 「정신보건법」이 제정되었으며 1960년대부터 정신건강정책에서 지역사회 정신건강보호가 상당히 강조되어 왔는데, 1963년에는 지역사회보호서비스(Community Care Service)의 개발에 대한 정부보고서가 발표되었다. 블래커(Blacker)는 정신과 응급처치와 정신질환자에 대한 지역사회 정신건강서비스를 위하여 필요로 하는 정신건강사회복지사를 약 100명으로 추정하였다. 「매킨토시 보고서(The Macintosh Report)」에서는 그보다 2배 많은 수가 필요하다고 보고하였다.

「영허즈번드 보고서(The Younghusband Report)」에서는 10만 명 이하의 인구를 가진 지방정부에서는 향후 10년간에 걸쳐서 정신건강사회복지사를 받아들일 것을 제안하였다. 이에 따라 약 200명의 정신건강사회복지사를 채용하였으며, 10만 명 이상의 인구를 가진 도시는 약 300명의 정신건강사회복지사가 필요하리라고 추정하였다.

이 시기에 이루어진 지역사회정신건강센터의 주요 기능은 입원치료, 외래치료, 응급환자 진료, 개방병동에서의 부분 입원, 지역사회 자문, 의뢰 및 교육프로그램 등이다. 지역사회 정신건강서비스의 특징으로는 세 가지가 있다. 첫째는 사회사업적 측면이 임상 분야의 보조와 정신건강의학과 의사로부터의 상이한 많은 협조 없이 수행된다는 점이다. 둘째는 지역사회 정신건강서비스를 받는 클라이언트들이 많은 종류의 질병과 부적응으로부터 고통받고 있다는 점이다. 셋째는 지역사회 정신건강서비스에서 정신건강사회복지사는 단지 그들만의 환자를 다루는 것이 아니라 다른 사회복지서비스를 제공하는 그들의 동료를 위한 상담서비스도 제공한다는 것이다.

2. 미국의 발달

1) 태동기

1773년 버지니아주 윌리엄스버그에 최초로 정신병원이 설립되어 감옥과 소년원에 감금되어 있던 정신병 환자를 이전시켰다. 1900년대 초기에 클리포드 비어스(Clifford W. Beers)는 자신이 정신병원에 입원해 있는 동안에 치료양식이 부적당하다는 점을 인식하여 퇴원 후에 정신건강협회를 조직하여 정신위생운동의 선구자가 되었다.

1904년 아돌프 마이어(Adolf Meyer)는 맨해튼주립병원에서 환자의 생활에 영향을 미치는 사회적 힘에 대한 이해를 넓히고 정신질환의 환경적 원인을 이해하기 위하여 그의 부인에게 환자의 가족을 방문하게 하였다. 또한 환자의 가족, 학교, 지역사회가 정신질환의 발병 초기에 관여하도록 권유하였으며, 특히 회복기의 환자에게 작업요법과 오락요법을 시도하고 사후지도계획을 통하여 정신건강사회복지의 원리를 최초로 실시하였다(Perman, 1975: 674).

1905년 보스턴의 매사추세츠종합병원에서 리처드 캐벗(Richard C. Cabot)과 아이다 캐넌(Ida M. Cannon)은 많은 환자의 질병이 배후의 사회환경과 깊은 관계가 있다는 것을 깨닫고 사회사업 프로그램을 처음으로 시도하였다. 같은 해에 제임스 퍼트넘(James J. Putnam)의 지도하에 매사추세츠종합병원의 신경진료소에서 사회복지사를 최초로 채용하였다(Fink, Wilson, & Conover, 1963: 247). 1906년에는 뉴욕주 자선조직협회의 후원을 받아 맨해튼 주립병원에서 새로 입원한 환자의 사회력을 조사하기 위하여 정신의료사회복지사를 채용하게 되었다(Zastrow, 1982: 127-129). 또한 정신과병동에서 정신질환자의 사후지도 프로그램의 마련을 위한 목적으로 사회복지사가 일을 하게 되었다(Wittman, 1979: 1201).

당시에 사회복지사의 역할은 정신의학자에 대한 보조자의 위치에서, ① 새로운 입원환자에 대하여 환자의 생활력을 알아보고(history taking), ② 환자의 가족이나 친지들과 환자의 유대를 강화시키도록 노력하고 특별한 환자에 대해서는 보호자와의 관계를 유지시키며, ③ 한 환자의 병이 악화될지도 모르는 갑작스러운 위기를 피하도록 환자를 돕는 일 등이었다. 지역사회에서는 환자가 그들의 가족들에게 유익하고 학교와 교도소에서 활동할 책임을 가지며, 지역사회기관에 병원시설을 알리고 지역사회와 병원의 공적인 관계를 향상시키는 활동을 하게 하였다.

2) 발전기

1913년 보스턴정신병원에서 의사 어니스트 소다드(Ernest E. Southard)와 사회사업책임자인 메리 자렛(Mary C. Jarrett)은 정신의료사회복지사의 성장의 힘과 방향을 제시하였으며, '정신의료사회사업가'라는 용어를 최초로 사용하고 정신의학자와 정신의료사회복지사의 협동체계를 통하여 환자를 치료하였다. 자렛의 지도 아래 스미스대학, 전국정신위생위원회와 보스턴정신병원의 협력으로 단기훈련과정을 만들었다. 1914년 소다드와 자렛 등이 사회복지사를 위한 훈련을 시작하였으며 그 과정을 사이먼대학의 사회사업학과에 두었다(Perman, 1975: 674-675).

아돌프 마이어는 존스홉킨스병원의 핍스진료소에서 전적으로 클리닉을 책임질 수 있는 사회복지사를 채용하였으며, 존스홉킨스대학의 경제학과 내에 사회사업 학생을 훈련시키는 부서를 두었다. 1918년에는 미국 동부의 대도시뿐만 아니라 서부의 시카고까지 정신과진료소나 정신병원에 사회복지사가 채용되기에 이르렀다.

1918년 스미스대학에서 최초로 정신의료사회복지사를 양성하기 위한 교과과정(초기에는 8주 훈련과정이었으나 후에 대학원에서 1년간의 훈련과정을 두었다)이 마련되었고, 뉴욕대학의 사회사업학과에 특수한 목적으로 사회복지사를 위한 정신위생과정이 설치되고 훈련과 교육이 이루어졌다.

이 시기에 사회복지사는 임상심리학자, 간호사와 함께 정신의학자가 주도하는 팀의 일원으로, 환자-질병의 요인인 가정문제와 생활환경에 대한 정보를 얻음으로써 진단과정에 도움을 주고 환자의 퇴원에 따르는 준비과정에 개입하였다. 정신의학자의 인력 부족으로 장기입원환자와 응급환자도 다루게 되었다.

미국에서 원래 정신의료사회복지사는 정신의학자의 보조자로 간주되었다. 그리하여 사회복지사의 과업은 정신의학자에게 정신장애인이나 지적장애인에 대한 배경정보를 제공하는 데 제한되었다. 클라이언트의 개인력 조사, 가족 접촉 및 상담, 환경조정이 사회복지사의 주된 업무였다. 그러다가 사회복지사들이 더 많은 전문교육을 받고 사회사업대학(학과)의 교과과정에 정신의학적 정보와 정신분석학 이론이 삽입됨으로써 사회복지사는 치료

적 책임을 더욱 많이 맡게 되었다. 어떤 시설에서는 사회복지사의 역할이 한
정되었고, 또 어떤 시설에서는 정신의학자의 리더십의 영향을 받기는 하지만
사회복지사가 정신의학팀의 동등한 구성원이 되었다. 정신의학자가 환자를
치료하는 동안 사회복지사는 가족 구성원을 상담하고 도왔다.

3) 정착기

1920년 보스턴병원에서 정신의료사회복지사들은 자신의 서비스에 대한
전문적인 체계의 형성과 수준을 유지하기 위한 목적으로 정신의료사회복지
사클럽을 조직하였다. 1922년 이 클럽은 1918년에 결성된 미국의료사회복
지사협회의 분과로 들어갔다가 1926년 미국의료사회복지사협회의 결성으
로 독립되었으며, 1955년에는 전미사회복지사협회로 통합되었다(김상규, 윤
욱, 전재일, 1983: 374-375). 협회의 목적은, ① 정신의학에 관련된 사회사업의
특수성을 발전시키기 위한 것이고, ② 사람들을 원조함에 있어 필연적인 정
신위생에 관한 지식과 통찰을 필요로 하는 사회사업의 다른 분야에 기여하기
위한 것이다.

1922년부터 아동상담소 계몽운동이 일어나 1930년대와 1940년대에 정부
보조와 민간보조로 활발해졌는데, 여기서 정신의료사회복지사는 가족 연구
와 치료에 중대한 영향을 줄 수 있는 새로운 지식체계를 가족집단을 통하여
정립하게 되었다. 이와 같은 아동의 일탈행위에 대한 접근방법의 시도와 사
회복지사들의 정신건강 분야의 교육과 훈련 기회의 확대는 그들이 아동상담
소 사업에서 팀 구성원으로서의 위치를 확립하고 이 분야에서 전문직으로서
인정을 받도록 하였다. 제1차 세계대전에는 조직적 훈련을 촉진시켰으며 광
범위한 실천의 기회를 갖도록 영향을 미쳤다. 이때 세계적십자사의 후원으
로 육군과 해군 및 보훈 병원에 정신의료사회복지사를 두게 되었다. 제2차
세계대전 동안 적십자사는 정신건강의학과가 있는 육군과 해군 병원에 무수
히 많은 사회복지사를 채용하게 만들었다. 1942년에는 정신의료사회복지사

협회와 마이다 솔리먼(Maida Solimon)의 노력으로 군대 내에 정신건강사회복지 서비스가 만들어졌다. 1945년에는 전문적인 자격을 갖춘 사회복지장교의 직위가 인정되었고, 1951년에는 공군에도 장교 직위의 정신의료사회복지사를 두게 되었다. 그리고 1974년에는 새로 구성된 의료부대의 16개 전문직의 하나로 정신건강사회복지가 포함되었다(NASW, 1977: 900).

1920년대와 1930년대에 더욱 진보적인 진료소에서는 사회복지사에게 정신요법을 허용하였다. 사회복지에서 논의의 쟁점이 된 것은 환자를 치료하는 동안에 케이스워크를 실행할 것인가 혹은 정신요법을 실행할 것인가 하는 것이었다. 그런데 중요한 것은 정신요법과 케이스워크 양자가 유사한 훈련이 요구되는 문제해결의 방법이면서, 하나는 클라이언트의 생활적응에서 제한된 변화를 조장하고 다른 하나는 광범위한 변화를 조장시킨다는 것이다. 즉, 정신요법은 심도 깊은 정신 내면적 변화 및 대인관계의 영역에 도움을 주는 데 한정되고, 케이스워크는 그와 같은 내용을 포함한 보다 광범위한 면에 초점을 둘 뿐만 아니라 사회적·경제적·환경적 영역에 도움을 준다는 차이가 있다. 정신치료자와 달리 사회복지사는 면접기술 이외의 기술을 활용하여 클라이언트를 돕는 데 전체 환경과 자원을 활용할 수 있다.

4) 지역사회 정신건강체계의 확립

1946년 「정신보건법」의 입법으로 국립정신건강연구소가 설립되고, 인력양성, 조사연구, 지역사회 정신건강서비스에 기여하게 되었다. 그리고 1950년대에는 정신약물학의 급속한 발달로 의학모형이 절정을 이루게 되었다. 또한 이 시기에는 병원 중심의 치료환경에 대한 사회과학자들의 비판과 문제제기에 따라 탈시설화에 대한 경향이 증가하였고, 정신장애인의 치료가 지역사회를 중심으로 이루어지는 지역사회 정신건강체계의 확대가 가능해졌다.

지역사회 정신건강 프로그램의 급속한 발전은 지역사회 정신건강복지의 확대로 사회적 재활과 직업재활에 중점을 두게 되었는데, 이에 따라 정신건강사회복지사는 환자나 장애인 개인의 역할보다도 조직의 조정과 사회자원 체계들에 더 많은 관심을 갖고 역할을 수행하게 되었다.

1963년 케네디 대통령에 의해 「지역사회 정신보건법(Community Mental Health Act)」이 제정되었으며 같은 해에 「지역사회정신건강센터법」도 마련되었다(Wittman, 1979: 1206). 이러한 배경하에 정신건강 분야에 관여하는 전문 요원인 정신건강의학과 의사는 1976년에 2만 3,000명(이 중 1만 7,000명이 환자진료에 관여함), 임상심리학자는 1977년에 4만 4,500명(이 중 80%가 박사학위자이고 17%는 석사학위자임), 사회복지사는 1974년에 19만 5,000명이었다. 이 중 7만여 명이 석사학위 이상의 학력자였고, 2만 6,000명이 임상에서 치료자로 일하고 있었다. 간호사는 1976년에 3만 9,000명이 근무하였는데, 이 중 1만 1,000명이 석사학위 이상의 학력자였다.

1950년대까지 사회복지사들은 클라이언트에게 케이스워크나 정신요법을 주로 실시하였다. 점차 사회복지사들은 집단요법, 가족치료, 병실환경 등에 관심을 기울였고 치료공동체 프로그램을 운영하였다. 그들은 전통적인 접근법을 개발하고 실험하는 데 앞장을 서기도 하였다.

오늘날 정신건강 분야에서는 사회복지사의 활동무대가 더욱 넓어지고 전문성이 더욱 요청되므로 수련과정과 석사학위 이상의 교육을 받을 필요성이 증가하게 되었다. 그들의 요구를 충족시키기 위하여 평생교육, 워크숍, 대학원 교육프로그램 등이 개발·활용되었다.

이제 정신건강사회복지사의 역할은 자문과 기획까지 포함하게 되었고, 경험 있는 정신건강사회복지사는 교육자의 역할까지 수행하게 되었다. 또한 정신건강사회복지사들은 지역사회 정신건강센터에서 리더십을 가지며 행정적 역할까지 수행하고 있다(Friedlander & Apte, 1980: 448-450).

제2절 한국 정신건강사회복지의 발달과정과 패러다임의 전환

1. 한국 정신건강사회복지의 발달과정

1) 태동기

우리나라의 정신건강사회복지는 1945년 대한신경정신의학회가 조직되기 전에는 전무하였다. 광복과 함께 조선신경정신의학회가 대한신경정신의학회로 바뀌고 정신의학의 체계적인 연구를 시작하면서 정신의학자, 심리학자와 더불어 사회복지사 권기주가 청소년문제에 관심을 갖고 연구하였다.

가장 직접적으로는 한국전쟁으로 미군병원에서 정신건강사회복지사가 정신건강의학과 의사와 함께 일하던 것에 큰 영향을 받았다. 특히 정신건강사회복지사인 랄프 모건(Ralph W. Morgan)의 역할이 한국 정신건강의학과 의사에게 많은 영향을 미쳤다. 그는 전쟁신경증을 가진 군인들을 돕는 과정에서 한국 정신건강의학과 의사들에게 사회복지사의 필요성을 인식시켜 주었다.

1958년 서울시립아동상담소가 개설되면서 정신의학자(유석진 박사), 정신건강사회복지사(하상락 교수), 심리학자 및 법률전문가들이 팀 접근을 시도하였다.

1962년 국립정신건강의학병원의 개설과 더불어 정신건강사회복지사(김원진 외 1명)가 정신질환자를 위한 서비스와 사회사업전공 학생들의 실습을 담당하였고, 같은 해 가톨릭 교구에서 운영하는 사회복지회의 부회장(정의방)이 가톨릭의과대학 성모병원 무료진료소와 자살예방센터에 파견근무를 하였다. 1963년 4월 6일에는 성모병원 정신건강의학과에 전임 사회복지사가 채용되어 환자의 개인력 조사, 가족상담 등을 수행하였다. 그리고 1967년 3월 1일에는 자살예방센터에 전임 정신건강사회복지사(정의방, 의료사회사업과장 겸무)가 채용되었다(가톨릭 중앙의료원, 1988: 331). 1968년 7월에 중앙대학교 부속 필동성심병원에 정신건강의학과 개설과 더불어 정신건강사회복지사(정의방, 박순자)가 채용되어 환자의 개인력 조사, 집단지도, 가족상담과 가정방문 등의 활동을 하였다.

1969년 1월에는 대구동산기독병원(현재 계명대학교 부속 동산의료원) 정신건강의학과에 정신건강사회복지사(김기태, 이후 김규수[1])가 채용되어 활동하였는데, 주된 업무는 환자의 개인력 조사, 가족상담, 집단요법 등이었다. 1965년 의료사회복지사(박현경)를 채용한 연세대학교 의과대학 부속 세브란스병원에서는 1970년부터 정신건강사회복지도 겸하게 되었다.

2) 발전기

이 시기부터는 정신건강사회복지사가 정신건강의학전문병원에 근무하기 시작하였다. 1971년 한강성심병원, 용인정신건강의학병원, 혜동의원에 정신건강사회복지사가 일하기 시작하였다. 1973년 9월 20일 대통령령 제6863호로 「의료법 시행령」이 개정되어 종합병원에 환자의 갱생, 재활과 사회복귀를 위한 상담과 지도를 위하여 「사회복지사업법」이 정한 사회복지사를 1인 이상 두도록 명시하였다. 이로 인하여 종합병원 내 사회복지사의 활동이 확대되었다. 1974년에 안양정신건강의학병원, 고려대학교 부속병원, 서울기독병원에 정신건강사회복지사가 채용되었고, 1976년에는 서울백제병원에 사회복지사가 채용되었다.

1977년 7월 1일부터 시행된 의료보험에서 정신건강사회복지사의 치료활동에 대한 보험청구를 할 수 있도록 규정하였다. 이로 인하여 정신건강의학

---

1) 김규수는 대구대학교 사회복지학과 교수로 한국정신건강사회사업학회 초대회장을 비롯하여 우리나라 정신건강사회사업과 학회의 발전에 크게 기여하였다. 현재도 달구벌정신건강센터, 달구벌중독관리통합지원센터를 직접 운영하고 있다.

전문병원에서 사회복지사의 채용이 급속히 늘어나게 되었다. 1978년 정신건강의학전문병원인 부산한병원에 정신건강사회복지사(안영실[2])가 최초로 근무하기 시작하였는데, 이는 부산지역 정신건강복지의 효시라고 할 수 있다.

　1979년에는 이화여대 부속병원, 전주예수병원, 1982년에 부산백병원, 1983년에 서울적십자병원, 1984년에 군산개정병원 등에서 정신건강사회복지사가 활동하였다.

3) 정착기

　1980년대를 거치면서 종합병원에서도 정신건강사회복지사를 채용하게 되어, 1990년에 이르러서는 전국적으로 약 100여 개에 이르는 기관에서 정신건강사회복지사들이 활동하였다. 1995년 10여 년의 우여곡절 끝에 「정신보건법」이 제정됨으로써 이제 우리나라도 정신건강사회복지가 지금까지의 병원중심의 활동에서 그 활동영역을 확대하여 지역사회(정신재활시설, 정신건강복지센터)까지 나아갈 수 있는 전기가 마련되었다. 또한 「정신보건법」의 제정으로 정신건강전문요원의 자격제도가 마련되었고 정신건강사회복지사들도 더욱 전문적인 자격을 갖추기 시작하였다. 현재 정신건강의학 병·의원, 정신요양원 등 1,200여 개의 기관에 근무하는 정신건강사회복지사는 약 2,000여명에 이른다. 그들 중에는 석사학위, 박사학위 소지자도 상당수 있다. 사회복지사의 역할도 의료보험수가 청구항목에 지정된 것[3] 외에도 개인상담 치료, 재활서비스, 집단치료, 가족치료, 치료공동체 프로그램 운영, 사회복지전공학생의 실습교육 등 다양해졌다.

---

2) 안영실은 부산지역의 정신건강사회복지사 대부분의 양성에 크게 기여하였고, 현재도 안영실정신건강상담소를 개업·운영하면서 후학 양성과 알코올 환자 치료, 교육 등 왕성한 활동을 하고 있다.

3) 정신건강사회복지사만이 청구할 수 있는 의료보험수가 내용은 개인력 조사, 사회사업 조사, 사회사업지도, 가정방문이다.

2. 패러다임의 전환과 정신건강사회복지의 전문성

우리나라 정신건강영역에 사회복지사들이 개입하기 시작한 지 40년이 넘었다. 처음에는 사회복지사들이 일부 의료 세팅에서 정신건강의학과 의사의 영향하에 제한된 정신의료사회사업가(psychiatric social worker)의 역할을 수행하였다. 1977년 7월 이후 의료보험수가 청구기준에 '정신의학적 사회사업'이 포함되면서 여러 병원 정신건강의학과에 사회복지사가 채용되는 계기가 되기도 하였다. 그러나 1993년에 '한국정신의료사회사업학회'가 창립되기 전까지만 해도 정신의료사회사업가라고 지칭하던 사회복지사들은 대부분 병원 정신건강의학과에 국한되어 활동하고 있었다. 그러다 우리나라의 「정신보건법」 제정에 대한 논의가 시작된 때를 같이하여 정신의료사회사업학회가 창립되면서 우리나라의 정신건강사회복지는 새로운 전기를 맞게 되었다. 특히 1995년 이후 우리나라의 「정신보건법」 제정과 함께 정신건강정책이 일대 전환기를 맞이하여, 정신건강사회사업학회가 주축이 되어 치료영역만이 아니라 예방에서 재활영역에 이르기까지 폭넓게 정신건강사회복지사들이 참여하는 공간을 확장시키고 그들의 전문성을 확보하여 오늘에 이르게 된 것이다.

1) 지역사회 정신건강복지사업의 확립

1995년 12월 「정신보건법」을 전격적으로 통과시키고, 1997년 역사상 처음으로 「정신보건법」을 시행하였다. 이에 다양한 정신건강정책들이 마련되기 시작하였으며, 새로운 시설들이 설립되고 새 제도들이 갖추어지기 시작하였다. 정신재활시설이나 정신건강복지센터는 이 법에 의한 새로운 시설이자 새로운 개념의 출현이다. 따라서 「정신보건법」의 영향으로 지역사회 정신건강의 개념이 실현되었다.

지역사회 정신건강복지사업은 인본주의 철학을 바탕으로 한 시대의 정치-사회-경제 변화를 반영한 산물이다. 18세기 구미 각국에서 비인간적인 환경에 처해 있는 정신질환자를 해방시키려는 노력, 비입원시설을 지역사회에 갖추는 것, 그들에게 정당한 의료혜택을 보장하는 것, 지역사회에서 더불어 살 수 있게 하는 제도적 장치와 차별금지법의 적용 등 그 실현의 모습은 다양할 수밖에 없다. 각 국가의 정신건강복지체계, 역사적 배경 및 사회경제적 여건 등에 따라서도 다양하게 적용되고 있다.

생명과학을 다루는 정신건강의학과 의사의 입장도 지역사회 정신건강복지사업으로 대변되는 시대적 변화 요구를 수용하고 병원 중심의 의학적 모델을 벗어나려는 노력을 거듭하고 있다. 그 결과 정신건강의학병원이 주도적으로 참여하여 지역사회 정신건강복지사업이 활성화되는 계기를 맞이하였고, 대형화를 지향하던 정신건강의학병원에서도 구조조정의 압력을 현실로 받아들이고 있다.

그러나 우리나라의 경우 아직도 정신병상 수는 세계에서 가장 빠른 속도로 증가하고 있고, 장기입원 및 수용 환자의 재원기간은 좀처럼 감소하지 않고 있다. 이는 아직도 지역사회 내에서 정신장애인이 거주하면서 생활하기에는 지역사회의 지지가 부족하기 때문이다. 이에 1999년 개정된 「장애인복지법」에서 정신질환에 의한 정신장애를 법정 장애인의 범주에 포함시켜 2000년 1월부터 장애인복지서비스를 제공하고 있다.

2) 정신건강사회복지의 전문성 확립

우리나라는 산업화로 인한 직업구조의 변화, 인구구조의 변화 등 급격한 사회경제적 여건의 변화로 인하여 정신질환은 증가하고 있는 반면, 전통적 지역사회와 대가족제도하에 흡수되던 정신질환에 의한 부담 중 상당 부분이 축소되면서 국민적 불건강과 정신질환에 대하여 국가가 수행해야 할 역할은 급속히 증가하고 있는 실정에 있다.

이런 가운데 1997년 말부터 시작된 경제위기는 IMF 관리체계로 이어져 국가의 총체적 위기상황을 초래하였다. 현재까지 여전히 높은 실업률은 국민의 정신건강에 많은 영향을 주고 있으며, 실업은 국가경제, 범죄 등의 사회병리는 물론 국민의 정신건강 수준에도 엄청난 영향을 미치고 있다. 이러한 환경적 변화 속에서 정신건강사회복지의 전문성에 대한 인식이 높아지고 있다. 「정신보건법」에서 명시하고 있는 정신건강전문요원인 정신건강임상심리사, 정신건강간호사와 더불어, 정신건강사회복지사는 일반인뿐 아니라 타 전문직에 의해 일반사회복지사(generalist)가 아닌 특수전문직(specialist)으로 인정받게 되었다.

정신건강 관련 기관에서는 여러 관련 전문직들이 다학제적 치료팀을 구성하여 서비스를 제공하고 있으며, 정신건강의 특성상 다양한 치료방법이 활용되고 있다. 그러므로 이를 둘러싼 다학제 전문분야 간의 긴장과 역할분담은 미국에서나 우리나라에서나 늘 중요한 쟁점이 되어 왔다. 특히 과거 의료모델 중심에서 지역사회 중심의 정신장애인 사회복귀를 강조하는 「정신보건법」과 정신재활시설이나 정신건강복지센터 등 다양한 세팅의 성장은 정신건강 분야에서 일하는 사회복지사의 정체성과 전문성에 대한 더 강력한 동인이 되고 있다(권진숙, 윤명숙, 1999).

이러한 정신건강 분야의 환경의 변화, 세팅의 변화, 실천업무의 변화에 직면해서 정신건강사회복지사들은 전문성과 정체성을 공고히 하기 위한 새로운 발전전략이 필요하다. 특히 역사적 맥락에서 보이듯 의료중심 인력이 중점을 이루는 현재의 인력분포에서는 지역사회실천 지식과 기술을 갖춘 새로운 인력확충을 위한 다양한 시도가 필요하다고 볼 수 있다.

🍧 제3절 정신질환에 대한 편견과 형성기제의 이해

정신질환을 가진 클라이언트에 대한 잘못된 인식에서 비롯되는 편견과 낙인은 대단히 많다. 이러한 잘못된 편견과 낙인은 정신장애인이 한 인간으로서 받아야 할 정당한 권리를 침해하고 있으며 더욱 근본적인 요구, 즉 과학적인 치료를 받아야 할 기회마저 박탈하고 있다. 향후 일반 국민의 정신건강 확보와 지역사회 정신건강의 발전 그리고 정신장애인의 재활과 사회통합을 촉진하기 위해서는 이에 대한 범정부적, 국민적 대책과 노력이 절실하다.

이 절에서는 정신질환을 가진 클라이언트와 그들의 가족, 치료방법과 관련된 편견 그리고 그들을 배척하게 만드는 오해와 우리 사회의 태도에 대해서 살펴볼 것이다. 또한 이러한 편견과 낙인이 어떠한 형성기제를 통해서 이루어지는지에 대한 통찰을 제공함으로써 그것을 극복하기 위한 전략수립에 단초를 제공하고자 한다.

1. 정신질환에 대한 편견

편견이란 결점이 있거나 불완전한 정보를 일반화시켜 특정 집단에 대하여 적대적이거나 부정적인 태도를 갖는 것을 말한다. 그중 정신건강 분야의 편견은 대단히 많고 사회 전반에 걸쳐 널리 퍼져 있으며 사회적 지위, 경제적 수준, 학력 및 지적 수준 등과 무관하게 분포되어 있다(Fabrega, 1990). 이러한 정신건강 분야의 편견내용은 정신질환의 원인과 경과, 배척적인 태도, 가족, 치료방법, 사회일반의 태도 등의 측면에서 너무나 다양하다(보건복지부, 2000b).

정신질환의 원인과 경과에 대한 편견내용에는 '정신질환은 유전병'이라는 것, '전염된다'는 것, '치료가 안 된다'는 것, '매우 드문 병'이라는 것, '마음만 굳게 먹으면 낫는다'는 것 등이 있다.

정신질환을 가진 클라이언트를 배척하는 태도와 관련된 편견내용으로는 '늘 괴상한 행동을 하여 사람을 당황하게 할 것'이라는 것, '위험하다'는 것, 정신과 질환에 대한 '사회적 낙인'을 찍는 것, 정신질환에 걸리면 '바보가 된다'는 것 등이 있다.

정신질환을 가진 클라이언트 가족에 대해 일반인이 갖는 편견내용은 '가족이 잘못하여, 잘못 키워서 병이 발병했다'는 것인데, 이는 가족들에게 수치심과 죄책감을 심어 주어 가족들을 더욱더 힘들게 만든다.

한편으로 정신질환을 가진 클라이언트 가족들 또한 정신질환에 대한 잘못된 생각을 갖고 있어 클라이언트의 사회재활을 어렵게 만들기도 한다. 그 주요 내용으로는 '결혼하면 증상이 좋아지거나 치료될 수 있다'는 것, 발병원인에 대한 잘못된 생각들, 즉 '군에 가서 매를 많이 맞아서' '기독교 집안에 불교를 믿는 며느리가 들어와 하나님에게 벌을 받아서' '여자를 잘못 만나 연애하다가 실연 충격을 받아서' 등이다.

가족들은 또한 '정신질환이 질병이라는 사실과 상황의 심각성을 부정'하여 치료시기를 놓치기도 하고 병원치료에 대한 지나친 의존성과 수동성으로 인하여 치료를 어렵게 하기도 한다.

치료방법에 대한 오해와 편견으로는 '강박과 격리' '전기충격치료' '입원기간' '일과 직업 재활치료' 등이 있다. 마지막으로 사회일반의 모순된 태도로는 정신질환을 가진 클라이언트와 정신건강의학병원에 대한 이중적인 태도와 매스컴의 선정적 보도방식, 무분별한 종교와 무속의 활용 등이 있다.

국내에는 아직도 적지 않은 사람들이 정신병의 치료를 굿이나 무속, 금식기도, 안수기도 같은 방법에 의존하고 있다. 과거에는 정신의료기관의 위치가 너무 멀거나 국민의 교육 수준이 낮아 그런 현상이 발생한다고 믿었으나, 국민 의료보험이 실시된 지 여러 해가 지난 시점까지도 이러한 현상이 각 계층에서 광범위하게 발생하고 있음은 잘못된 인식과 편견의 결과가 어떠한지를 보여 주고 있는 것이다. 물론 편견의 교정을 위해서는 넓은 의미에서 국민계몽운동, 좁은 의미에서는 정신건강 분야의 정보전달이 쉽게 이루어질 수 있는 체계가 마련되어야 한다(Clauss, 1999).

2. 정신질환의 편견과 형성기제에 대한 이해

정신질환에 대한 낙인은 이 사회에 널리 퍼져 있어 어떤 영향을 미치는지 조차 모르고 있다. 낙인을 생각하면 그리스인이 노예에게 그들의 천한 신분을 표시하기 위해 팔에 도장을 찍던 것이 그 예가 될 것이다. 정신질환이 뇌의 병이라고 밝혀진 오늘날에도 정신질환을 앓고 있는 사람들은 천한 병을 앓고 있다는 이유로 수치심과 차별을 느끼고 있다.

정신질환을 가진 클라이언트에 대한 편견은 주로 그 시대의 사회·문화·경제적인 상황을 그대로 반영한다. 즉, 시대상황에 따라 정신질환자는 그 사회의 중심 인물에서 주변 인물로, 참여자에서 소외자로 자리바꿈을 하곤 하였다(김철권, 1997).

서구에서는 산업화가 진행되면서 청교도적인 인간관과 결합하여 근면하게 일하고 생산활동에 참여하며 대중과 어울려 적응하는 것을 미덕으로 삼게 되었다. 현대사회는 너무 바쁘고 개인화되어 있으면서도 다중의 원칙에 크게 어긋나는 행동을 하는 사람을 반기지 않음은 물론이고 소외시키도록 구조화되어 있다. 사회는 개인이 생산력과 경제력이 손실되어 사회의 부담스러운 존재로 변할 때 아주 냉정하게 대한다.

더욱이 개인이 자기의 권리를 주장할 능력조차 상실하였을 경우에는 아무도 돌보려 하지 않는다. 정신질환을 가진 클라이언트는 사회에서 쓸모없고 대면하지 않았으면 하는 존재로 인식된다. 그 결과 장기적인 격리수용의 필요성이 주장되고, 이에 따라 편견이 강화되어 나가게 된다. 이처럼 정신질환에 대한 편견형성기제(mechanism)를 이해하는 것은 정신질환을 가진 클라이언트의 사회복귀와 재활을 위해 무엇을 해야 하는지를 명확히 인식하게 해주기 때문에 중요하다.

1) 편견 및 낙인 형성과정

정신질환을 가진 클라이언트에 대한 고정관념은 상업주의적 대중매체를 통해 어릴 때부터 반복적인 학습과정을 거쳐 심어진다. 비교적 편견이 우리보다 약한 미국의 경우 보통 가정은 하루에 7시간 반복적인 학습과정을 거쳐 TV를 보며, 미국인의 87%는 주로 TV를 통하여 정신질환에 대한 정보를 얻는다고 한다(Docwrth, 1999). 정신질환자가 악인으로 묘사될 가능성이 4배나 더 높다고 하는 TV와 비디오 및 만화를 반복해서 보게 되고, 이로 인해 정신질환자는 나쁜 사람이라는 생각을 갖게 된다는 것이다.

낙인과정은 대중매체가 정신질환을 가진 클라이언트를 '흉악한 정신병적 살인자' '사기꾼' '우스꽝스러운 바보'라는 세 가지 범주로 묘사함으로써 강화된다.

첫 번째 범주는 정신질환을 가진 클라이언트가 흉악한 정신병적 살인자로 묘사되는 경우다. 이러한 기제에 따르면 사람들은 자신도 사악한 짓을 할 수 있다는 것을 받아들이지 못하기 때문에 대신 예측할 수 없을 정도로 난폭하고 사악한 다른 존재를 만들어 내어 대리만족을 느끼게 된다.

두 번째 범주는 정신질환을 이용해 남을 속이는 경우다. 이는 만화나 영화에서 흔히 묘사되는 것으로 위기를 모면하고자 할 때나 법정에서 형량이나 무죄를 입증하려고 할 때 변호사들이 흔히 자신의 의뢰자가 정신과 병력 소유자라고 말하는 경우를 통해서 이해할 수 있다.

세 번째 범주는 자신이 우월감을 느끼고 싶어 하거나 제3자가 우월감을 느끼도록 해 주고자 할 때 정신질환을 가진 클라이언트를 우스꽝스러운 바보로 취급하는 것이다. 이 또한 만화나 영화에서 다른 사람을 웃기려고 하는 경우에서 볼 수 있고, 일상생활에서 흔히 조금 엉뚱하거나 바보스러울 때 정신병자 취급을 하는 경우를 통해서 알 수 있다.

2) 정신질환을 가진 클라이언트의 '위험성'에 대한 편견 형성과정

의학이 발달한 현대에도 정신병에 대한 일반인의 '위험성' 지각은 다양한 사회적 요인에 의해 강화된다. 특히 대중매체인 TV, 신문, 만화, 비디오 등(김성완 외, 2000)과 일부 보수적 사법기관의 수사방법의 영향이 크게 작용한다. 이는 크게 다음 세 가지로 설명이 가능하다.

첫째, 매스컴의 보도태도에서 근거한다. 매일 수없이 많은 범죄행위가 발생하고 있으며, 국내의 교도소는 이미 만원이고 국민 중 전과자 수는 엄청나게 많다. 그러나 이 많은 범죄사건이 다 신문기사나 TV 뉴스로 보도되지는 않는다. 반면에 정신질환을 가진 클라이언트의 범죄행위는 사건마다 보도되며 선정적이고 크게 기사화된다. 이는 방송과 언론매체의 상업적 전략이 다분히 작용하고 있기 때문이다. 즉, 시청자와 독자들의 흥미와 시선을 자신의 매체로 유인하여 시청률이나 판매부수를 높이기 위함이다. 그리하여 이를 반복적으로 접하는 국민은 정신질환을 가진 클라이언트를 위험성을 지닌 범죄인과 동일시하게 되는 착각에 사로잡히게 된다.

둘째, 사람들은 자신이 이해할 수 없는 일을 두려워하는 경향이 있다. 일반인은 정신질환을 가진 클라이언트에 대한 관심이 없으며 이해하고 싶어 하지 않고, 평소 상식적인 행동을 벗어난 행동이 이해하기 어려울 경우 그저 무서워하며 피하기에 급급할 뿐이다.

셋째, 범죄를 수사하는 기관에서 근무하는 사람들의 의식구조 문제다. 잘 해결되지 않아 미궁에 빠지는 범죄, 아주 잔인한 범죄, 또는 수사에 사용하는 일반적인 상식으로는 이해할 수 없는 범죄가 발생할 때마다 많은 정신질환자가 용의자로 지목된다. 우선 이러한 접근방식은 수사기관 근무자들이 자신의 수사능력에 대한 의심과 범죄를 예방하지 못한 자신의 책임감을 경감시키고자 하는 데서 비롯된다. 그러나 이러한 사건들의 실제 범죄자가 정신질환을 가진 클라이언트로 밝혀진 적은 거의 없다. 그럼에도 불구하고 이러한 심증에 의한 예단과 언론의 보도자세에 대해 문제를 제기한 사람은 없었고, 정신질환을 가졌다는 이유 하나로 그런 취급을 받는 것을 당연한 것으로 간주해 왔다.

3. 정신질환에 대한 편견과 낙인 극복방안

정신질환에 붙어 다니는 낙인은 어떻게 극복할 것인가? 이것은 어느 한 분야가 할 수 있는 일이 아니며 정신건강과 관련 있는 모든 영역에서 노력이 필요하다. 이러한 맥락에서 다음과 같은 극복방안을 제시하고자 한다.

첫째, 낙인을 극복하기 위해서는 사회적 태도 변화를 위한 전문가들의 노력이 중요하다. 암의 경우를 보면 잘 알 수 있는데, 1961년에는 의사가 환자의 10%에게만 암에 걸린 사실을 알려 주었다고 한다. 그리고 1979년에는 98%가 말을 해 주었다고 한다. 치료법이 개발되고 의료 분야의 소비운동이 전개됨에 따라 암은 더 이상 공포의 대상이 아니다. 에이즈의 경우 환자의 권익보호와 홍보로 낙인이 많이 줄어들었다. 조현병 이외에 주요우울장애, 강박장애, 심지어 단순공포증까지도 정신병의 고정관념 때문에 다른 사람에게 말하기가 어렵다고 한다. 따라서 정신건강전문가들은 정신질환을 가진 클라이언트와 가족을 의료소비자로서 인식하고 교육을 통해 적극적으로 정보를 제공하고 일반대중을 상대로 정신질환에 대한 정확한 이해를 제공해 나가야 한다.

둘째, 가족협회는 낙인을 줄이는 데 많은 기여를 해야 한다. 그리고 정신질환을 가진 클라이언트들이 직접적으로 참여하는 것은 매우 고무적인 일이다. 지난 10여 년 동안 뇌질환 치료에 상당한 진전이 있었다. 더 좋은 치료방법이 개발되고 또 낙인이 줄어들면 정신질환을 가진 클라이언트들이 치료를 받을 기회도 더 많아질 것이다.

그러나 정신질환에 대한 낙인을 없애기 위해서는 궁극적으로 우리 사회에 팽배해 있는 고정관념과 하나씩 싸워 나가야 한다. 더 개방적이고 진지한 태도로 그 문제에 대해서 이야기를 나누어야 한다. 정부의 정책 속에 정신질환을 가진 클라이언트를 옹호할 수 있는 법률조항을 마련해야 한다. 더불어 TV와 언론을 통한 홍보체계의 강화, 언론과 매스컴의 올바른 보도관행을 유도하기 위한 '모니터제'의 활용, 정신질환을 가진 클라이언트에 대한 선정적인 묘사와 편견이 가득 찬 보도의 경우 법률적 대응을 할 수 있는 '법률구조단'의 운영, 지역사회 여론 선도층에 대한 지속적인 신뢰 쌓기 전략(정신질환을 가진 클라이언트의 재활 성공수기, 모범사례 등의 홍보자료 배포) 등을 대중매체를 통하여 적극적으로 구사하여야 한다.

이때 정신건강사회복지사는 정신건강의학과 의사와 달리 클라이언트가 정신질환을 가진 배경을 적극적으로 이해시키고, 치료에 대한 비동조의 대처와 동조의 유도, 권익 옹호자, 가족 대변자, 지역사회 자원 연결 및 조직가, 교육자, 상담가 등의 역할에 대해 정체성을 가지고 활발히 수행하여야 한다.

요약

이 장에서는 서구의 정신건강사회복지의 발달과정을 알아보기 위해서 영국과 미국을 중심으로 살펴보았다. 그리고 우리나라의 정신건강사회복지의 발달과정을 살펴보았고, 패러다임의 전환에 대해서도 구체적으로 알아보았다. 일반인들이 정신질환에 대해 가지고 있는 잘못된 편견과 선입견의 내용에 대해 살펴보면서 정신질환에 대해 가지고 있는 일반인들의 편견과 낙인의 형성과정을 알아보았다. 또한 정신질환의 편견과 낙인에 적극적으로 대처할 수 있는 대처방안에 대해서도 구체적으로 살펴보았다.

1. 영국과 미국의 정신건강사회복지의 발달과정을 비교해 보면서 그 공통점과 차이점에 대해서 토의해 보자.
2. 우리나라의 정신건강사회복지의 발달과정을 살펴보고 서구의 발달과정과의 공통점과 차이점을 비교해 보면서 서로의 의견을 나누어 보자.
3. 정신질환에 대한 편견에 대해서 더 구체적으로 추가되어야 할 편견의 내용이 있는지 토론해 보자.
4. 정신질환에 대한 편견을 극복할 수 있는 더 적극적이고 구체적인 방안에 대해서 토론해 보자.

제3장

정신건강복지사업과 전달체계의 현황

학습목표

1. 정신건강복지사업의 형성과정을 살펴본다.
2. 정신질환자 현황에 대해 알아본다.
3. 정신건강 관련 기관과 시설의 현황을 살펴본다.
4. 정신건강서비스 전달체계에 대해 알아본다.

　　현대사회는 여러 가지 특성에 의하여 정신질환자나 정신장애인이 많이 발생하고 있다. 그러나 우리나라 정신건강복지사업 환경은 양적·질적 측면 모두에서 선진 각국에 비해 상당 부분 뒤처져 있는 것이 사실이다. 다수의 정신질환자나 정신장애인은 그들에게 꼭 필요한 치료나 서비스를 제공받기보다 격리된 정신의료기관이나 정신요양시설에 수용되거나 지역사회 내에서 드러나지 않은 채 생활하게 된다. 이러한 정신건강에 대한 문제는 질병의 원인이나 특성상 어느 개인이나 가족의 힘만으로는 해결이 불가능하고, 조직적이고 체계적이며 종합적인 노력이 필수적으로 요구된다. 따라서 정부가 강력한 개입을 통해 정신건강문제에 접근하여야 한다. 이에 이 장에서는 정신질환자와 그 가족의 증가하는 서비스 욕구에 대응하고 정신건강영역의 효율성을 기함과 동시에 정신질환자의 인권을 보호한다는 측면에서 등장하게 된 「정신건강복지법」과 정책의 형성과정에 대하여 살펴보고자 한다. 더불어 정신건강복지사업의 현황과 정신건강 관련 기관과 시설 현황 그리고 정신건강서비스 전달체계에 대하여 알아보고자 한다.

🌸 제1절 정신건강복지사업의 현황

1. 「정신건강증진 및 정신질환자 복지서비스 지원에 관한 법률」의 의의

21세기 현대사회는 과학기술의 발달, 산업화, 정보화 등으로 급속하게 변화하고 있다. 우리나라의 경우도 도시화, 핵가족화 등을 겪으면서 시장경제에서 동반하는 극심한 생존경쟁과 소외, 갈등 등의 스트레스 요인으로 인하여 우울증, 알코올중독, 조울증, 조현병 등의 정신질환자가 급격히 증가하고 있다. 미국이나 유럽, 호주 등의 선진국에서는 현대사회의 정신건강문제를 개인이나 가족의 책임이 아닌 사회의 책임으로 간주하고 1960년대부터 중앙정부의 주도하에 지역별로 정신건강복지센터를 설치·운영하는 등 정신질환의 조기 발견, 치료 및 재활을 위하여 실질적으로 노력을 기울이고 있다.

이에 우리나라에서도 1995년 12월 30일 「정신보건법」(법률 제51335호)을 제정하여 국민의 정신건강복지와 정신장애인에 대한 보호 및 관리가 개선될 수 있는 계기를 마련하였다. 즉, 정신질환자에 대하여 병원이나 정신요양시설에 장기간 수용하는 사회 통제적 방식에서 벗어나, 지역사회 내에서 정신질환자의 조기 발견과 치료 및 재활을 강조하는 지역사회 중심의 정신건강정책으로의 전환이 이루어져 정신질환의 예방 및 치료사업의 토대를 제공할 수 있는 법적·제도적 장치가 마련된 것이다. 이후 「정신보건법」은 20여 년간 15차례 이상의 개정작업을 거쳐 2017년 5월 30일 「정신건강증진 및 정신질환자 복지서비스 지원에 관한 법률」(약칭 「정신건강복지법」 법률 제14224호)로 전면 개정되었다. 「정신건강복지법」의 목적은 정신질환의 예방·치료, 정신질환자의 재활·복지·권리보장과 정신건강 친화적인 환경 조성에 필요한 사항을 규정함으로써 국민의 정신건강복지 및 정신질환자의 인간다운 삶을 영위하는 데 이바지하는 것(「정신건강복지법」제1조)이다.

이는 기존 「정신보건법」에서의 강제입원 절차를 국제적 기준에 부합하는 방향으로 개선하여 정신질환자의 인권을 더욱 두텁게 보호하고, 행정입원 및 외래치료명령 등의 제도를 개선하여 사회 안전을 강화하기 위한 것으로, 「정신건강복지법」은 강제입원절차의 개선, 정신질환자 차별해소, 정신건강 복지서비스 근거마련, 동의입원을 신설하였는데 그 세부적인 내용은 다음과 같다.

첫째, 강제입원(보호의무자에 의한 입원)절차의 개선이다. 기존의 「정신보건법」에서 강제입원 시 전문의 1인의 진단으로 입원하였으나, 「정신건강복지법」은 서로 다른 정신의료기관 소속인 전문의 2인의 진단을 받아야 2주 이상의 입원이 가능하며, 모든 강제입원은 1개월 이내에 '입원적합성심사위원회'에서 입원적합성 여부 심사를 받아야 한다. 또한 기존에 강제입원 시 6개월에 한 번 입원기간 연장심사를 했으나, 입원 초기에 3개월 간격으로 심사하도록 기간을 단축하였다.

둘째, 정신질환자 차별 해소이다. 기존의 「정신보건법」에서는 정신병의 경중과 무관하게 모든 환자를 정신질환자로 정의하였으나, 개정된 「정신건강복지법」에서는 정신질환자의 법적 의미를 '정신질환으로 독립적 일상생활을 하는 데 중대한 제약이 있는 사람'으로 축소하였고, 우울증 등 경증 환자도 이·미용사, 언어재활사, 화장품제조판매업 등의 자격을 취득하고 사회활동을 할 수 있게 되었다.

셋째, 정신건강복지·복지서비스 근거를 마련하였다. 국가·지역 정신건강복지계획을 수립하고 이에 따라 정신질환의 예방·조기발견 등 정신건강복지사업을 실시하도록 규정하였고, 정신질환자의 복지서비스(고용·교육·문화 서비스 지원, 지역사회 통합 지원 등)에 관한 규정을 신설하였다.

넷째, 동의입원의 신설이다. 자의에 의한 입원이라도 보호의무자 1인의 동의를 받아 입원하고, 퇴원 시 정신건강의학과 전문의 판단으로 72시간 동안 퇴원을 제한할 수 있는 '동의입원' 제도를 신설하였다(법률 제42조). 또한 자·타해 위험이 의심되는 사람의 행정입원을 경찰관이 요청할 수 있도록 하여 경찰관의 적극적 개입 근거를 마련하였다(법률 제44조 제2항 신설). 그러나 행정입원의 직접적인 '신청'은 정신건강의학과 전문의나 정신건강전문요원만이 할 수 있으며, 경찰관은 전문의나 정신건강전문요원에게 신청을 '요청'할 수 있도록 하여 과도한 인권침해를 방지하였다.

이는 정신질환자에 대한 강제입원 절차의 개선을 통한 정신질환자의 인권보장, 경증 정신질환이나 완치된 정신질환자의 직업선택에서의 차별 해소, 동의입원이나 행정입원제도의 신설을 통한 사회안전 강화, 정신질환자가 지역사회에서 치료받으며 일상생활을 영위할 수 있도록 하기 위한 주거·직업 재활 등의 복지서비스 연계 및 확충의 기대효과가 있다고 할 수 있다.

2. 우리나라 정신건강 관련 법률의 형성과정

우리나라에서 「정신건강복지법」의 제정에 대한 최초의 입법 시도는 1968년 대한신경정신의학회와 대한의학협회가 정부에 「정신위생법」안을 건의한 것이었다. 그러나 당시 예산부족으로 기각되었고, 이후 1978년과 1980년 두 차례의 잇따른 건의도 기각되었다.

그 후 1983년 KBS 〈추적 60분〉에서 무인가시설(기도원)에 수용된 정신질환자의 비인간적이고 처참한 수용현실이 보도되면서 그들에 대한 인권침해에 국민이 경악과 분노를 금치 못했다. 이에 정신질환자의 인권보호를 위한 사회적 관심이 높아지고 체계적인 정신건강복지사업의 필요성이 제기되었다.

그리하여 1984년에는 '정신질환종합관리대책'이 수립되어 정신건강의학과의원, 보건소(보건지소), 상담소를 1차기관으로 하여 정신질환자의 발견, 치료, 상담을 담당하게 하고 정신병원, 종합병원 정신건강의학과, 정신요양시설을 2차기관으로 하여 진료, 재활, 훈련을 전담하게 함으로써 정신질환관리체계를 확립하였다. 그러나 그 실시는 미흡하였다. 이후 1985년에 「정신보건법」 제정을 위해 정부안이 제출되었으나 「정신보건법」의 악용소지, 인권유린, 요양원의 양성화 반대, 국가의 재정책임 부재 등의 비판이 제기되어 입법화되지 못하였다.

1991년 대구 나이트클럽 방화사건, 서울 여의도광장 자동차 질주사건의 발생으로 정신질환자의 범죄행위에 대한 사회적 관심이 고조되면서 정부가 범죄의 예방 차원에서 「정신보건법」의 제정에 관여하게 되었다. 이에 정부는 공청회를 통해 각계의 의견을 수렴하여 정신질환자의 인권에 대한 규정을 대폭 수정 · 보완한 뒤 1992년 11월에 「정신보건법」안을 제출하였고, 수차례의 수정과정을 거친 후 1995년 12월 「정신보건법」이 제정되어 1997년 1월부터 시행되었다.

3. 정신건강 관련 법률의 발달과정

1995년 12월 「정신보건법」이 제정되어 1997년 1월부터 시행된 이후 「정신보건법」은 20여 년간 15차례 이상의 개정작업을 거치면서 2017년 5월 「정신건강복지법」으로 개정되었다.

기존 「정신보건법」은 강제입원에 의한 인권침해가 빈번해지고 정신질환에 대한 차별적 요소, 복지서비스 지원 근거의 미비로 개정의 필요성이 대두되어 왔다. 특히 보호자와 전문의 1인의 동의만으로 본인 의사와 무관한 강제입원의 허용은 재산 다툼 · 가족 간의 갈등으로 정상인이나 경증환자를 강제입원시키는 수단으로 남용되어 왔다.

헌법재판소에 제기된 위헌심판제청 사례

- 2013년 11월, 강남구 신사동에 거주하는 할머니의 딸이 부동산 담보대출로 재산상 문제가 생기자, 모친의 우울증 치료경력을 이유로 정신병원에 강제입원시킴
- 2014년 1월, 할머니는 병원 내 공중전화로 이웃주민에 구조요청하여, 서울중앙지방법원에 '인신보호구제청구'를 하였으나 다음 날 딸의 요청으로 다시 강제입원
- 이후 할머니가 감금을 이유로 딸을 고소하자, 고소를 취하하는 조건으로 퇴원에 동의하여 사회로 복귀 그리고 퇴원 후 다른 병원에서 심리검사를 받은 결과, 어떤 정신병적 문제도 드러나지 않은 것으로 나타남
- 할머니는 본인의 억울한 사정을 유발한 「정신보건법」에 대해 위헌법률심판제청 신청을 하였고, 2016년 9월 헌법재판소 9인 재판관 전원일치로 헌법불합치 판정

2016년 9월 헌법재판소는 「정신보건법」 제24조 '보호의무자에 의한 입원(강제입원)'은 정신질환자를 신속하게 치료하고 정신질환자 본인과 사회안전을 지키기 위한 것으로 그 목적은 정당하나, 정신질환자의 신체의 자유 침해를 최소화하고 악용 가능성을 방지하는 방안이 충분치 않아 위헌이라고 판결하였다. 특히 광범위한 정신질환자 범위, 입원 기준인 '정신질환'과 '자·타해 위험' 기준 불분명, 보호의무자 권한 남용 방지 부족, 전문의 권한 남용 방지 부족, 장기 입원기간 문제를 지적하였고, 절차적으로 사전 권리 고지 등 절차가 부족하며, 통신·면회 제한, 입원 경정에 대한 불복·사법심사 절차 규정 미흡문제를 지적하였다.

UN(United Nations: 국제연합)에서는 정신질환자의 강제입원 시 입원심사기관은 사법 및 기타 독립적인 공정한 기관으로 운영할 것과 자격 있는 정신

건강전문가 1인 이상의 조언을 권고하였다. 주요 선진국은 UN 기준에 부합하는 입원제도를 시행 중으로 정신질환자 강제입원 시 미국, 독일, 프랑스는 법원심사를, 호주, 대만, 일본은 독립적인 입원심사기구의 심사를 거치도록 규정하고 있다. UN 장애인권리위원회는 장애인에 대한 의학적 치료에 대해서는 당사자의 사전 동의가 필하다고 권고(2014년 9월)하였고, WHO(World Health Organization: 세계보건기구)에서도 강제입원 요건에 대해 치료 필요성과 자·타해 위험을 모두 충족하는 것이 WHO와 국제인권 기준과 부합한다는 입장(2017년 3월)을 표명하였다.

이에 2017년 5월 개정된「정신건강복지법」에서는 정신질환자의 강제입원에 대한 헌법재판소의 위헌판결과 UN과 WHO에서의 권고안을 반영하여 강제입원제도를 개선하여 정신질환의 인권보호를 위해 강제입원 시 입원병원 이외의 다른 의료기관 소속의 정신건강의학과 전문의에게 추가 입원진단을 받도록 하였고, '입원적합성심사위원회'의 심사를 받도록 절차를 규정하였고, 정신질환으로 인한 차별 해소 및 정신건강복지서비스의 근거를 마련하게 되었다.

🌸 제2절 정신건강복지서비스 전달체계

1. 국가 정신건강복지사업의 방향

보건복지부(2019b)는 우리나라 정신건강복지사업의 비전을 '행복한 삶, 건강한 사회'로 설정하고 이의 달성을 위해 4대 정책목표와 전략 및 기본원칙을 제시하고 있다.

4대 정책목표는, 첫째, 국민 정신건강복지, 둘째, 중증 정신질환자 지역사회 통합, 셋째, 중독으로 인한 건강 저해 및 사회폐해 최소화, 넷째, 자살위험 없는 안전한 사회구현으로 수립하고 있고 각 정책목표별 전략은 다음과 같다. 첫째, 국민 정신건강복지를 위해, ① 인식개선을 통한 정신건강서비스 이용을 제고한다. ② 정신건강문제 조기발견 및 개입을 강화한다. ③ 생애주기별 정신건강 지원체계를 구축한다. 둘째, 중증 정신질환자 지역사회 통합을 위해, ① 조기 집중치료로 만성화를 방지한다. ② 중증·만성 정신질환자 삶

비전	행복한 삶, 건강한 사회

정책 목표	Ⅰ. 국민 정신건강복지 Ⅱ. 중증 정신질환자 지역사회 통합 Ⅲ. 중독으로 인한 건강 저해 및 사회폐해 최소화 Ⅳ. 자살위험 없는 안전한 사회구현

정책목표	전략
국민 정신건강복지	1. 인식개선을 통한 정신건강서비스 이용 제고 2. 정신건강문제 조기발견 및 개입 강화 3. 생애주기별 정신건강 지원체계 구축
중증 정신질환자 지역사회 통합	1. 조기 집중치료로 만성화 방지 2. 중증·만성 정신질환자 삶의 질 향상 3. 정신질환자 인권 강화
중독으로 인한 건강 저해 및 사회적 폐해 최소화	1. 중독 예방을 위한 사회적 환경 조성 2. 중독문제 조기선별·개입체계 구축 3. 중독자 치료·회복 지원 강화
자살위험 없는 안전한 사회구현	1. 전 사회적 자살예방 환경 조성 2. 맞춤형 자살예방 서비스 제공 3. 자살예방정책 추진기반 강화

[그림 3-1] 정신건강복지사업의 비전과 정책목표

출처: 보건복지부(2019b).

의 질을 향상한다. ③ 정신질환자 인권을 강화한다. 셋째, 중독으로 인한 건강 저해 및 사회적 폐해 최소화를 위해, ① 중독 예방을 위한 사회적 환경을 조성한다. ② 중독문제 조기선별·개입체계를 구축한다. ③ 중독자 치료·회복 지원을 강화한다. 넷째, 자살위험 없는 안전한 사회구현을 위해, ① 전 사회적 자살예방 환경을 조성한다. ② 맞춤형 자살예방 서비스를 제공한다. ③ 자살예방정책 추진기반을 강화한다.

이 같은 정책목표와 전략추진을 위한 기본원칙은 다음과 같다. 첫째, 전체 국민을 대상으로 한 정신건강복지과 예방, 환경조성을 강조한다. 둘째, 지역사회 인프라 강화−정보시스템−협력체계 구축을 통해 서비스 접근성을 확보한다. 셋째, 국가 정신건강복지사업의 리더십을 강화한다. 넷째, 정확한 정보와 근거를 기반으로 정신건강정책과 사업을 수행한다.

2. 우리나라 정신질환자 및 정신건강복지기관과 시설 현황

1) 정신질환자 현황

우리나라 정신건강복지사업과 더불어 현재 정신질환자의 현황을 살펴볼 필요가 있다. 이는 정신건강 인프라 구축을 어떻게 해 나가야 하는가를 결정 짓는 중요한 근거가 되며, 아울러 정신건강복지의 전달체계 구축과 이해에도 도움이 된다.

보건복지부가 실시한 '2016년도 정신질환 실태조사'에 따르면 주요 17개 정신질환의 평생 유병률[1]은 18세 이상 64세 이하 인구의 25.4%(남자 28.8%, 여자 21.9%)로 성인 4명 중 1명이 평생 한 번 이상 정신건강문제를 경험하고 있는 것으로 나타났고, 1년 유병률[2]은 11.9%(남자 12.2%, 여자 11.5%)로 지난

---

1) 평생 동안 한 번 이상 정신질환에 이환된 적이 있는 사람의 비율
2) 지난 1년간 한 번 이상 정신질환에 이환된 적이 있는 사람의 비율

1년간 정신건강문제를 경험한 사람은 470만 명으로 나타났다.

평생 유병률은 알코올 사용장애(12.2%)가 가장 높게 나타났고, 불안장애 (9.3%), 니코틴 사용장애(6.0%), 기분장애(5.3%), 조현병 스펙트럼장애(0.5%) 의 순으로 나타났다. 알코올 사용장애는 알코올 남용(내성과 금단증상)과 의존(내성과 금단증상은 없으나 일상생활에 부적응 발생)을 포함하는 질병군으로 평생 유병률은 12.2%(남자 18.1%, 여자 6.4%)로 남성이 여성보다 3배 이상 높았다. 불안장애는 다양한 형태의 비정상적이고 병적인 불안과 공포로 인하여 일상생활에 장애를 일으키는 정신장애로 평생 유병률은 9.3%(남자 6.7%, 여자 11.7%)로 여성이 남성보다 2배까지 높았다. 기분장애는 2주 이상 거의 매일 우울한 기분, 흥미상실, 식욕ㆍ수면 변화, 피로, 자살 생각 등으로 일상생활이나 직업상 곤란을 겪는 장애로, 대표질환인 주요우울장애(우울증)의 평생 유병률은 5.0%(남자 3.0%, 여자 6.9%)로 여성의 경우 남성보다 2배 이상 높았다. WHO는 2030년 우울증이 고소득 국가 질병부담 1위 질환이 될 것으로 전망하고 있다.

표 3-1 주요 정신질환의 평생 유병률, 1년 유병률, 추정환자 수

구분	평생 유병률(%)			1년 유병률(%), 추정환자 수(명)					
	남자	여자	전체	남자	환자 수	여자	환자 수	전체	환자 수
모든 정신장애	28.8	21.9	25.4	12.2	2,415,261	11.5	409,414	11.9	4,700,513
알코올 사용장애	18.1	6.4	12.2	5.0	982,402	2.1	409,414	3.5	1,391,816
니코틴 사용장애	10.6	1.4	6.0	4.5	883,387	0.6	122,970	2.5	1,006,358
조현병 스펙트럼장애	0.5	0.4	0.5	0.2	32,880	0.2	30,481	0.2	63,361
기분장애	3.3	7.2	5.3	1.3	250,130	2.5	499,472	1.9	749,602
불안장애	6.7	11.7	9.3	3.8	752,765	7.5	1,495,239	5.7	2,248,004
약물 사용장애	0.3	0.2	0.2	ㅡ	ㅡ	ㅡ	ㅡ	ㅡ	ㅡ

출처: 보건복지부(2017a).

2) 정신건강복지기관 및 시설 현황

우리나라의 지역사회 내 정신질환자의 예방, 정신질환자의 발견·상담·정신재활훈련 및 사례관리를 담당하고 있는 정신건강복지센터는 243개소(광역 16개소, 기초 227개)이며, 정신질환자 진료, 지역사회 정신건강복지사업의 지원을 담당하는 정신의료기관은 1,554개소(국·공립 20개, 민간 1,534개), 만성 정신질환자 요양·보호를 담당하는 정신요양시설은 59개소, 병원 또는 시설에서 치료·요양 후 사회복귀촉진을 위한 훈련을 실시하는 정신재활시설은 349개소, 중독 예방, 중독자 상담·재활훈련을 담당하는 중독관리통합지원센터는 50개소이다. 우리나라 정신건강복지기관·시설 현황과 주요기능을 살펴보면 〈표 3-2〉와 같다.

표 3-2 정신건강복지기관·시설 현황과 주요기능(2017년 12월 31일 기준) (단위: 개소)

구분		기관 수	주요기능
계		2,255	
정신건강복지센터		243	−지역사회 내 정신질환 예방, 정신질환자 발견·상담·정신재활훈련 및 사례관리 −정신건강복지시설 간 연계체계 구축 등 지역사회 정신건강복지사업 기획·조정 ※ 광역 16(국비 15, 지방비 1) 기초 227(국비 201, 지방비 26)
정신의료기관	국·공립	20	−정신질환자 진료, 지역사회 정신건강복지사업 지원
	민간	1,534	−정신질환자 진료
정신요양시설		59	−만성 정신질환자 요양·보호
정신재활시설		349	−병원 또는 시설에서 치료·요양 후 사회복귀촉진을 위한 훈련 실시
중독관리통합지원센터		50	−중독 예방, 중독자 상담·재활훈련

출처: 보건복지부(2019b). 〈2017. 12. 31. 기준〉

3. 정신건강전문요원 인력체계

1) 정신건강전문요원의 법적 근거와 구분

정신건강전문요원의 법적 근거로「정신건강복지법」제17조 제1항에서는 "보건복지부 장관은 정신건강 분야에 관한 전문지식과 기술을 갖추고 보건복지부령으로 정하는 수련기관에서 수련을 받은 사람에게 정신건강전문요원의 자격을 줄 수 있다."라고 명시하고 있다. 그리고 동법 제17조 제2항에서 정신건강전문요원은 그 전문분야에 따라 정신건강임상심리사, 정신건강간호사 및 정신건강사회복지사로 구분하고 있다.

2) 정신건강전문요원의 업무범위 및 근거

정신건강전문요원의 구체적인 업무범위에 대하여「정신건강복지법 시행령」제12조 제2항에서 정신건강전문요원의 공통업무와 정신건강임상심리사, 정신건강간호사, 정신건강사회복지사의 개별업무를 구분하고 있다. 그 세부내용은 〈표 3-3〉과 같다.

표 3-3 정신건강전문요원 업무의 범위

종별	업무의 범위
공통	1. 정신재활시설의 운영 2. 정신질환자 등의 재활훈련, 생활훈련 및 작업훈련의 실시 및 지도 3. 정신질환자 등과 그 가족의 권익보장을 위한 활동 지원 4. 법 제44조 제1항에 따른 진단 및 보호의 신청 5. 정신질환자 등에 대한 개인별 지원계획의 수립 및 지원 6. 정신질환 예방 및 정신건강복지에 관한 조사ㆍ연구 7. 정신질환자 등의 사회적응 및 재활을 위한 활동 8. 정신건강복지사업 등의 사업 수행 및 교육 9. 그 밖에 제1호부터 제8호까지의 규정에 준하는 사항으로 보건복지부 장관이 정하는 정신건강복지 활동

정신건강 임상심리사	1. 정신질환자 등에 대한 심리 평가 및 심리 교육 2. 정신질환자 등과 그 가족에 대한 심리 상담 및 심리 안정을 위한 서비스 지원
정신건강 간호사	1. 정신질환자 등의 간호 필요성에 대한 관찰, 자료수집, 간호 활동 2. 정신질환자 등과 그 가족에 대한 건강증진을 위한 활동의 기획과 수행
정신건강 사회복지사	1. 정신질환자 등에 대한 사회서비스 지원 등에 대한 조사 2. 정신질환자 등과 그 가족에 대한 사회복지서비스 지원에 대한 상담 · 안내

출처: 「정신건강복지법 시행령」 제12조 제2항 [별표 2].

3) 정신건강전문요원의 자격기준과 등급

「정신건강복지법 시행령」 제12조 제1항에서는 "정신건강전문요원의 등급을 1급과 2급으로 구분한다."라고 명시하고 있고, 「정신건강복지법 시행령」 제12조 제1항 [별표 1]에서는 정신건강전문요원의 자격기준을 정신건강임상심리사, 정신건강간호사, 정신건강사회복지사로 구분하여 명시하고 있다.

표 3-4 정신건강전문요원의 자격기준

종류 등급	정신건강임상심리사	정신건강간호사	정신건강사회복지사
1급	1. 심리학에 대한 석사학위 이상을 소지한 사람(석사 이상 학위 취득 과정에서 보건복지부장관이 정하는 임상심리 관련 과목을 이수한 경우로 한정한다)으로서 법 제17조 제1항에 따른 정신건강전문요원 수련기관(이하 이 표에서 "수련기관"이라 한다)에서 3년(2급 자격취득을 위한 기간은 포함하지 아니한다) 이상 수련을 마친 사람	1. 「의료법」에 따른 간호사 면허를 취득하고, 간호학에 대한 석사학위 이상을 소지한 사람으로서 보건복지부장관이 지정한 수련기관에서 3년(2급 자격 취득을 위한 기간은 포함하지 아니한다) 이상 수련을 마친 사람	1. 사회복지학 또는 사회사업학에 대한 석사학위 이상을 소지한 사람으로서 보건복지부장관이 지정한 수련기관에서 3년(2급 자격 취득을 위한 기간은 포함하지 아니한다) 이상 수련을 마친 사람

	2. 2급 정신건강임상심리사 자격을 취득한 후 정신건강복지시설, 보건소 또는 국가나 지방자치단체로부터 정신건강복지사업 등을 위탁받은 기관이나 단체에서 5년 이상 근무한 경력(단순 행정업무 등 보건복지부장관이 정하는 업무는 제외한다)이 있는 사람 3. 「국가기술자격법 시행령」 제12조의2 제1항에 따른 임상심리사 1급 자격을 소지한 사람으로서 보건복지부장관이 지정한 수련기관에서 3년(2급 자격취득을 위한 기간은 포함하지 아니한다) 이상 수련을 마친 사람	2. 2급 정신건강간호사 자격을 취득한 후 정신건강복지시설, 보건소 또는 국가나 지방자치단체로부터 지역사회 정신건강복지사업 등을 위탁받은 기관이나 단체에서 5년 이상 근무한 경력(단순 행정업무 등 보건복지부장관이 정하는 업무는 제외한다)이 있는 사람 3. 2급 정신건강간호사 자격을 소지한 사람으로서 간호대학에서 5년 이상 정신간호분야의 조교수 이상의 직에 있거나 있었던 사람	2. 2급 정신건강사회복지사 자격을 취득한 후 정신건강복지시설, 보건소 또는 국가나 지방자치단체로부터 정신건강복지사업 등을 위탁받은 기관이나 단체에서 5년 이상 근무한 경력(단순 행정업무 등 보건복지부장관이 정하는 업무는 제외한다)이 있는 사람
2급	1. 심리학에 대한 학사학위 이상을 소지한 사람(학위 취득 과정에서 보건복지부장관이 정하는 임상심리 관련 과목을 이수한 경우로 한정한다)으로서 수련기관에서 1년(1급 자격취득을 위한 기간을 포함한다) 이상 수련을 마친 사람 2. 「국가기술자격법 시행령」 제12조의2 제1항에 따른 임상심리사 2급 자격을 소지한 사람으로서 수련기관에서 1년(1급 자격취득을 위한 기간을 포함한다) 이상 수련을 마친 사람	1. 「의료법」에 따른 간호사 면허를 가진 자로서 수련기관에서 1년(1급 자격취득을 위한 기간을 포함한다) 이상 수련을 마친 사람 2. 「의료법」에 따른 정신전문간호사 자격이 있는 사람	「사회복지사업법」 제11조 제2항에 따른 사회복지사 1급 자격을 소지한 사람으로서 수련기관에서 1년(1급 자격취득을 위한 기간을 포함한다) 이상 수련을 마친 사람

※ 외국에서 정신건강전문요원과 유사한 교육·수련을 받거나 정신건강전문요원과 유사한 자격을 취득한 사람은 보건복지부장관이 정하는 바에 따라 정신건강전문요원과 동등한 자격을 인정받을 수 있다.

출처: 「정신건강복지법 시행령」 제12조 제1항 [별표 1].

그 세부적인 자격기준은 〈표 3-4〉와 같다.

4) 정신건강전문요원 수련기관 현황

1997년 「정신보건법 시행규칙」에 근거하여 정신건강전문요원의 수련이 최초로 시작되었다. 이후 개정된 「정신건강복지법 시행규칙」 제7조 제1항에서는 정신건강전문요원의 수련기관에 대하여 "보건복지부령으로 정하는 수련기관"으로 명시하고 있다. 수련기관은 보건복지부장관의 지정을 받은 시설이나 기관으로, 국립 또는 공립의 정신의료기관, 전공의 수련병원으로 지정된 정신의료기관, 정신요양시설, 정신재활시설, 정신건강복지센터, 보건소 또는 정신의료기관(국립 또는 공립의 정신의료기관, 전공의 수련병원으로 지정된 정신의료기관 이외에 입원실의 100분의 10 이상을 개방병동으로 확보한 정신의료기관 해당)이다.

정신건강전문요원 수련기관은 2018년 기준, 전국에 209개가 지정되어 있고, 수련과정 수는 정신건강사회복지사가 136개소로 가장 많고, 정신건강임상심리사 117개, 정신건강간호사 26개의 순이다. 정신건강전문요원의 수련현황은 〈표 3-5〉와 같다.

표 3-5 2018년 정신건강전문요원 수련현황

수련기관 수	수련과정 수			
	계	정신건강간호사	정신건강사회복지사	정신건강임상심리사
209	279	26	136	117

출처: 보건복지부(2019b).

정신건강전문요원으로 수련시키고자 하는 기관은 수련시키고자 하는 전문분야의 1급 정신건강전문요원 1명 이상이 상시 근무하거나, 2급 정신건강전문요원 3명 이상이 상시 근무해야 하며, 해당 수련을 지도할 수 있는 1급 정신건강전문요원을 1명 이상 위촉해야 한다.

5) 정신건강전문요원 보수교육

2017년「정신건강복지법」의 개정에 따라 정신건강전문요원의 보수교육이 법제화되었다. 보수교육은 정신건강전문요원의 자질을 향상시키기 위해 실시할 수 있고, 국립정신병원,「고등교육법」에 따른 학교, 또는 대통령이 정하는 전문기관에 위탁할 수 있도록 있다(「정신건강복지법」제17조). 보수교육 대상은 정신건강전문요원의 자격을 가지고 해당 자격과 관련된 업무에 종사하고 있는 사람이며, 보수교육 방법은 대면 교육 또는 정보통신망을 활용한 온라인 교육이 가능해야 한다. 보수교육 시간은 매년 12시간 이상(공통 4시간, 개별 8시간)을 이수해야 한다(「정신건강복지법 시행규칙」제9조).

요약

이 장에서는 우리나라 정신건강복지사업의 정책과 전달체계의 현황에 대해 살펴보았다. 제1절에서는「정신건강증진 및 정신질환자 복지서비스 지원에 관한 법률」의 의의와 우리나라 정신건강 관련 법률의 형성과정과 발달과정을 살펴보았다. 제2절의 우리나라 정신건강복지서비스 전달체계에서는 국가정신건강복지사업의 방향과 우리나라 정신질환자 및 정신건강복지기관 및 시설현황을 살펴보고, 마지막으로 정신건강전문요원의 인력체계에 대해 살펴보았다. 이러한 정신건강복지사업의 현황과 전달체계에 대한 고찰은 정신건강복지사업의 인프라를 어떻게 구축해 나갈 것인가를 결정하는 중요한 근거자료가 된다. 이와 같은 정신건강복지사업의 인프라를 구축해야 하는 필요성은 정신건강문제가 질병의 원인이나 특성상 어느 개인이나 가족의 힘으로는 해결이 불가능하고 체계적이고 종합적인 노력이 필수적으로 요구되기 때문이다. 그러므로 정부는 보다 강력하고도 체계적인 개입을 통해 정신건강문제에 개입해야 한다.

토의사항

1. 우리나라의 정신건강복지사업 형성과정에서 재고해야 할 점은 무엇인지 토의해 보자.

2. 정신질환자 현황을 정리해 보고 정신건강 관련 기관과 시설은 어떤 방향으로 운영되어야 할 것인가 생각해 보자.

3. 정신건강서비스 전달체계에서의 문제점과 개선해야 할 사항에는 어떤 것들이 있는지 토의해 보자.

제4장

정신건강과 정신장애 및 정신병리의 이해

인간은 생물학적 · 정신적 · 사회적 존재다. 인간행동은 이들과 상호작용하며, 분리시킬 수 없는 밀접한 상호관계를 맺고 있다. 우리는 다양한 체계 간의 상호작용을 이해하지 않고서는 인간의 행동을 완전히 이해할 수 없다. 이 장에서는 정신건강의 의미와 개념에 대해서 살펴보고, 정신병리의 증상에 대해서 구체적으로 살펴보고자 한다.

🌸 제1절 정신건강과 정신장애의 이해

　대체로 건강 또는 정상이란 말은 불건강 또는 이상과 대비해서 사용되지만 그 차이는 양적인 것으로 볼 수 있다. 즉, 건강과 이상, 건강과 불건강, 정상과 이상에 대한 개념은 어떤 입장에서 고려되느냐에 따라 얼마든지 달라질 수 있다. 따라서 이 절에서는 정신건강의 의미와 개념에 대해서 구체적으로 살펴보고자 한다.

1. 정신건강의 개념

　복잡한 현대 생활에서 많은 사람이 자신과 가족의 정신건강 관리에 점차 관심을 갖게 되면서 우리는 일상생활에서 정신건강(mental health)이라는 말을 자주 사용하고 듣게 된다. 사전에 따르면 정신이란 사고나 감정의 작용을 다스리는 인간의 마음이다. 즉, 정신이란 일상적인 대화에서 흔히 사용하는 어휘로, 겉으로 드러나는 육체와 달리 인간의 내면적인 것으로서 사고의 작용과 정서적인 작용뿐만 아니라 대인관계에서 나타나는 모든 자질을 통틀어 말한다. 또한 건강이란 육체가 아무 탈 없이 정상적이고 튼튼하다는 것과 의식이나 사고가 바르고 건전하다는 것을 모두 포함하고 있다. 즉, 신체적 건강과 함께 인간의 정신적 균형이 외부 환경에 적합한 사회적 기능을 한다는 의미를 함축하고 있다. 따라서 이 두 낱말을 합한 정신건강이라는 용어에는 포괄적인 의미의 정신적 안녕과 신체적·사회적·도덕적 건강의 개념이 모두 내포되어 있다(이영호, 2003에서 재인용).

　유엔의 세계보건기구(WHO)에서는 건강이란 "단지 질병에 걸리거나 허약하지 않는 상태만이 아니라 신체적·정신적·사회적으로 양호한 상태"라고 하였다. 이러한 차원에서 정신건강은 "일상생활에서 언제나 독립적 · 자주적으로 처리해 나갈 수 있고 질병에 대해 저항력이 있으며 원만한 가정생활과 사회생활을 할 수 있는 상태이자 정신적 성숙상태"를 의미한다. 그리고 미국 정신위생위원회(National Committee for Mental Hygiene)의 보고에서는 "정신건강이란 다만 정신적 질병에 걸려 있지 않은 상태만이 아니고 만족스러운 인간관계와 그것을 유지해 나갈 수 있는 능력"을 의미한다고 하였다. 다시 말해, 모든 종류의 개인적 · 사회적 적응을 포함하며 어떠한 환경에도 대처해 나갈 수 있는 건전하고(wholesome), 균형있고(balanced), 통일된(integrated) 성격(personality)의 발달을 의미하는 것이다.

요컨대, 정신건강이란 '행복하고 만족하며 원하는 것을 성취하는 것 등의 안녕상태' 또는 '정신적으로 병적인 증세가 없을 뿐 아니라 자기 능력을 최대한 발휘하고 환경에 대한 적응력이 있으며, 자주적이고 건설적으로 자기의 생활을 처리해 나갈 수 있는 성숙한 인격체를 갖추고 있는 상태'를 말한다.

정신건강의 요소에는 정서적 성숙, 적절하고 적합한 감정반응, 현실검증력과 합리적 판단력 등이 포함되어 있다. 정서적 성숙이란 여러 가지 내 · 외적 압력에 대해서 정서적으로 잘 순응하고 역동적 균형을 유지하는 것이다. 적절하고 적합한 감정반응은 그 사람이 직면하고 있는 사건이나 상황, 문제 등에 질적 · 양적으로 비례하고 있다는 의미이다. 현실검증력과 합리적 판단력이 있다는 것은 현실왜곡이 없이 현실의 생활여건이나 위기, 현재의 사건이나 관계가 변화되면 감정이나 반응도 거기에 알맞게 대응한다는 뜻이다(권진숙 외, 2017).

2. 정신장애, 정신병, 정신질환의 구별

정신건강의 개념을 규정하기 위하여 구별할 필요가 있는 유사한 용어들이 있다. 정신장애, 정신병 그리고 정신질환이 그것이다.

정신장애(mental disorder)란 단순히 병리학적인 용어로만 규정할 수는 없으며 시대성과 사회성을 반영하는 사회역사적 개념이다. 예를 들면, 과거에는 동성애와 알코올중독이 일탈적인 것으로 간주되었으나, 최근에는 동성애를 정상적인 생활방식의 하나로 주장하고 있으며 알코올중독도 신체질환으로 취급하고 있다.

이와 같은 정신장애를 이해하기 위해서는 유사용어와 구분하여 이해하는 것이 필요하다.

① 정신병(psychosis)이라는 용어다. 이것은 일반인이 가장 널리 사용하는 용어로서 정신적으로 이상이 있다고 생각되는 거의 모든 것을 지칭하는 포괄적인 의미를 지닌다. 그러나 사실상 특수한 증상(비현실적인 엉뚱한 이야기, 이상한 행동 등)을 가리키는 것으로 기질적(organic: 머리를 다쳐 뇌손상 후 뇌의 기능이 제대로 이루어지지 않아 사고, 행동, 감정에 이상현상을 보이는 경우)이거나 기능적(functional: 기질적이든 특수한 증상이 원인이든 사회적 역할이나 인간관계를 잘 하지 못할 정도로 기능수행이 안 되는 경우)인 증상을 일컫는 제한적인 의미를 지니고 있다.

② 정신질환(mental illness)이라는 용어다. 이는 질병의 개념을 강화한 용어다. 정신병적(psychotic)이고 신경증적(neurotic)인 것 모두를 포함한다. 그리고 정신병적 · 신경증적 증상을 질병으로 진단하여 정신과적 병명(예: 조현병, 우울증, 불안장애 등)을 부여하고 그에 대한 적절한 치료를 강조한다.

③ 가장 광의적인 개념으로는 정신장애(mental disorder)가 있다. 이는 정신병과 정신질환의 개념을 포괄하는 용어로서 사고, 감정 및 행동이 병리학적으로 특징지어지는 장애를 일컫는다. 정신질환과 달리, 정신장애는 질병 자체의 활발한 진행 외에도 질병으로 인한 기타 기능의 파손까지를 포함한다. 따라서 질병의 증상이 없어진 후에도 사회적 기능 등이

질병 이전의 상태로 회복되기 어려워 사회적응에 어려움을 겪는 경우를 말하는데, 만성 정신장애(chronic mental disorder)가 이에 속한다.

제2절 정신병리의 이해

학제 간 서비스가 강조되는 정신건강영역에서 정신병리에 대한 이해는 정신건강사회복지사로 하여금 타 전문가들과의 의사소통을 용이하게 도와주며, 정신진단분류체계에 대한 이해를 증진시킬 뿐만 아니라 개별 정신질환들을 객관적으로 이해할 수 있게 해 준다는 점에서 중요하다. 특히 정신병리에 대한 이해는 정신건강사회복지사에게 정신장애인을 보다 객관적으로 이해하고 사정하며 효율적인 서비스를 계획할 수 있는 준거틀을 제시해 준다. 따라서 이 절에서는 정신장애에서 흔히 나타나는 정신병리에 대해 살펴보고자 한다.

1. 정신병리 이해의 필요성

정신병리란 비정상적인 인격기능을 말하며, 행동(behavior), 사고(thinking), 의식(consciousness) 면에서 볼 때 쉽게 눈에 띄지 않는 인간행동의 장애에서부터 인간의 전체적인 반응 양상의 이상에 이르기까지 다양한 현상학적(phenomenology) 개념이다.

인간은 자신과 환경 간의 일정한 적응상태가 유지되도록 움직여 나간다. 질병의 증상은 개인의 어떤 부분(심리적, 신체적)의 기능결손으로 인해 발생하는 기능장애의 결과이거나 그 기능결손을 보상하기 위한 개체의 노력으로 인하여 생기는 증상으로 이해할 수 있다. 이처럼 정신병리란 일정한 적응상태가 파괴되었을 때 발생한다. 적응상태를 붕괴시키는 요인은 반복적으로 축적된 스트레스나 신체적 조건의 변형 그리고 이 양자의 혼합일 수 있다.

　정신장애에서 나타날 수 있는 증상들, 즉 기분장애, 기억장애, 행동장애 등의 개별적인 증상들이 모여 하나의 정신질환(조현병, 우울증 등)을 형성한다고 볼 때, 정신질환을 객관적으로 이해하기 위해서는 정신병리론을 체계적으로 이해할 필요가 있다.

　정신건강사회복지사는 정신질환에서 나타날 수 있는 증상들, 즉 사고장애, 기분장애, 의식장애, 지각장애 및 행동장애를 이해함에 있어서 각각의 증상을 정확하게 파악할 수 있어야 한다. 나아가 각각의 증상을 총괄하고 상호관계를 이해하며, 그 증상 하나하나가 환자의 전체적인 정신현상의 어떤 문제를 반영하는가를 이해하여야 한다. 이것은 환자를 '상황 속의 인간' '전인적 인간'으로 보는 관점에서 매우 필요하기 때문이다.

　정신장애의 증상은 크게 행동장애, 지각장애, 사고장애, 기분장애, 의식장애, 지남력장애, 기억장애 등으로 나눌 수 있으며, 병식과 판단 또한 증상과 함께 환자 이해에 필수요소다.

2. 정신병리의 증상

　특정한 소인을 가진 사람에게는 삶의 과정 중에 감당하기 어려운 생물학적 · 심리적 · 사회적 스트레스, 즉 유발인자가 왔을 때 장애가 올 수 있다. 그것이 너무 크거나 누적되어 적응범위를 넘어서면 그대로 표현되거나 대응전략(대처기제)과 방어기제를 사용하여 조정 · 극복되는데, 그 적응과정이 병적이 되는 것이 바로 증상이다.

　증상은 방어적, 도피적, 보호적, 회복적 목적이 있다. 그리고 자신을 위하여 나름대로 가장 효과적인 적응방법을 선택한 결과로서 적응방식 또는 방어기제가 어떤 수준인가, 얼마나 원시적인가에 따라 정상적 행동, 신경증적 행동, 정신병적 행동이 나타나게 된다.

1) 지능장애(disorder of intelligence)

지능이란 개인이 경험을 통하여 배우고 판단을 내리고 어떤 개념을 활용하여, 과거와 현재를 통찰하고 미래를 예측해서 환경에 맞게 자신의 행동을 조절하고 미래를 계획하여 적절하게 새로운 상황에 적응해 낼 수 있는 능력을 말한다. 대개 IQ 110 이상은 우수, 90~110은 보통, 90 이하는 열등이라 한다.

(1) 지적장애(mental retardation)

어떤 이유에서건 개체의 발달과정(developmental period)에서 지능의 발육이 제대로 이루어지지 않아서 평균적인 일반인의 지능보다 낮은 상태에 머물러 있는 경우를 말한다. IQ 50~70은 경도(교육 가능급), 35~49는 중등도(훈련 가능급), 20~34는 중도, 20 이하는 최중도라 한다.

(2) 치매(dementia)

일단 정상평균치의 지능까지 발육되었다가 어떤 이유(예: 뇌의 외상, 영양장애, 감염, 독성물질의 중독, 퇴화현상 등)로 인하여 지능상태가 영구적으로 평균치 이하로 저하되어 있는 상태를 말한다.

2) 표정과 태도 장애(disorder of expression and attitude)

환자의 표정과 태도는 비언어적 의사소통의 수단으로서 환자의 내면세계를 보여 준다.

우울하고 힘 없는 표정과 태도는 우울증의 증상이고, 의심하는 듯 무관심하고 괴상한 자세와 거부적인 태도는 조현병에서 흔히 보인다. 바보스러운 표정은 지적장애에서, 건방지고 무례한 태도는 인격장애에서, 그리고 과장되고 연극적·유혹적 태도는 히스테리에서 볼 수 있다.

3) 지각장애(disorder of perception)

지각(perception)이란 외부로부터 들어온 감각자극(sensory stimulus: 청각, 시각, 미각, 후각, 촉각, 통각, 온각, 냉각, 압각, 신체 및 운동감각, 평형감각)을 과거의 경험과 결부시켜 조직화하고 해석해서 그 외부 자극의 성질을 사실 그대로 파악하고, 그 자극과 자기 자신의 관계를 이해하는 능력을 말한다.

(1) 착각(illusion)

- 외부 대상에 대한 감각적 인상을 잘못 해석하는 현상이다.
- 역동적으로는 무의식에 억압되어 있는 요소들이 착각을 일으키게 한다. 예를 들어, 심한 죄책감을 억누르고 있는 환자는 나뭇잎이 바스락거리는 소리를 자신을 비난하는 소리로 착각하기도 한다.
- 착각은 환각과 동일한 심리적 기능을 가지고 있지만 현실 왜곡의 정도가 환각보다 덜하다.
- 뇌손상에 의해서도 착각이 일어날 수 있다.
- 비현실감(derealization), 이인증(depersonalization)에서도 착각이 일어난다.

(2) 환각(hallucination)

- 자극이 없는데도 마치 외부에서 자극이 들어온 것처럼 지각하는 현상이다.
- 역동적 의미로는 의식에서 용납할 수 없는 무의식적 욕구들, 즉 소원성취, 비난, 죄책감, 자기처벌 욕구가 투사되어 마치 자기의 욕구가 아닌 것처럼 위장하고 외계의 자극인 것처럼 지각되는 것이다.

① 환청(auditory hallucination)

- 환각 중에서 가장 흔히 나타난다.
- 조현병에서는 망상과 밀접한 관계를 가지고 나타나는 경우가 많다. 자

신에게 어떤 행동을 하라고 지시하거나 자신을 어떻게 하기 위해서 모
의를 하거나 자신을 욕하는 내용의 환청은 피해망상과 밀접하게 연관되
어 있다.
- 우울증 환자의 경우 자신을 꾸짖는다거나 얕보는 말소리가 들리는 것
  이다.
- 조증 환자의 경우 위대한 인물, 조물주 등이 자신과 이야기를 하고자 하
  는 환청이 들리므로 자신도 그렇게 위대한 인물이라고 여기는 과대망상
  과 관계가 있다.

② 환시(visual hallucination)
- 단순한 작은 물체나 이상한 빛이 보이는 경우도 있고, 심할 때는 영화의
  화면같이 복잡한 것이 보이는 경우도 있다.
- 존재하지 않는 사물이 보이는 것이며 조현병, 코카인 중독과 같은 급성
  기질성 뇌증후군 상태에서 많이 나타난다. 이때는 대개 작은 짐승, 벌레,
  무서운 형상의 괴물 등이 눈에 보여서 환자가 공포상태에 빠지는 것을
  흔히 경험한다. 동물이나 사람이 실제보다 아주 작은 모습으로 축소되
  어 나타나는 왜소환각(lilliputian hallucination)이 나타나는 경우도 있다.

③ 환후(olfactory hallucination)
- 자기 몸에서 이상한 냄새가 나서 남들이 자기를 피한다는 망상을 수반
  하는 경우가 많다. 그리고 성(性)과 관련해서 자신의 몸에서 정액냄새,
  암내, 썩는 냄새 등이 난다고 지각하는 경우가 있다.
- 보통 불쾌하고 역겨운 기분을 느끼게 하는데, 이는 죄책감이나 혐오감
  을 나타내기 때문이다.

④ 환미(taste hallucination)

- 매우 드문 환각의 하나다.
- 이상한 맛을 느낀다거나 음식에서 독약 맛이 난다거나 하는 경우가 있는데, 순수한 환각이라기보다는 착각인 경우가 많고 감정상태가 아주 불안한 경우가 많다.

⑤ 환촉(tactile hallucination)

- 알코올, 약물 중독과 같은 중독상태에서 흔히 나타난다.
- 조현병의 경우 환각적인 성적 감각이 있을 수 있다.
- 뜨거운 것 혹은 차가운 것이 몸에 닿는다, 보이지 않는 물체가 몸에 붙어 있다, 몸에 전기가 지나간다, 독가스가 몸에 묻어 있다고 느껴지는 등의 경우다.

⑥ 운동환각(kinesthetic hallucination)

- 사지절단 환자의 환상지 현상(phantom phenomenon)이 가장 흔한 형태다.
- 잘려 나간 장기가 크거나 형태가 달리 지각되고 움직이는 듯 느껴지기도 한다.

⑦ 신체환각(somatic hallucination)

- 신체의 일부가 변형되었다거나 신체를 향해 무언가 일어나고 있다고 믿는 환각이다.

4) 사고장애(disorder of thinking)

정상적인 사고란 합리적이고 현실적인 사고(rational or realistic thinking)를 말한다. 즉, 외부의 자극을 정확히 지각하고 인지하는 능력이 있으며, 자신의 내면에서 일어나는 상상이나 환상과 사실을 구별할 수 있는 사고다. 사고장애는 환자의 말을 통하여 알 수 있다.

(1) 사고 형태 및 사고체험의 장애
(disorders of thought form and thought experience)

① 자폐적 사고(autistic thinking)
- 조현병 환자에서 흔히 볼 수 있다. 현실을 무시하고 자신에게만 뜻이 있는 자신의 무의식이나 감정의 자극에 의한 비현실적 사고를 말한다.
- 비논리적이고 비합리적인 사고다. 백일몽(day dreaming), 마술적 사고 등도 무의식적·자기중심적·본능적 욕구에 따라 현실을 무시하는 비논리적 사고다.

② 구체적 사고(concrete thinking)
- 문자적 사고: 은유의 사용이 없고 말의 뉘앙스를 이해하지 못하는 일차원적 사고다.
- 추상적 사고: 의미의 뉘앙스를 알고 은유와 가설을 이해하는 다차원적 사고다.

(2) 사고 진행의 장애(disorder of thought progressions)
사고 진행이란 연상(association)의 속도와 그 방식을 의미한다. 다양한 정신장애에서 이 과정의 와해(loosening)가 일어난다.

① 사고의 비약(flight of idea)
- 한 생각에서 다른 생각으로 연상이 너무 빨리 진행되어 원래의 주제로부터 탈선하므로 사고목표에 도달하지 못하는 사고다.
- 빗나가는 사고(tangentiality)라고도 한다.

- 팽창된 내적 욕구와 주의산만 때문에 조증 환자에게서 많이 나타난다.
- 음향연상(clang association)은 소리만 비슷한 의미 없는 단어를 계속 말하는 것이다(예: 비행기, 비둘기, 비누, 비스킷……).
- 언어압박(pressure and push of speech)은 논리나 연상의 특별한 장애는 없어 보이지만 멈출 수 없이 말이 계속 쏟아져 나오는 것을 말하며, 조증 환자에게서 나타난다.

② 사고지체(retardation of thought)
- 연상의 시작과 말의 속도가 모두 느린 것을 말하며, 목소리도 낮고 작다.
- 우울증이나 조현병 환자에게서 나타난다.

③ 우원증(circumstantiality)
- 많은 불필요한 내용을 삽입하고 엉뚱한 방향으로 사고가 진행된 후에야 말하고자 하는 목적에 도달하는 경우다.
- 연상과정에서 중요한 내용, 즉 사고의 주류와 그렇지 않은 것을 구별하지 못하므로 일어나는 현상이다.
- 조현병, 기질성 정신장애, 노인정신병, 지적장애에서 나타난다.

④ 보속증(perseveration)
- 한 생각이 지속적으로 반복되는 것으로 어떤 질문에도 같은 대답을 하게 된다.
- 뇌손상 후유증, 기질적 뇌증후군, 지능장애에서도 올 수 있다.

⑤ 지리멸렬(incoherence)
- 사고 진행이 와해되어 논리적 연결이 없고 조리가 없어 도무지 줄거리를 알 수 없는 언어로서, 구나 단어들이 흩어진 상태다.

- 말의 두서가 없고 횡설수설한다.
- 내적 혼란상태 때문에 온다.
- 조현병에서 보이는 연상이완(loosening of association)이 전형적인 예다.
- 말비빔(또는 단어비빔, word salad)은 연관성이 없는 단어만을 나열하는 것이다.

⑥ **사고의 막힘(blocking of thought)**

- 사고의 박탈(thought deprivation)이라고도 하는데, 사고의 흐름이 갑자기 막혀 버리는 현상을 말한다.
- 사고의 진공상태가 이루어진다. 후에 환자에게 물어 보면 "그 순간 생각이 멈춰 버렸다." "아무 생각도 떠오르지 않았다."라고 말한다.
- 정신역동적으로는 환자의 무의식 속에 있는 갈등이 강렬하고도 불쾌한 감정을 동반하는데, 이 갈등이 자극되므로 압도되어 막힘이 온다고 본다.
- 조현병에서 보인다.

⑦ **신어증 또는 신어조작증(neologism)**

- 자기만 뜻을 아는 새로운 말을 만들어 내는 현상이다. 두 가지 이상의 단어를 합쳐서 새로운 단어를 만들기도 하는데, 자폐증과 관계가 많다.
- 조현병의 증상으로 정신분열증어(schizophrenic word)라고도 한다.

⑧ **기타**

- 엉뚱한 대답(irrelevant answer)은 질문에 맞지 않는 대답을 하는 경우로 정신병 환자에게서 볼 수 있다.
- 방언(tongue)은 전혀 알아들을 수 없는 말로 계시적 전달을 하는 것이다.

(3) 사고내용의 장애(disorders of thought content)

① 사고경향(trend of thought)
- 논리보다 감정요소의 지배를 받는 사고로서, 강한 감정과 관련된 특정한 생각보다 그 주변에 생각이 집중되어 있기 때문에 다른 생각을 할 수 없게 된다.
- 남들이 보기에는 대수롭지 않은 것에 지나치게 집착하여 생각이 거기에서 벗어나지 못하는 경우다.

② 망상(delusion)
- 망상이란 사실과 다른 신념으로 그 사람의 교육 정도나 환경과 맞지 않고 현실과 동떨어진 생각이며, 비합리적이어서 이성적·논리적 방법으로 교정이 어려운 허망한 생각을 말한다.
- 역동적 의미로는 충족되지 못한 무의식적 욕구가 외부로 투사되어 망상을 형성한다. 현실에서 느끼는 자신의 부족감을 채우기 위한 방편으로 그로부터 생기는 불안을 방어해 보려는 노력으로 망상이 형성되기도 한다. 따라서 망상은 다른 정신증상들과 마찬가지로 환자의 적응을 위한 방편이라고 보아야 한다. 망상을 결정짓는 요소는 좌절감, 열등감, 죄책감이다.

피해망상 또는 편집망상(persecutory or paranoid delusion)
- 타인이 자신을 해칠 것이라고 믿는 망상으로서 자신의 증오, 공격성이 투사된 결과다. 가장 흔한 증상이다.
- 추적망상(delusion of pursuit), 관찰망상(delusion of observation), 조정망상(delusion of being controlled), 피독망상(delusion or poisoning)이 있다.
- 조현병이나 만성 정신질환에서 보인다.

과대망상(grandiose delusion)

−자신이 '위대하다.' '전능하다.' '부자다.'라고 믿는 망상이다. '천리안을
갖고 있다.' '텔레파시가 있다.'는 등의 마술적 사고도 보인다.

−종교망상(religious delusion), 혈통망상이 있다.

−열등감, 패배감, 불안감 등을 보상하기 위한 노력으로 보인다.

−조증, 조현병에서 나타난다.

우울망상(depressive delusion)

−역동적 의미로는 미워해서는 안 될 사람에게 무의식적 미움을 갖게 될
때 갈등이 생기고 우울해지는데, 이런 우울감정을 피하기 위하여 합리화
의 방어를 사용하면 우울망상이 된다.

−빈곤망상(delusion of poverty): 자신은 곧 파산할 것이고 가난에서 헤어나
지 못할 것이라는 망상이다. 노인정신병에서 나타난다.

−죄망상(delusion of sin): 자신이 용서받을 수 없는 죄를 지었다는 망상이다.

−질병망상(delusion of disease): 자신이 몹쓸 병에 걸려서 더 이상 살 수 없
다고 믿는 망상이다.

−허무망상(nihilistic delusion): 허무감에 빠져 있는 것으로 자신은 이미 존
재 가치도 없고 존재하지도 않으며, 뇌도 없고 텅 비어 있으며 아무런 느
낌도 없다는 망상이다.

−자책망상(delusion of self accusation): 죄를 지었으므로 자기 자신을 처벌
해야 한다는 망상이다.

관계망상(delusion of reference)

−자신과 무관한 일을 사적인 관계가 있는 것으로 믿는 망상이다.

−정신질환의 초기에 나타나며 조증, 우울증, 조현병, 편집증에서 나타난다.

색정망상(erotic delusion)

- 모든 이성이 자신을 사랑하고 있다고 믿고, 자신은 모든 이성을 사랑해 줄 의무와 권리가 있다고 믿는 망상이다.
- 연애망상(delusion of loving)이라고도 한다.

기타의 망상

- 신체망상(somatic delusion): 자신의 장기 어떤 부분이 남과 특이하게 다르다고 믿거나 내장이 썩고 있다고 믿는 망상이다.
- 사고방송(thought broadcast): 자신의 생각을 남들이 이미 다 알고 있다고 믿는 망상이다.
- 사고주입(thought insertion): 다른 사람의 생각을 자신의 머릿속에 주입시킨다는 망상이다.
- 빙의망상(delusion of possession): 귀신, 악령이나 어떤 동물이 몸속에 들어와 지배한다는 것으로서, 비슷하게 자신이 동물이나 괴물로 변신했다는 망상이다.

③ 건강염려증(hypochondriasis)

- 객관적인 병리가 없음에도 불구하고 자신이 불치병에 걸렸다고 믿는 것을 말한다.
- 심리적 불안이 육체적 질병에 대한 불안으로 바뀐 것이다.
- 갱년기 우울증에서 가장 심하게 나타나며, 그 외 우울증에서 빈번히 나타난다.
- 강박신경증, 조현병, 히스테리와 불안상태 등에서 볼 수 있다.
- 신체망상과 같은 개념으로 다루기도 한다.

④ **강박관념**(obsession)

- 자기 생각이 병적이라는 것을 알고 생각하지 않으려고 노력함에도 계속해서 자꾸 떠오르는 생각, 느낌, 충동을 말한다. 이는 논리와 합리성의 영향을 받지 않는다.
- 강박장애 환자와 조현병 환자에게서 볼 수 있다.

⑤ **공포증**(phobia)

- 특정 대상이나 상황에 대한 사실무근의 병적인 두려움을 갖는 것을 말한다.
- 공포증의 대상으로 흔한 것은 대중, 세균, 암, 불결함 등이다.
- 단순공포증(simple phobia), 사회공포증(social phobia), 적면공포증(erythrophobia), 오물공포증(coprophobia), 고소공포증(acrophobia), 폐쇄공포증(claustrophobia), 광장공포증(agoraphobia), 질병공포증(nosophobia), 대인공포증(anthropophobia), 불결공포증(mysophobia), 동물공포증(zoophobia), 외부인공포증(xenophobia) 등이 있다.

5) 기억장애(disorders of memory)

(1) 기억항진(hypermnesia)

- 지엽적이고 지나치게 자세한 것까지도 중요한 사실과 마찬가지로 동등하게 기억해 내는 것으로 특정 사건과 관계된 것일 때가 많다.
- 편집증, 조증, 긴장형 조현병에서도 볼 수 있으나, 정신병리를 강화하는 데만 기여할 뿐 사회적응이나 성격발달에는 별 도움을 주지 못한다.

(2) 기억상실(amnesia)

- 심인성 기억상실(psychogenic amnesia): 불안에 대한 방어를 목적으로 하

는 기억상실이다. 범위는 선택적이고 일정 기간의 기억에 국한되며, 어떤 사건 후 돌발적으로 발생하고 회복도 갑자기 완전히 이루어지는 특징이 있다.

- 전진성 기억상실(antrograde amnesia): 뇌손상을 입었을 경우 의식이 회복된 이후의 일을 기억 못하고 그 이전의 일은 정확하게 기억하는 것이다.
- 역행성 기억상실(retrograde amnesia): 뇌손상을 입은 기간뿐 아니라 그 이전의 일을 거슬러 올라가면서 기억상실이 되는 경우를 말한다. 이 경우 사건 후의 일에 대해서는 기억을 가지고 있는 것이 보통이다.

(3) 기억착오(paramnesia)

- 기억이 안 되는 부분을 방어하기 위한 목적이며, 무의식적으로 거짓으로 기억하는 것처럼 꾸미는 것이다.
- 작화증(confabulation): 기억손상이 있는 부분에 대해서 그럴듯한 이야기를 꾸며서 메우는 것이다.
- 회상착오(retrospective falsification): 강한 무의식적 동기 때문에 과거의 기억 중 자신의 이익에 맞는 것만 선택적으로 기억하거나 왜곡되게 기억하는 것이다.

(4) 기시감(deja-vu)과 미시감(jamais-vu)

- 환자가 잊고 싶어 하는 고통스러운 과거 경험과 연관이 있기 때문에 방어 목적으로 기억장애가 온 결과다. 사람, 소리, 장소, 상황, 생각, 느낌과 관련이 있다.
- 기시감은 낯선 것을 전에 본 것같이 느끼는 현상이고, 미시감은 전에 알고 있는 것에 대해 생소하게 느끼는 현상이다.

6) 의식장애(disorders of consciousness)

(1) 주의력장애(disorder of attention)
- 주의산만(distractability)은 주의를 충분한 기간 동안 유지하지 못하고 계속 다른 자극에 주의를 돌리는 것을 말한다.

(2) 의식의 혼탁(cloudiness of consciousness)
- 감각자극에 대한 지각, 사고, 반응, 기억 등에 장애가 있는 것으로 주의가 산만하고 착란이 있으며 이해력이 부족해진다.
- 대뇌피질의 연상기능에 광범위한 장애가 온 것으로, 자극에 대한 반응이 떨어져 질문하려면 환자를 흔들면서 큰 소리로 반복해야 한다.
- 자극을 주면 의식이 회복되나 그대로 두면 다시 혼탁에 빠지는 상태다.

(3) 착란(confusion)
- 환자는 당황하고 지남력장애가 있으며 혼동과 사고의 빈곤 등의 특징이 있다.
- 자극에 대한 반응이 신속하지 못하고, 주의력이 산만해지거나 감퇴되고, 사물에 대한 이해능력도 감퇴된다.
- 심한 정신병이나 해리상태에서 나타난다.

(4) 몽롱상태(twilight state or dream state)
- 의식혼탁의 한 형태로서 의식과 무의식의 중간 상태다. 보통 심인성으로 나타나며 해리 시에 전형적으로 나타난다.
- 증상으로는 수분에서 수일간에 걸쳐 착란, 환각 그리고 환각에 따른 폭행, 뛰쳐나감 등 일련의 복잡한 행동을 하는데, 이를 나중에 기억하지 못한다.

(5) 섬망(delirium)

- 의식의 혼탁이 심한 경우다.
- 고열, 수술 후, 산욕기, 요독증, 중독상태, 알코올 금단 등 급성 뇌증후군의 일반 증상으로서 급성이다.
- 의식장애, 착란, 당황, 안절부절못함, 지남력장애, 환각, 착각, 공포, 악몽 등의 증상과 경과의 변동이 심한 것이 특징이다.

(6) 혼미(stupor)

의식장애 중 그 정도가 가장 심한 경우로, 환자는 운동능력을 상실하고 외부 자극에 대하여 거의 반응을 하지 않는다. 강력한 동통자극에 의해 일시적으로 깰 수 있으므로 혼수에 비해 약간의 의식은 남아 있다고 볼 수 있다.

(7) 혼수(coma)

모든 정신활동과 신경조직의 기능이 마비되고 생명을 유지하는 데 필요한 심장과 폐만이 살아 있는 경우로서 의식이 완전히 정지해 있는 상태다.

7) 행동장애(disorders of behavior or activities)

(1) 활동증가/과잉행동(increased activity or overactivity)

- 필요 이상으로 지나치게 많은 활동을 하는 경우다. 한 가지 일이 끝나기 전에 다른 일을 시작하며 주의가 산만하다.
- 굉장히 바쁘게 뛰어다니지만 실제 이루어 놓은 것은 없다. 외적 자극보다는 내적 욕구의 증가 때문에 발생한다.
- 경조증 혹은 조증 환자에게서 볼 수 있다.

(2) 활동저하(decreased activity)

- 활동에 대한 욕구가 저하되어 동작이 느리고 말수도 적어지고 목소리도 낮다. 사고의 흐름도 느려진다.
- 심해지면 혼수상태처럼 활동이 없어지고 고정된다.
- 우울증과 조현병에서 보인다.

(3) 반복행동(repeated activity)

- 남이 보기에는 이유가 없는 것 같은데도 같은 행동을 반복한다.
- 강직증(catalepsy): 행동 자체가 멎어서 부동 자세를 취하는 경우로, 자세의 상동증으로 볼 수 있다. 한 가지 자세를 계속 유지한다.
- 납굴증(waxy or cerea flexibility): 팔다리를 불편한 자세로 구부려 놓아도 그대로 움직이지 않고 있다. 조현병의 긴장형 혼미(catatonic stupor)에서 보인다.
- 상동증(stereotypy): 같은 행동을 반복한다. 예컨대, 조현병 환자가 복도의 양끝을 계속 똑같은 속도로 왕복한다든지, 옷 단추를 끼웠다가 풀었다가 하는 행동을 반복하는 경우다. 이는 의미 없는 반복행동처럼 보이지만 자신의 무의식적 갈등이나 긴장을 해소하기 위한 방편으로서 그렇게 하는 수가 있다.
- 매너리즘(mannerism): 정신내적 갈등이나 긴장을 유발하는 요인이 없어졌는데도 습관적으로 상동증적 행동을 하는 경우로 개인이 가지고 있는 독특한 버릇이나 표정 등에서 잘 나타난다. 예를 들면, 누구에게 질책을 받을 때마다 손목시계를 본다든지, 의자에 앉았다가 일어나면 꼭 의자를 한 바퀴 돌고 나서야 다음 일을 시작하는 행동이 해당된다.
- 음송증(verbigeration): 의미 없는 단어나 문장을 반복해서 말한다.
- 보속증(perseveraion): 자신은 다른 행동이나 말을 하려고 하지만 뇌의 장애로 새로운 말이나 동작으로 넘어가지 못하고 반복한다.

(4) 자동행위(automatic behavior)

- 지시자동증(command automatism): 상대방의 말에 자동적으로 복종하고 따르는 행위다.
- 반향언어(echolalia): 상대방의 말을 따라 반복하는 행위다.
- 반향동작(echopraxia): 상대방의 동작을 흉내 내는 것이다.

(5) 거부증(negativism)

- 상대방의 요구를 묵살하거나 적극적으로 반대행동을 하는 것이다. 그 양상은 함구증(mutism), 음식 거절, 치료적 요구를 따르지 않음, 간호에 대한 저항 등이다.
- 정신역동적 의미로는 마음속에서 어떤 대상에 대한 미움과 분노를 적극적으로 행동화한 것이다. 분노의 표현치고는 가장 위험이 적고 안전한 방법이면서도 상대방에게는 불안을 주어 자신의 불만을 해결할 수 있기 때문에 나타난다.

(6) 강박적 행동(compulsion)

- 스스로 자신의 행동이 무의미하다든가 불필요하다는 것을 알면서도 그 행동을 반복하지 않고는 견딜 수가 없는 병적 행동이다. 이는 무의식 속의 죄의식에 대한 불안을 방어하는 행동이다. 가장 흔한 형태로는 손씻기가 있다.
- 강박관념(obsession)을 동반한다.
- 강박적 음주(dipsomania), 발모광(trichotillomania), 절도광(kleptomania) 등이 있다.

(7) 충동행동(impulsive acts)

- 순간적인 감정의 지배에 의하여 예기치 않은 행동을 폭발적으로 일으키

는 현상이다.
- 폭행, 폭언, 파괴, 방화, 자해, 상해 등을 저지를 수 있다.
- 충동억제의 실패원인으로는 지적장애, 술 또는 약물에 의한 뇌기능 손상, 초자아의 결함, 억제력의 학습결여 등이 있다.

(8) 자살(suicide)
- 대체로 사랑의 결핍과 무능감, 거부감을 느끼기 때문이거나 혹은 자기를 버린 사람에게 죄책감을 불러일으키기 위한 것인 경우가 많다.

8) 기분장애(disorders of mood)

(1) 고양된 기분(elevated mood)
- 보통 이상의 즐거운 기분으로 조중에서 볼 수 있다.
- 다행감(euphoria): 병적으로 낙관적 태도와 자신감, 유쾌한 기분, 행복감을 느끼는 상태다.
- 의기양양(elation): 가벼운 행복감에서 오는 즐거운 기분이 넘쳐 행동과 욕구가 과장되어 나타나는 상태다.
- 고양(exaltation): 즐거운 기분이 더욱 강해져서 과대망상적이 되고 권위를 세우려는 상태다.
- 황홀경(ecstasy): 가장 극단적인 고양상태로서 무아지경, 우주, 신 등과의 일체감을 경험하며 전능감을 느낀다. 이는 무의식적 욕구충족의 최고봉에 도달했을 때 일어나는 감정이다.

(2) 우울(depression)
- 슬픔과 동반하여 비관, 죄책감과 수치심이 따른다. 환자는 무겁고 처진 느낌, 절망감, 자기비하, 의욕감퇴, 무력감, 흥미와 재미의 상실 등의 중

상을 가지며 말수가 적어지고 행동이 위축된다.

- 두통, 피곤, 식욕상실, 변비, 불면, 월경불순, 성욕감퇴, 체중감소 등이 나타난다.
- 우울증의 원인은 무의식적인 죄책감이다.
- 가면우울(masked depression): 우울에 대항하는 하나의 방어로 볼 수 있는데, 나이에 따라 그 양상이 달라진다. 즉, 청소년기에는 반항적인 행동, 청소년 비행, 알코올남용, 약물남용으로, 그리고 노년기에는 정신·신체장애 등의 신체증상 호소로 우울이 표현된다.
- 불쾌기분(dysphoria): 우울도 불안도 아닌 오랫동안 지속되는 불쾌한 기분이다.
- 쾌감결여(anhedonia): 즐거움을 상실하고 우울한 기분에 빠져 있는 상태다.
- 슬픔/비통(grief): 실제적인 상실에 따른 슬픔이다.
- 애도(mourning): 슬픔을 극복해 가는 심리적 반응이다. 애도반응이 지연되면 우울증이 된다.

(3) 불안(anxiety)
- 초조(agitation): 불안이 심하여 근육계통까지 영향을 미쳐서 안절부절못하는 것이다.
- 공황(panic): 급성의 강력한 불안으로서, 매우 심한 불안상태다.
- 긴장(tension): 불쾌한 팽팽한 느낌으로 모순되는 두 개의 욕망 사이에 있을 때 발생하며 근육이 경직된 상태다.
- 부동불안(free floating anxiety): 분명한 원인을 알 수 없이 마음이 정처 없이 불안에 밀려다니는 상태다.

(4) 무감동(apathy)

- 불충분한 정동이다.
- 단조로운 정동(flat affect): 느낌의 표현이 거의 없는 상태로, 황폐(deterioration)라고도 한다.
- 둔해진 정동(blunted affect): 표현된 감정의 정도가 매우 감퇴된 상태다.
- 제한된 정동(restricted affect): 표현된 감정의 정도가 약간 제한된 상태다.

(5) 부적절한 정동(inappropriate affect)

- 사고 내용이나 상황과 어울리지 않게 웃고 우는 정동이다.
- 유동적 정동(labile affect): 외부 자극에 상관없이 정동의 표현이 빠르고 급격히 변한다.

(6) 양가감정(ambivalence)

- 상반되는 감정이 동시에 존재한다.

(7) 이인증(depersonalization)

- 자신이 자신 같지 않고 변했다는 주체성에 대한 변화된 느낌이다.
- 주위 세상이 바뀐 것 같다는 비현실감이다.

9) 지남력장애(disorder of orientation)

자기가 서 있는 시간과 공간, 자기가 상대하고 있는 사람과 자신의 세계를 구체적으로 인지하는 능력을 지남력이라 하며, 이 능력의 이상을 지남력장애라 한다. 대개 기억, 주의력, 지각장애가 있을 때 나타난다. 그 외에도 심한 갈등상태, 정서적 혼란, 무관심 상태에서 볼 수 있다.

조현병에서는 시간의 흐름을 놓치는 시간 지남력장애를 볼 수 있다. 예를 들어, 병원에 입원해 있으면서 자기 집 안방이라 하고, 아침에 일어나서 왜

저녁밥을 안 주냐고 하고, 간호사를 보고 엄마라고 하는 것 등이다.

10) 통찰력 또는 병식(insight) 장애

통찰력이란 환자가 자신의 정신병리를 제대로 알고 있는지의 여부를 말한다. 즉, 자신이 정신적인 장애를 가지고 있다는 것을 아는 상태를 통찰력이 있다고 하고, 그렇지 못한 경우를 통찰력이 없다고 한다.

요약

이 장에서는 정신건강과 정신장애 및 정신병리에 대해 살펴보았다. 정신건강의 개념은 개인의 사회적·문화적 환경에 의해 영향을 받게 될 상대적인 가치척도로서 이해해야 할 것이다. 즉, 정신건강에는 포괄적인 의미의 정신적 안녕과 신체적·사회적·도덕적 건강의 개념이 모두 내포되어 있다. 정신병리는 일정한 적응상태가 붕괴되어 발생하는 것으로, 그 붕괴요인은 반복적으로 축적된 스트레스나 신체적 조건의 변형으로 이해할 수 있다. 정신장애의 증상은 자신을 위하여 나름대로 가장 효과적인 적응방법을 선택한 결과로 적응방식 또는 방어기제의 수준에 따라서 정상적인 행동, 신경증적인 행동, 정신병적인 행동으로 나타나게 된다. 정신장애의 증상에 대해서는 행동장애, 사고장애, 기분장애, 의식장애, 지남력장애, 기억장애 등이 있다.

1. 정신건강과 정신장애를 구분 짓는 요소에 대해서 토의해 보자.

2. 정신건강을 유지하거나 증진시킬 수 있는 방안에 대해서 서로 토론해 보자.

3. 정신병리에 대해 읽어 보고, 자신에게 해당되는 것이 있다면 무엇이며 그것이 어떤 상황에
   서 발견되는지 각자의 생각을 토론해 보자.

제5장

정신건강사회복지의 실천적 관점

학습목표

1. 정신건강사회복지의 실천적 관점을 명확히 이해한다.
2. 정신건강사회복지실천에서 생태체계적 관점을 학습하고 활용을 명확히 이해한다.
3. 정신건강사회복지실천에서 강점관점을 학습하고 그 활용을 명확이 이해한다.

　　정신건강사회복지 실천활동이 다른 정신건강전문직과 공통점을 가지고 있으면서
도 구별되는 점은 여러 가지가 있다. 그중에서 가장 구별되는 것은 정신건강사회복
지실천을 행함에 있어 정신건강사회복지사들이 갖게 되는 것으로, 정신장애라는 '현
상'에 영향을 미치는 사회환경적 원인과 개입에 대한 기본 관점이다. 정신건강사회
복지실천의 대상이 정신장애인 개인이든, 집단이든, 가족이든 간에 정신건강사회복
지를 실천함에 있어서 정신건강사회복지사가 갖고 있는 기본 관점은 '환경 속의 인
간'과 '부분이 아닌 전체로서의 인간'이라는 용어로 요약될 수 있다. '환경 속의 인간'
개념은 생태체계적 관점과 밀접하며, '부분이 아닌 전체로서의 인간'은 병리는 부분
이고 강점 또한 부분이므로 인간을 전체로서 통합하여 보는 시각을 제공하는 강점관
점과 관련성을 갖는다. 이에 이 장에서는 이러한 두 가지 관점을 간략히 살펴보고 정
신건강사회복지실천에서 어떻게 활용되는가를 살펴볼 것이다.

🌿 제1절 생태체계적 관점

사회복지실천활동이 다른 인간서비스 전문직과 무엇보다 구별되는 점은 '환경 속의 인간(person-in-environment)'이라는 기본 시각에 있다. 정신건강사회복지실천 또한 그러한 영향에서 예외일 수 없다. 이는 개인이 갖는 정신건강문제 역시 개인과 환경 간의 상호작용에서 파생된다고 보고, 개인-환경 상호작용 증진의 책임을 개인과 환경 모두에게 둔다는 것이며, 개인적 요소와 환경적 요소 모두에게 관심을 갖고 변화 또는 개선을 시도한다는 것이다. 이러한 실천관점을 가장 잘 반영하는 것이 생태체계적 관점(eco-systemic perspective)이다. 이 관점은 환경이 인간에게 영향을 미치는 방법과 인간이 환경에 영향을 미치는 방법을 조망하며 문제의 파악과 개입 방향에 대한 하나의 틀을 제공한다.

1. 정신건강사회복지실천을 위한 생태체계적 관점의 이해

1) 생태체계적 관점

생태체계적 관점은 흔히 생태체계론(ecosystems), 생태적 체계론(ecological systems), 생태적 관점(ecological perspective) 등과 혼용되는 것으로서 체계적 관점(Bertalanffy, 1968)과 생태적 관점(Auerswald, 1968)이 합성된 것이라 할 수 있다. 브론펜브레너(Bronfenbrenner, 1979)는 인간발달 과정을 분석하는 가운데 체계론적 관점을 확대하여 '생태적 체계(ecological systems)'라는 용어를 사용하였다. 이 용어는 저메인과 지터만(Germain & Gitterman, 1980)이 생활모형(life model)이라는 그들의 사회복지실천모형을 제시하는 가운데 생태체계모형(eco-systemic model)을 도입하면서 사회복지실천에 자리 잡게 되었다.

생태학은 유기체와 환경 간의 관계를 연구하는 생물과학이다. 생태학적 관점은 환경과 유기체가 역동적인 평형상태를 유지하면서 성장하는 과정에 관심을 두고 있다. 이를 인간행동에 적용할 경우 인간과 주변 환경 간의 상호작용, 상호의존성 또는 역동적 교류와 적응에 초점이 주어진다. '환경 속의 인간'이 제시하는 개념 틀을 실천적 의미로 구체화한 것이 사회복지 실천분야에서의 생태체계적 관점이라 할 수 있다. 따라서 사회복지실천에서 사용되는 생태체계적 관점은 개인과 사회 문제를 다룸에 있어 개인, 환경, 개인과 환경 간의 상호적 관계 모두에 동시적인 초점을 둔다(Germain & Gitterman, 1995). 이러한 개념 틀 속에서 개인과 그를 둘러싼 환경은 문화적 · 역사적 맥락 속에 공존하는 요소들, 즉 생태체계라는 큰 체계 내에 함께 존재하는 요소들로 간주된다. 따라서 개인과 환경 모두는 특정 상황 속에서 양자가 끊임없이 영향을 주고받는 관계 측면에서 관찰되고 파악되어야만 충분히 이해할 수 있다.

2) 생태체계적 관점의 인간관

생태체계적 관점은 인간에 대하여 낙관론적 · 긍정적 시각을 가진다. 인간과 환경은 지속적인 상호작용과 교환을 통하여 서로에게 영향을 미치고 끊임없이 유기적이며 상호적응하는 호혜적 관계를 유지, 변화 및 발전시킨다고 본다.

3) 행동의 부적응, 정신건강문제에 대한 관점

모든 인간행동은 내적 욕구와 환경적 욕구 사이의 조화를 찾기 위한 적응과정이므로 어떤 행동도 부적응행동으로 규정하지 않는다. 따라서 생태체계적 관점에서 부적응이란 존재하지 않는다. 부적응적인 결과 혹은 수용되기 어려운 행동이 나타난다 하더라도 그것이 적어도 그 환경 안에서는 적응적인 것이며, 모든 행동은 상황 안에서는 의미가 있는 것이다(임은희, 2004). 따라서 클라이언트의 부적응에 대하여 낙인이나 비난을 하지 않고, 문제행동은 물리적·사회적 환경과 클라이언트 간 상호작용의 산물이기 때문에 변화 가능한 것으로 간주한다.

4) 적응과 변화에 대한 관점

정신건강사회복지의 실천적 관점에서는 생태체계적 관점에 내포된 개념 중 '적응(adaptation)'을 중요시한다. 생태체계적 관점에서 말하는 적응이란 '개인 대 환경의 적절한 결합'을 의미한다. 여기서 '적합(fit)'은 개인 또는 집단의 욕구, 권리, 목적, 능력 등과 개인이나 집단이 처한 문화적·역사적 맥락 속에 존재하는 물리적·사회적 환경의 성질 및 운영상황 사이의 맞물림 상태, 즉 개인적 욕구와 사회적 요구 사이의 조화와 균형 정도를 의미한다. 따라서 개인이나 환경에 그 적합도는 매우 낮을 수도 있고 높을 수도 있는 것이다. 양자 사이의 적합도가 비교적 양호할 경우 그것을 '적응이 잘된 상태(adaptedness)'(Dubos, 1978)라고 한다.

상호적합이 잘 이루어진 상태에서는 인간과 환경이 상호 긍정적인 영향을 주고받으면서 상호 적응적 기능이 향상되는 반면, 적응이 잘되지 않은 상태에서는 개인 정신건강의 파괴와 사회적 기능의 위축 등으로 인해 개인의 성장과 발전이 지체되며 그에 따라 개인과 상호작용하는 환경도 손상을 입게 된다. 적응과정은 인간이 그들 환경과의 적합도를 유지하거나 향상시키기 위해 지속적으로 동원하는 변화 지향적인 인지, 감각, 지각, 행동 노력의 과정을 의미한다. 적응은, ① 환경을 변화시키기 위한 노력, ② 개인 자신을 변화시키기 위한 노력, ③ 환경과 개인 모두를 변화시키기 위한 노력, ④ 이러한 노력들의 결과로 발생한 변화에 적응하기 위한 노력 모두를 포함한다.

생태체계적 관점은 변화에 대해 매우 개방적이다. 클라이언트의 문제행동이 환경과의 상호작용, 특히 클라이언트의 내적 욕구와 환경적 자원 간의 불일치에서 비롯되므로 변화를 위한 다양한 가능성이 존재하는 것으로 본다.

생태체계적 관점을 가진 정신건강사회복지사는 클라이언트의 병리보다는 강점에 초점을 두고, 클라이언트와 파트너십을 형성하여 개인과 환경 간의 상호작용에 개입함으로써 변화를 위한 가능성을 확대해야 한다.

이러한 차원에서 개인과 환경의 상호작용을 이해하기 위해서는 개인의 상호작용 대상인 환경에 대한 이해가 필요하다. 다음에서는 개인이 상호작용하는 환경의 수준을 살펴보기로 한다.

2. 개인이 상호작용하는 환경(체계)의 수준

인간이 그들이 처한 환경과 상호작용하는 과정에서 여러 가지 수준의 체계들과 동시에 교류한다는 점에 주목할 때, 정신건강사회복지실천은 개인의 가장 가까운 환경에서 시작하여 다양한 수준의 사회환경, 나아가 생태환경까지 파급될 수 있다. 개인은 이러한 상이한 수준의 환경으로부터 직·간접적인 영향을 받게 되는데, 어떤 체계가 개인에게 주는 영향은 대개 그 체계와 개인 사이에 놓인 중간(매개)체계의 성격에 의해 조정된다. 예를 들면, 일반적으로 빈곤지역 청소년은 그렇지 않은 지역의 청소년에 비해 비행에 빠질 확률이 높다고 보고되고 있다. 그런데 빈곤지역에 있다 하더라도 가족기능이 원활히 유지되고 있는 가정에서 성장하고 있는 청소년은 그렇지 않은 가정에서 성장한 청소년에 비해 비행에 빠지는 경우가 매우 적은 것으로 나타나고 있다. 이것은 빈곤지역체계 특성의 영향이 직접 개인 청소년에게 미치는 것이 아니라 가족이라는 중간체계를 경유하면서 매개 또는 조정됨을 나타낸다. 이렇듯 개인은 생태체계 내에서 많은 미시체계, 중간체계, 거시체계와 상호작용하며 생활한다.

1) 미시체계

개인이 일상생활에서 직접 접촉하고 상호교류할 수 있는 부분이다. 가족

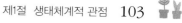

이 대표적이며 학교, 직장, 여가생활 등을 통해 개인이 직접 경험하는 일상적 세계가 이 수준의 환경에 포함된다. 대개 미시수준 환경은 개인별로 독특성을 지닌다. 즉, 다른 누구도 동일한 환경을 동일하게 경험하지 않는다는 것이다. 이러한 미시수준 환경은 인간의 행동 및 정서발달과 성장에 매우 중요한 영향을 미친다.

2) 중간체계

전체 환경 중에서 미시수준환경에 직·간접적으로 영향을 주어 미시수준 환경의 성격과 기능을 결정하는 환경이다. 개인이 일상적으로 경험하는 생활에 영향을 주는 학교, 이웃, 직장, 종교단체 등의 일반적 환경 특성(예: 학교 구조, 운영과정, 정책결정 과정, 규칙의 경직성 또는 유연성, 재단의 교육의지 등), 개인이 이용할 수 있는 지역사회 자원체계들의 성격 등이 해당된다. 일상생활의 필요에 의해 접하게 되는 각종 집단도 포함된다.

3) 거시체계

개인의 생활에 간접적 영향을 미치는 체계로서 사회 구성원 모두에게 공통적으로 해당되는 환경을 의미한다. 여기에는 개인의 생활에 간접적 영향을 미치는 사회제도, 문화, 환경, 경제적·정치적 구조 등이 해당된다.

3. 생태체계적 관점에서 정신건강사회복지

1) 생태체계적 관점에서의 지역사회정신건강 프로그램의 이해

생태체계적 관점에서 지역사회정신건강 프로그램은 정신장애인이 지역사회에서 생존하는 데 필요한 환경적 요구와 스트레스에 적응하고 대처할 수 있도록 도와주는 중요한 원조체계다. 즉, 정신장애인과 그들을 둘러싼 환경체계 사이의 상호작용과 상호교류가 이루어지는 공유영역에서 그들이 적절하게 기능할 수 있도록 돕는 체계가 지역사회정신건강 프로그램이다.

이러한 지역사회정신건강 프로그램은 정신장애인이 환경체계의 요구와 스트레스에 대응할 수 있는 기술을 개발하고 환경상의 원조체계를 획득 · 강화할 수 있도록 도와야 한다. 지역사회정신건강 프로그램의 목표는, ① 정신장애인이 환경체계의 요구와 스트레스에 대응할 수 있는 기술의 개발, ② 정신장애인을 지지하는 환경상의 자원개발이다. 아울러 이러한 기능의 수행을 통해 정신장애인이 환경 안에서 적절히 기능하도록 돕는 것이다.

2) 생태체계적 관점에서 정신질환을 가진 클라이언트의 이해

생태체계적 관점에서 정신장애인 재활의 문제는 환경과의 적응적 부조화다. 대부분의 정신장애인은 환경체계와의 복잡한 상호작용 속에서 발생하는 적응적 적합성의 혼란, 즉 스트레스에 대한 적절한 대처능력의 측면에서 생물학적 취약성을 가진 사람들이다(Anthony, 1997). 정신장애인은 일반적으로 잔여증상과 기능장애로 고통받고 있으며 실업상태이고 미혼인 경우가 많다. 그리고 제한된 사회적 관계를 가지고 있으며 가족과도 불화가 잦고 재정적인 의존상태에 있다(Lehman & Steinwachs, 1998). 즉, 대부분의 정신장애인은 환경체계와의 적응적 부조화의 문제가 있지만 그에 대응할 수 있는 기술과 자원이 부족하다. 그들은 환경체계가 주는 스트레스에 대응할 수 있는 기술이 부족할 뿐만 아니라, 이러한 기술의 부족으로 인해 환경상의 지지체계 수가 일반인보다 적으며(Mueser, 1997), 가족과 같은 주요 지지체계와 불화를 겪고 있어 주변 체계들이 원조체계로서의 기능을 적절히 수행하지 못하는 경우도 많다.

3) 생태체계적 차원에서 정신건강사회복지실천의 유용한 도구

생태체계적 관점을 반영하여 정신건강사회복지실천에서 유용하게 사용될 수 있는 도구가 생태도(eco-map; Hartman, 1978)다. 이것은 동일한 삶의 공간

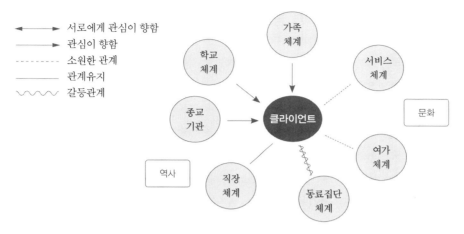

[그림 5-1] 생태체계적 관점(생태도)

내에 존재하며 상호 관련되어 있는 체계들을 찾아내어 그 체계들끼리 영향을 주고받는 양상을 그림으로 묘사하는 실천도구다. 생태도에는 개인 또는 가족체계와 주변 관련 체계들 사이에 발생하는 자원과 에너지의 유입 및 유출 상황, 갈등상황, 관계상황 등이 기록된다. [그림 5-1]은 하나의 생태체계 내에 함께 존재하며 상호작용하는 개인과 주변 환경체계의 관계를 보여 주는 생태도다(엄명용 외, 2005).

이 생태도에서 생태체계 내의 모든 구성체계는 동일한 역사적ㆍ문화적 배경 가운데 존재한다. 이러한 배경적 성격을 그림에서는 사각형으로 표시하였다. 그 역사적ㆍ문화적 배경 속에 개인을 중심으로 개인생활에 영향을 미치는 각종 체계들이 그려진다. 이러한 생태도를 살펴보면서 정신건강사회복지사는 개인 또는 그가 속한 가족과 주변 환경체계 간의 상호작용, 상호의존성, 적응성, 개인 대 환경 간의 적합도를 높이기 위해 변화되어야 할 체계 및 변화의 방향 등에 대해서 검토해 볼 수 있다.

4. 생태체계적 관점에서 정신장애인 재활모형

이상과 같이 정신장애인의 재활을 위한 실천에 관련되는 체계와 유용한 도구를 이해했다면, 이제 그 체계들이 어떠한 과정을 통해서 클라이언트에게 재활효과를 가져오는지 살펴보겠다. 이러한 관계와 과정에 관하여 설명하는 모형으로는 앤서니와 리버먼(Anthony & Liberman, 1986)의 정신장애인 재활모형이 참고가 될 수 있다.

- 앤서니와 리버먼은 정신장애의 과정과 결과를 생물학적 · 환경적 · 행동적 요인 간의 복합적인 상호작용이라는 관점의 스트레스 취약성 대처-능력 모델로서 설명한다. 이 모델을 살펴보면 두 가지 중요한 체계가 정신생물학적 취약성으로 특징지어지는데, 그것은 개인의 심리적 특성, 인지적 능력, 문제해결 기술, 욕구와 가치로 구성된 개인체계와 가족, 동료 및 친구, 이웃, 지역사회 등 다양한 체계로부터 발생하는 스트레스로 구성된 환경체계다.
- 정신생물학적 취약성은 스트레스가 되는 환경체계의 생활사건이 대처기술을 압박할 때 정신병적 증상을 초래할 수 있다. 이와 같은 증상의 초래는 동시에 기능적 제약을 가져와 사회기술의 감소를 초래하며, 실업이나 노숙과 같은 사회적 불리를 경험하게 한다.
- 개인체계와 환경체계가 증상, 기능결함, 불리와 같은 재활효과에 미치는 영향은 보호요인에 의해 영향을 받는다. 이러한 취약성과 스트레스는 보호요인에 의해 손상, 장애 그리고 불리에 미치는 영향, 다시 말해 재활효과에 미치는 악영향이 감소될 수 있다. 보호요인 중에서 가장 중요한 것은 대처와 능력으로 개인적 · 사회환경적 특성의 영향을 받는다. 그 예에는 사회생활에 필요한 기술을 개발하고 사회적 지지를 제공하는 재활프로그램이 포함된다.

- 재활효과는 증상, 사회기술, 실업이나 노숙과 같은 상황의 변화까지 생물학적 측면, 행동적 측면, 환경적 측면을 포괄한다. 또한 개인과 환경의 상호작용과 보호요인에 의해 영향을 받는 재활효과는 다시 개인 특성과 환경 그리고 보호요인에 영향을 미치는 환류작용을 수행한다.

🏔️ 제2절 강점관점

사람은 자신이 가지고 있는 관점이나 사고틀을 기준으로 사물이나 타인을 판단할 가능성이 높다. 특히 실천현장에서 사회복지사의 관점에 의해 실천과정이 결정된다고 볼 때 사회복지사의 클라이언트에 대한 관점은 개입의 전략이나 과정을 결정하는 중요한 변수가 된다. 생태체계적 관점에서 살펴본 개인과 생태체계의 관계적 맥락의 이해를 토대로 개인 내적인 차원에 대한 관점을 명확히 할 필요가 있다. 정신건강사회복지실천에 있어서 패러다임은 강점관점으로 전환되고 있다. 이러한 강점관점이 정신건강사회복지실천의 가치와 적용에 어떻게 연결되는지를 살펴보자.

1. 강점관점의 정의와 구성

강점은 어려움에 대처할 수 있고 스트레스에 직면하여 기능을 유지할 수 있는 능력과 외적 충격으로부터의 회복에 원동력이 되는 사회적 지지를 이용할 수 있는 능력을 말한다(McQuaide & Ehrenreich, 1997). 강점관점(strength perspective)이란 클라이언트를 독특한 존재로 보고 다양성을 인정하고 존중하며, 클라이언트의 결점보다는 강점에 초점을 두고 가능한 모든 자원을 활용하여 클라이언트의 역량을 실현해 나가도록 돕는 것이다.

이러한 강점관점은 인간의 존엄성과 사회정의라는 사회복지의 기본가치와 맥을 같이하는데, 이러한 맥락에서 샐리베이(Saleebey, 1996)는 강점관점이 사회복지의 전문적 가치를 실천하는 데 필수적이라고 보았다. 이는 인간의 존엄성, 가치, 자기결정을 증진시키고자 하는 사회복지의 가치가 클라이언트의 내재된 잠재력, 능력, 강점을 인지하여 그것을 실현할 수 있도록 하고자 하는 강점관점의 가치와 일치하기 때문이다.

1) 주요 가정

브라운(Browne, 1995)은 클라이언트의 강점을 촉진시키는 과정 자체가 클라이언트의 능력을 증가시키는 가장 빠르고 역량강화(empowerment)를 하는 길이라고 보았다. 그리고 취약성을 생각하는 대신에 탄력성(resilience; 적응유연성, 회복력)을 강조하는 것이어서 역량강화에 토대를 둔 실천(empowerment-based practice)이라고 보았다. 그리하여 클라이언트의 현존하는 문제를 해결하기보다는 잠재적인 강점과 클라이언트 체계의 강점을 확인하고 인정할 수 있는 기술습득이 필요하고, 나아가 강점을 발달시키고 해결책을 찾으려는 것으로 주의를 돌려야 한다고 하였다(Miley, O'melia, & Dubois, 1995: 61). 이러한 맥락에서 강점관점이 갖는 주요 가정은 다음과 같다.

첫째, 인간은 성장과 변화를 위한 능력이 있고 회복될 수 있다(Early, 2000: 119-120). 탄력성이란 인간은 다양한 문제와 역기능의 형태와 같은 위험요소에도 불구하고 생존하고 번성한다는 것을 의미한다. 정신건강사회복지사가 이러한 고유한 힘을 지지할 때 클라이언트는 긍정적인 성장을 위한 가능성을 증진시킬 수 있다.

둘째, 사람들은 그들의 상황을 정의하는 데 중요한 지식을 가지고 있다. 지금까지 어려움을 어떻게 다루어 왔는가에 대한 클라이언트의 견해와 지식은 향후 삶의 변화에 매우 중요하다.

셋째, 삶의 어려운 문제에도 불구하고 모든 사람과 환경은 클라이언트의 삶의 질을 향상시킬 수 있는 강점이 있다. 클라이언트가 어떻게 가장 부적당한 환경에서 살아남았는지에 관심을 가진다. 정신건강사회복지사는 클라이언트들이 그들에게 적용되기 바라는 방향과 클라이언트들의 강점을 존중해야만 한다(Saleebey, 1996).

넷째, 클라이언트의 동기는 클라이언트가 정의하는 강점을 지속적으로 강조할 때 촉진될 수 있다.

다섯째, 강점의 발견은 클라이언트와 정신건강사회복지사 간의 협력적 탐색 과정을 요구한다.

여섯째, 사람들의 삶은 할 수 없는 것보다 할 수 있는 것에 초점을 맞출 때 더 나아진다.

2) 변화의 도구

개입과정에서 정신건강사회복지사는 전문가이고, 클라이언트는 서비스를 받는 수동적인 존재로 정의하는 함정에 빠질 수 있는데(Miley et al., 1995), 클라이언트와 생산적인 관계를 형성하기 위해서는 평등성뿐만 아니라 개방성도 필요하다. 잘못된 것이 점점 더 많이 드러날수록 클라이언트의 취약한 감정이 증가하고 그들의 방어가 고조된다. 그리고 방어가 높아질수록 정보의 교류는 줄어들고 자원은 축소된다. 따라서 클라이언트와 정신건강사회복지사 간의 협력과 파트너십을 변화의 도구로 삼고 환경수정과 교육 및 옹호를 할 수 있어야 한다(Early, 2000: 120).

2. 정신장애인에 대한 관점의 전환과 강점관점의 양상

정신장애인을 이해할 때는 자신이 가지고 있는 관점이나 인식을 기준으로 판단할 가능성이 높다. 특히 정신건강실천현장에서 정신건강전문가[1]의 관

---

1) 정신건강전문가로는 정신건강의학과 의사, 정신건강사회복지사, 정신건강임상심리사, 정신건강간호사, 각종 치료요법사(음악, 미술, 레크리에이션, 원예, 사이코드라마 등) 등이 있다.

점에 의해 실천과정이 결정된다고 볼 때, 정신건강전문가의 클라이언트에 대한 관점은 개입 전략이나 과정을 결정하는 중요한 변수가 된다.

정신장애 클라이언트를 돕는 실천과정에서 정신건강전문가가 클라이언트의 병리, 결점, 증상, 실패와 같은 관점에 주로 초점을 둘 경우, 클라이언트를 서비스의 수동적 존재로 묶게 될 뿐만 아니라 병리적 관점에서 이해함으로써 그 원인을 클라이언트의 내부적 측면에서 이해하고 간주하려는 우를 범할 가능성이 있다. 이러한 면은 클라이언트의 문제를 해결하여 성장이나 변화를 촉진시키기보다는 오히려 문제를 유지하거나 강화시키는 모순적인 결과를 초래하게 된다. 그렇기에 정신건강사회복지사는 클라이언트의 자원, 동기, 장점, 능력, 자산에 중점을 두고 개입을 해야 한다(양옥경 외, 2000)는 인식상의 전환이 이루어졌고, 진단이라는 용어보다 사정이라는 용어를 선호하게 되었다.

정신건강사회복지실천에서 정신장애인에 대한 병리적 관점에서 강점관점으로의 변화는 몇 가지 양상으로 나타난다.

첫째, 정신장애인의 상태가 '문제'라는 것에서 '변화에 대한 새로운 도전'이라는 사고의 전환이다. 정신건강사회복지사가 클라이언트의 문제를 도전, 전환점, 성장을 위한 기회로 간주할 때 클라이언트의 문제를 바라보는 시각도 의미 있게 된다는 것이다. 문제를 하나의 도전으로서 재개념화하는 것은 사회복지 개입의 새로운 방법을 제시하는 중요한 사고의 전환이다.

둘째, 병리의 관점에서 강점의 관점으로의 변화다. 강점에 초점을 둔다는 것은 정신장애 클라이언트가 가져오는 어려움이나 정신병리를 무시한다는 것이 아니라 단선적인 정신병리적 시각을 경계하고자 하는 것이다(Miley et al., 1995). 단지 정신건강사회복지사가 병리적인 부분에 초점을 두다 보면 문제 중심의 부정적인 준거틀을 갖게 되어 정신건강사회복지사와 클라이언트 모두의 강점을 발견하지 못할 것이라고 보는 것이다.

셋째, 과거에서 미래지향으로의 변화다. 병리관점에서 강점관점으로의 변화는 과거로부터 미래에 대한 방향으로 정신건강사회복지 개입의 시각을 변화시킨다. 병리관점의 생의학모형은 왜, 언제, 어떻게 클라이언트 체계가 잘못되었는지에 대한 것을 조사하기 위해서 과거(there and then)에 대한 탐색에 비중을 둔다. 그러나 강점 중심의 개입과정은 현재 시점(here and now)을 기반으로 미래지향적 차원에서 클라이언트 체계가 가지고 있는 강점과 자원을 발견하고자 한다.

3. 정신장애인의 정신사회재활실천에서 강점관점의 유용성

정신장애인을 위한 정신사회재활(psycho-social rehabilitation)은 "클라이언트의 강·약점을 평가하고 그들이 지역사회에서 최적의 기능으로 살아갈 수 있도록 돕는 서비스"라고 정의되고 있다(Liberman, 1986). 정신사회재활을 위한 정신건강사회복지사의 개입은 클라이언트의 삶, 노동 그리고 여가환경에 초점을 맞추고 있으며, 지역사회에 참여하기 위한 클라이언트의 기회와 권리를 향상시키는 것을 목적으로 한다(김만두 외 역, 1999). 앤서니(Anthony, 1991)는 이를 정신장애로 인해 오랫동안 기능적인 능력장애를 가진 사람이 스스로 선택한 환경 내에서 최소한의 전문적 개입을 받으면서 성공적이며 만족스럽게 살 수 있도록 기능을 증진시키는 것이라고 보았다.

요컨대, 정신사회재활은 개발할 수 있는 클라이언트의 잠재적인 개인능력을 인정하고 생의학적 보호보다 사회적 보호를, 병리보다 강점을, 그리고 과거보다 지금-여기를 강조한다는 것을 알 수 있다.

그럼에도 불구하고 많은 연구가 정신장애인의 문제를 기술의 부족, 직업경험의 부족, 대인관계나 일상생활 기술의 부족, 증상관리의 부족, 약물에의 순응 부족으로 보면서, 여전히 결함 이데올로기를 반영하고 있는 것 또한 부인할 수 없는 사실이다.

사회적 기능은 훌륭하다 할지라도 직업적 기능은 빈약하다고 볼 수 있고,

증상이 지속적으로 나타난다 하더라도 직업에는 잘 적응할 수 있다. 그런데 리버먼과 앤서니(Liberman & Anthony)는 정신사회재활을 손상-기능적 제약-사회적 불리의 위계적 과정으로 이해하고 정신장애인을 증상이나 기능상의 문제를 중심으로 이해하는 것에 치중하며 사회적 요인, 즉 사회적 불리에 작용하는 제 요인에 대해서 상대적으로 비중을 크게 두지 않았다. 이러한 관점으로는 장점을 찾아내는 데 한계가 있다. 특히 리버먼의 경우 스트레스 취약성의 논리로서 정신장애를 설명하고자 했기 때문에 그 한계는 더욱더 크다고 볼 수 있다(김철권 역, 1995).

정신사회재활에서 정신건강사회복지사는 클라이언트와의 관계에서 평등한 입장이어야 하지, 상대적으로 높은 입장에 있는 수직적 관계로서는 클라이언트의 참여와 잠재적 능력을 끌어낼 수 없다. 따라서 재활에서는 수평적 관계와 파트너십을 변화의 수단으로 보려는 시각이 중요한데, 그것을 강점관점이 만족시켜 줄 수 있다는 점에서 유용하다. 그리고 정신건강사회복지사가 정신질환을 가진 클라이언트를 어떻게 바라보고 있는가와 어떻게 바라봐야 하는가에 대한 안내를 제공한다. 또한 클라이언트의 문제에 대한 전문가 중심의 계획은 클라이언트를 단순히 원조받는 수동적 존재로서 무엇을 할 수 없는 무기력한 사람으로 만들어 버릴 수도 있다는 점을 인식하게 해 준다.

따라서 정신사회재활에서 클라이언트의 강점을 활용하는 것이 정신질환이 있더라도 잠재력과 활용 가능한 자원을 최대한 개발하여 지역사회 내에서 살아갈 수 있도록 돕는 데 보다 나은 시각을 제공할 수 있을 것이다. 더불어 정신사회재활에서 클라이언트의 가능성을 더욱 부각시킬 수 있다는 점에서 강점관점은 타 전문직과 차별화되는 정신건강사회복지사의 관점으로서 매우 중요한 의미를 지닌다.

4. 강점관점에서 정신사회재활의 적용

정신건강사회복지사들은 직감적으로 강점관점에 편안함을 느낀다. 문제는 강점관점을 어떻게 실천할 것인가 하는 것이다. 강점관점은 클라이언트의 증상이나 행동문제를 강조하기보다 클라이언트의 강점과 자원을 강조한다. 강점관점에 의해 사정을 할 경우에는 모든 생활영역에서의 클라이언트의 능력이나 열망에 초점을 둔다. 사정을 하는 데 있어서 클라이언트와 사회복지사는 함께 개인과 지역사회 자원을 발견하려고 노력하므로 클라이언트가 사정과정에 참여한다. 사정은 클라이언트가 어떤 종류의 생활을 하고 있는가에 초점을 두기보다 클라이언트가 원하는 종류의 생활이 어떤 것인가에 관심을 모아야 한다. 그런 다음에 클라이언트가 원하는 생활의 목표를 달성하기 위해 이용 가능한 모든 개인적·사회적 자원을 동원해야 한다.

이때 정신건강사회복지사들은 비심판적이어야 한다. 임상적 진단은 뒤로 미루고 클라이언트의 변화하고자 하는 열망을 진지하게 수용하여야 한다. 클라이언트에 대한 수용과 타당성은 클라이언트가 과연 그 열망을 현실적으로 성취해 낼 수 있을까 하는 회의주의를 극복하게 한다. 다음의 강점관점에 의해 접근한 사례를 통해 확실하게 이해하도록 하자.

갑출 씨는 45세 남성이며 농촌지역에서 성장하였다. 갑출 씨는 국립정신병원에서 퇴원하여 지역에 있는 정신건강복지센터에 의뢰되었다. 그는 지금으로부터 20년 전에 조현병을 앓아 정신병원에 처음 입원하였고 이번이 세 번째였다. 그는 지금 중소도시의 전셋집에서 혼자 생활하며 복지관에서 무료식사를 제공받고 정신건강복지센터 사례관리자에 의해 사례관리서비스를 제공받고 있다.

정신건강복지센터 사례관리자는 '갑출 씨가 의사소통이 안 되고 위생상태도 좋지 않고 때때로 환청이 있는 것 같다.'고 보고하였다. 또한 전셋

집 주인은 갑출 씨가 어디로 떠나는 사람처럼 매일 저녁 짐을 싸는 행동을 하는 것 같다는 보고를 하였다. 정신건강복지센터 사례관리자는 즉각적인 재입원이 필요할 것이라고 예측하였다.

2주 후 갑출 씨는 강점관점으로 훈련을 받은 새로운 정신건강복지센터 정신건강사회복지사에게 의뢰되었다. 강점사정을 하는 과정에서 갑출 씨는 농장에 관한 지식과 기술에 관심을 표현하였다. 정신건강사회복지사는 수평적인 태도로 그러한 표현에 비심판적이고 진지하게 공감하며 갑출 씨와 함께 그의 기술을 사용할 수 있는 장소를 물색해 보기로 하였다. 정신건강사회복지사와 갑출 씨는 함께 조그만 목장을 발견하였고, 목장 주인은 갑출 씨를 자원봉사자로 반갑게 대해 주었다.

그동안 정신건강사회복지사와 갑출 씨의 노력으로 목장 주인과 친해졌고, 갑출 씨는 믿음직한 목장 노동자가 되었다. 그는 몇 달 후에 관리인에게 운전연수도 받아 농장에서 매일 운전도 하며 열심히 활동하였다. 그리고 점차 주위 사람과 의사소통을 하기 시작하였고 개인 위생 면에서도 놀라운 향상을 보였다.

그리하여 목장 주인은 정신건강사회복지사에게 갑출 씨를 목장에서 기숙하게 하며 유급직원으로 채용할 뜻을 보였고, 정신건강사회복지사는 갑출 씨에게 용기를 갖도록 격려와 지지를 제공하며 정식직원 채용에 대하여 함께 논의하고 결정하였다. 갑출 씨는 정식직원으로 채용되었고, 지금까지도 정신건강사회복지사와 인간적 관계를 유지해 오고 있다.

이 사례는 정신건강사회복지사와 클라이언트의 보호관계, 지역사회 자원의 창조적인 사용 등과 같은 강점관점의 기본적인 측면을 다루고 있어서 전형적인 정신사회재활실천으로 보인다. 그러나 정신건강사회복지사가 적극적으로 클라이언트의 능력을 지지할 때만 개인은 성장할 수 있다는 강점관점에 입각하여 실천하였다는 점을 주목하여야 한다. 갑출 씨의 사례에서 정신건강사회복지사는 클라이언트가 개인 위생이 형편없고 환각, 침묵 등의 증상을 가진 것 이상의 것을 의식적으로 보고자 하였다. 사례관리관계를 통하여 정신건강사회복지사는 갑출 씨가 관심을 가지는 열망과 목표를 발견하고 그에 초점을 맞추고자 하였다. 이러한 정신건강사회복지사의 확신으로 인해 갑출 씨는 자신이 가지고 있는 강점과 지역사회의 자원을 동원함으로써 인생의 방향을 전환시킬 수 있는 기회를 가질 수 있었다.

요약

이 장에서는 정신건강사회복지실천의 관점이 되는 '환경 속의 인간' 시각을 가장 잘 나타내 주는 생태체계적 관점과 '부분이 아닌 전체로서의 인간'이라는 균형적 시각을 갖게 하는 강점관점의 개념을 살펴보았다. 아울러 이러한 관점이 정신건강사회복지실천에서 어떻게 정신장애인에게 적용되는지, 정신건강실천현장의 프로그램 속에 어떻게 녹아들어 있고 활용될 수 있는지를 설명하였다. 더불어 정신건강실천현장에서 정신건강사회복지사가 '상담, 치료, 재활'이라는 공통적인 전문성뿐만 아니라 타 전문직과 확연히 구별되는 관점과 실천할 수 있는 역량을 어떻게 가져가야 할 것인가를 제시하였다.

토의사항

1. 정신건강사회복지실천현장에서 정신건강사회복지사가 활용하는 생태체계적 관점과 강점관점을 자신의 정신건강에 적용해 보고 토론해 보자.
2. 정신건강사회복지실천현장에서 정신건강사회복지사는 타 전문직의 취약한 관점을 어떻게 보완 · 확대해 줄 수 있는지 토론해 보자.

제6장

정신건강사회복지실천을 위한 사정방법

학습목표

1. 정신건강사회복지실천현장에서 정신건강사회복지사가 수행하는 사정내용을 명확히 이해한다.
2. 정신장애 클라이언트의 사정을 위한 근거모델을 이해한다.
3. 정신건강사회복지실천영역에서의 사정분류체계 두 가지를 이해한다.
4. 심리사회적 사정내용을 명확히 이해한다.

　　정신건강사회복지실천에서 훌륭한 사정은 효과적인 개입을 위한 초석이 된다. 이는 정신장애 클라이언트를 어떻게 보느냐에 대한 관점과 관련되며 개입의 방향을 결정하는 데 지대한 영향을 미친다는 의미다. '환경 속의 인간'이라는 관점을 유지해 온 사회복지실천은 정신건강영역에서도 심리사회적인 조망을 중요시한다. 따라서 생태체계적 사정모델과 강점관점 사정모델은 학부수준에서 학습해야 할 사정모델이며, 이러한 모델이 심리사회적 사정에서 어떻게 적용되어 실천되는가에 대한 지식의 습득은 실제 정신건강실천현장에서 정신건강사회복지사의 역할 정체성에 도움을 줄 것이다. 아울러 사정도구로서 DSM-5 진단분류체계에 대한 지식은 다학제 간 팀워크에 필요한 것으로 정신의학 차원에서 진단에 대한 이해를 제공해 줄 것이다. 이러한 전체 내용이 현재 현장에서 가장 많이 사용하는 '심리사회적 사정' 방법에 어떻게 포함되는가를 실제 사례를 통해 살펴볼 것이다.

🏛 제1절 사정의 근거모델과 사정분류체계

1. 정신건강사회복지 사정의 기초 지식

1) 정신건강사회복지 사정의 정의

사정(assessment)은 클라이언트가 직면하고 있는 문제와 상황을 확인하고 이해하기 위하여 자료를 수집하고 분석함과 동시에 문제해결을 위한 계획을 수립하는 과정이다. 또한 사정은 클라이언트의 강점과 능력을 한층 더 북돋고 클라이언트의 참여를 유도하며, 클라이언트와 정신건강사회복지사가 수직관계가 아닌 동료관계의 파트너십을 갖는 사회복지의 과정(process)이다.

2) 정신건강사회복지 사정의 목적

사정은 클라이언트의 욕구와 해결책, 현존하는 문제, 현 상황에서의 클라이언트에 대한 이해에 도달하기 위하여 클라이언트와 정신건강사회복지사가 문제를 완화하기 위한 계획을 수립하는 데 목적을 둔다. 콤프턴과 갤러웨이(Compton & Galaway, 1999: 254)는 사정의 과정이 다음 6단계로 이루어진다고 하였다.

① 문제상황의 주된 요소를 정확히 이해할 것
② 클라이언트에게서 문제의 의미를 이해할 것
③ 클라이언트와 클라이언트 환경에서의 강점을 동일시할 것
④ 클라이언트 목표의 실현 가능성을 명확히 할 것
⑤ 적극적인 사고과정에서 상황에 따라 변화할 수 있는 욕구가 어떤 것인지를 알기 위해 전문적인 지식을 활용할 것

⑥ 원하는 변화를 어떻게 성취할 것인지에 대한 계획을 수립할 것

3) 정신건강사회복지 사정에서 필요한 정보의 원천

사정을 정확히 하는 것은 다양한 자료를 다각도로 수집함으로써 가능해진다. 찰스 자스트로(Charles Zastrow, 1992: 58-61)는 다음의 일곱 가지 요소를 정보의 원천으로 활용할 것을 강조하였다.

① 클라이언트로부터의 구두보고: 비록 클라이언트가 자신의 어려움과 자원을 적절히 묘사하지 못할지라도, 클라이언트의 구두보고는 클라이언트의 현실에 대한 왜곡, 변화에 대한 두려움, 감정상태 등을 파악할 수 있게 하므로 매우 중요한 정보로 취급되어야 한다.
② 클라이언트 가족에 의한 자가보고 형태: 가족에 의한 자가보고 형태는 사정과정에서 주요 참고자료로 사용된다.
③ 기타 부수적인 정보의 원천: 클라이언트와 관련하여 정보를 줄 수 있는 친구, 다른 사회기관, 교사, 의사, 목사, 이웃이 제공하는 정보다.
④ 심리검사의 보고서
⑤ 클라이언트의 비언어적 행동
⑥ 중요한 타자와의 상호작용과 가정방문
⑦ 직접적 상호작용으로부터 얻은 정신건강사회복지사의 지각과 지식

2. 정신건강사회복지실천에서 통합적 관점의 사정

정신건강사회복지실천에서 정신장애 클라이언트의 사정은 우리의 문화, 정치, 전통, 환경 등이 포함되는 전체적인 구도 속에서 폭넓은 시각과 예리한 임상적 관점을 가지고 이루어져야 한다. [그림 6-1]은 정신건강사회복지실천에 대한 통합적 관점 속에서 사정의 영역을 보여 준다. 이러한 사정은 현

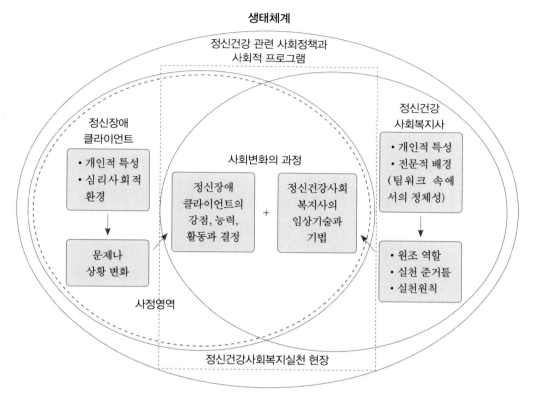

[그림 6-1] 정신건강사회복지실천에 대한 통합적 관점에서 사정영역

재 정신건강사회복지사가 갖추고 있는 지식체계, 즉 정신장애의 원인과 접근에 대한 배경지식, 정신병리, 면접과 다양한 수준의 상담기술에 의하여 효과성이 담보된다. 동시에 정신건강사회복지실천에서 사정 시 활용되는 지식과 근거모델은 사정역량의 토대가 되므로 충분히 익숙해져야 한다. 그 내용은 다음과 같다.

1) 정신장애 클라이언트의 사정에 필요한 지식

- 클라이언트와 관련된 다양한 체계: 생태체계적 관점에 입각한 다양한 체계

- 클라이언트와 관련된 가족적 요인
- 클라이언트와 관련된 환경적 요인
- 클라이언트가 보이는 행동적 · 정서적 · 인지적 요인
- 클라이언트가 갖고 있는 동기적 요인
- 클라이언트가 갖고 있는 신체적 요인
- 클라이언트가 속해 있는 곳의 문화적 요인

2) 정신장애 클라이언트의 사정에 적용되는 이론

정신장애 클라이언트의 사정에 적용되는 근거이론으로는 사회복지실천론과 사회복지실천기술론에서 학습한 사회복지실천모델과 이론을 공히 활용할 수 있겠다. 그 내용은 학자마다 다를 수 있겠으나, 필자의 관점에서는 해결중심모델과 심리사회모델, 사회학습이론, 생태체계이론, 인지행동이론, 의사소통이론, 역할이론, 위기개입모델, 강점관점 등을 들 수 있다.

3. 정신건강사회복지실천에서 심리사회적 사정을 위한 모델

정신건강사회복지실천에서 심리사회적 사정을 위한 모델로는 정신장애인을 위한 포괄적 서비스 제공에 적합한 생태체계적 사정모델과 최근에 강조되고 있는 강점관점 사정모델을 설명하고자 한다.

1) 생태체계적 사정모델

클라이언트 중심의 포괄적 서비스를 제공하기 위한 중재전략을 계획하고 수행하기 위한 사정은 생태체계론적 관점에서 일련의 질문에 답하는 과정이다. 개인은 자신의 인지를 포함한 심리적 · 생물학적 · 정서적 영역과 가족, 또래, 일과 학업, 지역사회 등 환경적 요인들의 상호작용하는 관계 안에 있으며, 그 맥락에서 개인과 문제를 바라본다. 따라서 다음과 같은 몇 가지 원리

가 적용된다.

- 클라이언트와 중요한 타인들이 어려움을 만들어 내는 역할을 포함하여 클라이언트 문제의 본질을 파악한다.
- 클라이언트와 중요한 타인들의 기능을 사정한다(강점, 한계점, 성격 특성 및 결핍).
- 클라이언트가 문제를 해결하고자 하는 동기를 파악한다.
- 문제에 관여된 환경적 요인을 사정한다.
- 클라이언트의 어려움을 완화하거나 해결하는 데 도움이 될 외부자원을 파악한다.
- 클라이언트의 자원, 기술, 강점을 파악한다.

2) 강점관점 사정모델

정신건강사회복지실천영역에서 클라이언트와 그 가족을 대상으로 사정을 할 때 개인이나 가족의 결함이나 단점보다 강점을 발견하고 그것을 고취시키는 것은 정신건강사회복지사의 전문적 능력과 부합될 정도로 중요하다. 클라이언트의 단점보다는 장점을 찾아서 문제를 해결하도록 돕는 것은 클라이언트와 그 가족의 적극적인 참여를 촉진하며 긍정적인 변화를 유도할 수 있다. 이때 정신건강사회복지사는 연속적인 사정의 과정에서 주의 깊은 관찰 능력이 요구된다.

(1) 강점관점 사정의 원칙

샐리베이(Saleebey, 1997: 12-15)는 강점관점의 다섯 가지 원칙을 다음과 같이 제시하였다.

① 모든 개인, 가족, 집단과 지역사회는 강점을 가지고 있다.

② 외상과 학대, 질병과 투쟁은 상처를 주기도 하지만, 한편으로는 변화와 기회의 원천이 되기도 한다.

③ 성장과 변화에 대한 능력 그리고 개인, 집단, 지역사회의 열망은 끝이 없다는 것을 가정한다.

④ 정신건강사회복지사는 클라이언트와 협력함으로써 최고의 서비스를 줄 수 있다.

⑤ 모든 환경은 자원으로 이용할 가치가 있다.

(2) 강점관점 사정의 지침

샐리베이(Saleebey, 1997)는 강점관점 사정을 위한 열두 가지 지침을 다음과 같이 제시하였다.

① 클라이언트가 이해하고 있는 사실이 탁월하다는 것을 표현하라. 클라이언트의 상황과 관련된 정서와 감정, 상황을 묘사하는 클라이언트의 의미, 상황에 대한 클라이언트의 견해는 사정에 있어 가장 주요한 관점인 것이다.

② 클라이언트를 믿으라. 강점관점은 클라이언트가 궁극적으로는 진실하다는 것을 믿는 데서부터 전개된다.

③ 클라이언트가 원하는 것을 발견하라. 이것은 클라이언트가 원하고 기대하는 서비스가 무엇이며 최근의 문제상황에서 정신건강사회복지사로부터 어떠한 원조를 구하려고 하는지를 발견하는 것이다.

④ 개인적 · 환경적 관점으로 사정을 이동하라.

⑤ 강점의 다차원적 사정을 하라.

⑥ 사정에서 독특한 면을 발견하도록 하라.

⑦ 클라이언트가 이해할 수 있는 언어를 사용하라.

⑧ 정신건강사회복지사와 클라이언트의 협력적 활동으로서 사정과정을

전개하라.

⑨ 사정에서 상호동의에 도달하도록 하라.

⑩ 비난하거나 문책하지 마라.

⑪ 원인과 결과의 사고방식(단선적인 사고)을 피하라.

⑫ 사정은 하지만 진단 내리는 것은 가능하면 피하라.

(3) 정신장애인의 정신사회재활에서 강점사정

정신장애인이라는 용어를 사용할 때 정신건강사회복지사들은 적은 양의 스트레스에도 취약하고 일상생활에 필요한 기본적인 적응기술이 결핍되어 있으며, 가족이나 사회적 서비스에 매우 의존하게 되고 경쟁적인 취업유지와 친밀한 인간관계의 발전이 어려울 것(William, 1985)이라는 전제하에 출발하게 된다.

정신장애인을 이처럼 이해하고 접근하면 결핍된 부분을 향상시키기 위한 전략을 위해 사정 역시도 부족한 점을 중점으로 이루어질 것이고, 이러한 시각으로 개입을 진행시켜 갈 것이다. 정신건강사회복지사에게 이러한 관점들이 스며들어 있어서 인식상의 변화가 이루어졌음에도 실제에서는 강점을 잘 사정해 내지 못할 수 있고, 찾아냈다 하더라도 개입에서는 활용하지 못하는 우를 범하기도 한다.

개발할 수 있는 잠재적인 개인적 능력을 충분히 이용하고 활용 가능한 자원을 통해 정신장애인이 원하는 목표를 성취하도록 도와주고자 하는 정신사회재활에서는 강점을 찾아낼 수 있는 눈을 가지는 것이 더욱 중요하다. 클라이언트에게서 가능성을 발견하고자 하는 안목은 개입을 위한 큰 자산이 될 수 있을 것이다. 또한 클라이언트에게 동반자, 주체적 참여자로서 기회와 동기를 부여해 주는 역량강화는 정신사회재활에서 변화의 힘이 될 수 있다는 것을 인식할 필요가 있다.

여기서 찾아내고자 하는 정신사회재활에서의 강점사정영역은 전반적 사정과 별개의 것이 아니고, 기존의 사정영역을 토대로 강점을 발견·개발하는 것이다. 이는 정신장애인에게서 잠재적인 강점을 찾아낼 수 있는 지침을 제공하기 위함이다. 강점의 개념에서 살펴보았듯이, 강점은 상대적 개념이므로 일괄적으로 적용하기에는 큰 한계가 있겠지만 강점을 확인할 수 있는 기본적인 영역은 있게 마련이다.

클라이언트의 강점을 발견할 때 클라이언트는 아주 적을지라도 자신의 강점 일부를 확인할 수 있다. 자신의 강점이 무엇이냐고 물어본다면, 대부분의 클라이언트는 "나는 부지런하다." "나는 착하다." 등과 같이 말할 것이다. 가

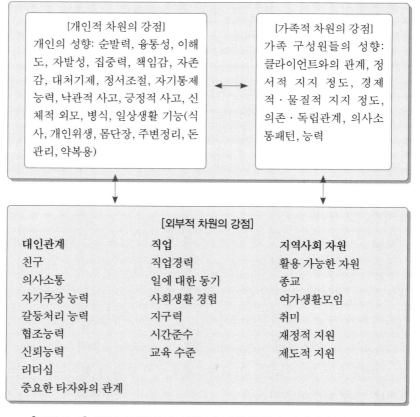

[그림 6-2] 정신건강사회복지실천에 대한 통합적 관점에서 사정영역

족이나 정신건강사회복지사에게 그 클라이언트의 강점이 무엇인가를 물었을 때도 마찬가지일 것이다. 그러나 이러한 강점은 표면적일 수 있고 자기상에 대한 일부일 수 있기 때문에 보다 체계적인 강점사정이 필요하다.

물론 여기서 제시되는 강점영역이 개인의 독특성을 구별해 주거나 모든 강점을 포괄하지 못할 수 있을 것이다. 그러나 제한적이나마 이런 영역들을 통해 보다 많은 강점을 찾아낼 수 있으리라 보고 [그림 6-2]와 같이 정신사회재활에서 중요하게 다루어지는 영역과 그 관계상의 강점을 찾아낼 수 있을 것이다.

강점이 개인 혼자만의 특성에 한정되는 것이 아니라 그가 속해 있는 가족, 지역사회 환경까지 고려하여 체계적으로 확인될 필요가 있다면, 개인적 차원과 가족, 외부적 차원 내에서의 강점을 찾아볼 수 있을 것이고, [그림 6-2]와 같이 쌍방 간의 교류 속에서도 강점을 찾을 수 있을 것이다.

4. 정신건강영역에서 사정분류체계

정신건강사회복지실천 현장에서 정신장애를 가진 클라이언트를 사정하는 분류체계로는 현재 한국정신건강사회복지학회 정신건강사회복지사 수련지침서에서 DSM-5(Diagnostic and Statistical Manual of Mental Disorder 5 version: 미국정신의학협회의 정신질환진단 및 통계편람 제5판)의 축(Axis) IV의 심리사회적 · 환경적 문제(psychosocial and environmental problems)를 사정도구로 제시하고 있다. 이는 미국 정신의학의 영향을 많이 받고 있는 우리나라 정신건강의학과 의사들이 사용하는 정신장애인 진단분류체계 중 하나다. 그리고 보충적으로 ICD-10(International Classification of Disease 10 version: 국제질병분류 제10판)을 사용한다.

따라서 정신건강영역에서 정신건강사회복지사 또한 정신건강의학과 의사 등과 함께 다학제 간 팀워크 활동을 통해서 서비스를 제공하므로 이러한 진단분류체계에 익숙하지 않을 수 없다. 그러나 이러한 분류체계는 사회복지의 가장 설득력 있는 시각이라 할 수 있는 '환경 속의 인간(person-in-environment: PIE)'의 사회적 기능수행 문제를 충분히 사정하지 못하는 한계가 있다. 이에 미국사회복지사협회(National Association of Social Workers: NASW)에서는 '환경 속의 개인'이라는 시각을 적용하여 개인의 문제, 즉 개인의 사회적 기능수행의 문제를 사정하는 데 필요한 표준화된 분류체계(PIE Manual)를 개발하였다. 또한 이를 사회문화적 환경이 다른 동서양의 여러 나라에서 적용한 실제 경험을 정리·제시하여 정신건강사회복지사 고유의 사정분류에 도움이 되도록 하였다. 일본에서도 1988년 정신건강사회복지사협회의 업무검토위원회가 업무지침을 발표하였으며, PIE나 DSM-5, ICD-10 등을 이용한 문제사정을 권유하고 있다(김창곤, 2003: 18). 여기서는 DSM-5와 PIE 사정분류체계에 대해 살펴볼 것이다.

1) 정신질환 진단 및 통계 매뉴얼 5판(DSM-5)[1]

현재 사용되고 있는 DSM-5는 다축평가(multi-axial assessment)의 체계를 갖추고 있으며, 축은 총 5개로 구성되어 있다(APA, 1994: 25-31). 즉, 축 I은 임상적 장애 및 임상적 관심의 초점이 되는 기타 상태, 축 II는 성격장애와 지적장애, 축 III은 일반적인 의학적 상태, 축 IV는 심리사회적·환경적 문제 그리고 축 5는 전반적인 기능평가다. 이를 정리하면 〈표 6-1〉과 같다.

이 표에 제시된 다축체계 중 축 V의 전반적인 기능평가는 개인의 전반적인 기능에 대한 임상가의 판단을 나타내는 보고다. 이러한 판단은 '전반적인 기능평가척도(Global Assessment of Functioning: GAF)'를 사용해서 알아낼 수 있고, 또 GAF 척도를 통해 개인의 임상적 변화를 추적하는 데 크게 도움을 얻

---

1) DSM-5(The Diagnostic and Statistical Manual of Mental Disorders, Fifth Edition): 미국정신의학협회(APA)에서 발행한 정신질환 분류 및 진단 절차

표 6-1	DSM-5의 다축체계

축 I: 임상적 장애 및 임상적 관심의 초점이 되는 기타 상태

- 유아기, 아동기, 청소년기에 흔히 처음으로 진단되는 장애
  (축 II에 기재되는 지적장애 제외)
- 섬망, 치매, 기억상실장애 및 기타 인지장애
- 일반적인 의학적 상태로 인한 정신장애
- 물질관련장애
- 조현병과 기타 정신병적 장애
- 기분장애
- 불안장애
- 신체형 장애
- 허위성 장애
- 해리성 장애
- 성적 장애 및 성적 주체감 장애
- 섭식장애
- 수면장애
- 달리 분류되지 않는 충동조절장애
- 적응장애
- 임상적 관심의 초점이 되는 기타 상태

축 II: 성격장애, 지적장애

- 편집성(망상성) 성격장애
- 정신분열성 성격장애
- 정신분열형 성격장애
- 반사회적 성격장애
- 경계선성격장애
- 연기성(히스테리성) 성격장애
- 자기애성 성격장애
- 회피성 성격장애
- 의존성 성격장애
- 강박성 성격장애
- 달리 분류되지 않는 성격장애
- 지적장애

축 III: 일반적인 의학적 상태

- 감염 및 기생충 질환
- 신생물(neoplasms)
- 내분비, 영양 및 면역질환
- 영양성 질환
- 신진대사성 질환
- 혈액 및 혈액생성기관 질환
- 신경계 및 감각계 질환
- 순환기계 질환
- 호흡기계 질환
- 소화기계 질환
- 비뇨생식기계 질환
- 임신, 출산 및 산욕(puerperium)의 합병증
- 피부 및 피하조직의 질환
- 근골격계 및 결합조직의 질환
- 선천성 기형, 변형 및 염색체 질환
- 귀, 코 및 목의 질환
- 눈의 질환
- 과용(overdose)
- 인체면역결핍 바이러스(HIV) 감염
- 분만기에 유래된 특정 조건
- 증상, 징후 및 질병으로 정의된 상태
- 손상 및 중독

축 IV: 심리사회적 · 환경적 문제

- 일차적인 지지집단과의 문제
- 사회적 환경과 관련되는 문제
- 교육적 문제
- 직업적 문제
- 주거의 문제
- 경제적 문제
- 건강서비스 문제
- 법적 체계와 범죄와의 관계 문제
- 기타 심리사회적 문제

축 V: 전반적인 기능평가

을 수 있다. 특히 개인이 가지고 있는 현재의 기능수준을 평가할 수 있고, 이를 통해서 치료 및 보호의 필요성을 알아낼 수 있다. 축 V의 GAF는, 예를 들어 GAF=35(현재) 또는 GAF=45(입원 당시)와 같이 기록하면 된다. 여기서 숫자 35 또는 45는 1점부터 100점까지의 GAF 점수이며, 점수 뒤 괄호 안의 평가는 평가가 이루어진 시기를 나타내는 것으로 보면 된다. GAF 척도의 구성 내용은 〈표 6-2〉와 같다.

표 6-2 전반적인 기능평가척도(GAF)

정신건강과 정신장애의 가설적인 연속선상에서 심리적 · 사회적 · 직업적 기능을 고려해본다. 신체적(환경적) 제한으로 인한 기능손상은 포함되지 않는다.

부호(주의: 필요한 경우는 중간점수도 사용된다. 예: 45, 68, 72 등)	
100~91	전반적인 활동에서 최우수 기능, 생활의 문제를 잘 통제하고 있고 개인의 많은 긍정적인 특질로 인하여 타인의 모범이 되고 있음. 증상 없음
90~81	증상이 없거나 약간의 증상(예: 시험 전 약간의 불안)이 있음. 모든 영역에서 잘 기능하고 다양한 활동을 하고 있고 흥미를 느끼고 있음. 사회적인 효율성이 있고 대체로 생활에 만족하며 일상의 문제나 관심사 이상의 심각한 문제는 없음(예: 가족과 가끔 말싸움)
80~71	만약 증상이 있다면 일시적이거나 심리사회적 스트레스에 대한 예상 가능한 반응임(예: 가족과의 논쟁 후 집중하기가 어려움). 사회적 · 직업적 · 학교 기능에서 약간의 손상 정도 이상은 아님(예: 일시적인 성적 저하)
70~61	가벼운 몇몇 증상(예: 우울한 정서와 가벼운 불면증) 또는 사회적 · 직업적 · 학교 기능에서 약간의 어려움이 있음(예: 일시적인 무단결석, 가정 내에서 무엇인가를 훔침). 그러나 일반적인 기능은 꽤 잘 되는 편이며, 의미 있는 대인관계에서는 약간의 문제가 있음
60~51	중간 정도의 증상(예: 무감동한 정서와 우회중적인 말, 일시적인 공황상태)이나 사회적 · 직업적 · 학교 기능에서 중간 정도의 어려움(예: 친구가 없거나 일정한 직업을 갖지 못함)이 있음
50~41	심각한 증상(예: 자살 생각, 심각한 강박적 의식, 빈번한 소매치기)이나 사회적 · 직업적 · 학교 기능에서 심각한 손상(예: 친구가 없거나 일정하게 직업을 갖지 못함)이 있음

40~31	현실 검증력과 의사소통에서의 장애(예: 말이 비논리적이고 모호하고 부적절함)나 일, 학교, 가족관계, 판단, 사고, 정서 등 여러 방면에서 주요 손상이 있음(예: 친구를 피하는 우울한 사람, 가족을 방치하고, 일을 할 수 없는 사람, 나이든 아동은 나이 어린 아동을 자주 때리고 집에서 반항하고 학업에 실패함)
30~21	망상과 환각에 의해 심각하게 영향을 받는 행동을 하거나, 의사소통과 판단에 있어서 심각한 손상, 지리멸렬, 전반적으로 부적절하게 행동하기, 자살에의 몰입이 있거나, 거의 전 영역에서 기능할 수 없음(예: 하루 종일 침대에 누워 있음, 직업과 가정과 친구가 없음)
20~11	자신이나 타인을 해칠 약간의 위험(예: 죽음에 대한 명확한 예견 없이 자살을 시도, 빈번하게 폭력적이고 조증의 흥분상태), 최소한의 개인위생을 유지하는 데서의 실패(예: 대변을 묻힘) 또는 의사소통의 광범위한 손상(예: 대개 부적절하거나 말을 하지 않음)이 있음
10~1	자신이나 타인을 심각하게 해칠 지속적인 위험(예: 재발성 폭력), 최소한의 개인위생을 유지함에서 지속적인 무능 또는 죽음에 대한 명확한 기대 없는 심각한 자살행동이 있음
0	불충분한 정보

이와 같이 총 5개의 축으로 구성된 DSM-5의 다축체계를 활용하여 개인의 정신적 문제에 대한 진단 및 평가를 체계적으로 나타낼 수 있다. 한 예를 들어 보자. 어떤 사람이 갑상선기능저하증으로 인한 기분장애를 가지고 있다. 이 기분장애는 우울증 양상을 주로 동반한다. 그리고 지적장애는 없으나 연기성(히스테리성) 성격장애를 가지고 있으며, 이전에 앓았던 중이염이 다시 발병하였고, 직업상실의 위험에 직면하고 있다. 이 경우 DSM-5의 다축체계에 따라 〈표 6-3〉과 같이 나타내면 된다. 그러나 실제 임상장면에서는 이렇게 딱 들어맞는 사례를 쉽게 찾아볼 수 있는 것이 아니며, 있다 하더라도 매우 역동적이고 주의 깊은 판단을 요하는 경우가 대부분이다. 따라서 이것은 어디까지나 하나의 참고 예로 보면 된다.

표 6-3	DSM의 활용 예	
축 I	293.83	갑상선기능저하증으로 인한 기분장애 · 우울증 양상이 있는 것
축 II	301.50	연기성(히스테리성) 성격장애
축 III	382.90	중이염(재발성)
축 IV		직업상실의 위험
축 V		전반적인 기능평가(GAF)= 35(현재)

* 축 옆에 붙어 있는 번호는 각 기준에 해당되는 진단부호를 찾아 기록한 것이다.

2) PIE 분류체계

최근에 미국사회복지사협회(NASW)는 PIE(Person-In-Environment) 분류체계를 발전시켜 출판하였다. PIE 분류체계는 성인 클라이언트의 사회적 기능 문제를 묘사하고 분류하여 코드화하였다. PIE 분류체계는 문제의 원인과 결과의 관계를 제공하는 것이 아니기 때문에 진단적 분류가 아니다.

PIE 분류체계는 다른 분류체계, 특히 DSM-5가 지니는 전인적(全人的) 관점의 부적절성에 관한 보완과 관심에서 개발되었다. DSM-5는 특별한 질병이나 장애의 치료를 강조하고 개인이 처한 문제에 초점을 두기 때문에 사회복지의 욕구에 부응하기가 어렵다. 따라서 사회복지에 있어서는 상호작용적 · 환경적 문제의 중요성을 인식하고 사회적 기능에 주안점을 두는 분류체계가 필요하다.

PIE 분류체계는 클라이언트를 묘사하기 위한 다음 네 가지 요소로 구성되어 있다.

- 요소 I: 사회적 기능수행 문제, 유형, 정도, 지속기간, 대처능력
- 요소 II: 환경문제, 정도, 지속기간
- 요소 III: 정신건강문제
- 요소 IV: 신체건강문제

요소 I에서 정신건강사회복지사는 클라이언트의 사회적 역할문제를 확인하고 부호화한다. 일반적으로 한 가지 이상의 문제가 발생하는데, 사회복지사는 각 문제의 유형과 그로 인해 야기된 어려움의 정도 그리고 그 문제를 다루기 위한 클라이언트의 대응능력을 확인하고 부호화한다.

요소 II에서 정신건강사회복지사는 요소 I에 영향을 미치는 환경조건이나 그 정도뿐 아니라 각 문제가 야기한 어려움의 정도 그리고 각 문제의 지속기간을 확인한다. 요소 II의 문제 역시 한 가지 이상이 될 수 있다. 요소 I, II는 클라이언트의 사회적 기능수행 문제와 환경에 관한 핵심적 서술로 이루어져 있다. 이는 사회복지의 주요 초점이다.

요소 III은 정신건강사회복지사가 클라이언트에 대한 이해와 개입과 관계가 있는 현재의 정신적 · 성격적 혹은 발달상의 장애 혹은 상태를 표시하도록 한다. 이와 같은 문제는 DSM−5의 축 I, II에 나와 있다.

요소 IV는 클라이언트의 사회적 역할수행과 환경문제에 대한 이해 및 유지에 관련 가능성이 있는 현재의 신체장애 혹은 현재 상태를 정신건강사회복지사가 표시하도록 한다. 정신건강사회복지사는 의미 있는 신체적 문제를 정규적으로 질문하고, 그 질문의 결과를 요소 IV에 기록하여야 한다(임상사회사업연구회 역, 2000: 19-21).

정신건강사회복지사에게 PIE 분류체계가 매력적인 이유는 다음과 같다.

- PIE 분류체계는 사회복지의 생태체계적 관점이나 사람과 상황으로 일관된 문제 분류기준을 나타낸다.
- PIE 분류체계는 클라이언트에 대한 낙인과 편견을 없애고 문제의 환경적 요소, 적응능력, 강점을 구체화시킨다.
- PIE 분류체계는 사회복지 자체의 분류기준을 제공할 수 있기 때문에 다른 전문직에 의해 개발된 진단체계가 갖는 사회복지의 욕구에 불합리하고 부적절한 부분을 제거할 수 있다.

- PIE 분류체계는 정신건강사회복지사가 마주치게 되는 문제의 형태를 개념화하고 묘사하고 해석하는 데 도움을 줄 것이다.
- PIE 분류체계는 문제 정의와 개입 사이의 연결을 요구하지 않는다. 정신건강사회복지사와 클라이언트는 클라이언트의 독특한 상황적 기초와 정신건강사회복지사의 지식기초에 가장 적절한 개입을 선택하는 데 있어 매우 자유롭다.

제2절 사정도구와 실무적용 사례

1. 정신건강사회복지실천에서 심리사회적 사정내용

현재 정신건강사회복지실천에서 가장 많이 활용되는 심리사회적 사정 (psychosocial assessment)은 클라이언트 문제에 관한 심리사회 · 환경적 요인과 스트레스 상황 그리고 잠재적 변화의 자원 및 클라이언트의 변화 욕구에 관한 정보를 수집하여 문제해결의 목표와 개입방법을 선택하는 기초적인 과정이다. 이것은 개인력 조사, 가족력 조사, 심리사회적 기능평가 등의 영역으로 구성된다. 이러한 심리사회적 사정을 위한 근거모델은 앞서 설명한 생태체계적 사정모델과 강점관점 사정모델이다.

이러한 심리사회적 사정은 클라이언트의 중요한 심리사회적 · 환경적 측면에 관련된 정신건강사회복지사의 구조화된 개입을 형식화하기 위한 도구다. 이것은 사회복지적 개입을 위한 길잡이가 되고 다학제 간에 심리사회적 관심사를 전달하는 매체다. 궁극적으로는 적절한 정보를 수집 · 분석 · 종합하여 클라이언트를 이해하고 문제해결을 돕기 위한 하나의 과정이라 할 수 있다.

다음은 한국정신건강사회복지학회 수련지침에서 제시하고 있는 심리사회적 사정내용이다. 여기서는 이러한 심리사회적 사정내용에 삶의 여러 수준에서 요구되는 다양한 서비스를 고려해야 하는 정신건강사회복지분야의 역할에 따라 생태체계적 사정을 통한 자원활용 및 연계를 위한 환경적 개입과 동시에 클라이언트의 강점을 충분히 고려하여 개입하는 데 필요한 사정내용을 보다 강조하고자 하였다.

심리사회적 사정내용

I. 정보수집(Information Gathering)

1. 인적사항(Identifying Data)

성명		연령		성별	남, 여
현주소	(–)			연락처	
최종학력		종교		병역	
결혼상태		현직업 (근무기간)		이전 직업	
경제상태	월수입	50만 원 미만( ), 50~100만 원( ), 100~200만 원( ), 200만 원 이상( ), 기타( )			
	주택	자택(아파트, 주택), 전/월세(만 원), 기타( )			
	생활비 부담자			치료비 부담자	
약물복용 상태	의료보장 형태			주치의	
	장애등록/등급			진단명	
입원(등록/ 의뢰)경로					
입원(등록)일			사례 개시일		

2. 주 문제(Chief Complaint)

1) 클라이언트가 제시하는 문제

2) 정보제공자(가족, 특히 주 보호자)가 제시하는 문제

3) 사회복지사가 보는 클라이언트의 주 문제

3. 현 문제 및 과거 병력(Present Illness & Past Psychiatric History)

4. 의뢰과정 및 면접 당시 클라이언트의 상태

정신상태검사(Mental Status Examination)

1. 외모, 전반적 태도 및 행동(appearance, general attitude and behavior)

2. 사고의 진행(thought process)

3. 사고의 내용(contents of thought)

※ 2, 3번은 클라이언트에게 질문을 던짐과 동시에 관찰·탐색해야 한다(예: "여기는 어떻게 오셨어요?" "지금 힘들거나 어려운 점은 없으신가요?" 등).

4. 지각(perception)

5. 감정반응(emotional reaction)

6. 지적 능력(intellectual function)

7. 의식(consciousness)

8. 병식(insight)

---

* 정신상태검사의 전반적 외모, 태도 및 행동(General Appearance, Attitude & Behavior) 부분을 요약함.

5. 개인력(Personal History)

    1) 태아기(prenatal and perinatal)

    2) 초기 아동기(early childhood: through age 3)

    3) 중기 아동기(middle childhood: through age 11)

    4) 후기 아동기(late childhood; puberty through adolescence)

    5) 성인기(adulthood)

    6) 병전 성격 및 사회적 기능(premorbid personality & social function)

6. 가족력(Family History)

    1) 가계도(genogram)

    2) 가족 성원에 대한 기술(description of family members)

관계	이름	나이	학력	직업	종교

    3) 생태도(eco-map)

    4) 클라이언트와 가족의 관계

Ⅱ. 심리사회적 사정(Psychosocial Assessment)

    1. 심리사회적 · 환경적 문제(Psychosocial & Environmental Problem)

문제	예
1. 일차적인 지지집단과의 문제 (problems with primary support group)	가족의 죽음, 가족 내의 건강문제, 별거, 이혼, 불화에 따른 가족해체, 집을 떠남, 부모의 재혼, 성적 · 신체적 학대, 부모의 과잉보호, 아동의 방치, 부적절한 규칙, 형제와의 불화, 형제의 출생
2. 사회적 환경과 관련되는 문제 (problems related to the social environment)	친구의 죽음이나 상실, 부적절한 사회적 지지, 혼자 사는 것, 이민문제, 차별, 생활주기 전환에의 적응(퇴직)
3. 교육적 문제 (educational problems)	문맹, 학업문제, 교사나 교우와의 불화, 부적절한 학교환경
4. 직업적 문제 (occupational problems)	실직상태, 직업상실의 위협, 과로한 업무 스케줄, 어려운 작업상태, 직장 불만, 직업 변화, 상사나 동료와의 불화
5. 주거의 문제 (housing problems)	집이 없음, 부적절한 주거환경, 불안전한 이웃, 이웃이나 집주인과의 불화
6. 경제적 문제 (economic problems)	극심한 가난, 불충분한 수입, 불충분한 복지지원
7. 건강서비스 문제 (problems with assess to health care services)	부적절한 건강관리서비스, 건강관리기관과의 연결, 부적절한 건강보험

8. 법적 체제와 범죄와의 관계 (problems related to interaction with the legal system/crime)	구금, 투옥, 소송, 범죄의 회생
9. 기타 심리사회적 · 환경적 문제(other psychosocial and environmental problems)	재난에의 노출, 전쟁, 기타 적대적인 상황, 가족 이외의 돌보는 사람과의 불화(상담사, 사회복지사, 의사), 사회서비스기관을 이용하지 못함

2. 강점 및 약점(Strength and Limitation/Weakness)

클라이언트의 강 · 약점 및 자원과 한계를 파악한다.

  1) 클라이언트는 서비스가 제공되는 동안 또는 그 결과로서 무엇이 일어날 것을 기대하는가?

  2) 제공된 서비스에 관계되는 클라이언트의 생각, 관심, 계획은 무엇인가?

  3) 그 서비스를 사용하고 변화하고자 하는 클라이언트의 동기는 무엇인가?

  4) 대처 변화를 위한 클라이언트의 능력 혹은 방해요인은? 변화를 위한 개인의 내적 자원은 무엇인가?

  5) 클라이언트의 강점은?

  6) 대처나 극복을 지지하거나 감소시킬 수 있는 환경적 자원, 책임, 방해물은?

  7) 클라이언트의 변화를 위한 동기, 능력, 기회에 영향을 주는 다른 요인은?

  8) 클라이언트의 스트레스의 본질은 무엇인가?

  9) 클라이언트의 기대는 현실적인가?

  10) 그 상황에서의 욕구충족과 문제해결에 관련된 강점과 한계점은?

3. 이용자원체계

  1) 공식적 자원: 사회보장서비스, 교육 및 보건체계

  2) 비공식적 자원: 가족, 친구, 친지 및 이웃

4. 사정을 위한 이론적 근거(Theoretic Background for Assessment)

III. 목표 및 계획(Goal & Plan)

- 개입을 위한 이론적 근거(theoretic background for intervention)
- 장기목표: 정신건강사회복지사가 클라이언트와 함께 계약을 맺어 지향하는 목표
- 단기목표: 클라이언트와 가족이 원하는 목표, 시기적으로 우선순위가 있는 목표(여기서 단기목표는 장기목표를 지향하는 일관성이 있는 것이어야 한다.)
- 치료계획: 장 · 단기목표에 따른 치료계획을 세워야 한다.

2. 생태체계적 사정모델과 강점관점 사정모델을 적용한 심리사회적 사정의 실무적용 사례

다음 사례는 정신건강사회복지 현장에서 생태체계적 사정모델과 강점관점 사정모델을 적용한 조현병 클라이언트의 심리사회적 사정내용이다.

<u>심리사회적 사정내용</u>

I. 정보수집(Information Gathering)

1. 인적사항(Identification)

성명	주명덕(가명)	연령	25세	성별	남
현주소	○시 ○구 ○동			연락처	02)○○○-○○○○
최종학력	대재	종교	무교	병역	사회복무요원
결혼상태	미혼	현직업 (근무기간)	대학교 휴학 중	이전 직업	無
경제상태	월수입	50만 원 미만( ), 50~100만 원( ), 100~200만 원( ), 200만 원 이상(∨)			
	주택	자택(주택)			
	생활비 부담자	부모		치료비 부담자	부모

약물복용 상태		의료보장 형태	의료보험	주치의	장○○
		장애등록/등급	–	진단명	R/O schizophrenia
입원(등록/ 의뢰)경로	정신건강복지센터에 다니고 있으며, 같은 과 형이였던 ○○회원에게 정신건강복지센터를 소개받고 함께 옴				
입원 (등록)일	2019. 6. 16.		사례 개시일	2019. 6. 18.	
정보 제공자	클라이언트, 클라이언트 부모		정보 신뢰도	중상	

2. 주 문제(Chief Complaint)

1) 클라이언트가 제시한 문제

- "사람들이 나를 무시하고 비웃는 것 같아요."
- "길을 가면 사람들이 나를 쳐다보는 것 같고, 그럴 때마다 참지만 감정조절을 못하면 욕하고 물건을 집어던지게 돼요. 사람들이 쳐다보면 기분이 무척 나빠요."
- "눈에 힘을 주고 강하게 보이려 하는데요……. 사람들은 내가 째려본다고 생각해요."

2) 정보제공자가 제시한 문제

- "고종오빠처럼 될까 걱정이에요."
- "병을 인정하지 않아서 지금까지 그냥 두고 봤는데……. 고등학교 성적이 떨어지면서 그랬던 것 같아요."
- "집에서 혼자 지내고 대인관계가 전혀 없어요."
- "땅만 보고 걷고 눈을 맞추지 않고 어깨를 늘어뜨린 채 다녀요."

3) 정신건강사회복지사가 제시한 문제

- 관계사고(reference idea): 다른 사람들이 자신을 쳐다보면서 비웃는다고 생각하고 있음
- 충동조절(impulse control)장애: 비웃는다고 생각되는 상대와 싸우고 공격함

- 대인관계 시 긴장하고 불안감을 많이 보이며, 강한 이미지를 보이기 위해 인상을 쓰고 다니고 사람들을 노려보듯이 쳐다봄
- 스트레스 대처능력 부족
- 술 마시고 간판을 부수고 욕을 하는 등 공격적 행동이 많음
- 대인관계 기술의 부족

3. 현 문제 및 과거 병력(Present Illness & Past Psychiatric History)

클라이언트의 부모는 혼전에 클라이언트를 임신하게 되었으며, 당장 결혼생활을 유지할 환경이 되지 않아서 클라이언트 母는 고모집에서 생활했는데, 당시 조현병을 가진 고모집 오빠로 인해 불안감과 두려움 속에 임신을 유지했다고 함.

클라이언트의 父는 클라이언트 성장과정에서 술 마시고 폭력을 휘두르는 모습을 많이 보였는데, 母가 父에게 두들겨 맞고 발로 밟히며 차이는 등의 모습을 많이 지켜봤다고 함.

중학교 시절, 클라이언트는 친구들로부터 폭력을 경험했으며, 힘은 있지만 주먹이 제대로 나가지 않아 답답함을 느꼈고 지속적으로 폭력을 당할까 두려워하면서 학창시절을 보냈다고 함. 중 3 때 고등학교 진학문제로 친한 친구들을 떠나 다른 학교로 전학갔으며, 고등학교에 진학하면서 귀에서 소리가 들리고 지나가는 사람들이 자기를 쳐다보면서 욕하는 느낌이 들기 시작했다고 함. 고 2로 올라가면서 칠판의 글씨가 잘 안 보이고 상위권이던 성적이 급격하게 떨어지면서, 자신을 야단치는 환청과 자신이 감시를 당하고 있다는 생각에 가족들에게 어려움을 호소하였다고 함. 고등학교를 다니면서 친구들이 자신을 외면하고 점심도 같이 먹지 않는 등 집단으로 따돌렸지만 클라이언트는 친구들을 억지로 따라다님으로써 함께 어울리기 위해 애를 썼다고 하며, 덩치 크고 키 큰 애들이 자기를 때리고 깔볼까 봐 겁이 나서 일부러 인상을 쓰고 다녔다고 함. 집단따돌림 과정에서 자신이 폭력을 직접 경험한 적은 없었고 다른 아이들이 맞는 것을 본 적은 있었으며 자신도 맞을까 겁이 많이 났다고 함. 고 3 때 폐에 구멍이 나서 수술을 받았는데, 재발되어 2차 수술

을 받을 때 누군가 자신을 죽이기 위해 속이는 것이라고 하면서 두 번이나 수술을 거부하고 도망갔다고 함. 세 번째는 담임선생님과 의사선생님이 간곡히 설득해서 수술이 이루어질 수 있었다고 함.

학원 재수 시절 '이렇게 살아서는 안 되겠다.'는 자기반성이 들어서 지역의 정신건강의학과에서 외래치료를 받았으며, 삼수 후 지역의 2년제 대학 세무회계과에 들어갔고 1년 정도 공부한 후 군입대를 했다고 함. 아버지의 해군 자원입대 조치에도 불구하고 1주일 만에 그만두고 와서 사회복무요원에 배치받았다고 함. 사회복무요원 근무시절 동료들과 성인 이용소를 다녀온 후 배가 심하게 아파 죽을 것 같았지만 성경을 읽으니 괜찮아졌고, 그 후부터 성인 이용소는 가지 않았다고 함. 제대 후 집에 있으면서 복학을 준비하고 있던 중으로 내년에 복학 예정이라고 함.

■ 병력

서울 J 정신건강의학과 2015. 1. 9.~2019. 6. 현재까지 외래치료 중.

4. 의뢰과정(Referral Source) 및 면접 당시 클라이언트 상태

〈의뢰과정〉

클라이언트는 2년제 대학인 Y대 세무회계과를 휴학 중임. 지난 3월 사회복무요원으로 제대 후 내년 복학 예정으로 집에서 소일하고 있던 중 과거 같은 과에 함께 다니던 엄태주(가명) 회원의 소개를 받아, 우울증 진단으로 정신건강복지센터를 이용하고 있던 엄태주 회원과 함께 대인관계상의 어려움을 해결하기 위해 정신건강복지센터에 등록하고 이용하게 됨.

정신상태검사(Mental Status Examination)

1. 전반적 외모, 태도 및 행동

174cm, 68kg으로 푸른색 반팔 남방과 검은색 바지를 입고 검은색 구두를 신고 어깨를 구부리고 시선을 땅에 떨어뜨린 채 들어옴. 자기관리는 비교적 적절했으며, 표정이 다소 경직되고 긴장된 모습으로 쭈뼛쭈뼛하는 태도를 보이면서 자리에 앉음. 시선접촉 및 자발적 의사소통에 다소 어려움이 있었으며, 초반에는 면

담자를 경계하면서 조심스러워하는 모습이 보였으나 시간이 흐르면서 안정된 모습 보임. 청소년기 상황을 이야기하면서 다리를 떨고 손가락으로 책상을 두드리는 등 불안한 행동을 보임. 면담자에 대한 태도는 전반적으로 협조적이었지만, 청소년기에 대한 기억에서는 다소 회피적인 반응을 보임.

2. 사고의 진행
처음에는 질문을 받을 때만 이야기했지만 시간이 지나면서 스스로 이야기했으며, 말의 속도나 말수는 적절했고 진행과정 또한 정상적으로 이루어짐.

3. 사고의 내용
주로 다른 사람들과의 관계에서 어려웠던 경험이 있었으며, 청소년기에 또래집단 속에서 당했던 집단따돌림에 대해 얘기하면서 형식적으로는 자신이 왕따를 당했지만 자신이 그 분위기를 무시하고 계속 친구들을 따라다녔다는 이야기를 강조함.
대인공포증이 있다고 하면서, 소외감을 느낄 때 갑자기 이 세상에 혼자만 존재한다는 생각이 들며, 주위 사람들은 필요에 의해 한 번씩 자기 앞에 나타나는 사람들이고 현실적으로는 존재하지 않는 사람이라는 생각이 든다고 표현함.
자신은 죽어서 천국에 가야겠으며 그때까지 생명만 연장할 것이라는 생각을 가지고 있음.

4. 지각
현재 지각하는 부분은 정상적으로 보이며 환청, 환시 등의 환각에 대해 피면담자는 모두 부정함.

5. 감정반응
면담 당시의 기분은 다소 편안하고 좋은 상태라고 했으며, 표현하는 내용에 대한 행동이나 표정이 감정상태와 비교적 일치하고 있었음. 청소년기 경험을 이야기할 때 불안하고 긴장된 감정반응을 보임.

6. 지적 능력
정상.

7. 의식

명료함.

8. 병식

진단명에 대해 '사람들과 이야기하기를 두려워하는 대인공포증'이라고 답하고
있으며, 자신 안의 뭔가 모르는 요인 때문에 병이 생겼다는 정도의 병식을 가지
고 있음.

5. 개인력(Personal History)

1) 태아기(prenatal and perinatal)

클라이언트 母가 23세 때 혼전에 클라이언트를 임신했으며, 결혼할 수 있
는 환경이 되지 않아 당시 클라이언트 母는 고모집에서 생활했으며, 조현병
을 가진 고모집 오빠로 인해 너무 불안하게 지냈다고 함. 클라이언트의 父는
클라이언트 母가 있는 고모집을 드나들면서 클라이언트 母를 만났다고 하며,
계획되지 않은 임신에 의해 두 사람 모두 당황스럽고 어찌할 바를 모르는 상
태였다고 함.

마지막 달에 시댁에 들어가 아이를 낳았는데, 정상분만했으며 3.95kg이었
다고 함.

2) 초기 아동기(early childhood: through age 3)

클라이언트 母의 젖이 제대로 안 나왔지만 시댁에서 모유를 먹이게 해서
항상 젖이 모자라고 부족한 상태였다고 함. 클라이언트는 목을 제대로 가누
는 것이 늦었으며, 대소변 가리기는 정상적이었고 말이 빨랐다고 함.

감기와 귀에 고름이 생기는 등 잔병치레가 많았다고 하며, 혀가 민감해서
흰죽만 먹었는데, 흰죽에 생선을 조금만 섞어도 토하는 등 이유식이 제대로
안 돼 결국 영양결핍으로 머리카락이 다 빠지고 머리 전체에 고름까지 생겨
엉망이었다고 함. 클라이언트 母는 나이도 어리고 아기도 제대로 키울 줄 몰
라서 항상 울면서 클라이언트를 업고 동네를 돌아다녔는데, 동네 약방 아저
씨가 안쓰러워하면서 영양제를 주고 먹여 보라고 했으며, 동네 할머니가 소

금물로 세게 씻어 내라고 해서 그대로 하니 점차 나아졌다고 함.

클라이언트가 3세 무렵에 동생이 태어났으며, 여동생이 태어나자 부모님이 정식으로 결혼식을 올렸다고 함. 가족이 인천에서 6개월 정도 살다가 다시 서울로 이사를 왔는데, 이삿짐을 옮기다가 클라이언트가 없어져 한 시간가량 찾아 헤맸고 외삼촌이 찾아 데려온 적이 있다고 함. 클라이언트는 외갓집에 갔더니 요구르트를 안 줘서 문을 열고 밖에 나가 산 쪽으로 올라갔는데, 한참을 걸어 올라가다 보니 깜깜해지고 아무것도 보이지 않아 무섭고 놀랐으며 외삼촌이 자신을 데리러 왔던 기억이 난다고 함.

3) 중기 아동기(middle childhood: through age 11)

한곳으로 다니기보다 다른 길로 가는 것을 좋아할 만큼 호기심이 많았으며, 비오는 날에도 축구를 할 정도로 운동을 좋아해 몰두하는 경향이 있었고, 태권도, 합기도 등 도복 입은 모습이 멋있게 보여 나중에 꼭 운동을 하겠다고 생각했다고 함.

초등학교 3학년 때까지 공부를 안 하고 놀기만 했는데, 3학년 때 성적표를 받아 보니 사회만 '미'고 나머지는 모두 '수'로 처리되어 이상했지만 선생님이 자신을 잘 봐 줘서 고마운 생각이 더 많이 들었다고 함. 그때부터 '공부 한번 해 보자.' 싶어 열심히 공부했으며, 4학년 때는 성적도 오르고 아이들이 클라이언트를 부반장으로 뽑아 줘서 좋았으며, 6학년 때는 반장까지 했다고 함. 밝고 명랑하며 활발한 성격이었고, 노래를 잘하고 웅변도 매우 잘했으며, 영리하다고 칭찬을 많이 받았다고 함.

부모님이 성격 차이로 많이 다투었으며, 술을 좋아하고 다혈질인 父는 母와의 갈등이 생기면 으레 폭력을 휘둘렀으며, 클라이언트는 父가 母를 심하게 때리고 밟고 차는 상황을 보면서 겁에 많이 질렸다고 함.

4) 후기 아동기(청소년기, late childhood; puberty through adolescence)

남녀공학인 중학교를 다녔으며, 전교 2, 3등을 하는 등 공부를 매우 잘하고, 특히 국민윤리와 국사를 좋아했으며 여학생들에게도 인기가 많았다고 함. 음악동아리에 있었는데, 같은 학년 여학생을 좋아했지만 용기가 없어서 편지를 쓰고도 보내지 못했으며, 다른 친구들에게 좋아한다는 소문만 냈다고 함. 3학년 때 친구가 그 여학생을 데리고 나와서 함께 만났는데, 노래방도 가고 재미있게 놀았지만 헤어질 무렵 "이제 너를 봤으니 나는 전학간다."고 했다 함. 당시 아버지가 좋은 고등학교를 보내기 위해 전학을 시키려고 했으며, 클라이언트가 그 여학생을 만나 보니 여학생이 자신을 좋아하지 않아 전학에 동의했다고 함.

중학교 시절, 친구들에게 공부 잘한다고 맞은 적이 있었으며, 몸은 힘이 있는데 주먹이 그리 강하지 않아 속이 답답했고, 학교 안에서 배도 맞고 목도 졸리는 등 두들겨 맞았다고 함. 친한 친구가 같은 학교 친구에게 너무 많이 맞아서 머리가 휙 돌아갈 정도로 화가 났던 적이 있었는데, 그 반에 찾아가니 그 애들이 자신의 말을 못 들은 체하고 무시하고 모른 체해서 선생님께 이야기해 그 애들이 퇴학당했다고 함. 클라이언트는 달리기를 잘했는데, 한참을 달리다 보면 '내가 너무 설치고 다녀서 로터리에 나가서 두들겨 맞는 것이 아닌가?' 하는 두려운 생각이 들어 머리가 너무 복잡해지는 것을 경험했다고 함.

중 3 말에 전학을 갔기 때문에 전학 간 학교에서는 특별한 기억이 없으며, 고 1 때 반에서 총무를 맡아 학년이 끝난 후 모범상을 받아서 기분이 좋았다고 함.

고 1 때 소풍 갔을 때 친구들이 담배를 권했지만 담배가 무조건 나쁘다고 생각해서 거절했는데, 자신이 피우지 않자 그때부터 친구들이 자신을 따돌리기 시작했다고 함. 친구들이 자신을 빼고 놀러다니거나 무시했다고 하며, 그래도 자신은 함께 어울려야겠다고 생각해서 친구들이 끼워 주지 않더라도 그냥 옆에 서서 따라다녔다고 함.

고 1 때 귀에서 '웅~' 하는 소리가 들리고 TV에서 자기 이야기를 하는 것 같고, 길을 걸어도 주위 사람들이 자기를 쳐다보면서 흉보고 욕하는 느낌이 들기 시작했다고 함. 그리고 중학교 때 좋아했던 그 여학생이 좋아하는 마음을 소문냈다는 등의 이유로 클라이언트에게 보복하는 것이라는 생각이 들었다고 함.

고등학교 2학년 때 술을 처음 마셨으며, 합창부였기 때문에 동아리에서 모여 마시기도 했다고 함. 친구들이 자신을 따돌리며 끼워 주지 않았지만 자신은 모른 체하고 옆에 끼여 다녔으며, 함께 어울리기 위해 술집에도 따라다녔는데 친한 친구는 한 사람도 없었다고 함. 점심도 혼자 먹었는데 덩치 크고 키 큰 애들이 자기를 때리고 깔볼까 봐 겁이 나서 일부러 인상을 쓰고 다녔다고 함.

고 2 올라가면서 갑자기 칠판이 안 보이고 공부가 안되기 시작했는데, 5등, 10등 하던 성적이 20등, 꼴찌로 떨어졌다고 함. 이때 클라이언트는 가족에게 "귀에서 무슨 소리가 들린다." "어떤 아저씨가 뭐라고 야단친다." "집 안 구석구석에서 아버지가 카메라로 나를 지켜보고 있고 감시당하고 있다." 등의 이야기를 하기 시작했다고 함.

멋지게 보이고 싶어서 태권도, 합기도, 국술 등을 배우러 다녔는데 도장에서 놀기만 하고 열심히 배우지 않아 실력이 별로 늘지 않았다고 하며, 태권도는 3년 이상 다녔으나 파란띠에 그쳤고 그때 함께 다니던 친구는 사범이 되었다고 함.

고 3 때 몸이 아파 조퇴를 하고 병원에 갔는데, 병원에서는 폐가 이상하다면서 당장 수술을 받아야 한다고 했으며, '기흉'이라 진단받고 수술을 받았다고 함. 병원 응급실에서 허리를 째고 시술했는데 급하게 해서 너무 아팠으며, 재발을 경고받고 실제로 8월에 재발했으나 클라이언트가 도망가서 두 번이나 수술에 실패했다고 함. 클라이언트는 수술을 위해 찍은 엑스레이 사진을 보면서 자기 것이 아니며, 자기는 호흡만 가쁘고 다른 문제가 없이 멀쩡한데 누군가 자기를 죽이려고 일부러 바꿔치기했다며, 자기를 죽이기 위해 이렇게 한다면서 강력하게 거부하고 도망갔다고 함. 母가 답답한 마음에 무당을 찾아가 굿을 하기도 했으며, 담임선생님과 의사가 설득해서 세 번째 날을 잡고서야 겨우 수술을 받게 되었다고 함. 수술 후 결석이 많아지자 3학년 공부를 다시 한 번 더 하고 싶다고 하며 13일 남았는데 학교를 안 가려 해서 친구들이 설득해서 겨우 졸업했다고 함.

고 3 때 인천에 친척을 만나러 가서 못 만나자 택시를 대절해서 서울로 돌아와 母가 40만 원을 지불했던 적이 있었으며, 학교 옆에 고속버스터미널이 있었는데 등교 도중 무작정 버스에 올라 춘천에 갔다가 돌아왔던 적도 있었다고 함.

5) 성인기(adulthood)

고등학교를 졸업하고 혼자 집에 있으면서 만화방에 다니거나 비디오를 보는 등 시간을 보냈다고 하며, 친구도 없고 너무 심심했기 때문에 도장에 있는 친구를 찾아가서 매일 술을 마셨다고 함. 대학을 가고자 했지만 공부도 포기하고 학원도 가는 둥 마는 둥 해서 삼수를 했으며, 클라이언트가 아프다는 이유로 집에서는 아무 말도 하지 않았다고 함.

클라이언트는 재수를 하면서 '내가 왜 이렇게 사나?' 하는 생각이 들어서 지역에 있는 정신건강의학과에 자발적으로 다니게 되었으며, 현재까지 그 병원을 이용하고 있고 최근 1년 동안 지속적으로 외래치료를 받고 있다고 함.

2년제인 Y대는 삼수를 한 후 입학했는데, 세무회계과가 미달이라 들어갔다고 하며 학교생활은 특별한 문제 없이 지냈다고 함. 1학년 11월경 휴학을 하고 군에 입대할 준비를 했는데, 父가 클라이언트를 강하게 키우기 위해 해군에 지원시켰다고 함. '기흉'이라는 진단에 대해 거부할 조항이 없어 해군에서는 지원을 받아 줬다고 하며, 클라이언트는 1주일 만에 못하겠다면서 그냥 돌아왔다고 함. 부모님과 상의도 없이 돌아온 클라이언트를 보고, 클라이언트 父는 '정신병으로 군입대를 빼려다가 사회적으로 문제가 있을까 싶어 4급으로 사회복무요원 근무를 하게 했다.'고 하심. 클라이언트는 사회복무요원으로 구청 내 광고부서에 근무하게 되었으며, 광고간판, 현수막 점검, 철거 등의 일을 하면서 지냈고, 동료들에게 따돌림을 받고 혼자 생활하는 것 같아서 母가 클라이언트 생일을 맞아 동료들과 회식하라고 일부러 30만 원을 줘서 어울리게도 했다고 함.

사회복무 당시 동료들과 함께 성인 이용소를 4~5차례 이용하기도 했는데, 작년 여름휴가 중에 성인 이용소를 나오면서 갑자기 배가 너무 아파 죽을 것 같은 경험을 했으며 집에 와서 성경을 읽으니 좋아졌다고 함. 그전에는 불경과 도덕경 등에 심취해 있었는데, 그때 성경을 읽으니 예수님 말씀이 너무 좋아서 틈만 나면 계속 보고 있다고 하며 교회는 다니지 않는다고 함.

2019년 3월에 제대했으며, 제대 후 계속 집에서 놀면서 오후 1시나 2시쯤에 일어나 비디오를 보거나 PC방에 가는 등으로 하루를 보냈다고 함. 이때 대학시절 같은 과를 다니던 엄태주 씨를 만나 ○○시에 있는 정신건강복지센터를 소개받아서 등록하고 이용하게 되었다고 함.

엄태주 씨는 같은 과 동기로, 클라이언트보다 세 살 더 많다고 함. 클라이언트가 술을 마시러 가자고 해서 함께 술집에 갔는데, 엄태주 씨가 술을 마신 후 여학생들이 술 마시고 담배 피우는 모습을 보고 흥분해서 난리를 피우는 바람에 결국 엄태주 씨가 자퇴하게 되었으며, 클라이언트는 자신이 술 마시러 가자고 해서 일이 생겼기 때문에 엄태주 씨의 자퇴에 대한 책임과 죄책감을 느끼고 있음. 정신건강복지센터에 다니면서 엄태주 씨와는 늘 함께 움직이며, 생활 전반에 걸쳐 엄태주 씨에게 충고를 받고 있고 영향을 많이 받고 있는 모습을 보이고 있음.

3개월 전에는 자신을 무시한다면서 여동생을 때려 며칠 동안 여동생과 말을 하지 않고 지낸 적이 있다고 함. 그리고 최근 母가 청소기를 들고 클라이언트 방에 들어가니 누워 있던 클라이언트가 눈을 부라리며 공격하고 때리려고 팔을 들어올리다 나가면서 母에게 신발을 던지는 행동을 보였고, 대문을 나서기 전 뒤를 돌아보면서 "엄마, 이건 내가 아니에요."라고 얘기했다고 함.

클라이언트는 소외감을 느낄 때 갑자기 이 세상에 혼자만 존재한다는 생각이 들며, 주위 사람들은 필요에 의해 한 번씩 자기 앞에 나타나는 사람이고 현실적으로는 존재하지 않는 사람이라는 생각이 든다고 함. 자신은 죽어서 천국에 가야겠으며 그때까지 생명만 연장할 것이라는 생각을 가지고 있음.

클라이언트는 현재 하루 한 갑 정도 담배를 피고 있으며, 술을 먹은 후 공격성이 높아지고 다른 사람들이 쳐다보고 귀에서 이상한 소리가 들린다고 호소함. 소주 1/2병, 맥주 2병이 주량이고, 술을 마시면 사람들에게 욕하고 간판을 부수는 등 매우 공격적으로 바뀐다고 함.

■ 병전 성격 및 사회기능(premorbid personality & social function)

밝고 활발하며 명랑한 성격이었음. 노래도 잘하고 말주변이 좋아 여학생들에게
도 인기가 많았다고 함.

6. 가족력(Family History)

1) 가계도(genogram)

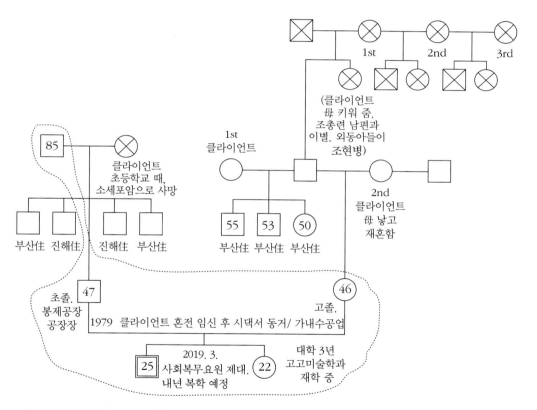

* 가족 내 정신과 병력(+): 클라이언트 母의 고종 사촌오빠가 조현병으로 사망.

2) 가족 성원에 대한 기술(description of family members)

관계	이름	나이	학력	직업	종교
		47세	초졸	봉제공장 공장장	무교
아버지		경기도 화성 출생. 어릴 적 집이 너무 가난해서 학교를 제대로 다니지 못하고 일찍 사회로 뛰어들었다고 함. 양복점 일을 하던 중에 고 3인 클라이언트 母를 만나 연애를 하게 되었으며, 현재 다니는 봉제공장은 20여 년 되었다고 함. 성격이 급해서 부부간에 싸움이 잦았으며, 술을 많이 마시고 폭력적인 경향이 많다고 하고, 클라이언트 母를 때리고 욕하며 밟고 차는 등의 모습을 클라이언트가 많이 보고 자랐다고 함. 클라이언트는 父가 너무 무섭다면서 25세가 되었는데도 자기주장 한번 못해 봤다고 하고, 母를 때릴 때도 못 말리고 그냥 보고 서 있다고 함. 父가 너무 겁나서 어떻게 해 볼 수가 없어서 그렇다고 함. 클라이언트는 父를 매우 가부장적이라고 표현함. 최근 클라이언트 父가 클라이언트 할아버지와 함께 살기를 원해서 한 달 전부터 클라이언트 할아버지를 모시고 산다고 함.				
		46세	고졸	가내수공업	무교
어머니		인천 출생. 매우 잘사는 집에서 태어났으며, 오빠 둘과 언니 하나가 있지만 배다른 형제라고 함. 큰엄마가 작은 처인 친모를 받아들이지 않아서 친모는 재가하고 클라이언트 母는 고모집에서 컸으며, 초등학교 6학년 때까지 고모집에서 자랐다고 함. 고모는 남편이 조총련으로 남편과는 연락이 두절된 채 살았으며, 외동아들은 조현병으로 고생했다고 함. 고모집 오빠는 클라이언트 母가 7세까지 건강했지만, 그 후 증상이 심해 연탄재를 뒤집어쓰고 사람들을 공격하고 때리는 등 난폭해져 클라이언트 母는 고모가 없으면 집에 못 들어가는 일이 많았다고 함. 클라이언트 母가 중학교 때 아버지 집으로 갔는데, 공부 잘하고 조용조용한 분위기의 아버지 집과 달리 자신은 야생마처럼 뛰어다니는 성격이라 적응할 수 없었고, 중학교 1학년을 두 번이나 다니게 되었다고 함. 중 3 때 아버지가 집 근처에 방을 얻어 고모를 살게 하고 클라이언트 母를 그곳으로 왕래하게 해서 마음을 잡게 했다고 함. 클라이언트 母는 공부를 못해 여상을 갔는데, 당시 클라이언트 父가 학생복 만드는 곳에서 일을 하면서 클라이언트 母를 고 3 시절에 만나 사귀게 되었다고 함. 결혼 전 클라이언트를 임신하고 고모집에 있으면서 조현병인 고종사촌오빠 때문에 너무 많이 불안했으며, 마지막 달에 시댁으로 들어가 살게 되고 딸이 태어나면서 결혼식을 올렸다고 함. 현재 클라이언트 父가 일하는 봉제공장 일을 하청받아서 가내수공업 형태로 일하고 있으며, 클라이언트를 이해하고 보살피려 함.				
		22세	대학교 3년 재학중	대학생	무교
여동생		서울에 있는 D대학 고고미술학과 3학년에 재학 중. 부모님이 싸우는 모습을 보고 클라이언트가 말리지 않으면, "오빠는 왜 그렇게 보고만 서 있느냐?"며 원망을 많이 했다고 함. 한 달 전 아파트에서 주택으로 이사를 했는데, 밝은 방을 오빠에게 양보할 정도로 오빠가 병이 있는 것을 알고는 이해하고 챙겨 준다고 함.				

3) 생태도(eco-map)

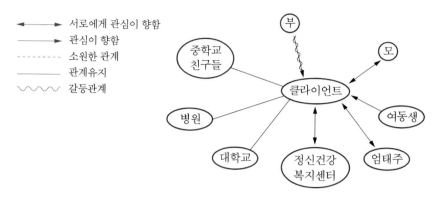

II. 심리사회적 사정(Psychosocial Assessment)

1. 심리사회적 · 환경적 문제(Psychosocial & Environmental Problem)

문제	내용
1. 일차적인 지지집단과의 문제	• 클라이언트는 가부장적이고 폭력적인 父에게 자신의 생각을 제대로 이야기하는 것조차 두려워하고 있음. 父는 클라이언트를 남자답게 강하게 키워야 된다고 생각해 군입대도 마음대로 결정하는 등 가족 간에 수직적 관계가 너무 강하게 드러나고, 힘이 父에게 지나치게 쏠려 있음. • 어릴 때부터 父가 술을 마신 후 母를 구타하는 등 음주와 관련하여 심각한 가정폭력 문제가 상존하고 있었으며, 성인이 된 현재까지 父가 母를 심하게 때려서 클라이언트는 두려워하며 방관하고 있음.
2. 사회적 환경과 관련되는 문제	중 3 때 학군과 관련하여 전학을 함으로써 친했던 친구들과 결별했으며, 이후 새로운 학교환경에서 적절한 지지를 받지 못함으로써 더욱 고립감과 소외감을 느끼게 되었음.
3. 교육적 문제	중학교 때 성적이 좋다는 이유로 학교폭력을 경험했으며, 고등학교 때 또래집단과 잘 어울리지 못함으로써 집단따돌림을 경험하고 폭행에 대한 두려움에 불안하고 긴장된 학교생활을 유지했음.
4. 건강서비스 문제	고 3 때 폐에 구멍이 뚫려 '기흉' 진단으로 수술을 받았음. 첫 번째 응급수술 후 재발했으며, 두 번째 수술은 클라이언트가 거부하고 도망가서 세 번째 수술날짜를 잡은 후 어렵게 설득해서 수술을 받았음. 현재는 무리 없이 생활함.

5. 기타 심리사회적 문제	술을 마시고 기물을 파손하고 사람들에게 욕을 하는 등 공격적 성향이 많이 나타나며, 다른 사람들이 자신을 비웃고 비난한다고 생각하여 충동적으로 잘 싸움. 사람들이 자신을 얕잡아 보기 때문에 인상을 쓰고 강하게 보임으로써 자신을 무시하거나 함부로 보지 못하게 해야 한다고 생각하고 있음.

2. 강점 및 약점(Strength & Weakness)

   1) 강점

      • 경제적인 지지체계가 있음

      • 전반적인 기능이 심각하게 손상되지 않았음

      • 대학교 생활을 유지하기에 무리가 없음

      • 군생활을 큰 무리 없이 마무리했음

      • 자신의 문제에 대해 받아들이고 고치고 싶은 마음이 있음

      • 논리적 대화유지가 가능함

      • 자발적인 약복용이 이루어짐

      • 클라이언트의 회복에 대해 부모의 관심이 큼

   2) 약점

      • 대인관계에 어려움이 있음

      • 행동이나 태도 등에서 사회적 위축이 드러남

      • 매사에 자신감이 부족함

      • 자아상(self image)이 낮음

      • 술을 마신 후 공격적 성향이 많이 나타남

      • 충동조절에 어려움이 있음

      • 병식이 낮음

3. 이용자원체계(Available Resources)

     1) 공식적 자원(formal resource): 대학교, 병원, 의료보험, 정신건강복지센터

     2) 비공식적 자원(informal resource): 아버지, 어머니, 여동생, 회원, 친구들

4. 사정을 위한 이론적 근거(Theoretical Background for Assessment)

〈생태체계모델〉

상기 사례는 클라이언트가 나타내는 증상이 환경에서의 부적응과 취약성, 스트레스에 약한 상황을 나타내는바, 스트레스 대처방법과 적응능력, 문제해결능력 등에 초점을 맞추는 생태체계모델을 중심으로 사정해 볼 수 있다.

클라이언트는 태내기부터 클라이언트 母의 불안하고 두려운 심리환경을 느낀 채 태어났으며, 술을 마시고 폭력을 행사하는 다혈질적인 아버지의 모습을 보면서 긴장된 가정환경에서 성장기를 보내게 되었다. 특히 가부장적이고 폭력적인 父에게 매맞고 지내는 母를 보면서 父로부터 母를 보호해 주지 못하는 자신의 무능함과 무기력함을 자책하면서 성장기를 보냈으며, 오빠로서의 듬직함과 장남으로서의 믿음을 저버리고 어린 동생으로부터도 무능함을 질책받은 자신에 대해 스스로 용납하기 힘들었다고 보인다.

또한 청소년기를 보내면서 또래집단에서 집단따돌림을 경험하게 되었으며, 그 속에서 더 이상 고립되거나 소외되지 않고자 따돌리는 친구들을 억지로 따라다니는 등 안간힘을 쓰는 가운데, 학교폭력에의 위험과 불안감으로 스트레스 많은 환경에서 힘겹게 하루하루를 생활했다고 여겨진다.

특히 폭력적 가정환경에서 자란 클라이언트는 다른 사람이 폭력을 당하는 것만 봐도 충격을 받고 자신과 관계 지어 두려움을 느끼는 등 폭력에 대한 두려움이 남달리 컸다고 생각된다. 강한 이미지를 보이기 위해 늘 인상을 쓰고 노려보듯이 다녔으며, 태권도 등 무술을 배우고 다른 사람의 힘에 제압당하지 않는 이미지를 만들려고 안간힘을 썼다. 그리고 자신을 야단치는 소리, 행동이 감시당하고 있다는 생각에 몰입하면서 학교성적이 극도로 떨어지고 고3 때는 누군가 자신을 죽이려고 한다며 필요한 수술마저 거부하는 모습을 나타내게 되었다.

클라이언트가 가진 개인력상의 다양한 심리사회적 어려움과 증상을 고려해 볼 때 환경적 요인과의 상호작용을 중시해 볼 수 있으며, 결국 클라이언트는 환경에의 부적응과 스트레스 대처능력의 취약함으로 인해 증상이 나타났다고 여겨진다.

III. 목표 및 계획(Goal & Plan)

1. 개입을 위한 이론적 근거(Theoretical Background for Intervention)

〈강점관점 임파워먼트 모델 & 구조적 가족치료 & 인지행동이론〉

상기 사례는 기능이 좋은 편임을 고려하여, 클라이언트가 가진 강점과 잠재력을 강조하고 현재를 중심으로 자기 결정과 협력적 관계를 중시하는 강점관점 임파워먼트 모델을 적용하여 우선적으로 개입할 수 있다.

초졸인 父와 고졸인 母의 학력 차이, 각자 원가족 집안의 경제적 차이, 클라이언트 母의 혼전임신, 성격 차이 등으로 인해 부부간에 갈등이 있었을 것이라 여겨진다. 또한 폭력적이고 전제군주적 성격을 지닌 父와 폭력에 대한 직접적 피해자인 母 그리고 父의 폭력상황에 대해 강하게 항거하지 못하고 무기력하게 반응함으로써 피해적이고 무능감에 빠진 클라이언트 간의 관계가 상호 부정적이라 여겨진다. 이를 고려해 볼 때 구조적 가족치료를 이용하여 가족 내 갈등을 다뤄 볼 필요가 있다. 미누친(Minuchin)의 구조적 가족치료는 가족 내 잘못된 구조에서 문제가 발생한 경우 그 갈등의 원인을 가족 내 잘못된 경계와 권력의 분포에서 찾을 때 적용하기 용이한 이론이다. 가족면담을 통해 가족 간의 갈등을 중재함으로써 클라이언트가 父에게서 느끼는 두려움과 피해의식을 완화시키고, 클라이언트의 환경 변화를 통해 클라이언트가 보다 안전하게 보호받고 안정감을 느낄 수 있는 가족관계로 기능할 수 있도록 가족치료적 개입을 할 수 있을 것이다.

클라이언트가 어느 정도 논리적 대화가 가능한 점을 고려하여, 클라이언트가 가지는 이미지에 대한 왜곡된 사고와 피해적 관계사고를 다루고 잘못되고 부정된 사고에 대해 개입하고 인지를 수정하며, 동시에 클라이언트가 가지고 있는 공격적 행동패턴 등을 변화시키기 위한 훈련을 시도할 수 있다.

2. 단기목표 및 계획

단기목표	치료계획
라포(rapport)형성	정신건강복지센터에 등록한 지 얼마되지 않은 점을 감안해서 클라이언트가 생각하는 정신건강복지센터의 이미지를 지속적으로 체크하고, 생활 중 어려움이나 부담스러운 감정을 함께 나눔으로써 점진적으로 신뢰관계를 만들어 나간다.
통찰 향상	• 심리교육을 통해 클라이언트가 가진 증상적 어려움을 이해하고 병식을 향상시킴으로써 클라이언트가 보다 자발적인 차원에서 약물 및 증상을 관리해 나가게 한다. • 가족교육을 통해 클라이언트가 가진 정신과적 어려움을 인식시키고 부모의 병식을 향상시킨다.
자아상	개별면담을 통하여 클라이언트가 가진 강점과 잠재력을 찾고 강조함으로써 자신감을 북돋아 주고 자아상을 긍정적으로 변화시켜 준다.

3. 장기목표 및 계획

장기목표	치료계획
대인관계 기술의 향상	• 대인관계에서 무시당하지 않기 위해 자신을 강하게 포장할 필요가 없음을 인식시키고, 이미지와 관련된 왜곡된 인지구조를 수정하며 면담자와 긍정적인 관계를 확대시켜 나감으로써 이미지 변화를 통해 대인관계가 보다 친밀하고 편안해짐을 경험할 수 있도록 한다. • 센터의 엄태주 회원과는 상호 개입을 통해 지나친 밀착보다 좀 더 독립적인 관계를 유도함으로써 클라이언트가 대인관계에서 의존감을 갖지 않도록 서서히 분리시킨다.
스트레스 대처능력 향상	• 어려움이나 문제발생 시 도움을 청할 수 있고 마음을 터놓을 수 있는 자원 발굴을 함께 시도한다. • 스트레스로 인식할 수 있는 다양한 압력을 미리 찾아봄으로써 사전에 스트레스를 인식하고 수위를 조절할 수 있도록 점검한다. • 스트레스 경감을 위해 할 수 있는 다양한 방법을 함께 찾아보고 실천을 통해 대처능력을 향상시킨다.

여가생활의 확대	• 개별면담을 통해 음주행태와 결과가 가져오는 문제들을 직면시키고, 알코올의 폐해와 부정적인 효과 및 예견되는 어려움에 대해 지속적으로 나눠 봄으로써 술문제에 대해 인식을 변환시키고 음주조절을 시도한다. • 음주 외에 클라이언트가 관심을 가지고 있는 것들에 대해 찾아봄으로써 여가문화 확대와 여가교육이 이루어지도록 한다.
복학준비 및 사후관리 (follow-up)	• 2020년에 예정된 복학을 고려하여 클라이언트가 학교생활 중에 생길 수 있는 어려움을 함께 찾아보고 대처할 수 있는 실질적인 방법을 검토해 나간다. • 센터의 실질적인 프로그램 이용은 종결하고, 사후관리를 통해 지속적으로 도움을 받을 수 있도록 재협약한다.

요약

　이 장에서는 정신건강사회복지실천을 위한 사정의 근거모델과 분류체계 그리고 실제로 현장에서 많이 사용되는 사정도구와 실무적용 사례를 통해 이해를 높이고자 하였다. 우선 사정의 근거모델은 생태체계적 사정모델과 강점관점 사정모델을 중심으로 살펴보았다. 분류체계는 현재 전 세계적으로 통용되며, 국내에서 정신건강현장의 다학제 간 팀워크가 이루어지는 곳에서 가장 많이 사용되는 DSM-5 진단분류체계와 미국사회복지사협회에서 사회복지사의 관점을 반영하여 사용하고 있는 PIE 사정분류체계를 소개하였다. 이는 정신의학영역에서 사용하는 진단분류체계와 사회복지영역에서 사용하는 사정분류체계를 공히 살펴봄으로써 정신건강사회복지사로서의 균형적인 시각과 사회복지적 관점에서의 정체성을 가진 역할수행에 도움을 주기 위한 의도였다. 사정도구로는 현재 정신질환을 가진 클라이언트에 대한 가장 보편적인 것으로 심리사회적 사정도구를 소개하고 실제 사례를 통하여 그 내용을 자세히 살펴보았다.

1. 정신건강사회복지실천영역에서 정신건강사회복지사로서의 사정과 사회복지실천에서의 사정을 구별해 보자.

2. 정신건강사회복지실천영역에서 훌륭한 사정과정에 필요한 사회복지실천기술에는 어떠한 것이 있는지 토론해 보자.

3. 정신건강사회복지실천을 위한 사정의 근거모델로서 생태체계적 사정모델과 강점관점 사정모델은 팀워크를 하는 정신건강사회복지사에게 어떠한 점에서 유익한지 토론해 보자.

제7장

정신건강영역별 정신건강사회복지사의 역할

학습목표 ···

1. 정신건강복지센터의 개념, 운영, 내용과 정신건강사회복지사의 역할을 살펴본다.

2. 중독관리통합지원센터의 필요성, 사업내용과 정신건강사회복지사의 역할을 살펴본다.

3. 자살예방센터의 현황, 사업내용을 살펴본다.

4. 정신재활시설의 개념, 운영과 정신건강사회복지사의 역할에 대하여 살펴본다.

5. 정신요양시설의 개념, 사업내용, 정신건강사회복지사의 역할을 살펴본다.

6. 정신의료기관에서 정신건강사회복지사의 역할을 살펴본다.

7. 개인개업사회복지의 의미와 개업실천가의 역할에 대해 살펴본다.

···

　　지역사회정신건강의 개념과 서비스가 확장되면서 치료의 장이 확장되었고, 그에 따라 정신건강사회복지사의 역할 또한 확장되었다. 최근의 정신건강사회복지사는 전통적인 치료현장인 정신병원에서 다양한 역할을 수행함과 더불어 현장 확대에 따라 예방영역 및 지역사회재활영역에서도 전문적인 역할을 수행하고 있다.

　　지역사회를 기반으로 전 국민을 대상으로 한 정신질환의 예방과 정신건강증진의 중요성이 부각되면서 정신건강복지센터와 중독관리통합지원센터 등의 현장이 새롭게 등장하였다. 기존 치료영역의 정신병원은 현재 우리나라에서 가장 많은 정신건강사회복지사들이 팀워크로 활동하고 있는 현장이다. 여기에 개인개업실천현장 증가의 필요성이 대두되면서 치료영역의 현장도 확장될 것으로 기대하고 있다. 또한 「정신건강복지법」이 제정되어 만성 정신장애인의 사회복귀를 위한 다양한 재활과 복지서비스가 가능하게 되었고 지역사회재활영역의 정신재활시설현장도 확장되었다. 그러므로 이 장에서는 현재의 정신건강사회복지실천현장을 살펴보고 현장 확대에 따른 정신건강사회복지사의 다양하고도 전문적인 역할에 대해 살펴보고자 한다.

제1절 예방영역과 지역사회정신건강영역에서 정신건강사회복지사의 역할

1. 정신건강복지센터

1) 정신건강복지센터의 이해

(1) 지역사회정신건강의 의미

지역사회정신건강이란 일반 대중을 대상으로 예방 지향적으로 주로 공공기금에 의해 수행되는 포괄적인 정신건강체계라고 정의할 수 있다. 지역사회정신건강은 기존의 전통적인 정신건강복지사업들과는 다른 다음의 몇 가지 특성을 가지고 있다.

첫째, 정신장애인 관리의 중심이 되는 장소가 병원이나 시설이 아닌 지역사회를 기반으로 하며, 이들 시설은 그 속에서 주어지는 특정의 서비스를 제공하는 역할을 담당하게 되는 등 지역사회 내에서 치료, 재활을 통해 사회통합을 이루기 위한 다양한 서비스의 개발과 제공을 의미한다.

둘째, 지역사회정신건강의 대상은 정신장애인뿐만 아니라 지역사회 내의 주민 전체가 되며 나아가 전 국민이 된다. 따라서 관할지역은 지역정신건강 프로그램의 대상인구를 지칭한다.

셋째, 지역사회정신건강은 치료적 서비스와는 다르게 정신질환의 예방(prevention)과 정신건강증진(mental health promotion)에도 그 중요성을 둔다.

결국 지역사회 정신건강복지사업은 단순히 치료장소의 이동뿐만 아니라 정신장애에 대한 정의와 치료 내용 및 방법, 정신건강 관련 인력의 확대 등 전반적으로 기존의 치료와는 다른 개념적인 특성을 갖는다. 지역사회 정신건강복지사업은 정신장애의 치료와 재활과 함께 정신장애 예방에 이르는 모든 활동을 포함하며, 전체적인 지역사회 환경이 지역사회 주민에게 정신적으로 건전한 것이 되도록 해야 한다.

(2) 정신건강복지센터의 개념과 목적

지역사회정신건강의 개념과 서비스가 확장되면서 치료의 장이 병원중심에서 지역사회 내로 전환되었고, 이를 위해 체계적이고 효율적인 대책의 한 방편으로 정신건강복지센터가 출현하게 되었다. 정신건강복지센터는 지역사회를 기반으로 하여 주민들의 정신건강문제에 대한 통합적이고 지속적인 서비스 제공을 목적으로 하는 공공 정신건강복지 전문기관으로, 지역사회 내에서 정신질환자의 조기발견, 상담, 치료, 재활 및 사회복귀서비스 촉진을 위해 보건소, 병원 등이 연계한 통합정신건강복지서비스 제공체계 구축에 중추적인 역할을 담당하고 있다.

우리나라에서는 국가 또는 지방자치단체는 지역사회 정신건강복지사업 등의 제공 및 연계사업을 전문적으로 수행하기 위하여 국 · 공립 정신의료기관 또는 보건소에 정신건강복지센터를 설치 · 운영할 수 있고, 그 사업을 대통령령으로 정하는 바에 따라 정신건강에 관한 전문성이 있는 기관이나 단체에 위탁할 수 있다(「정신건강복지법」 제15조)고 명시하고 있다. 이에 정신건강복지센터는 정신질환의 예방 · 치료, 정신질환자의 재활과 정신건강 친화적 환경조성으로 국민의 정신건강증진 도모를 그 목적으로 하고 있다.

(3) 정신건강복지센터의 현황과 설치기준 및 운영형태

우리나라 정신건강복지센터는 1998년에 처음으로 모델형 정신건강복지센터 4개소(서울 성동, 서울 성북, 강원 춘천, 울산 남구)를 시작으로 2019년 현재 전국 243개소로 확대 설치 · 운영되고 있는데, 광역정신건강복지센터가 16개소, 기초정신건강복지센터가 227개소이다. 우리나라 유형별 정신건강

표 7-1 우리나라 유형별 정신건강복지센터 현황(2019년 2월 기준)　　　　　　(단위: 개소)

구분	기관 수	시 · 도		개소년도
계	243			
광역정신건강복지센터	16	서울	1	2005
		부산	1	2010
		대구	1	2012
		인천	1	2008
		광주	1	2012
		대전	1	2013
		울산	1	2015
		경기	1	2008
		강원	1	2010
		충북	1	2013
		충남	1	2011
		전북	1	2012
		전남	1	2014
		경북	1	2015
		경남	1	2016
		제주	1	2014
기초정신건강복지센터	227	서울	25	
		부산	16	
		대구	8	
		인천	10	
		광주	5	
		대전	5	
		울산	5	
		경기	36	
		세종	1	
		강원	18	

	충북	14	
	충남	16	
	전북	11	
	전남	20	
	경북	15	
	경남	20	
	제주	2	

출처: 보건복지부(2019b). 재구성.

복지센터 현황은 〈표 7-1〉과 같다.

정신건강복지센터의 설치자는 국가 또는 지방자치단체장이며, 설치기준은 광역은 시·도별 1개소, 기초는 인구 20만 미만 시·군·구는 1개소, 인구 20만 이상 시·군·구는 2개소 이상 설치가 가능하며, 추가 설치기준은 인구 20만 명당 1개소(적용예시: 40만 명 2개소까지, 60만 명 3개소까지 설치 가능)이다. 정신건강복지센터 운영의 기본방향은 ① 지역사회중심의 통합적 정신건강서비스 제공을 위한 기반 구축, ② 공적기관으로서 지역사회 정신건강복지사업의 기획·조정 및 수행, ③ 지역주민의 욕구에 적합한 예방·치료·재활 서비스가 제공될 수 있도록 정신건강복지시설 간 연계 및 정신건강서비스 제공체계 마련, ④ 시·도 정신건강복지사업지원단과 연계체계 구축이다.

또한 정신건강복지센터는 운영형태에 따라 직영형과 위탁형으로 구분된다. 첫째, 직영형은 시·도지사는 관할구역에서의 정신건강복지사업을 전문적으로 수행하기 위하여 광역정신건강복지센터를 설치하여 운영하거나, 시장·군수·구청장은 관할 구역에서의 정신건강복지사업을 전문적으로 수행하기 위하여 「지역보건법」에 따른 보건소(이하 "보건소"라 한다)에 기초정신건강복지센터를 설치·운영하는 형태이다. 둘째, 위탁형은 「정신건강복지법 시행령」 제10조에 따라 정신건강복지센터 운영의 전부 또는 일부를 정신건

강복지사업을 실시한 경험이 있고, 정신건강 관련 전문인력 등을 갖춘 정신
건강복지시설 또는「고등교육법」제2조에 따른 학교로서 정신건강 관련 학과
가 설치되어 있는 학교에 위탁하여 운영하는 형태이다. 이 경우 수탁기관당
1개소의 정신건강복지센터를 위탁 · 운영하는 것을 원칙으로 하되, 불가피하
게 2개소 이상 위탁을 할 경우에는 시 · 도지사의 승인을 받도록 하되, 각 센
터별로 회계 및 인력관리는 별도로 해야 한다.

(4) 정신건강복지센터 운영의 기본방향과 사업내용

정신건강복지센터는 광역형과 기초형으로 구분된다. 광역정신건강복지센
터과 기초정신건강복지센터의 사업내용은 다음과 같다. 광역정신건강복지
센터는 기본방향은, 첫째, 지역사회 내 통합적 정신건강서비스 및 자살예방
제공을 위한 기반 구축이다. 이를 위해 광역정신건강복지센터는 지역사회정
신건강복지사업 및 자살예방사업의 기획 및 수립, 조정, 수행하는 기관으로
지역사회 특성 및 욕구에 적합한 예방, 치료, 재활 서비스가 제공될 수 있도
록 지역사회 유관기관 간 연계 및 서비스 제공 체계를 마련한다. 둘째, 지역
특성을 반영한 사업추진체계 구축이다. 이를 위해 시 · 도 정신건강복지사업
을 자문하는 정신건강복지사업지원단과의 연계체계를 구축하고, 지역사회
내 정신건강서비스 및 자살예방사업 미충족 계층 대상자에 대한 서비스 연계
체계 구축 및 프로그램을 운영한다. 셋째, 지역사회 정신건강복지사업을 위
한 자문 및 지원 제공이다. 이를 위해 광역정신건강복지센터는 시 · 도의 정
신건강복지사업 및 자살예방사업의 주도적 역할을 수행하는 기관으로 기초
정신건강복지센터 및 지역사회 유관기관 사업수행에 필요한 지원과 자문[(정
신건강 사례관리시스템의 운영, 정신응급대응체계 운영(예:1577-0199), 중독관련
사업지원, 전문인력 교육 및 관리, 인식개선을 위한 증진사업, 기초정신건강복지센
터 기술지원 등)]을 제공한다.

광역정신건강복지센터의 주요 사업내용은 다음과 같다. 첫째, 지역사회

정신건강복지사업 및 자살예방사업 기획 및 수립이다. 이를 위해 광역단위 정신건강복지사업 및 자살예방사업을 기획 및 수립하고, 국가정책사업을 반영한 지역사회 정신건강복지사업 및 자살예방사업을 기획 및 수립해야 한다. 둘째, 지역사회진단 및 연구조사 사업이다. 이는 지역사회정신건강 및 자살예방에 대한 현황을 파악하고 분석함으로써 지역사회 특성에 맞는 정신건강서비스 및 자살예방사업을 개발하고 수행할 수 있는 근거를 마련하는 데 그 목적이 있다. 셋째, 교육사업이다. 이는 지역사회 정신건강전문인력 및 자살예방인력에 대한 역량강화를 통해 전문성 강화 및 유지하는 데 그 목적이 있다. 넷째, 네트워크 구축사업이다. 이는 광역정신건강복지센터가 지역사회 관련 기관의 자원 발굴 및 관리를 통해 지역사회 내 정신 건강문제 및 자살예방에 대한 밀접한 대응체계 구축 및 컨트롤 타워로서의 역할 수행하는 데 그 목적이 있다. 다섯째, 인식개선사업이다. 이는 지역사회를 대상으로 정신건강에 대한 편견을 해소하고 예방·홍보를 통한 정신장애인에 대한 인식개선 및 향상에 그 목적이 있다. 여섯째, 지역특성화 사업이다. 이는 지역사회 특성을 고려한 정신건강복지사업 및 자살예방사업을 실시하기 위한 기획 및 운영에 그 목적이 있다. 일곱째, 정신건강위기상담 운영이다. 이는 응급의료기관 실태를 파악하고, 24시간 핫라인 상담을 통한 출동 서비스 등 고위험군에 대한 응급위기대응 체계 구축 및 조정하는 데 그 목적이 있다. 상담전화 설치 및 운영체계와 운영원칙은 〈표 7-2〉와 같다. 시·도별 야간/일·휴무일 운영기관 및 휴대폰 연결전화는 〈부록〉에 첨부하였다.

　기초정신건강복지센터의 주요 사업내용은 다음과 같다. 첫째, 중증정신질환 관리사업이다. 이는 지역사회 내 중증정신질환자의 조기발견과 조기개입을 통해 정신질환의 만성화를 예방하고, 정신질환의 회복 촉진을 도모하는 데 그 목적이 있다. 세부 사업내용은 다음과 같다.

　① 중증정신질환 조기발견 및 조기개입체계 구축

표 7-2	상담전화 설치 및 운영체계와 운영원칙	
구분	**세부 사업내용**
상담전화 설치 및 운영체계	• 전화번호: 전국 동일번호 1577-0199 　보건복지상담센터(129, 1393)와의 협조체계 구축 운영 • 역할: 전국 어디에서나 전화를 걸면, 시·군·구별로 정신건강전문요 　원 등이 자살위기 상담 등 정신건강상담과 지지, 정신건강정보 제공, 　정신의료기관 안내 등을 제공할 수 있도록 함. 야간 및 일·휴무일은 　지정된 관할 광역정신건강복지센터로 착신을 전환하여 연결 • 수신지: 시·군·구에 설치되어 있는 정신건강복지센터(광역 또는 기 　초)로 연결되고, 정신건강복지센터가 미설치된 시·군·구는 보건소 　의 정신건강전문요원으로 연결되도록 함
운영원칙	• 평일 근무시간 이후의 야간 전화상담요원을 지정하여 운영 • 정신건강전문요원 또는 의료인을 우선적으로 지정(인력의 문제 등 불 　가피한 경우 정신건강복지분야에 관한 전문지식을 가진 자를 지정할 　수 있으나 자체 또는 외부의 전문교육을 받도록 조치하여야 함) • 지정된 상담요원 등은 긴급상황에 대비하여 인근의 응급기관 등 관련 　협력기관의 연락망을 숙지하고 유기적인 관계를 유지 기타 상담된 내 　역과 실적(상담의뢰자·조치사항 등)은 관할구역의 정신건강복지센터 　(또는 보건소)와 정보를 공유하여야 함 ※ 요청한 고위험군에 대한 모니터링 및 사례관리, 상담내용에 따른 업 　무 분석 협조

출처: 보건복지부(2019b). 재구성.

② 중증정신질환자의 욕구에 기반한 개별적 서비스 계획 수립 및 제공
③ 중증정신질환자의 증상과 연관된 자·타해 위험상황에 대한 위기개입
　을 위한 대응체계 구축
④ 포괄적 서비스 제공과 지역사회 네트워크 구축

둘째, 자살예방사업이다. 이는 지역사회 내 자살문제에 대한 인식개선 노
력을 통해 생명존중 문화를 조성하고, 자살 고위험군 조기발견 및 치료를 위

한 서비스 전달체계 및 네트워크를 형성함으로써 지역의 자살률을 낮추고자 하는 데 그 목적이 있다. 사업 대상은 중증정신질환자를 포함한 해당 지역 주민, 자살 고위험군(자해 및 자살시도자, 자살유족)이며, 세부사업내용은 다음과 같다.

① 인식개선사업: 생애주기별 자살예방교육(학생, 직장인, 노인 등), 이트키퍼 양성교육, 자살예방의 날 기념 캠페인 및 홍보
② 고위험군 조기발견 및 치료연계: 사회복지 및 보건의료기관의 지역네트워크 강화, 자살유가족 지원체계 마련(심리부검, 사례관리, 심리상담, 유족 모임 등)
③ 자살 위기대응 및 사후관리체계 마련: 자살시도자 사후관리(주민센터 및 경찰서 보건의료기관 연계, 심리상담, 의료비 및 치료비 지원 등)

셋째, 정신건강복지사업이다. 이는 정신건강 위험군을 대상으로 인식의 개선을 위해 정신질환의 조기발견과 개입을 위해 필요한 지식을 전달하고 편견을 감소시킴으로서 서비스 진입 장벽을 낮추는 것을 그 목적으로 한다. 세부 사업내용은 다음과 같다.

① 선택적 집단을 대상으로 하는 정신질환 예방 및 교육
② 지식수준 향상을 위한 교육 및 계몽 사업
③ 고위험군 조기발견 및 치료연계 사업

넷째, 아동 · 청소년 정신건강복지사업이다. 이는 지역사회 내 만 18세 이하 아동 · 청소년(미취학 아동포함) 정신건강복지서비스 제공체계를 구축함으로써 아동 · 청소년기 정신건강문제의 예방, 조기발견 및 상담 · 치료를 통하여 건강한 사회구성원으로의 성장 발달 지원에 그 목적이 있다. 사업대상은

다음과 같다.

① 지역 내 만 18세 이하 아동 · 청소년(미취학 아동 포함)
② 지역사회 내 취약계층 아동청소년[(북한이탈주민, 다문화가정, 조손가정, 한부모가정, 청소년 쉼터(가출청소년 일시보호소), 공동생활가정, 아동복지시설 아동청소년 등)]
③ 아동 · 청소년 정신건강 관계자(부모, 교사, 시설 종사자 등)

다섯째, 재난정신건강 지원사업이다. 이는 재난 발생 시 지역사회 내 또는 국가적 차원의 체계 마련으로 신속하고 표준화된 재난정신건강서비스 지원을 그 목적으로 한다. 세부 사업내용은 다음과 같다.

① 재난 발생 시 심리지원 계획 및 심리지원 체계 구축, 교육 지원
② 재난정신건강 현황 등 자료 협조
③ 재난 현장 위기대응 및 현장 상담소 운영
④ 고위험군 대상에 대한 정신의료기관 연계 및 관리

여섯째, 행복e음 보건복지통합전달체계 구축사업이다. 이는 지역사회 내 정신건강복지서비스와 복지서비스 간 연계체계를 구축함으로써 정신건강서비스 이용자에 대한 복지지원 강화 및 사회적 취약계층의 정신건강증진을 그 목적으로 한다. 사업대상은 다음과 같다.

① 지역사회 내 정신건강복지센터 이용자 중 긴급하게 복지서비스(생계지원, 임대주택지원, 집수리지원, 의료지원, 교육지원, 양육지원 등) 의뢰가 필요한 자
② 지역사회 내 복지서비스 이용자 중 정신건강서비스 이용이 필요한 자

(5) 정신건강복지센터의 인력기준과 자격요건

정신건강복지센터의 운영목적 달성을 위해 보건복지부는 정신건강복지센터의 인력기준과 자격요건을 명시하고 있다. 그 세부적인 사항은 〈표 7-3〉과 같다.

표 7-3 정신건강복지센터의 인력기준과 자격요건

구분	광역정신건강복지센터				기초정신건강복지센터
센터장	• 임면: 수탁 기관장(시·도지사와 협의) 직영형인 경우 시·도지사				• 자격: 정신건강의학과 전문의[정신건강의학과 전문의 자격 취득 후 지역사회 정신건강복지 사업 경력 1년 이상(공중보건의사 제외)] 또는 1급 정신건강전문요원 (지역사회 정신건강복지 사업 경력 8년 이상), 보건소장(직영형) • 임면: 수탁 기관장(시·군·구청장과 협의), 직영형인 경우 시·군·구청장 • 근무형태: 상근(주 5일)을 원칙으로 하되, 수탁기관의 여건에 따라 비상근 근무 가능
		유형	자격조건	근무형태	비고	
		가형	정신건강의학과 전문의[정신건강의학과 전문의 자격 취득 후 지역사회 정신건강 사업 경력 1년 이상(공중보건의사 제외)]	상근을 원칙으로 하되, 수탁기관의 여건에 따라 비상근 근무 가능, 비상근으로 근무할 경우 주2일(16시간) 이상 근무	센터장이 비상근일 경우 부센터장을 둘 수 있음	
		나형	1급 정신건강전문요원(지역사회정신건강복지사업 경력 10년 이상)	상근	임상자문의 주2일(16시간) 이상 근무	
부센터장	• 자격: 1급 정신건강전문요원[지역사회 정신건강복지사업 경력 8년(정신건강복지센터 팀장 경력 4년 포함)] 이상 • 근무형태: 상근(주 5일) • 임면: 센터장이 비상근일 경우 부센터장을 둘 수 있음 　　(단, 부센터장 기본급·수당 지급기준은 팀 규모, 예산, 수행업무 등을 고려하여 상임팀장, 팀장 기준으로 조정하여 지급 가능)				
상임팀장	• 자격: 1급 정신건강전문요원[지역사회 정신건강복지사업 경력 5년(정신건강복지센터 경력 2년 포함)] 이상 • 근무형태: 상근(주 5일) • 임면: 팀원의 규모가 10인 이상인 경우 1인의 상임팀장 임면 가능 　　(기초정신건강복지센터의 경우 센터장이 비상근이면서 상임팀장의 자격요건을 충족시키는 경우 인력규모에 상관없이 상임팀장을 임면할 수 있음)				

팀장	• 자격: 정신건강전문요원(정신건강복지센터 경력 2년 이상) • 근무형태: 상근(주 5일) • 추가임면: 상근 사업수행인력 매 4인마다 팀장 1인 임면 가능
팀원 1	• 자격: 정신건강전문요원
팀원 2	• 자격: 간호사, 임상심리사, 사회복지사 및 기타 관련 분야의 자격증 소지자
사업수행 지원인력	• 업무: 행정 및 회계를 포함한 사업수행인력 지원 업무 * 정신건강의학과 전공의 포함
임상 자문의	• 자격: 정신건강의학과 전문의(센터장이 정신건강의학과 전문의인 경우 두지 않을 수 있음) • 근무형태: 수시자문

※ 정신건강복지센터 인력의 근무형태는 상근(주 5일)을 원칙으로 함
※ 정신건강복지센터 인력은 정신건강복지센터장이 임면함
※ 기초정신건강복지센터의 경우 기본사업수행인력 중 비상근인력은 2인 이내만 활용할 수 있음
※ 정신건강복지센터장은 사업수행인력의 출산휴가 또는 육아휴직기간 동안 대체인력을 활용하여 업무의 공백이 없도록 해야 함
※ '지역사회 정신건강복지사업 경력'이라 함은 정신건강복지센터, 자살예방센터, 중독관리통합지원센터 근무 경력, 정신의료기관 근무경력, 정신재활시설 근무 경력, 중앙 및 지방 정신건강복지사업지원단 근무 경력을 포함(정신요양시설 근무 제외)
※ 자살예방센터는 정신건강복지센터 인력기준을 준용
※ 정신건강복지센터 경력은 법 개정 전의 정신건강복지센터의 경력으로 봄
출처: 보건복지부(2019b).

2) 정신건강복지센터의 정신건강사회복지사의 역할

정신건강복지센터의 정신건강사회복지사는 전통적인 정신병원 입원치료에서 다루지 못한 예방, 홍보 그리고 재활서비스를 다루면서 집단이나 개인에게 직접적인 서비스를 제공할 뿐 아니라, 자문·지도·계획가로서 지역사회기관 간의 관계를 향상시키고 지역사회 자원의 활성화로 주민의 정신건강의 향상을 기하여야 한다.

서동우(2001)는 지역사회정신건강의 실천영역에 따른 역할 비교에서 정신건강복지센터는 지역사회 자원과의 연계 직무와 사회복귀 및 재활 직무에서 높은 수행 정도를 나타냈으며, 지역사회 자원과 관련해서는 정보수집 및 정보망 조성과 정신건강 홍보 및 교육에 대한 수행 정도가 높게 나타났다고 하

였다. 또한 지역사회 정신건강영역의 정신건강사회복지사의 역할을 아홉 가
지로 규정하고, 정신건강복지센터영역에서 정신건강사회복지사의 역할수행
정도를 다음과 같이 제시하였다.

(1) 심리 · 사회 · 정서적 문제해결 역할

의료기관의 치료 중심적인 업무보다는 사회재활에 중점을 두는 직무가 우
선시된다. 심리 · 사회적 사정, 사례관리, 가정방문은 가장 중점을 두고 있는
직무다. 정신건강복지센터에서는 사례관리에 대한 업무를 중요하게 인식하
고 있으며, 자조모임 관리와 가족집단 직무에 많은 필요성을 인식하고 있다.

(2) 경제적 문제해결 역할

정신건강복지센터의 경우 사회보장 및 법적 제도에 대한 정보제공과 연계
되어 있어 그 수행 정도가 매우 높다. 후원자, 후원단체를 통한 외적 자원과
의 연결과 사회보장 및 법적 제도에 대한 정보제공과 연계가 많이 필요하다
고 인식하고 있다. 후원자 개발 업무는 필요성이 증대되고 있는데, 이는 지역
사회 자원과 연결된다.

(3) 지역사회 자원 조직과 연계 역할

정신건강복지센터의 지역사회 자원 연계에 관한 정신건강사회복지사의
역할은 지역사회 정보수집과 정신건강에 대한 계몽과 홍보가 주를 이루고 있
다. 예방과 사회재활적인 직무에 중점을 두고 있고 정신질환자 조기발견에
중점을 두고 있다. 또한 정신건강에 대한 계몽과 홍보, 지역사회 자원과의 연
계, 지역주민을 위한 정신건강에 관한 상담과 교육에 대한 정신건강사회복지
사의 전문적 접근이 필요하다.

(4) 사회복귀 및 재활문제 해결 역할

사례관리서비스와 사회기술훈련 및 대인관계훈련을 지도한다. 정신건강 복지센터는 만성 정신장애인들의 이용이 많기 때문에 사회에 적응하는 기간 이 길다. 직업재활 계획 및 상담지도 등 사회재활 직무가 중점 업무다. 또한 재발방지를 위한 환자와 환자가족 교육과 사회생활 훈련지도의 필요성이 높 게 인식되고 있다.

(5) 팀 접근(team approach)

치료과정에 개입함에 있어서 처음에 의사, 간호사, 임상심리사, 정신건강 사회복지사 등 의료전문직 간의 정보 및 지식의 상호교환과 의사소통이 이루 어져야 하고, 각 환자에 대해 서비스를 제공함에 있어서 효과적인 분업에 기 초하여 어떤 형태의 전문적 판단이나 결정이 반드시 따라야 한다. 이것은 전 문직 상호 간의 공동사고를 통해서만 가능하다.

(6) 순수행정 역할

행정적 업무의 과다로 보고서를 작성하는 업무가 주를 이루고 있다. 행정 은 팀워크 행동체계에서 직접적인 서비스를 효과적으로 수행할 수 있도록 프 로그램을 위해 협력하고 지원하는 체계로서, 지식과 기술이 요구되며 부서 간의 운영회의가 중요하게 여겨지고 있다.

(7) 교육 및 연구조사 역할

교육활동은 팀워크 구성원의 교육과 학생들의 임상훈련 프로그램에서 팀 워크의 책임자와 협력하여 사회복지학과, 의과대학생, 간호대학생 등의 교육 훈련을 계획하고 실시하여야 한다. 조사연구 활동은 팀워크 활동의 수요 욕 구조사, 직접적인 서비스의 평가, 환자 및 환자의 역학조사, 지역사회보건복 지 향상을 위한 프로그램 개발을 위한 자료수집 등이다. 또한 정신건강복지센터에서는 실습생 지도훈련이 필요하다고 여기고 있다.

(8) 자원봉사 관련 역할

전문인력 부족으로 인해 여러 분야에서 교육된 전문 자원봉사자의 필요성이 증대되고 있다. 이에 사회복지실천 중 자원봉사 관리에 대한 업무수행의 정도는 높다고 볼 수 있다. 따라서 자원봉사자 관리업무가 정신건강복지센터에서 가장 많고 자원봉사자 교육, 자원봉사 개발이 주 업무다.

(9) 기타 업무

학교사회복지 집단프로그램 지도나 지역사회 알코올중독 관리, 외부 프로젝트 등의 업무를 수행하고 있다.

2. 중독관리통합지원센터

1) 중독관리통합지원센터의 의미

(1) 중독관리통합지원센터의 의의

우리 사회에서 중독은 개인의 문제를 넘어서 가족 구성원에게 심리적 · 물리적 피해를 끼쳐 가정의 해체를 초래하고 지역사회에서 다양한 문제를 야기하는 사회문제라는 인식이 점차 확산되고 있다. 그리고 알코올 및 기타 중독자와 그들 가족을 대상으로 치료 및 재활을 원조하는 전문적인 개입 또한 사회 곳곳에서 이루어지고 있다.

외국의 경우 1960년대 후반부터 알코올 및 기타 중독의 치료체계 구축에 관심을 기울이기 시작했고, 특히 지역사회 중심의 중독치료센터를 연계하려는 노력이 나타나기 시작했다. 그러나 알코올 및 기타 중독문제의 개입에 있어 초기 단계인 우리나라의 경우 정신병원중심의 장기입원프로그램에 치우처 있으며, 지역사회 내에서 그들의 사회복귀를 체계적으로 원조해 줄 수 있는 재활프로그램은 매우 취약한 실정이다. 또한 알코올 중독 및 기타 중독에 대한 일반적인 편견과 중독자에 대한 낙인적인 시각, 치료전문가와 전문치료시설의 부족 등 해결해야 할 난제가 많다.

알코올 및 기타 중독자들에 대한 치료 역시 사회로부터의 격리, 시설수용의 수준을 크게 벗어나지 못하고 있고, 치료효과에 대한 평가와 퇴원 후 지역사회 복귀실태에 대한 추적조사가 거의 이루어지지 못하고 있다.

알코올 및 기타 중독은 질병이 단계적이고 진행적인 특성을 가지고 있음을 감안할 때 그 치료와 재활 역시 연속적인 개념이 되어야 하며, 중독자들의 개별적인 욕구나 특성에 맞는 개별화된 접근방법과 한국문화에 적합한 지역사회 재활서비스 개발이 이루어질 필요가 있다. 그런 의미에서 중독관리통합지원센터의 설치와 운영을 통해 지역사회 속에서 보다 체계적이고 조직적 · 전문적인 알코올 및 기타 중독에 대한 개입이 필요하며, 사회적 안전망 구축과 더불어 지역사회 구성원들의 삶의 질을 향상시킬 수 있는 궁극적인 측면에서 중독관리통합지원센터의 필요성이 더욱 대두된다고 할 수 있다.

(2) 중독관리통합지원센터의 개념 및 목적

중독관리통합지원센터는 지역사회 내 중독(알코올, 도박, 마약, 인터넷)에 문제가 있는 자, 중독자와 그 가족 등 지역주민에게 중독의 예방, 치료 및 재활을 위한 상담과 훈련을 행하는 시설을 말하며(「정신건강복지법」 제15조 제3항), 인구 20만 명 이상 지역(시 · 구)에 설치 · 운영함으로써, 지역사회 중심의 통합적인 중독관리 체계 구축을 통해 중독자 조기발견 · 상담 · 치료 · 재활 및 사회복귀를 지원하여 안전한 사회환경 조성 및 국민의 정신건강복지를 도모하고, 중독문제가 있는 노숙인 등 사회적 취약계층의 자활을 위한 상담 · 치료 · 재활지원 서비스 제공을 그 목적으로 한다.

중독관리통합지원센터의 설립 주체는 국가 또는 지방자치단체가 직영 또는 「정신건강복지법」에 따른 정신건강복지시설(정신의료기관, 정신요양시설, 정신재활시설), 「고등교육법」 제2조에 따른 학교, 정신건강복지사업을 위해 설립된 비영리법인에 위탁하여 운영할 수 있다.

　이용대상은, ① 지역사회 내 중독(알코올, 도박, 마약, 인터넷 등)에 문제가 있는 자, 중독자와 그 가족 등 지역주민, ② 의료기관 또는 시설 등에서 퇴원(소)한 중독자로서 사회적응훈련을 필요로 하는 중독자, ③ 기타 중독 관련 상담 및 재활훈련서비스가 필요한 자이며, 이용자 우선순위는 국민기초생활보장 수급권자 및 차상위계층, 이주여성 및 자녀, 북한이탈주민 등 사회취약 계층이 우선 이용할 수 있도록 대상자를 선정해야 한다.

(3) 중독관리통합지원센터 현황

　중독관리통합지원센터는 2013년까지 알코올상담센터로 불리다가 2014년 중독관리통합지원센터로 그 명칭이 변경되었다. 보건복지부와 한국음주문화연구센터에서는 알코올 문제해결을 위한 노력으로 2000년 10월부터 2002년 12월까지 알코올상담센터를 시범운영하였다. 그 후 2003년 1월부터 전국 17개 알코올상담센터를 보건복지부 지정사업기관으로 선정하여 본격적인 알코올상담센터 사업을 진행하였다. 이후 알코올상담센터는 순차적으로 확대되어 운영되다가 2014년 중독관리통합지원센터로 그 명칭이 변경되어, 2019년 2월 기준 전국 50개소가 설치·운영되고 있다. 우리나라 중독관리통합지원센터 현황은 〈표 7-4〉와 같다. 부가적으로 중독관리통합지원센터 목록은 〈부록〉에 제시되어 있다.

표 7-4　**중독관리통합지원센터 현황**　　　　　　　　　　　　　　　　　(단위: 개소)

계	서울	부산	대구	인천	광주	대전	울산	경기	강원	충북	충남	전북	전남	경북	경남	제주
50	4	3	2	5	5	3	2	7	3	1	2	2	2	2	5	2

출처: 보건복지부(2019b). 재구성.

(4) 중독관리통합지원센터 사업내용

중독관리통합지원센터의 주요사업은 기본적 중독관리사업과 노숙인 및 취약계층 알코올중독문제 관리사업으로 구분된다. 첫째, 기본적 중독관리사업의 구체적 내용은 〈표 7-5〉와 같다.

표 7-5 기본적 중독관리사업

영역	서비스 내용
중독 조기 발견 및 개입 서비스	• 신규 발견 및 이용체계 구축 • 고위험군 조기발견 및 단기 개입서비스
중독질환 관리사업	• 사례관리 서비스 • 위기관리 서비스 • 재활 프로그램 • 직업재활 서비스
중독질환 가족지원사업	• 신규 가족발견 및 이용체계 구축 • 사례관리 서비스 • 가족교육 및 프로그램 • 위기관리 서비스 • 가족모임 지원 서비스
중독 폐해 예방 및 교육사업	• 아동 · 청소년 예방교육사업 • 직장인 중독폐해 예방지원사업 • 지역주민 예방교육사업 • 인식개선 및 홍보사업
지역사회 사회안전망 조성사업	• 보건복지 네트워크 구축 • 지역 법무 연계 · 협력체계 구축 • 자원봉사 관리 · 운영체계 구축 • 경찰 및 응급지원 네트워크 구축 • 지역 인프라 구축
지역진단 및 기획	• 지역사회 진단 및 연구 • 지역 특성을 고려한 특화 서비스 기획 • 자원조정 및 중재

출처: 보건복지부(2019).

둘째, 노숙인 및 취약계층 알코올 중독문제 관리사업의 구체적 내용은 〈표 7-6〉과 같다.

표 7-6 노숙인 및 취약계층 알코올 중독문제 관리사업

영역	서비스 내용
유관기관 연계망 구축	• 지역사회 내 중독관리 관련 기관 및 자원 현황 파악 • 유관기간과 협력체계 구축(MOU)
유관기관 역량 지원	• 유관기관 종사자 교육프로그램 운영 • 유관기관 내 대상자 교육프로그램 개발 지원
사례발굴 및 사례관리 서비스	• 유관기관의 대상자의 중독문제 선별 지원 • 선별된 대상자의 중독문제 진단적 평가 • 대상자별 맞춤형 치료목표 수립 및 사례관리 서비스 제공
집단상담 · 교육 프로그램 운영	• 대상자별 집단상담 · 교육프로그램 운영

출처: 보건복지부(2019). 재구성.

(5) 중독관리통합지원센터의 인력기준 및 자격요건

중독관리통합지원센터는 사업수행을 위해 전문인력을 확보해야 한다. 중독관리통합지원센터 설치 · 운영을 위한 인력기준과 자격요건은 〈표 7-7〉과 같다.

표 7-7 중독관리통합지원센터 설치 · 운영을 위한 인력기준과 자격요건

구분	종사자의 수 및 자격
센터장 (1인)	• 자격: 정신건강의학과 전문의 또는 1급 정신건강전문요원, 직영형은 보건소장 • 근무형태: 상근을 원칙으로 하되, 수탁기관의 여건상 불가피한 경우 비상근 가능 • 임면: 수탁 기관장, 직영형인 경우 시장 · 군수 · 구청장

상임팀장	• 자격: 1급 정신건강전문요원(지역사회 정신건강복지사업 또는 중독관리 통합지원센터 경력 5년 이상) • 근무형태: 상근(주 5일) • 임면: 팀원의 규모가 10인 이상인 경우 1인의 상임팀장 임면 가능
팀장	• 자격: 정신건강전문요원(중독관리통합지원센터 경력 2년 이상) ※ 2016년 이전에 팀장으로 업무수행 중인 종사자는 자격요건 적용 제외 • 근무형태: 상근(주 5일)

팀원
(3인)
	1. 정신건강전문요원(1 · 2급): 2인
	  • 자격: 정신건강간호사 · 정신건강사회복지사 · 정신건강임상심리사자 격증 소지자
	  • 근무형태: 상근
	2. 기타 전문인력: 1인
	  • 자격: 간호사 · 사회복지사 · 임상심리사 자격소지자 또는 알코올 · 중 독상담 · 재활분야 근무 경험자 및 정신건강전문요원
	  • 근무형태: 상근 또는 비상근

임상 자문의 (1인)	• 정신건강의학과 전문의(단, 센터장이 정신건강의학과 전문의인 경우 두 지 않을 수 있음) • 근무형태: 수시자문

※ 비고: 센터장은 사업전담인력 채용 시 정신건강전문요원(간호사, 사회복지사, 임상심리사 등) 및 중독상담사 등 다양한 직종으로 구성될 수 있도록 수립하여야 함

출처: 보건복지부(2019).

2) 중독관리통합지원센터에서 정신건강사회복지사의 역할

(1) 알코올 및 기타 중독문제영역에서 정신건강사회복지 개입의 필요성

알코올 및 기타 중독문제는 개인이나 가족만의 문제가 아니라 국가의 사회 · 경제 · 문화 전반에 걸쳐 상당한 손실을 초래하는 대표적인 정신건강 문제다.

한국 사회는 음주문제에 대해 지극히 관대하고 허용적이며 술로 인한 개인의 실수나 사회적 문제 등에 대해 매우 관용적인 반면, 알코올중독자에 대해

서는 잘못된 편견과 선입관, 사회적 낙인을 가지고 대함으로써 알코올문제의
조속한 치료와 회복에 걸림돌이 되고 있다. 특히 음주문화에 대한 잘못된 사
회적 인식은 과음과 폭음, 음주사고 등으로 고귀한 생명을 앗아가는 주요 원
인이 되고 있으며, 개인의 알코올중독 문제는 개인이나 가족의 피해뿐만 아
니라 지역사회와 국가 차원에서 막대한 사회적 비용을 지불하게 하는 중요한
사회적 문제라 할 수 있다.

알코올중독은 "일반 사회에서 허용되는 영양학적 또는 사회적 용도 이상
의 주류를 과량으로 계속해서 마심으로써 신체적 · 심리적 · 사회적 기능을
해치는 만성적 행동장애"(민성길, 1996)다. 이러한 알코올중독에서 재활이란
알코올 사용으로 인한 심리적 · 사회적 · 경제적 · 영적 손상으로부터 그 기
능을 회복하여 사회에 복귀하는 것을 의미한다.

알코올중독은 다면적 성격을 가진 복합적 질환으로, 중독자들이 술 없는
삶을 살아가는 데 필요한 새로운 생활기술, 문제해결 방안, 개별적으로 특성
화된 서비스를 제공할 수 있는 연속적이고 통합적인 개입이 수반되어야 한
다. 그러나 알코올중독자를 위한 치료 · 재활프로그램이 부족하고, 지역사회
의 낙인적인 태도와 부정적인 편견, 미약한 가족체계 등은 알코올중독자의
효과적인 사회복귀를 어렵게 하고 재발을 가속화시키며 중독 양상을 지속시
키는 악순환의 반복을 불러일으키고 있다. 특히 한국사회의 잘못된 음주 문
화와 인식은 음주문제가 있는 사람들을 조기에 선별하여 치료를 받지 못하게
하며, 만성적 · 위기적 단계에서 치료를 시도함으로써 치료 예후를 더욱 불
안정하게 만들어 알코올중독의 치료와 회복에 대해 더욱 많은 장애를 만들고
있는 것이 사실이다.

그러므로 지역사회의 다양한 문제를 야기하고 지역사회 구성원들의 정신
건강을 위협하는 알코올 및 기타중독 문제에 대한 보다 적극적인 사회복지적
개입이 필요하다. 또한 보다 많은 사람이 조기에 치료와 재활의 길에 들어섬
으로써 사회복귀를 촉진할 수 있도록 원조하고, 지역사회 내 음주 및 기타 중

독문제 예방을 위한 활동을 병행함으로써 우리 사회의 잘못된 인식과 편견을 전환시키고 알코올 및 기타 중독문제에 대한 지속적인 관심을 이끌어 낼 필요가 있다.

(2) 정신건강사회복지사의 역할 및 기능

중독관리통합지원센터에 근무하는 정신건강사회복지사는 사회복지에 대한 개괄적인 지식과 기술만으로는 전문직으로서의 역할수행에 한계가 있다. 따라서 정신건강영역의 전문성과 특수성을 이해하면서 알코올 및 기타 중독문제를 깊이 있게 다룰 줄 아는 능력과 기술을 겸비하여, 중독관리통합지원센터가 지향하는 사업의 목적과 목표를 이해하고 다양한 역할에서 적절하게 제 기능을 발휘할 수 있어야 한다.

중독관리통합지원센터는 지역사회 내에 만연한 알코올 및 기타 중독문제를 해결하기 위해 노력해야 한다. 나아가 사례관리와 치료·재활프로그램 등의 대상자 중심 사업에 충실하면서 지역사회 자원연계, 전문상담원 양성, 지역사회 대중교육을 통한 예방활동 등 대상자를 직접 찾아나서는 적극적 개입과 지역사회 중심의 통합적 접근을 통해 광역시 단위의 알코올 및 기타 중독사업을 전개하여야 한다. 특히 알코올 및 기타 중독문제에 대해 지역사회 중심의 통합적 접근을 시도하기 위해 보건소, 지역의료기관, 정신건강관련기관, 정신재활시설, 지역사회복지관, 상담실 등이 함께 참여하는 민·관 합동의 유기적 협력과 지역사회 내 유관기관과의 긴밀한 연계망 형성이 필요하다.

현재 중독관리통합지원센터 내 사업 추진과 운영에서는 정신건강전문요원을 필수인력으로 조건화함으로써 클라이언트의 욕구와 문제에 보다 전문적으로 접근할 수 있도록 하고 있다. 그리고 이러한 인력구조를 기본으로 정신의학, 사회복지학, 간호학, 임상심리학 등의 분야에서 다학제 간 팀워크를 지향하면서 알코올 및 기타중독사업을 실행하고 있다. 하지만 지역사회센터의 특성상 사회복지사나 간호사, 임상심리사의 역할을 분명하게 구분하고 규정하기에는 어려움이 많으며, 병원 등의 치료기관에 비해 영역별로 업무의 범위 및 한계를 설정하기에 곤란한 측면이 많은 것이 사실이다. 그러나 전담인력들의 영역별 역할이나 기능의 경계가 불분명하고 모호하다고 해서 서로 다른 영역의 전문가가 동일한 업무를 담당할 경우 동일한 효과를 기대할 수 있다는 것은 아니다. 영역별 전문가의 강점들을 바탕으로 대상자에 대한 접근과 개입 및 전문서비스가 제공될 필요가 있다는 사실도 고려되어야 한다.

중독관리통합지원센터 현장에서 정신건강전문요원들의 전문성을 고려한 고유의 역할이나 강점을 분류하자면, 개인력 및 사회조사, 지역사회 자원연계, 방문상담 등의 활동이 사회복지사의 영역이 될 것이다. 그리고 간호사는 병력에 대한 자료수집 및 사례관리, 방문간호 등에 강점이 있고, 임상심리사는 클라이언트에 대한 심리평가와 심리상담을 전담할 수 있을 것이다. 하지만 실제 업무과정에서 엄밀히 업무를 분류하고 고정화하기에는 다소 모호함이 있으며, 알코올 및 기타 중독문제에 대해 하나의 팀으로서 함께 개입하여 활동한다는 관점이 보다 바람직할 것이다.

이러한 전제를 바탕으로 중독관리통합지원센터의 사업실행 과정에 있어서 정신건강사회복지사의 활동영역을 살펴보면 다음과 같다.

① 상담 및 사례관리영역
- 알코올 및 기타 중독자 및 가족에 대한 상담
- 알코올 및 기타 중독자 선별 및 평가
- 알코올 및 기타 중독자 및 가족에게 중독문제에 대한 이해 및 정보 제공
- 응급상황 시 적절한 원조
- 방문상담을 통해 알코올 및 기타 중독자 발견
- 지속적인 사례관리(전화, 가정방문, 지역사회 연계)

② 치료 및 재활사업영역

- 치료기관 의뢰
- 지속적인 치료 및 재활서비스
- 자조모임 지원
- 가족모임 운영
- NAT(No Alcohol Trip) 프로그램 운영
- 가족성장 캠프

③ 교육 및 예방사업영역

- 준법운전 및 음주운전 예방사업(보호관찰소, 경찰서 연계프로그램)
- 청소년 알코올 · 약물예방프로그램
- 지역주민 대상 공개강좌
- 전문가 대상 알코올 및 기타 중독문제 교육
- 알코올 및 기타중독 상담원 양성교육
- 사례관리 워크숍
- 정신건강 관련 심포지엄
- 절주 캠페인
- 사이버 예방활동(www.alcoholcenter.or.kr)

④ 홍보 및 출판사업영역

- 알코올 및 기타 중독문제 예방 홍보물 간행
- 소식지, 사업실행 보고서 등 간행
- 대중매체 홍보

⑤ 조사 및 연구사업영역

- 지역사회 알코올 및 기타 중독문제 실태조사

- 지역사회 자원현황조사
- 알코올 및 기타 중독연구회

⑥ **지역사회연계영역**
- 유관기관 실무자 간담회
- 알코올 및 기타 중독문제 자문, 의뢰 및 정보 제공
- 자문위원회 운영
- 유관기관 및 지역사회 자원연계

이상의 내용을 기반으로 중독관리통합지원센터의 정신건강사회복지사의 역할과 기능을 설정하면 다음과 같다.

- 클라이언트에 대한 인테이크(intake) 및 진단적 조사를 실시한다.
- 클라이언트를 중심으로 개인력, 가족력, 사회력, 직업력 등에 대한 정보를 수집하고 깊이 있는 이해를 통해 치료 및 재활활동을 돕는다.
- 클라이언트 가족이 가진 어려움과 욕구를 파악하고 적절하게 원조한다.
- 클라이언트 및 가족이 알코올 및 기타 중독문제를 이해하고 회복해 나갈 수 있도록 지속적으로 관계를 유지하고 동기를 부여한다.
- 클라이언트 및 가족이 당면한 신체적·심리적·사회적 어려움을 다루도록 하고 이차적인 문제해결을 원조한다.
- 이용 가능한 의료기관 및 지역사회 자원에 대한 정보를 제공하고 직접적인 의뢰 및 연계를 통해 도움을 받을 수 있도록 원조한다.
- 알코올 및 기타 중독문제 예방 및 교육활동을 통해 지역사회 구성원의 정신건강을 증진시킨다.
- 전문가 양성교육을 통해 지역사회 내 알코올 및 기타 중독문제에 대한 전문인력을 양성하고 알코올 및 기타 중독문제 해결을 위한 지지 및 연

대체계를 확보한다.

- 홍보 및 출판활동을 통해 필요할 때 도움을 받을 수 있는 기관을 안내하고 지역사회 안에서 건강한 음주문화를 선도한다.
- 조사 및 연구활동을 통해 지역사회 알코올문제에 대한 기초자료를 제공한다.
- 지역사회 내 유관기관과의 연계체계 구축을 통해 사회적 안전망을 구축한다.

3. 자살예방센터

1) 자살예방사업의 현황

우리나라의 자살률은 IMF(International Monetary Fund) 외환위기 시기인 1998년에 급격히 증가한 이후 지속적으로 증가하다가 카드대란 사태가 있었던 2003년 이후 13년간 경제협력개발기구(OECD) 회원국 중 자살률 1위라는 불명예스러운 기록을 나타냈고, 유럽발 금융위기가 발생한 2011년에 인구 10만 명당 자살률이 31.7명이라는 최고치를 기록하였다. 이후 자살률은 지속적으로 감소하는 양상을 보이고 있다.

이에 정부에서는 OECD 최고 수준의 자살문제에 대응하기 위해 2004년 자살예방대책 기본계획수립을 시작으로, 5년 단위의 '자살예방 기본계획'을 수립하여 자살예방을 위한 법적, 제도적 인프라 확충을 지속적으로 추진하고 있다. 2011년 3월에는 「자살예방 및 생명존중문화 조성을 위한 법률」을 제정하고 그 이듬해부터 시행하였고, 2012년에 중앙자살예방센터, 2014년에 중앙심리부검센터를 설치·운영하고 있다. 2018년 1월에는 '3차 자살예방종합대책'을 보완한 '자살예방 국가행동계획(2018~2022)'을 수립하여 자살예방정책을 전 부처적, 범사회적(정부 19개 부처·청이 참여: 67개 분야 총 62개 과제)으로 추진하고 있다.

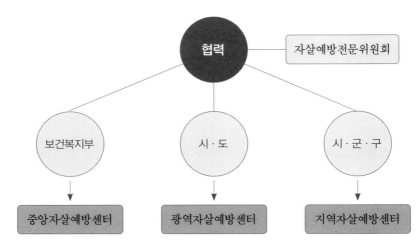

[그림 7-1] 지역사회 자살예방 사업체계도

　자살예방종합대책이 실효성을 발휘하기 위해서는, 지역 맞춤형 근거기반 정책의 추진과 지역사회 고위험군 발굴·연계 체계, 고위험군에 대한 적극적 개입을 통한 자살위험 제거가 이루어져야 한다. 이를 위해서는 중앙자살예방센터의 사업지원, 자치구 보건소의 행정지원을 기반으로 자치구 자살예방센터와의 체계적이고도 유기적인 협력관계가 구축되어야 한다. 지역사회 차원에서 자살예방을 위한 사업체계도는 [그림 7-1]과 같다.

2) 자살예방센터

　「자살예방 및 생명존중문화 조성을 위한 법률」 제1조에 자살예방사업은 "자살에 대한 국가적 차원의 책무와 예방정책에 관하여 필요한 사항을 규정함으로써 국민의 소중한 생명을 보호하고 생명존중문화를 조성함을 목적으로 한다."라고 명시하고 있다. 우리사회의 자살률 증가를 막기 위해 중앙정부 및 지방자치단체와 사회각계의 자살예방사업과 생명존중문화 조성사업을 전문적으로 지원 및 추진하기 위하여「자살예방 및 생명존중문화 조성을 위한 법률」 제13조에 의해 보건복지장관은 중앙자살예방센터를, 지방자치단체장은 지방자살예방센터(이하 자살예방센터)를 설치·운영할 수 있고, 자살예방센터를 정신건강복지센터에 둘 수 있다.

(1) 중앙자살예방센터

중앙자살예방센터는 보건복지부의 자살예방사업을 지원하고, 지방자치단체의 자살예방사업을 전문적으로 지원하며, 종교계와 의료계 등 사회각계 민관협력기관과 네트워크를 구축함으로써 민·관·정의 자살예방사업 협력활동을 지원하고 있다. 중상자살예방센터의 주요 사업내용은 대회협력사업, 미디어 정보사업, 홍보사업, 교육사업, 연구개발사업, 응급실 자살 시도자 사후관리사업 지원사업, 통계분석사업, 중앙자살예방센터 운영지원으로 구성된다. 중앙자살예방센터에서 수행하는 세부 사업내용은 〈표 7-8〉과 같다.

표 7-8 중앙자살예방센터 세부 사업내용

1. 대외협력사업	• 공공네트워크 구축 및 지역 맞춤형 자살예방사업 컨설팅 • 자살유가족 지원 사업 • 번개탄 판매개선 시범사업 지원 • 국내외(WHO) 협력사업 진행
2. 미디어정보사업	• 인터넷 유해정보 모니터링 및 서포터즈 운영 • 대언론 활동 및 매스미디어 모니터링 • 자살보도 권고기준 교육 및 홍보
3. 홍보사업	• '괜찮니?' 캠페인 기획 및 운영 • 홍보 콘텐츠 개발 및 소셜 미디어 홍보 • 생명사랑 공모전 시행
4. 교육사업	• 자살예방 교육 콘텐츠 보급 및 강의 • 자살예방 전문 강사 양성 및 관리 • 생명지킴이 양성 및 교육 진행 • 자살예방 교육 프로그램 관리 시스템 구축

5. 연구개발사업	• 자살예방 관련 연구사업 • 자살예방 프로그램 개발 • 자살예방 관련 문헌 DB 구축
6. 응급실 자살 시도자 사후관리사업 지원사업	• 응급실 기반 자살 시도자 관리사업 운영 지원 • 응급실 기반 자살 시도자 관리사업 종사자 교육 • 응급실 기반 자살 시도자 관리사업 기관 평가
7. 통계분석사업	• 자살예방 통계 DB 구축 • 통계 분석 시스템 홈페이지 운영 • 자살예방사업 실적 관리, 시도 자살예방시행계획 수립·평가 • 자살예방백서 제작 및 발행 • 자살예방 프로그램 인증 시스템 운영
8. 중앙자살예방센터 운영지원	• 센터 운영지원

출처: 보건복지부(2019a).

(2) 지방자살예방센터

지방자살예방센터는 광역자살예방센터와 기초자살예방센터로 구분할 수

표 7-9 광역자살예방센터 현황

자살예방센터 기관명		연락처
광역자살예방센터 (9개)	서울시자살예방센터	02-3458-1000
	부산광역자살예방센터	051-242-2575
	대구광역자살예방센터	053-256-0199
	인천광역자살예방센터	032-468-9917
	광주광역자살예방센터	062-600-1930
	경기도자살예방센터	031-212-0437
	강원도자살예방센터	033-251-2294
	충청남도자살예방센터	041-633-9185
	대전광역자살예방센터	042-486-0005

출처: 보건복지부(2019a).

있다. 광역자살예방센터는 시ㆍ도의 정신건강복지사업 및 자살예방사업의
주도적 역할을 수행하는 곳으로서 지역특성을 반영한 사업 수행을 위해 기초
자살예방센터를 비롯한 지역사회 유관 기관 간 연계 및 서비스 제공 체계 마
련, 기초자살예방센터 기술지원 등 지역 내 자살예방 사업을 총괄하고 있다.
현재 전국 9개소의 광역자살예방센터가 설치ㆍ운영되고 있다. 광역자살예
방센터 현황은 〈표 7-9〉와 같다.

광역자살예방센터의 주요 사업내용은 광역 단위의 자살예방사업 기획 및
수립, 지역사회특성에 맞는 서비스 개발을 위한 연구조사, 자살예방인력에
대한 역량강화, 자살예방을 위한 대응체계 구축 등을 들 수 있다.

광역자살예방센터의 세부 사업내용은 〈표 7-10〉과 같다.

표 7-10 광역자살예방센터의 세부 사업내용

구분	사업내용
지역사회 정신건강 복지사업 및 자살예방사업 기획ㆍ수립	• 광역단위 정신건강복지사업 및 자살예방사업 기획ㆍ수립 • 국가정책사업을 반영한 지역사회 정신건강복지사업 및 자살예방사업 기획ㆍ수립
지역사회진단 및 연구조사 사업	• 지역사회정신건강 진단 및 연구조사 −자살통계 등 해당지역 정신건강 관련 현황자료 및 데이터 수집과 분석 −현황 조사 결과의 지역사회 공유 및 사업계획 반영 −프로그램 개발 및 효과성 검증 연구 −지역사회 요구도 조사
교육사업	• 지역사회 전문 인력 대상 교육 및 관리 −생애주기별 자살예방교육, 생명지킴이 양성교육 등 사업별 매뉴얼 제공 −대상자 의견수렴을 통한 교육 프로그램의 구성
네트워크 구축사업	• 지역사회 네트워크 구축 및 자원 관리 −지역사회 내 새로운 자원 발굴 및 조정 −네트워크 구축과 유지에 필요한 사업의 기획 및 수행 −지역사회 유관기관과 협력하여 수행하는 사업의 기획 및 수행 • 지역사회 재해(재난) 발생에 따른 네트워크 구축

인식개선사업	• 자살 및 정신건강문제 인식개선을 위한 지역사회 홍보 ─콘텐츠 개발과 홍보, 홍보자료 제작 및 배포
지역특성화사업	• 지역특성 현황 분석 기반 사업계획의 수립과 운영
정신건강위기상담 운영 사업	• 고위험군 대상 응급위기대응 체계 구축 및 조정 ─응급의료기관 실태 파악 ─24시간 핫라인 상담을 통한 출동 서비스

출처: 보건복지부(2019a).

기초자살예방센터는 전국 시·군·구 단위로 총 26개소가 설치·운영되고 있다. 기초자살예방센터의 현황은 〈표 7-11〉과 같다.

표 7-11 기초자살예방센터 현황

		자살예방센터 기관명	연락처
기초 자살예방 센터 (26개)	서울(1)	성북구자살예방센터	02-916-9119
	인천(1)	인천미추홀구자살예방센터	032-421-4047
	경기 (19)	성남시정신건강복지센터 부설 성남자살예방센터	031-754-3220
		여주시정신건강복지센터 부설 여주자살예방센터	031-886-3437
		가평군정신건강복지센터 부설 가평자살예방센터	031-581-8881
		광명시자살예방센터	02-2618-8255
		부천시정신건강복지센터 부설 부천자살예방센터	032-654-4024
		수원시자살예방센터	031-247-3279
		시흥시정신건강복지센터 부설 시흥자살예방센터	031-316-6664
		안산시자살예방센터	031-418-0123
		양평군정신건강복지센터 부설 양평자살예방센터	031-770-3526
		용인시정신건강복지센터 부설 용인자살예방센터	031-286-0949
		이천시정신건강복지센터 부설 이천자살예방센터	031-637-2330
		의정부시정신건강복지센터 부설 의정부자살예방센터	031-894-8089
		화성시정신건강복지센터 부설 화성자살예방센터	031-352-0175
		고양시자살예방센터	031-927-9275
		파주시정신건강복지센터 부설 파주자살예방센터	031-942-2117
		김포시정신건강복지센터 부설 김포자살예방센터	031-942-2117

	의왕시정신건강복지센터 부설 의왕자살예방센터	031-458-0682
	구리시정신건강복지센터 부설 구리자살예방센터	031-550-8642
	양주시정신건강복지센터 부설 양주자살예방센터	031-840-7320
강원(4)	춘천시정신건강복지센터 부설 춘천자살예방센터	031-241-4256
	강릉시정신건강복지센터 부설 강릉자살예방센터	033-746-9668
	원주시정신건강복지센터 부설 원주자살예방센터	033-746-0198
	홍천군정신건강복지센터 부설 홍천자살예방센터	033-435-7482
충남(1)	천안시자살예방센터	041-571-0199

기초자살예방센터는 지역사회 내 자살문제에 대한 인식개선 노력을 통해 생명존중 문화를 조성하고, 자살 고위험군 조기발견 및 치료를 위한 서비스 전달체계 및 네트워크를 형성함으로써 지역의 자살률을 낮추기 위한 사업을 수행하고 있다. 기초자살예방센터의 세부 사업내용은 〈표 7-12〉와 같다.

표 7-12 기초자살예방센터의 세부 사업내용

구분	사업내용	
인식개선사업	• 시·군·구 차원 　-선택적(selective) 집단을 대상으로 하는 예방 및 교육 사업 　-지식수준(knowledge) 향상을 위한 교육 및 계몽 사업 ※ 시·군·구 차원의 인식개선 사업은 위험군 대상으로 질환의 조기발견 개입을 위해 필요한 지식을 전달하고 편견을 감소시킴으로써 서비스 진입 장벽을 낮추는 것을 주목적으로 함	
고위험군 조기발견 및 치료 연계 사업	지역 네트워크 및 유관기관 연계 강화	• 지역풀뿌리 조직 등을 활용한 지역사회 네트워크 구축을 통한 조기발견체계 구축 • 학교 및 청소년 관련 기관 종사자 교육 및 협조요청을 통한 의뢰체계 구축 • 사회복지 및 보건의료 기관과 의뢰 및 연계체계 구축 • 고위험군에 대한 정신의료기관 연계 및 등록 관리서비스 제공

	자살 유족 지원체계 마련	• 주민센터 및 경찰서 등 의뢰 및 연계 네트워크 구축 • 광역정신건강복지센터 및 중앙심리부검센터 심리부검 의뢰 및 협조 • 사례관리 및 심리상담, 유족 모임지원, 기타 교육 및 치료 프로그램 등 직접 및 연계 서비스 제공
자살 위기대응 및 사후관리체계 마련 사업	• 전화상담 연계 자살위험군 사후관리	
	자살 시도자 사후관리	• 주민센터 및 경찰서, 보건의료 기관 등을 통한 의뢰 및 연계체계 구축 • 방문 및 전화 사례관리, 심리상담 등의 직접 서비스 제공 • 의료비 및 치료 프로그램 제공 등을 위한 연계체계 구축
자살수단 접근차단 사업	번개탄 판매업판매 행태 개선	• 지역 판매점과 협력체계 구축을 통한 홍보 활동
	• 농약안전보관함 보급 및 모니터링	

출처: 보건복지부(2019a).

제2절 치료/상담영역에서 정신건강사회복지사의 역할

1. 정신의료기관

정신의료기관이라 함은 "「의료법」(제3조, 제3조 제5항)에 의한 의료기관 중 주로 정신질환자의 진료를 행할 목적으로「정신건강복지법」상의 시설기준 (제12조 제1항)에 적합하게 설치된 정신건강의학병원ㆍ정신건강의학과 의원 및 병원급 이상의 의료기관에 설치된 정신건강의학과(「정신건강복지법」제3조)" 를 말하며, 급성 정신질환자를 의료기관에 입원 또는 외래치료를 함으로써 재활 및 사회복귀 도모를 그 목적으로 한다.

정신의료기관은 국가 또는 지방자치단체, 의료법인, 비영리법인, 정부투자
기관, 지방공사, 한국보훈복지의료공단 및 의사 등이 설립할 수 있으며, 설립
주체에 따라 국 · 공립 정신의료기관과 민간 정신의료기관 등으로 구분된다.

1) 입원 전 상담

초기면접과 입원상담에서 입원할 것이 결정될 경우 상담자의 상담 내용과
의향을 확인하고 정보의 정확한 파악이 필요하다. 이때 다음과 같은 사항을
유의할 필요가 있다.

- 초기면접과 입원에 관한 본인 의사의 확인
- 병원이 제공할 수 있는 서비스 내용의 전달
- 자신의 병원에서 치료할 수 없는 경우에는 타 의료기관이나 상담기관을
  소개
- 입원준비를 위해 치료진에게 연락을 취하는 것
- 일상생활의 문제상담, 경제적 상담, 가족관계 상담 등 일반적인 상담에
  도 응하는 것

2) 입원 시의 인테이크

의사의 진료 후 외래치료나 입원이 결정된 후에 인테이크를 할 때 가족력,
심리적 배경, 병의 증상 등의 정보를 얻는 것이 일차적인 목적이지만, 다음과
같은 중점적인 역할이 있다.

- 정신건강의학과 진료를 받는 당사자 및 가족의 불안이나 긴장감을 수용
  하고 그 제거를 위해 노력한다.
- 당사자와 가족의 주 호소를 면접을 통하여 정리하고 문제를 명확히 한다.
- 치료동기를 설정한다.

- 면접을 통하여 획득한 정보에 의하여 심리적 · 사회적 진단을 하고 그 내용을 팀 구성원과 공유한다.
- 특히 정신병원에 입원하는 경우 폐쇄공간에 입원하는 등의 행동제한이 따르므로 클라이언트의 자기결정원칙에 따라서 환자의 의지를 확인하는 노력을 간과해서는 안 된다.
- 입원 시 오리엔테이션을 하거나 병동이나 낮병동 등의 치료공간을 견학하도록 하면서 의료서비스 내용을 설명하는 동시에 인권상의 제 권리에 관한 설명과 이용할 수 있는 복지제도를 설명한다.

3) 입원 중의 원조

- 입원생활 중 생활과 심리적 문제의 상담 및 서비스를 실시한다.
- 집단을 통한 훈련이나 상담을 제공한다.
- 환자와 가족의 관계를 조정하고 직장이나 학교 등의 연락 조정관계를 행한다.
- 환자와 가족이 병원을 이용하기 쉽도록 직원이나 환자의 상호관계를 조정한다.
- 장기간 입원을 하거나 퇴원의 가능성이 희박하거나 사회성이 결여되어 있는 환자 등의 경우 입원생활을 보다 편안하게 할 수 있도록 환경을 정비하거나 스스로가 즐거운 생활을 할 수 있도록 원조한다.
- 면회나 퇴원 요구 등 제도상의 설명을 하고 사회자원을 활용하는 방법 등의 원조를 행한다.

4) 퇴원에 관한 원조

- 퇴원 즈음하여 퇴원계획의 수립에 참여하고 외래 약물치료계획, 이전 학교나 직장복귀 문제, 낮병원을 통한 추후치료의 실시 유무, 정신건강 복지센터, 정신재활시설, A.A.(단주친목)의 소개 및 연결 등에 대한 계획

을 논의하는 상담자 역할을 한다.
- 퇴원 후 함께 지낼 가족관계를 조정하고 가족이 받아들일 수 있는 체제가 되도록 한다.
- 가족이 받아들이기 곤란한 경우에는 주거의 확보, 경제적 문제를 조정하면서 주민센터나 보건소, 정신재활시설, 정신건강복지센터 등과 연락하여 지역생활을 준비하도록 한다.
- 퇴원 후에는 낮병원, 밤병원, 보건소, 주간보호센터, 정신재활시설, 정신건강복지센터 등을 이용하도록 정보제공자 역할을 한다.

5) 지역과의 연계
- 지역과의 연계는 단순히 행정기관과의 연결만을 의미하는 것이 아니며, 지역주민에 대하여 정신장애인 치료에 대한 이해를 구하는 대변자, 옹호자 역할을 하는 것도 매우 중요한 일이다.
- 정신재활시설이나 정신건강복지센터 등과 연락하고 연결 후에는 사후점검을 하는 창구 역할을 통해서 위기개입 시 협력한다.
- 정신장애인과 가족이 함께 지역사회에서 벌이는 다양한 활동을 지원하고 적극 참여한다.

2. 개인개업실천

미국의 사회복지사는 전문직 초기부터 개인개업실천(private practice)을 해 왔으나 1980년대까지 개인개업의 수와 영향력은 적었다. 그러나 최근에는 개인개업이 사회복지 분야에서 가장 빠르게 성장하고 있는 분야다(Gilbelman & Schervish, 1993). 전통적인 실천모델에서는 사회복지사가 서비스기관에 고용되어 제공되는 서비스의 유형을 결정하는 기관에 의해 클라이언트가 배당되었다. 반면, 개인개업사회복지사들은 클라이언트에 의해 고용되고, 자신의 기관을 운영하고, 자신만의 개입방법을 결정하고, 사회기관의 요구보다는 자신의 전문가적인 규범에 활동의 근거를 둔다(Barker, 1992).

『사회복지사전』(Baker, 1995)에 의하면 개인개업은 "충분한 교육과 경험을 통해 얻어진 사회복지의 가치, 지식, 기술을 지닌 자율적인 전문가가 클라이언트와 상호 간에 합의된 보수에 대한 대가로 심리사회적 서비스를 전달하는 것"으로 정의된다. 이 정의에 따르면 사회복지사는 전문직의 가치를 고수하면서 법적 또는 전문적으로 규정하는 교육과 경험을 습득하고 개인개업실천에 종사하는 것이다. 서비스 전달에 대한 보수가 클라이언트 또는 클라이언트가 지적한 제3자(보험회사)에 의해 사회복지사에게 지불될 때 개인개업실천에 종사하는 것이라고 할 수 있다.

미국에서는 사회복지전문직 초기부터 시행되어 온 실천형태 중 하나로 인정받고 있지만 우리나라에서는 아직 미흡하다고 할 수 있겠다. 이에 미국의 개인개업실천과 우리나라의 움직임을 알아보고, 개인개업실천의 예를 살펴보도록 하겠다.

1) 미국의 개인개업실천

(1) 개인개업실천의 통계

① 지역
미국 내 모든 주에 있고 대부분 도시나 교외지역에 사무실을 열고 있으며 몇몇은 시골과 소도시에도 있다.

② 사업내용
일부는 사무실을 사용하지 않고 가정방문만을 수행하는 경우도 있다. 기본적으로 정신치료, 집단치료, 사회집단활동, 가족과 결혼치료, 다양한 형태의 상담과 같은 임상사회복지를 실천하고 있다(Brown, 1990). 약간은 비임상적 서비스를 제공하는데, 예를 들면 지도·감독 또는 기관자문에 대한 대가를 받는 것이다. 또 몇몇은 훈련집단, 교육세미나, 조사 등을 수행하기도 하며, 개인 거주보호시설 등과 연관된 사업, 즉 이윤을 추구하는 사회적 서비스 같은 민간 사회서비스기관을 설립하기도 한다.

③ 개인개업사회복지사의 수

개인개업사회복지사의 수는 정확히 알 수 없지만, 개인개업을 하는 상당수의 사회복지사가 임상사회복지사협회(National Federation of Society for Clinical Social Work)에 속해 있고 비슷한 수가 미국 결혼 및 가족치료협회의 회원인 것으로 나타났다. 그리고 수백 명은 사회복지개업실천 증진을 위한 국제위원회의 회원이다. 더구나 상당수의 개인개업사회복지사는 어떤 전문가협회에도 참여하고 있지 않으며, 이러한 종류의 조사에서 제외되고 있는 것으로 나타났다. 따라서 그런 사람까지 포함하면 1994년 미국에는 약 2만 명의 사회복지사가 개인개업환경에서 일하고 있고, 4만 5,000명은 부업의 형태로 개인개업에 고용되어 있는 것으로 추정할 수 있다.

(2) 개인개업실천의 발전

① 초창기

메리 리치먼드(Mary Richmond)는 초창기 사회사업 교과서를 쓰고 초기 사회복지기관의 개발을 돕는 동안 대가를 받고 클라이언트와 개별상담을 했다. 리치먼드(Richmond, 1922)는 만약 사회사업이 가치와 영향력을 가지게 된다면 가난한 사람뿐 아니라 모든 사람에게 영향을 주어야 한다고 주장했다. 그녀는 개인개업실천이 전문직의 한 부분이 될 것임을 예견하였다.

② 제2차 세계대전 이후

200~300명의 사회복지사들이 개인개업실천에 임했다. 당시에는 이러한 서비스를 받을 여유가 있는 클라이언트가 매우 적었고, 많은 사회복지지도자들이 개인개업실천에 반대했다. 마침내 더 많은 사회복지사가 개인개업을 시작하면서, 1958년 미국사회복지사협회(NASW)는 공식적으로 개인개업을 전문직의 공인된 부분으로 인정했다. 1962년 미국사회복지사협회는 개인개업실천에 대한 공식적인 자격증을 만들었다.

③ 1970년대와 1980년대에 개인개업실천이 증가하기 시작한 요인

- 재정적 이득에 대한 속박 없는 추구를 강조하는 일반적인 분위기 형성
- 빈민과 공적 서비스를 받는 대상에 대한 공격 분위기
- 기관상황의 사업풍조, 예산과 서비스 제약, 사회복지사들에게 행정적 부담을 안겨 준 규정상의 제약과 서류작업, 감소된 자율성, 클라이언트와 일할 수 있는 시간의 감소, 서비스의 질과 가용성 감소
- 기관 내 직접 실천가에게 주어지는 진급과 경제적 보상의 부재
- 기관과 독립적 서비스 제공자 사이에 서비스 전달 계약을 위한 경쟁을 해야 하는 서비스 사설화
- 중산층의 서비스 비용 지불능력
- 빈민과 일하거나 치료자가 되기 원하는 지원자 수의 감소
- 사회복지사에 대한 제3자 상환(third-party payment, 보험회사) 증가
- 법적인 규제(Barker, 1992)

(3) 요구되는 증명서와 사업기술

① 면허증

- 엄격한 주: 공인된 사회복지대학의 석사학위와 1년 이상 공인된 기관에

서 지도감독을 받으며 임상실천을 한 경험, 필기와 구두의 면허시험 통과
- 요구조건이 적은 주: 공인된 사회복지석사학위, 약간의 임상경험 진술서

② 면허신청

그 주의 전문가면허위원회와 접촉하거나 버지니아주 컬페퍼에 있는 미국
주정부사회복지위원협회(American Association of State Social Work Board)에
정보제공을 위한 요청서 송부

③ 자격증

- 사회복지석사학위 또는 사회복지교육협의회의 박사학위
- 공인된 사회복지학교에서 교육을 받고 2년간 지도감독을 받으며 전임으
  로 일한 경험 또는 3,000시간 이상의 유급시간제 실천경험
- ACSW의 시험 통과
- 현재의 지도감독자를 포함한 3인의 공인전문가에 의한 신원보증

④ 사업기술

- 사업관리 기술과 지식: 근로자 고용기준과 규정을 알고 따라야 하고, 급
  여를 지불해야 하며, 회계장부를 기록해야 하고, 세금을 내야 하며, 클라
  이언트 및 제3자와의 거래에 대한 모든 것을 기록해야 하고, 적절한 면
  허·장비·자본을 취득·유지해야 하며, 은퇴와 질병에 대한 비용을 지
  불해야 한다.
- 적절한 자본: 최소한 3개월간의 사무실 임대료, 사무기기 및 장비 구입
  비 또는 대여료, 몇 달 동안의 생활비와 고객확보 비용을 확보해야 한다.

(4) 직업상의 위험

- 재정 문제

- 소진
- 법적인 문제

2) 우리나라의 개인개업실천

(1) 벤처개념에서의 사회복지

① 필요성
연간 사회복지 분야의 신규 인력수요가 1,000개를 넘지 않을 것이다(한덕연, 2002: 12). 취업시장이 좁기 때문에 직업시장(job marketing)의 확장이나 직업창출(job share)을 통해 이러한 문제를 해결하는 것이 필요하다.

② 기존 사회복지시장의 공략
사회복지기관의 변화를 눈여겨보라(예: 전문가에 의한 서비스 제공).

③ 일반시장 공략
사회의 변화를 눈여겨보라(예: 사회문제에 대한 예방사업, 청소년 전용 카페).

④ 새로운 시장의 공략
새로운 영역에의 도전(예: 교회 사회복지 프로그램 개발, 군 사회복지, 청소년 및 학교사회복지, 건강가정지원센터, 위기가정 가족문제상담센터 등)

(2) 기초 작업
- 철학과 가치(클라이언트에 대한 철학, 보편적으로 확대된 가치)
- 핵심 기술(전문성)
- 창업자금 마련(독립적, 다학제 간, 동일학문 간 공동 등)

3) 개인개업실천의 역할

(1) 비전 제시

해마다 사회복지인력이 노동시장에 쏟아져 나오고 있지만 실제로 수용할 수 있는 인원은 그리 많지 않다. 기관에서 수용할 수 있는 인원은 한계가 있다. 따라서 개인개업실천이 그 대안이 될 수 있다.

(2) 임상사회복지전문가 양성

기관에서 임상사회복지를 하고 있으나 대부분 단기치료로 끝나고 장기적이고 깊이 있는 전문적인 치료를 서비스하는 데는 한계가 있다. 개인개업사회복지사들은 상담치료비를 감당할 수 있는 중산층에게 장기적이고 전문적인 치료서비스를 제공할 수 있으며, 이러한 사례들은 사회복지사에게 전문성을 심어 줄 수 있다. 이러한 실천들로 전문적인 임상사회복지사를 양성할 수 있는 것이다.

(3) 지역사회 전문자문가

개인개업실천을 통해 전문적인 지식과 기술을 쌓고 연구하여 지역사회에서 자문활동을 통해 지역사회 전문자문 역할을 담당할 수 있다. 지역사회정신건강기관은 전문가에게 의뢰하여 교육활동이나 일반인을 대상으로 하는 교육프로그램을 운영하는데, 그때 전문자원으로 활용될 수 있다.

(4) 사회복지실천으로서 심리상담에 대한 필요성 인식

대부분의 사람은 사회복지 하면 '빈곤'을 떠올린다. 그러나 이러한 실천 분야도 사회복지의 실천 분야이며 중요한 부분을 차지하고 있다는 것을 중산층에게 경험할 기회를 제공할 수 있다.

제3절 지역사회재활영역에서 정신건강사회복지사의 역할

1. 정신재활시설

1) 정신재활시설의 의미

(1) 지역사회지지체계의 의미

정신장애인은 전통적인 입원 및 약물치료를 비롯하여 장애의 정도를 경감하고 기능회복을 돕는 재활영역 서비스는 물론 주거시설, 직업재활 등 사회보장 차원의 서비스까지 다양하고 포괄적인 서비스를 필요로 한다. 그러므로 지역사회에서는 그들이 최소한의 인간적인 삶을 살아갈 수 있도록 돕기 위해 정신장애인을 위한 재발과 재입원 방지, 삶의 질 개선, 적절한 사회적 역할 습득을 돕기 위한 서비스, 개체가 가능한 높은 수준의 기능상의 능력을 갖도록 훈련·재훈련하기 위한 의학적·교육적·직업적 수단을 통합적으로 적용하여야 한다.

이러한 목적을 달성하기 위해 만성 정신장애인에게 지역사회의 정상적인 환경 안에서 기능을 유지하고 발전시키는 데 필요한 다양한 서비스와 환경을 연속적으로 제공하도록 고안된 것이 지역사회지지체계(community support system)다.

지역사회지지체계는 그 목적을 위해 열 가지 기능을 수행하는데, 그 세부적인 내용은 다음과 같다.

① 클라이언트 찾기(identification & location of client/outreach)

자발성이 결여되고 사회적 퇴행이 심한 정신장애인을 찾아내어 그들이 있는 곳으로 가서 서비스에 대한 정보를 제공하고 적절한 재활서비스가 연결되

도록 한다. 필요시에는 정신장애인들이 있는 곳으로 가서 서비스를 직접 제
공하며 교통수단을 제공하기도 한다.

② 기본적인 욕구해결 협조(assistance in meeting human needs)

주거, 음식물, 의류, 일반 의약 등 기본적인 욕구가 해결되도록 도우며 필
요한 혜택을 받을 수 있도록 원조한다. 생계비 보조를 포함한 공공주택, 장애
연금, 의료보호 등 다양한 복지서비스 연결을 위한 서비스를 제공한다.

③ 24시간 위기보조(24 hour crisis intervention)

정신장애인과 가족, 친지들이 위기상황에 적절히 대처하도록 지원하는 서
비스를 24시간 제공받을 수 있도록 체계를 마련하고, 필요한 경우 위기관리
팀이 직접 방문하기도 하며, 현장에서 대처가 불가능한 경우 단기간의 입원
서비스를 연결하기도 한다.

④ 심리사회 및 직업서비스(psychosocial and vocational services)

정신장애인이 지역사회에서 적응하며 살아가는 데 필요한 포괄적인 심리
사회서비스를 제공하는 것으로 일상생활훈련, 사회기술훈련, 여가활동 개발
및 유지, 직업재활, 사회적 기능의 발전을 돕는 주거의 선택과 배치를 지원하
는 것을 포함한다. 정신장애인을 위한 심리사회서비스는 지역사회의 정상적
인 환경에서 기능을 유지하고 발전시키도록 고안된 다양한 서비스와 환경을
연속적으로 제공하는 것으로, 목표지향적인 재활프로그램이어야 한다.

⑤ 지지적 주거(supportive housing services for rehabilitation)

지지를 제공하는 주거지를 단계적으로 제공하는 서비스로, 독립적인 주거
가 가능한 수준까지 다양한 단계별 주거지를 필요로 한다.

⑥ **건강 및 정신건강 보호**(health and mental health care)

기본적인 신체건강의 유지에 필요한 서비스를 즉각적으로 제공하고, 정신건강보호에 필요한 약물치료를 포함한 다양한 정신건강서비스를 제공받을 수 있도록 지속적으로 관리하고 지원한다.

⑦ **상호지지체계**(mutual support system)

정신장애인이 친구, 친척, 교회 또는 자조집단을 통하여 안정감을 갖고 지지를 획득할 수 있도록 지원체계를 연결한다.

⑧ **자문 및 옹호**(consultation and advocacy)

정신장애인이 지역사회에서 소외되지 않고 다양한 혜택과 지원을 받을 수 있도록 가족, 친지, 임대주, 지역사회 기관과 주민을 교육하고 필요한 경우 옹호활동을 실시한다.

⑨ **클라이언트 권리보호**(protection of client rights)

정신건강영역을 포함한 모든 영역에서 정신장애인의 권리를 보호하는 활동을 실시하며 필요한 경우 정책개발에도 관여한다.

⑩ **사례관리**(case management)

정신장애인이 지역사회의 공식적 · 비공식적 자원을 효과적으로 활용할 수 있도록 사례관리자 혹은 사례관리팀을 지정하여 욕구충족 및 목적달성에 필요한 서비스와 자원을 개발 · 연결하고 조정하는 역할을 한다.

따라서 지역사회지지체계는 정신장애인의 생존과 통합을 지원하는 포괄적인 서비스를 제공하는 지역사회와 정신건강 및 복지단체의 노력으로 이루어진 지역사회지지프로그램들의 연합된 형태로 이해할 수 있다. 우리나라에서도 퇴원한 정신장애인에게 준비된 지역사회지지체계를 통해 제공되는 열 가지 서비스 프로그램이 효과적으로 연결된다면, 재발과 재입원의 방지는 물론 삶의 질 향상과 적절한 사회적 역할 획득 등의 재활목표가 효과적으로 달성될 수 있을 것이다. 우리나라의 정신건강영역에서 지역사회지지체계는 우리 사회에 만성 정신장애인을 포함하여 정신건강에 어려움을 갖고 있는 정신장애인의 욕구에 적절히 대응할 수 있는 체계가 갖추어져 있는지 평가하고, 미흡한 부분에 대해서는 장·단기 계획을 수립하고 실행해 나가자는 것이 그 핵심 내용이다(이봉원, 2000).

이런 관점에서 볼 때 정신재활시설은 지역사회지지프로그램의 하나인 심리사회재활서비스나 지지적인 주거, 정신건강 강좌 등 일부 서비스를 집중적으로 다양하게 실시하는 단위시설로 이해할 수 있다.

(2) 정신재활시설의 개념 및 목적

정신재활시설은 정신질환자 또는 정신건강상 문제가 있는 사람 중 대통령령으로 정하는 사람의 사회적응을 위한 각종 훈련과 생활지도를 하는 시설(「정신건강복지법」 제3조 제7조)을 말하며, 정신의료기관에 입원하거나 정신요양시설에 입소하지 아니한 정신질환자의 사회복귀 촉진을 위하여 사회적응훈련, 작업훈련 등 재활서비스를 제공하는 것을 목적으로 한다.

국가 또는 지방자치단체는 정신재활시설을 설치·운영할 수 있으며, 필요한 경우 정신재활시설을 사회복지법인 또는 비영리법인에게 위탁하여 운영할 수 있다(정신건강복지법 제26조). 입소 또는 이용대상자는, ① 만 15세 이상으로 정신의료기관의 정기적인 치료를 받고 있는 조현병, 양극성 장애, 알코올 사용장애 등 정신질환자로서 사회적응훈련이 필요하고 자해 및 타해의 우려가 적은 자, ② 알코올 사용장애를 동반한 정신질환자 및 만 15세 미만의 소아정신질환자는 특별프로그램을 분리·운영하는 경우, ③ 지적장애인은 제외하되, 정신질환을 동반하는 경우, ④ 기타 정신질환자의 주치의가 기능상의 장애로 인해 사회적응훈련을 포함한 정신재활시설의 입소 및 이용을 특별히 의뢰하는 경우이다.

(3) 정신재활시설의 종류와 설치기준

정신재활시설은 크게, ① 생활시설, ② 재활훈련시설, ③ 중독자재활시설, ④ 생산품판매시설, ⑤ 종합시설의 다섯 가지로 구분된다. 각 정신재활시설의 구체적인 종류 및 사업은 〈표 7-13〉과 같다.

표 7-13 정신재활시설의 구체적 종류 및 사업

종류		사업
1. 생활시설		가정에서 생활하기 어려운 정신질환자 등에게 주거, 생활지도, 교육, 직업재활훈련 등의 서비스를 제공하며, 가정으로의 복귀, 재활, 자립 및 사회적응을 지원하는 시설
2.재활훈련 시설	가. 주간재활시설	정신질환자 등에게 작업·기술지도, 직업훈련, 사회적응훈련, 취업지원 등의 서비스를 제공하는 시설
	나. 공동생활가정	완전한 독립생활은 어려우나 어느 정도 자립능력을 갖춘 정신질환자 등이 공동으로 생활하며 독립생활을 위한 자립역량을 함양하는 시설
	다. 지역사회 전환시설	지역 내 정신질환자 등에게 일시 보호 서비스 또는 단기 보호 서비스를 제공하고, 퇴원했거나 퇴원계획이 있는 정신질환자 등의 안정적인 사회복귀를 위한 기능을 수행하며, 이를 위한 주거제공, 생활훈련, 사회적응훈련 등의 서비스를 제공하는 시설
	라. 직업재활시설	정신질환자 등이 특별히 준비된 작업환경에서 직업적응, 직무기능향상 등 직업재활훈련을 받거나 직업생활을 할 수 있도록 지원하며, 일정한 기간이 지난 후 직업능력을 갖추면 고용시장에 참여할 수 있도록 지원하는 시설
	마. 아동·청소년 정신건강지원시설	정신질환 아동·청소년을 대상으로 한 상담, 교육 및 정보제공 등을 지원하는 시설

3. 중독자재활시설	알코올 중독, 약물 중독 또는 게임 중독 등으로 인한 정신질환자 등을 치유하거나 재활을 돕는 시설	
4. 생산품판매시설	정신질환자 등이 생산한 생산품을 판매하거나 유통을 대행하고, 정신질환자 등이 생산한 생산품이나 서비스에 관한 상담, 홍보, 마케팅, 판로개척, 정보제공 등을 지원하는 시설	
5. 종합시설	제1호부터 제4호까지의 정신재활시설 중 2개 이상의 정신재활시설이 결합되어 정신질환자 등에게 생활지원, 주거지원, 재활훈련 등의 기능을 복합적·종합적으로 제공하는 시설	

출처: 보건복지부(2019b).

(4) 정신재활시설의 현황

정신재활시설은 1997년 2개소를 시작으로 2020년 1월 현재 전국에 289개소로 확대 설치·운영되고 있다. 정신재활시설 종류별 분포도를 살펴보면, 공동생활가정이 151개소(52.2%)로 가장 많고, 주간재활시설 76개소(26.3%), 생활시설 14개소(4.8%), 직업재활시설과 종합시설이 각 13개소(4.5%), 아동·청소년 정신건강지원시설 11개소(3.8%), 지역사회전환시설 7개소(2.4%), 중독자재활시설 4개소(1.38%)이다. 지역별 현황을 살펴보면, 전국 289개소 정신재활시설 중 157개소(54.3%)가 서울·경기지역에 집중되어 있다.

정신재활시설의 종류별 분포도는 〈표 7-14〉와 같고, 지역별 현황은 〈표 7-15〉와 같다.

표 7-14 정신재활시설의 종류별 분포도 (단위: 개, %)

계	생활시설	주간재활시설	공동생활가정	지역사회전환시설	직업재활시설	아동·청소년 정신건강지원시설	중독자재활시설	종합시설
289(개)	14	76	151	7	13	11	4	13
100(%)	4.84	26.30	52.25	2.42	4.50	3.81	1.38	4.50

출처: 한국정신재활시설협회(http://www.kpr.or.kr).

표 7-15	정신재활시설의 현황								(단위: 개소)
번호	지역	시설현황							
		계	생활 시설	주간재활 시설	공동생활 가정	지역사회 전환시설	직업재활 시설	아동 · 청소년 정신건강지원 시설	중독자 재활시설	종합 시설
1	서울	105		23	57	4	6	11	3	1
2	경기	52	1	9	35	3	3			1
3	인천	8		3	5					
4	강원	3	1	1	1					
5	대전	29	2	5	20					2
6	충남	19	3	1	14					1
7	충북	10	2	3	4					1
8	대구	15		9	4				1	1
9	경북	14	3	5	5					1
10	부산	13		6	2		3			2
11	경남	4		2						2
12	울산	2		2						
13	광주	6		5	1					
14	전남	3	1		1					1
15	전북									
16	제주	4		2	1		1			
17	세종	2	1		1					

출처: 한국정신재활시설협회(http://www.kpr.or.kr).

(5) 정신재활시설의 인력기준

　　정신재활시설의 인력기준은 정신재활시설의 종류에 따라 달리 규정되어 있다. 정신재활시설의 종사자 수 및 자격 기준은 〈표 7-16〉과 같다.

표 7-16 정신재활시설의 종사자 수 및 자격

구분	세부유형	종사자의 수
가. 생활시설		• 시설의 장: 1명 • 정신건강전문요원, 재활활동요원, 재활활동보조원: 입소정원 15명당 각 1명을 두되, 그 끝수 인원이 8명 이상인 경우에는 각 1명을 추가한다. • 조리원: 1명(입소인원이 15명 이상인 시설에만 해당한다) • 영양사: 1명(상시 1회 50명 이상에게 식사를 제공하는 시설에만 해당한다)
나. 재활훈련 시설	1) 주간재활 시설	• 시설의 장: 1명 • 정신건강전문요원: 이용인원 15명당 1명을 두되, 그 끝수 인원이 8명 이상인 경우에는 1명을 추가한다. • 재활활동요원: 이용인원 20명당 1명을 두되, 그 끝수 인원이 11명 이상인 경우에는 1명을 추가한다. • 재활활동보조원: 이용인원 30명당 1명을 두되, 그 끝수 인원이 16명 이상인 경우에는 1명을 추가한다. • 영양사: 1명(상시 1회 50명 이상에게 식사를 제공하는 시설에만 해당한다)
	2) 공동생활 가정	• 시설의 장: 1명 • 시설의 장은 같은 특별자치시 · 특별자치도 · 시 · 군 · 구에서 3개까지 공동생활가정을 함께 관리할 수 있다. • 시설의 장이 3개의 공동생활가정을 관리하는 경우에는 재활활동요원 1명을 둔다.
	3) 지역사회 전환시설	• 시설의 장: 1명 • 정신건강전문요원, 재활활동요원, 재활활동보조원: 입소정원 15명당 각 1명을 두되, 그 끝수 인원이 8명 이상일 경우에는 각 1명을 추가한다. • 조리원: 1명(입소인원이 15명 이상인 시설에만 해당한다) • 영양사: 1명(상시 1회 50명 이상에게 식사를 제공하는 시설에만 해당한다)
	4) 직업재활 시설	• 시설의 장: 1명 • 정신건강전문요원: 1명 • 재활활동요원: 이용인원 15명당 1명을 두되, 그 끝수 인원이 8명 이상일 경우에는 1명을 추가한다. • 재활활동보조원: 이용인원 30명당 1명을 두되, 그 끝수 인원이 16명 이상일 경우에는 1명을 추가한다.

5) 아동· 청소년 정신건강 지원시설	• 시설의 장: 1명 • 정신건강전문요원: 이용인원 15명당 1명을 두되, 그 끝수 인원이 8명 이상일 경우에는 1명을 추가한다. • 재활활동요원: 이용인원 20명당 1명을 두되, 그 끝수 인원이 11명 이상일 경우에는 1명을 추가한다. • 재활활동보조원: 이용인원 30명당 1명을 두되, 그 끝수 인원이 16명 이상일 경우에는 1명을 추가한다.
다. 중독자재활시설	• 시설의 장: 1명 • 정신건강전문요원, 재활활동요원, 재활활동보조원: 입소정원 15명당 각 1명을 두되, 그 끝수 인원이 8명 이상일 경우에는 각 1명을 추가한다. • 조리원: 1명(입소인원이 15명 이상인 시설에만 해당한다) • 영양사: 1명(상시 1회 50명 이상에게 식사를 제공하는 시설에만 해당한다)
라. 생산품판매시설	• 시설의 장: 1명 • 재활활동요원, 관리인 또는 사무원: 1명 이상

마. 종합시설	• 시설의 장: 1명
	• 정신건강전문요원
	  −이용인원 15명당 1명을 두되, 그 끝수 인원이 8명 이상인 경우에는 1명을 추가한다.
	  −입소자가 있는 경우에는 입소인원 15명당 1명을 추가 배치하되, 그 끝수 인원이 8명 이상인 경우에는 1명을 추가한다.
	• 재활활동요원, 재활활동보조원
	  −이용인원 30명당 각 1명을 두되, 그 끝수 인원이 16명 이상인 경우에는 각 1명을 추가한다.
	  −입소자가 있는 경우에는 입소인원 10명당 1명을 추가 배치하되, 그 끝수 인원이 6명 이상인 경우에는 각 1명을 추가한다.
	• 조리원: 1명(입소인원이 15명 이상인 시설에만 해당한다)
	• 영양사: 1명(상시 1회 50명 이상에게 식사를 제공하는 시설에만 해당한다)
	• 이용인원과 입소인원은 중복 계산할 수 없다.

출처: 보건복지부(2019b).

2) 정신재활시설에서 정신건강사회복지사의 역할

정신재활시설에 근무하는 정신건강사회복지사의 역할에 대한 이해를 위해 정신재활시설에서 주로 실시하고 있는 사업내용을 소개하고자 한다.

정신재활시설에 근무하는 정신건강사회복지사의 역할 및 기능은 다음과 같다.

- 개별적인 재활계획 상담
- 사회복귀 촉진을 위한 상담 및 원조
- 사회기술 및 적응훈련
- 생활기술 및 대인관계기술 지도
- 통원, 금전사용 및 여가활용 지도
- 직업훈련과 취업에 관한 지도 육성
- 가족교육 및 상담
- 정신장애인 가족회 육성 및 운영
- 가족방문지도(재가서비스)
- 사회복귀를 위한 사회적응 프로그램 실시
- 단기, 위기 지향적 가족상담
- 지역사회 자원 동원과 후원조직 육성
- 지역사회를 위한 정신건강 강좌 및 교육
- 의료기관 및 지역사회기관과의 연결 업무
- 지역주민의 정신건강복지을 위한 계몽활동
- 정신건강에 관한 조사연구활동
- 지역정신건강심의위원회에서의 자문활동

2. 정신요양시설

1) 정신요양시설의 설치 및 운영

정신요양시설은 정신의료기관에서 의뢰된 정신질환자와 만성 정신질환자를 입소시켜 삶의 질 향상과 사회복귀를 도모하는 목적으로 훈련을 행하는 시설을 말한다.

정신요양시설은 주로 가족의 보호가 어려운 만성 정신질환자를 대상으로 입소형태의 요양과 보호서비스를 제공하는 시설이다. 정신건강복지법 제22조에서는 국가와 지방자치단체, 사회복지법인이나 기타 비영리법인이 보건복지부장관의 허가를 받아 정신요양시설을 설치하여 운영할 수 있도록 규정하고 있다. 최근 정부는 정신요양시설 운영의 내실화를 기하고 정신요양시설의 여건을 개선하는 것을 골자로 하는 정책방향을 수립하고 있다. 즉, 정신질환자의 요양·보호수준 및 질 향상을 위해 일상생활, 건강진단, 진료 및 투약, 의료기관 이용, 정신재활 및 사회복귀훈련 등 정신건강서비스 내용의 내실화를 기하고자 하는 것이다. 또한 간호사와 생활지도원의 2교대 실시와 노후시설 등 기능보강 예산지원으로 정신질환자들의 쾌적한 생활보장을 위해 노력하며, 정신요양시설 서비스 평가를 강화하고 있다.

입소대상은 정신건강의학과 전문의에 의하여 정신질환자로 진단된 자로서 본인이 당해 시설에 입소하기를 원하는 자, 정신건강의학과 전문의에 의하여 정신요양시설에 입소가 필요하다고 진단된 정신질환자로서 정신건강복지법 제39조 제1항의 규정에 의한 보호의무자가 당해 시설에 입소시키고자 하는 자, 정신건강의학과 전문의에 의하여 정신요양시설에 입소가 필요하다고 진단된 정신질환자로서 정신건강복지법 제44조 제3항의 규정에 의하여 시장·군수·구청장이 보호의무자가 되는 자 등으로 규정하고 있다.

정신요양시설의 전문인력 기준은 〈표 7-17〉의 내용과 같다.

표 7-17 정신요양시설의 전문인력 기준

구분	종사자의 수 및 자격
시설장	1인
사무국장	1인
정신건강의학과 전문의 또는 촉탁의	1인 이상
간호사	입소자 40인당 1인을 두되, 그 단수에는 1명을 추가한다. 이 경우 간호사 정원의 1/2 범위에서 간호조무사를 간호사로 대체할 수 있다.
생활지도원 또는 생활복지사	입소자 25명당 1명을 두되, 그 단수에는 1명을 추가한다.
영양사	1명을 두되, 입소자가 50명 미만인 경우에는 두지 아니할 수 있다.
사무원	2명 이상(입소자가 100명 미만인 경우에는 1명 이상)
정신건강전문요원	1명 이상을 두되, 여성이 입소할 수 있는 시설의 경우에는 여성 전문요원 1명을 두어야 한다.
작업지도원	1명 이상을 두되, 작업치료사 · 사회복지사 · 간호사 또는 간호조무사 자격을 가진 사람이어야 한다.
조리원	입소자 150명까지는 2명 이상을 두고, 입소자가 100명이 넘는 경우에는 그 초과 입소자 100명 당 1명을 추가하되, 그 단수에는 1명을 더 두어야 한다.
위생원	입소자 100명당 1명
관리인 또는 경비원	1명 이상
안전관리요원	1명 이상(경과조치: 2016년 12월 29일까지)

※ 비고: 1. 정신요양시설의 장이 정신건강의학과 전문의, 간호사, 영양사 또는 정신건강전문요원의 면허 또는 자격을 하나 이상 가지고 있는 경우에는 해당 면허(자격)증 소지자의 업무를 겸할 수 있다. 다만 정신건강전문요원의 자격과 간호사의 면허를 함께 가지고 있는 경우에는 그 업무 중 하나만을 겸할 수 있다. 2. 정신요양시설의 장 외의 종사자가 정신건강전문요원 자격 또는 간호사의 면허를 가지고 있는 경우에는 그 업무를 겸할 수 있다.

출처: 보건복지부(2019).

2) 정신요양시설의 사업내용

정신요양시설은 운영의 전문성, 투명성, 개방성, 효율성을 확보함으로써 정신질환자 요양보호 수준을 향상하고자 하는 운영목표를 가지고 있다. 따라서 정신요양시설의 장이 입·퇴소 신청서, 보호의무자 동의서, 정신건강의학과 전문의 진단서 등 입·퇴소 요건을 구비하여 입·퇴소 관리를 철저히 하도록 규정하고 있다. 또한 입소자의 인권 및 재산상 권리보호를 위해 강제입소가 발생하지 않도록 주의를 기울이며, 강제노역 금지, 폭행, 협박 등 강압에 의한 환자관리 금지, 격리방법의 적법성 확보, 통신과 면허 보장 등의 노력을 기울이고 있다.

정신요양시설에서는 입소자의 진료, 약물복용, 건강진단 등 건강관리를 하여야 하며, 매년 1회 이상 건강진단을 실시하여야 한다. 시설장은 환자의 건강유지와 정서함양 및 효과적인 요양을 위하여 일정표에 의한 적절한 운동과 오락 등 규칙적인 생활을 제공하여야 한다. 또한 시설장은 영양사가 작성한 식단에 따라 적정수준의 급식을 제공하여야 한다.

정신요양시설에서는 입소자를 대상으로 작업치료와 사회복귀훈련 등을 실시하여야 한다. 작업치료와 사회복귀훈련은 입소자 본인의 신청 또는 동의 및 정신건강의학과 전문의의 지시에 따라 실시하도록 하고 있다. 작업시간은 1일 6시간, 1주당 30시간을 초과할 수 없도록 규정하고 있다. 또한 작업결과 발생한 수익금 중 필요 경비를 제외한 금액을 전부 작업자 개인별 예금계좌로 지급하도록 하고 있다.

3) 정신요양시설에서 정신건강사회복지사의 역할

정신요양시설은 치료나 재활시설과는 달리 그 기능이 정신장애인의 장기적 요양에 초점을 두고 있다. 그러나 우리나라의 정신요양시설은 그 기능이 완전히 구분된 상태에서 정신장애인을 분류하여 배치하는 식으로 운영되지는 못하고 있다. 그래서 정신요양시설에 있는 대부분의 정신장애인이 매우

만성적인 상태의 요양을 필요로 하는 클라이언트이지만, 현실적으로 전문정
신건강의학과병원에서 적극적 치료나 재활치료를 받을 필요가 있는 클라이
언트가 혼재되어 있는 실정이다.

정신요양시설에 근무하는 정신건강사회복지사에게 요구되는 역할(최희철
외, 2019)은 다음과 같다.

① 심리사회적 상담 및 개별문제 지도
② 각종 집단프로그램 실시
③ 생활훈련실시 가족상담 및 가정방문
④ 무연고자를 위한 후원자 연결 업무
⑤ 지역사회 자원동원과 후원조직 육성
⑥ 대인관계기술과 작업능력의 강화
⑦ 국민기초생활보장 수급권자를 위한 행정업무

요약

이 장에서는 정신건강사회복지사의 현장 확장에 따른 역할의 이해에 대해 살펴
보았다. 제1절에서는 예방영역과 지역사회재활영역인 정신건강복지센터, 중독관
리통합지원센터, 자살예방센터, 정신재활시설, 정신요양시설에서 정신건강사회복
지사의 역할을 살펴보았다. 제2절에서는 치료/상담영역인 대학병원과 대단위 및
중·소 정신병원, 개인개업실천에서 정신건강사회복지사의 역할을 살펴보았다.
최근 정신건강영역의 확대에 따라 정신건강사회복지사는 실천현장의 특성에 따라
다양한 직무내용과 역할을 요구받고 있다. 그러므로 정신건강사회복지사는 다양
한 정신건강실천현장에서 정신건강서비스 제공자로서 유용하고 적합한 역할과 기
능을 수행하고 타 전문직과 차별화된 서비스를 제공하며 전문성과 독립성을 발휘
할 수 있도록 노력해야 한다.

토의사항

1. 정신건강사회복지의 다양한 현장과 역할을 살펴보고, 정신건강사회복지사의 전문성 함양과 정체성 확립방안은 무엇인지 토의해 보자.
2. 지역사회의 정신건강복지센터, 중독관리통합지원센터, 자살예방센터, 정신재활시설에서 제공되는 프로그램을 각각 비교하여 보고, 차이점과 유사점은 무엇인지 의견을 나누어 보자.
3. 지역사회의 정신건강복지센터, 중독관리통합지원센터, 정신재활시설에서 정신건강사회복지사의 개입 당위성은 무엇인지 토의해 보자.

제8장

◇◇◇◇◇◇◇◇◇

정신건강사회복지의 실천기술

학습목표 ---

1. 정신장애인 개인을 위한 실천기술에 대해 살펴본다.

2. 정신장애인 가족을 위한 실천기술에 대해 살펴본다.

3. 정신장애인 지역사회 수준을 위한 실천기술에 대해 살펴본다.

    정신장애인은 질병의 특성상 사회에서 독립적으로 살아가기 위한 사회기술이 부족한 경우가 많다. 즉, 사회기술을 배울 기회의 결여, 입·퇴원의 반복과 사회적 접촉의 결여로 인해 사회기술을 사용하지 않아 사회적 기능이 결핍되어 있는 경우, 정신과적 증상으로 인한 인지상의 왜곡된 지각 등으로 고통을 받고 있는 클라이언트에게는 사회에서 독립적으로 살아갈 수 있도록 돕기 위해 결핍된 기술을 다양하게 가르쳐야 한다. 이에 개별상담 및 치료, 인지행동치료, 사례관리 등 개인을 위한 실천기술향상과 더불어 사회기술훈련과 같은 집단실천기술의 접근이 요구된다.

    또한 지역사회 내의 정신건강 관련 기관은 통합적인 서비스를 지향하면서 가족에 대한 이해를 바탕으로 가족에 대한 실천을 다각적으로 실시하고 있다. 정신장애인의 가족을 위해 효과적인 방법으로 지원서비스를 계획·전달하기 위해서 기존의 가족접근방법에 대한 패러다임이 전환되고 있다. 아울러 정신장애인의 지역사회대상 실천에서는 정신장애인의 직업재활과 주거서비스가 중요한 실천방법이라 할 수 있다.

    따라서 이 장에서는 정신장애인 개인과 집단, 가족, 지역사회대상 실천기술을 중심으로 살펴보고자 한다.

🐾 제1절 정신장애인 개인을 위한 실천기술

1. 개별치료와 상담

개별치료나 상담은 정신건강복지영역에서 가장 흔히 사용되는 개입방법이다. 그러나 '환경 속에서의 인간'에 대한 접근이라는 사회복지적 관점에서 볼 때는 부분적인 개입이라는 점, 교육과 훈련기간이 오래 걸린다는 점과 법적인 자격을 갖추어야 한다는 점이 정신건강사회복지사들에게는 실질적인 부담으로 작용하고 있다. 이는 법적 자격을 갖추고 개업실천(private practice)이 가능한 미국의 경우도 약 20%의 사회복지사들만이 이 같은 활동을 하고 있는데, 이 경우 일반적으로 개별치료와 상담을 수행하는 전문직으로 정신건강의학과 의사, 임상심리사, 정신건강사회복지사 등이 개별치료와 상담을 수행하는 대표적 전문가로 알려져 있다. 그러나 이 경우에도 직접적인 증상 치료를 위해 개별상담을 하는 정신건강사회복지사는 정신건강의학과 의사와 임상심리사에 비해 그 수가 제한적이다. 우리나라의 경우 1997년 이후 정신건강전문요원이라는 공식자격이 주어졌지만 정신의학자를 제외한 임상심리사와 정신건강사회복지사의 개입은 법적으로 보장받지는 못하고 있는 실정이다. 그러나 이들 전문가들이 개별치료나 상담을 할 수 없는 것은 아니다. 정신건강사회복지사들이 개별치료와 상담에 관심을 가져야 하는 주된 이유는 사회복지 대상 클라이언트의 전체 환경을 보다 구체적으로 이해하는 것은 그 개인을 이해한다는 전제로 이루어지는 사회복지실천의 기초가 되기 때문이다.

2. 인지행동치료

인지행동치료는 인지이론, 사회학습이론, 행동치료 등으로부터 개념과 기법들을 선택적으로 활용하면서 치료의 내용은 인지행동모델에 기반하고 있는 치료모델이다. 이 치료형태는 정신역동치료 등이 포함하고 있는 통찰적 치료모델과 대조적인 형태를 띠고 있다. 따라서 지금-여기에 초점을 맞추고, 단기적으로 개입하면서 제한적이고 구체적인 목표를 정하고 치료한다. 이때 치료자는 지시적이며 클라이언트가 제시하는 문제를 중심으로 개입한다. 이 치료가 가장 효과적이라고 알려진 대표적인 증상은 우울장애이며, Dr. Burn(1980)의 『Feeling Good』이라는 책으로 일반인들에게도 널리 알려졌다. 그 외에도 알코올 및 약물 중독, 분노조절치료와 사회기술훈련 등에서도 많이 활용되고 있다.

(1) 인지행동치료의 특성

인지행동치료란 인간의 감정과 행동은 사고와 밀접하게 연결되고 감정과 행동은 인간의 생각에 기반하고 있다는 점을 강조하는 심리치료의 한 형태이다. CBT(Cognitive Behavioral Therapy)라고 불리는 이 모델은 분명하게 구별되는 치료기법을 가지고 있지 않으며 합리적 정서치료(rational emotive therapy), 인지치료(cognitive therapy), 합리적 행동치료(rational behavior therapy) 등과 많은 유사성을 지닌다. 인지행동치료는 다음과 같은 특성을 갖고 있다.

① 인간의 정서적 반응에 대해서는 인지모델을 기반으로 하고 있다.
② 간결하며 시간 제한적이다.
③ 좋은 치료적 관계가 필요하지만 그 자체가 초점은 아니다.
④ 치료는 치료자와 클라이언트의 협동적 노력이다.

⑤ 소크라테스적 접근방식을 사용한다.

⑥ 교육적 모델을 기반으로 하고 있다.

⑦ 구조적이고, 지시적이다.

⑧ 과제는 인지행동치료의 중심내용이다.

(2) 주요 이론: ABCDE 이론

인지행동치료의 주요 목표 한 가지는 개인의 정서를 합리적인 정서로 바꾸도록 하는 것이다. 이를 위해 ABCDE 이론은 핵심이 되는 내용으로 이를 정리하면 다음과 같다.

① A(Activating event): 개인이 정서적 혼란을 갖게 되는 선행사건이다.

② B(Belief system): 어떤 사건이나 행위 등과 같은 환경적 자극에 대해서 각 개인이 갖는 태도로서, 개인의 신념체계 또는 사고방식을 가리킨다. 신념체계에는 합리적 신념(rational beliefs, rB)과 비합리적 신념(irrational beliefs, irB)이 있다. 합리적 신념은 우리가 바라는 어떤 목표를 달성하는 데 도움을 주는 사고방식이다. 비합리적 신념은 그와 반대되는 것으로 사태나 행위를 아주 수치스럽고 끔찍스러운 현상으로 해석하여 자기를 징벌하고 자포자기하거나 세상을 원망하는 사람들이 가지는 사고방식이다.

③ C(Consequence): 선행사건에 접했을 때 생겨나는 비합리적인 태도 내지 사고방식으로 그 사건을 해석함으로써 느끼게 되는 정서적 결과를 말한다.

④ D(Dispute): 자신이 가지고 있는 비합리적인 신념이나 사고에 대해서 도전해 보고 과연 그것이 합리적인지를 논박하는 것이다.

⑤ E(Emotional consequence): 비합리적인 신념을 철저하게 논박함으로써 합리적인 신념을 갖게 된 다음에 느끼게 되는 자기 수용적 태도와 긍정

적인 감정의 결과가 효과이다.

(3) 인지행동치료의 실제

인지행동치료는 위에서 언급했듯이 교육적 방법을 사용하면서 과제를 주고 다음 세션으로 만날 때까지 일상에서 과제를 수행하고 그 결과를 가지고 와서 치료세션 중에 그 내용을 다루고 다음 단계를 위한 과제를 부과한다.

① 치료기간

치료기간은 일반적으로 3개월에서 6개월까지로 정신역동적 이론에 비하면 단기치료모델로 간주될 수 있다. 치료기간이 단기이기 때문에 발생하는 한 가지 문제는 그 효과도 단기적일 수밖에 없다는 점인데, 이를 보완하기 위해서 필요시 인지행동치료의 전 과정 또는 부분적인 내용을 반복하여 치료하기도 한다.

② 치료단계

치료단계는 확정적이지 않으며 치료기간 동안 다음의 단계를 진행하고 필요시 이 단계를 반복하기도 한다.

- 1단계: 인지행동치료의 기본 철학 및 논리를 클라이언트가 믿도록 설명하고 설득한다.
- 2단계: 클라이언트의 자기보고와 상담자의 관찰을 통해 비합리적인 신념을 발견하고 규명한다.
- 3단계: 클라이언트의 비합리적인 신념에 대한 상담자의 직접적인 논박 및 합리적인 신념의 예를 들어 설명해 준다.
- 4단계: 자신이 동의한 비합리적인 신념을 합리적인 신념으로 바꾸기 위한 인지적 연습을 반복한다.
- 5단계: 합리적 사고와 행동반응을 개발하고 이를 일반화시켜 일상적으

로 적용하기 위한 행동적 연습을 한다.

③ 치료기법

치료기법은 일반적으로 세 가지 유형으로 구분되는데 그 내용을 소개하면 다음과 같다.

㉠ 인지적 기법

- 합리적 신념에 대한 상담자의 논박: 클라이언트의 비합리적인 신념을 적 극적으로 논박하는 기법이다.
- 인지적 과제 부과: 클라이언트의 내면화된 자기-언어의 일부인 추상적 인 "반드시 …할 것이다(Should)"나 "반드시 …해야 한다(Must)"를 제거하 는 기법이다.
- 자신의 비합리적 신념에 대한 클라이언트의 자기 논박: 매일 자신의 비 합리적인 신념이 약화될 때까지 일정 시간 동안 대표적인 비합리적 신념 을 논박하도록 하는 기법이다.
- 새로운 진술문의 사용: 클라이언트는 절대적으로 "해야 한다(Should, Must, Ought)"를 절대적이 아닌 "하면 좋겠다(Preferable)"로 대치함으로 써, 보다 합리적인 사고로 자신을 진술하는 법을 배울 수 있다.

㉡ 정서적 기법

- 합리적 · 정서적 이미지: 습관적으로 부적절한 느낌이 드는 장면을 생생 하게 상상하도록 한다. 그리고 그 장면에서의 부적절한 행동을 적절한 행동으로 바꾸도록 하는 기법이다.
- 역할놀이: 클라이언트가 문제행동과 관련된 장면에서 어떤 일이 일어나 는지를 알기 위하여 그 장면에서의 행동을 시도해 보도록 하는 기법이다.
- 수치심-대면연습: 주위 사람들이 어떻게 생각할지에 대한 두려움 때문

에 못하는 것을 실제로 행동을 해 보도록 하는 훈련기법이다.

-무조건적 수용: 클라이언트의 어떤 말이나 행동을 무조건적으로 수용하는 기법이다.

-시범: 클라이언트가 겪고 있는 정서적 혼란에 대해 그것과 다르게 생각하고 행동하는 사람들의 생각이나 행동을 치료자가 연출해 보여 주는 기법이다.

-유머: 클라이언트에게 혼란을 일으키는 어떤 생각을 줄이기 위해 치료자가 유머를 사용하는 기법이다.

ⓒ 행동적 기법

인지행동치료에서는 행동적 상담기법(조작적 조건화, 자기관리, 체계적 둔감법, 도구적 조건화, 자기제어, 이완 등)을 많이 활용하기도 한다. 그러나 전통적 행동주의 기법과의 차이점은 행동의 변화뿐만 아니라 사고, 더 나아가 정서까지도 변화시키려는 데 궁극적인 초점이 있다는 점이다.

(4) 정신건강사회복지사와 인지행동치료

정신건강 혹은 임상사회복지실천영역에서 일하는 정신건강사회복지사들이 가장 많이 활용하는 개별치료모델이 인지행동치료라는 사실은 미국과 한국을 통틀어 밝혀진 사실이다(양옥경, 2000; 권진숙, 정선영, 2002). 인지행동치료는 위에서 언급한 우울장애 치료뿐 아니라 가족폭력과 학대, 분노, 알코올과 약물을 포함한 다양한 행동적 문제를 위한 치료적 접근법으로 폭넓게 활용되고 있다. 한 가지 다행스러운 것은 이 치료법은 정신역동적 치료나 상담에 비해 교육과 훈련도 접근성이 높은 편이어서 대부분의 정신건강사회복지사의 경우 이 모델을 전체적으로 혹은 부분적으로 적용하는 데 큰 어려움이 없다. 그러나 또한 유의할 점은 이 치료법의 철학적·사상적 기반에 대한 지식은 물론 개별치료의 기본이라 할 수 있는 정신분석(역동)치료에 대한 지속적인 교육과 훈련은 병행되어야 한다는 점이다. 위에서 살펴보았듯이 인지 행동치료는 인지적 · 행동적 이론뿐 아니라 다양한 사상과 철학적 배경까지를 포함하고 있어서 먼저 그 내용에 대한 지식이 필요하다. 인간의 감정과 무의식을 주된 내용으로 접근하는 정신분석(역동) 이론에 대한 기반 없이 인지행동치료를 충분히 이해하기는 힘들다.

3. 사례관리

정신건강사회복지실천을 위한 주 모델은 사례관리라고 해도 과언이 아닐 만큼 정신건강영역에서의 사례관리는 중요한 개입모델이다. 역사적으로 미국에서 사례관리모델은 1963년 지역사회정신보건센터법 제정 이후 탈시설화 된 수많은 정신질환을 가진 클라이언트를 지역사회에서 보호하기 위하여 채택되었다. 이로써 그동안 개인, 가족, 집단, 지역사회 등으로 구분하여 개입하던 각각의 모델들을 개인과 가족을 하나의 개입단위로 접근할 수 있게 되었을 뿐 아니라 네트워킹을 통해 지역사회 자원을 아울러 통합적으로 접근할 수 있게 되었다. 개입내용에 있어서도 임상적이고 직접적인 실천과 행정적이고 간접실천을 통해 정책적 영역으로까지 소통을 추구할 수 있는 모델이다. 현재 사례관리모델은 정신건강뿐 아니라 사회복지의 다양한 영역에서 광범위하게 활용되고 있다. 그러나 현재 한국적 상황에서의 사례관리모델의 적용과 관련하여 좀 더 구체적인 논의와 합의가 필요한 부분은 대상과 영역을 아우르는 사례관리의 기본 요소나 내용이 어떤 것이어야 하는가에 대한 합의가 이루어지지 않은 상태에서 다양한 사례관리모델이 선발적으로 적용되고 있다는 점이다. 이에 이 책에서는 대상과 영역을 초월하여 한국적 상황에서 무리 없이 기본적 합의를 끌어낼 수 있는 강점 관련 내용을 포함한 정신건강영역에서의 사례관리의 기본적 내용, 즉 정의, 역사적 배경, 목표, 강점지향의 실천과 과정 등을 소개할 것이다. 그리고 사례관리의 다양한 모델 중

정신건강에서의 대표적인 모델이며 한국에서도 큰 무리 없이 도입, 적용되고 있는 지역사회 관리모델인 PACT(Program for Assertive Community Treatment)를 소개하여 이해를 돕고자 한다.

1) 사례관리의 주요 내용

(1) 개념정의

사례관리란 복합적이고 다양한 욕구가 있는 클라이언트와 그 가족의 사회적 기능 회복을 돕는 통합적 실천방법이다. 이를 위해 운영체계를 확립하고, 클라이언트와 함께 강점관점의 체계적인 사정을 해야 하며, 클라이언트의 내적자원 및 지역사회 자원을 개발하고 활용하여 삶의 질 향상을 위해 노력해야 한다(한국사례관리학회, 2016). 이를 위해 사례관리자는 크게 두 가지 측면—임상적 측면과 행정, 특히 조정 및 옹호 측면—에 관심을 갖는다. 따라서 사례관리자는 클라이언트나 가족을 대신하여 필요한 임상적 서비스를 제공함은 물론, 그들의 기능을 향상시키기 위해 필요한 자원을 획득하기 위한 팀 접근을 한다(권진숙, 2005).

(2) 사례관리의 목표

① 환경의 도전에 맞서기 위해서 개개인의 잠재력을 극대화한다.
② 가족 및 1차 집단의 보호능력을 극대화한다.
③ 공식적인 보호체계와 1차적인 보호자원을 통합한다.
④ 개개인 및 1차 집단의 욕구를 충족시키기 위해 공식적 보호체계 내 능력을 극대화한다.

(3) 강점지향 사례관리의 실천

한국에서 강점관점 사례관리모델이 일부 학자와 실천가들에 의해 소개된 이후 사례관리와 강점관점 지향의 연계에 있어서 강점관점을 사례관리실천의 기본으로 볼 것인가 아니면 두 가지 다른 개념의 조합으로 판단하여 사례관리 중 한 가지 모델로 간주할 것인가에 대한 이견을 만들어 내고 있다. 예를 들어, 현재 강점지향실천은 사회복지실천을 하는 우리들 대부분에게 적용되는 지향성 혹은 태도라 할 수 있다. 즉, 사회복지사에 의해 이루어지는 모든 실천이 강점지향을 기본으로 하고 있다는 것이다. 사회복지계에서의 사례관리모델의 재발견과 적극적 도입이 시작된 1960년대 후반 이후 강점관점, 즉 강점지향의 실천이 모든 사회복지실천의 핵심적 기반이 되었다고 할 수 있다. 이런 점에서 보면 타 전문직이 아닌 사회복지사들에 의해 수행되는 사례관리실천은 강점지향을 기본으로 하고 있다고 볼 수 있다. 다행스러운 점은 이에 관한 해석과 입장의 차이는 있을 수 있으나, 특히 정신건강 분야에서의 사례관리실천에서의 강점지향성에 이의를 제기하는 사람은 없을 것이다.

(4) 사례관리의 과정

사례관리의 과정은 다양하게 나누어질 수 있으나 사정의 단계에 강점과 장애물에 대한 사정이 반드시 포함되는 것과 자원개발과 연결 후 조정과 점검의 과정이 필수단계로 포함된다는 점이 전통적 사회복지실천과의 차이점이라 할 수 있다. 따라서 본 장에서는 사례관리의 과정을 김성천(2012)이 사례관리실천을 위해 각 과정에서 강점관점을 활용하는 방안을 정리해 보면 〈표 8-1〉과 같다(권진숙 외, 2012).

표 8-1 강점관점을 활용한 사례관리의 과정

단계	주 내용
초기단계	• 클라이언트의 가족에 대한 존중 • 클라이언트와 가족의 관여 강화 • 클라이언트와 가족의 관심사에 초점 • 클라이언트와 가족의 고통과 어려움에 대한 이해와 공감 • 협력관계의 수립 • 클라이언트의 대처능력에 대한 인정과 칭찬
사정	• 클라이언트와 가족의 욕구와 선호사정 • 사정된 욕구와 선호를 인지하고 표출하고 합의 • 클라이언트와 가족의 강점(문제대처능력, 탄력성, 재능, 관심, 꿈, 비전, 지지망, 자긍심 등)과 자원사정 • 클라이언트와 가족의 강점과 자원사정 시 강점사정 질문기법 활용 • 사정된 강점과 자원을 아동과 가족이 공유하고, 칭찬 • 강점과 자원을 활용함으로써 강점을 확대할 수 있는 개입계획 수립
개입	• 클라이언트와 가족의 강점을 활용한 계획수립 • 클라이언트와 가족의 동의와 참여 강화 • 클라이언트와 가족이 교사 또는 준전문가가 될 수 있는 기회제공 • 공식적 지지망뿐 아니라 비공식적 지지망 구축 • 비공식적인 자원을 우선적으로 활용 • 클라이언트의 역량 강화 및 자기지향성 강화
점검	• 클라이언트 중심의 점검강화 • 연계기관과의 점검 및 정기적인 회합추진
종결 및 평가	• 클라이언트와 함께 평가하고 종결시기를 결정 • 성과가 나타나게 된 요인에 대한 인식을 확인하고 공유 • 사례관리실천을 통해 나타난 효과를 지속할 수 있는 방안을 탐색 • 스스로 자원을 활용할 수 있는 능력을 개발, 유지 • 클라이언트의 문제해결력 변화 평가 • 클라이언트의 레질리언스 변화 평가

권진숙 외(2017), p. 201.

2) 정신건강영역에서의 지역사회중심모델 PACT

(1) 지역사회 중심 모델: PACT

PACT(Program of Assertive Community Treatment) 모델은 지역사회에 기반을 두어 만성적인 질병이나 문제를 가진 클라이언트에게 치료와 재활을 포함한 포괄적인 서비스를 제공하고 관리하는 실천모델이다. 주로 정신장애인을 대상으로 하여 통합적인 서비스를 제공하는 대표적인 사례관리모델로 기능해 왔다.

PACT 모델의 주요 특성을 살펴보면 다음과 같다.

① 개념과 주요 요소

PACT는 의료서비스의 사용이 많은 과거력이 있는 만성 정신질환자들을 위해 많이 사용된 대표적 모델이다. 이 모델은 클라이언트의 의료적 욕구에 관한 슈퍼비전을 지속적으로 제공하고, 제공된 서비스의 강도(intensity)를 반영하는 것에 대부분의 노력이 요구되는 경향을 가지고 있어 다학제 간 치료팀을 이용한다.

PACT 모델의 특성은, 첫째, 다학문적 전문요원들이 하나의 팀이 되어 다방면의 치료 및 서비스를 포괄적으로 제공하며, 둘째, 1~2년의 단기간이 아닌 평생의 관리 개념이다(권진숙 외, 2017). 이를 위한 서비스 내용으로는 신체적 치료, 입원 및 위기개입, 일상생활훈련 및 사회기술훈련, 가족치료뿐 아니라 경제적 지원 등의 비치료적 서비스도 포함한다.

② 목적

클라이언트의 만성적 문제를 지역사회 자원을 동원하고 관리함으로써 치료와 재활, 궁극적인 지역사회 적응을 이루는 통합을 목적으로 한다.

③ 모델의 주요 대상

PACT의 주요 대상은 PACT가 시행되는 지역사회 주민으로서 만성적인 정신질환이나 장애를 가진 사람이다.

④ 사례관리자의 역할

첫째, 치료자의 역할로 클라이언트의 신체 및 정신, 심리, 가족체계의 문제에 상담 및 다양한 방법으로 직접 개입하여 치료하고 재활하는 기능을 수행한다.

둘째, 자원관리자의 역할로 클라이언트의 문제해결과 지역사회 적응을 위해 지역사회의 자원을 개발하고 클라이언트의 욕구와 필요에 따라 구성하여 제공한다.

셋째, 비용효과 분석가의 역할로 클라이언트에게 어떤 내용의 서비스 프로그램을 언제까지, 어떠한 방식으로 제공하고 유지할 것인가를 결정하기 위해 사례관리자는 각 서비스에 대한 적정비용을 산출하고 그 효과성을 분석한다.

제2절 정신장애인 집단을 위한 실천기술

1. 집단활동

집단활동은 프로그램을 매체로 다양한 활동을 이용하여 상호작용을 활성화시키는 것으로 집단치료보다는 덜 구조화되어 있으나 일반적으로 더 많은 세팅에서 사용가능한 치료적 활동이다. 집단활동의 특징은 일상생활의 사회적 퇴행을 예방하고 대인관계기술을 향상시키며 사회적 적응력을 높이는 것이다. 집단의 형태와 단계, 참여자 선정과 집단구성, 모임의 절차 등은 각 프로그램의 특징이나 세팅에 따라 달라질 수 있다.

1) 집단활동의 기대 효과

집단활동의 특징과 종류에 따라 목적이 다양하나 모든 집단활동에서 기대되는 공통된 효과는 다음과 같다. 첫째, 의사소통 및 대인관계를 확립하는 것이다. 둘째, 자기표현의 기회를 제공하여 자존감을 발전시키고 향상시키는 것이다. 셋째, 참여자의 내적 긴장과 갈등을 완화시키고 불안, 긴장, 병적 감정상태를 전환시켜 환각, 망상, 강박적 사고와 행위를 예방하는 것이다. 넷째, 주의집중이나 주위에 대한 관심을 증대시킨다. 다섯째, 감정의 정화로써 정서를 개방적으로 표현하는 것은 집단활동 과정에서 필수적이며 대인관계 과정의 부분이기에 중요한 것이다.

2) 집단활동의 실행원칙

집단활동을 실행할 때 기본적으로 지켜야 할 원칙으로는, 첫째, 참여자로 하여금 치료적 활동의 목적을 인식하고 스스로 자신의 행동을 조정하여 문제를 해결할 수 있도록 동기화시키는 것이 중요하다. 둘째, 참여자들의 기능과 능력에 따라 집단을 나누거나, 비슷한 문제, 나이, 교육 정도에 따라 집단을 구성하는 것이 바람직하다. 셋째, 집단활동을 통해 사회생활에 흥미를 갖도록 단조롭지 않게 계획해야 한다. 넷째, 참여자들의 대인관계를 활성화시키고 집단의 목적을 달성할 수 있도록 진행자의 적극성이 필요하다.

집단활동의 종류는 매우 다양하며 세팅의 특성에 따라 응용하여 활용될 수 있다. 다음의 내용은 정신건강영역에서 일반적으로 정신건강사회복지사들이 실행하는 집단활동을 중심으로 프로그램 특징과 내용에 따라 크게 재활요법, 예술요법, 여가활용, 운동요법이라는 카테고리로 세분화시켜 보면 다음과 같다.

234 **제8장** 정신건강사회복지의 실천기술

표 8-2 집단활동의 종류

프로그램 명		내용
재활요법	사회기술훈련	대인관계훈련, 자기주장훈련
	스트레스 대처훈련	이완훈련, 명상훈련
	일상생활훈련	생활예절훈련, 자기관리, 요리요법
	건강증진교육	일상생활관리, 활력증진, 금연 및 금주교육
	정신건강교육	약물관리교육, 증상관리교육
	가족교육	가족교육 및 모임
예술요법	음악요법	음악감상, 난타(악기), 노래부르기, 합창
	미술요법	그림그리기, 작품공예, 서예, 사군자
	영화요법	영화감상
	작문요법	문예요법, 신문읽기, 독서요법
	연극치료, 무용동작치료, 사이코드라마	
여가활용	레크리에이션	게임, 보드게임, 치료 레크리에이션
	Beauty Wellbeing	다이어트, 미용(외모) 관리
	웃음치료, 풍선아트, Pet(동물매개) 치료, 원예요법	
운동요법	요가, 댄스, 에어로빅 등 다양한 운동요법	

최희철, 천덕희(2019). p. 174.

2. 사회기술훈련

1) 사회기술훈련의 개념

사회기술훈련이란 의사소통을 통해 대인관계 효율성을 향상시키는 훈련이다. 사회기술훈련은 급·만성 정신질환을 앓고 있는 모든 환자에게 시행될 수 있으며, 교육 및 사회기술이 거의 없는 사람부터 정서적 표현방법이나 사회기술을 배우기를 원하는 사람까지 누구나 이용할 수 있는 효과적인 치료방법이다. 그중에서도 가장 기본적인 요소는 의사소통 기술훈련이다.

의사소통 기술훈련은 대인관계에서 의사소통 과정을 구성하는 것으로 상
대방의 정보를 정확히 인지하고(받아들이는 기술), 가장 필요한 기술이 무엇인
지 판단한 후(진행하는 기술), 대인관계를 성공적으로 완수하기 위하여 자신이
선택한 기술을 능숙하게 보내야 한다(보내는 기술). 또한 의사소통은 비언어
적 기술과 준언어적 기술을 어떻게 사용하느냐에 따라 효과가 달라진다.

정신과 환자는 여러 가지 이유로 인하여 사회생활에 필수불가결한 요소인
사회기술이 부족하다. 그 이유는 다음과 같다.

- 불충분한 학습(배울 기회 및 역할모델의 결여)
- 기술을 사용하지 않아 퇴행(빈번한 입원, 사회적 접촉 결여)
- 강화의 결여
- 자신감의 결여
- 정신과적 증상(환각, 망상)
- 뇌기능장애에서 오는 인지상의 왜곡된 지각
- 스트레스에 대한 취약성, 부적절한 행동의 강화, 약물 부작용

2) 사회기술훈련의 목표와 효과

사회기술훈련은 환자에게 일상생활을 영위해 나가는 데 필요한 대화기술
을 가르치는 것이다. 즉, 환자가 사회에서 독립적으로 살아갈 수 있도록 돕기
위해서 환자에게 결핍된 기술을 다양하게 가르치는 것이다.

일반적으로 제시할 수 있는 사회기술훈련의 효과는, ① 자신감 회복, ② 질
병의 자가관리, ③ 치료팀과의 협력적인 관계 구축, ④ 가족부담의 감소, ⑤ 재
발 방지, ⑥ 스트레스 극복, ⑦ 사회적 역할기능 향상, ⑧ 낮은 약물용량 유지
등이다.

3) 사회기술훈련의 절차

(1) 준비 및 계획 단계

사회기술훈련은 개인을 대상으로 할 수도 있으나 집단에서 실시하는 것이 더욱 효과적이라고 알려져 있다. 일반적으로 집단은 2명의 치료자와 약 6~8명의 환자들로 구성하고, 주 2회 정도의 모임에 최소한 1개월 이상의 훈련기간을 가지는 것이 좋다. 집단의 구성원이 너무 많으면 개인이 연습할 수 있는 시간이 충분하지 못하게 되는 문제가 생긴다. 또한 구성원 사이에 지나치게 기술 수준의 차이가 나거나 서로 다른 요소의 문제를 가질 가능성이 많다. 구성원들이 심한 잔여증상과 주의집중장애가 있는 경우에는 많은 구성원에게 주의를 기울이고 개입하는 것이 어려워진다. 반대로 집단의 규모가 작으면 자극이 과다해서 환자들이 위축될 수 있고 모방할 수 있는 기회가 적어진다. 따라서 훈련의 목적이나 치료자의 관리능력, 참여환자의 기능수준 등을 고려하여 적절한 규모의 집단을 구성하는 것이 좋다.

프로그램을 위한 준비도구로는 시연장면의 녹화와 시청을 위해서 비디오 녹화장비와 TV 모니터가 필요하다. 역할시연 장면을 카메라로 촬영하는 것은 어떤 환자에게는 심적인 부담이 되기도 하지만 정확한 피드백을 위한 좋은 방법이다. 기타 도구로는 필요할 때마다 필기할 수 있는 칠판과 큰 종이, 필기구, 의자, 책상, 과제부여 시 활용할 수 있는 양식화된 과제기록카드 등이 필요하다.

준비단계에서 개인의 사회기술을 사정하는 것은 매우 중요하다. 그 이유는 사정을 통해서 개인의 손상 정도와 기능 제약을 확인할 수 있으며, 표적문제와 개입의 목표가 정해질 수 있기 때문이다. 사회기술에 대한 정보는 개별면담, 가족면담, 중요 인물들과의 면담, 환자의 상호작용에서 나타난 대인관계행동에 대한 관찰, 문제상황에 대한 반응, 자가보고식 행동평가서, 여러 가지 면담 및 기록자료, 기존의 치료자로부터 획득된 정보 등을 통해서 얻을 수도 있다.

앞에서 언급한 사정방법은 비정형화된 사정방법과 정형화된 사정방법으로 구분할 수 있는데, 이 중 더 중요한 것은 개인에 따라서 달라질 수 있는 비정형화된 사정방법이다. 사정을 위한 기본적인 질문의 예는 다음과 같다.

- 일상생활에서 대인관계의 어려움은 무엇인가?
- 가장 큰 어려움은 무엇인가?
- 어떤 상황에서 그러한 어려움이 발생하는가?
- 어려움이 발생하면 주로 어떤 식으로 행동하는가?
- 어려움이 발생하면 그 결과는 어떠한가?
- 자주 발생하는 부적절한 행동이나 부적합한 행동은 무엇인가?
- 직업적 · 사회적 목표는 무엇인가?
- 단기 및 장기 목표는 무엇인가?

목표설정을 위해서 치료자는 훈련상황에서 활용할 사회적 상황들을 구체화시켜야 한다. 목표설정은 가능한 한 환자와의 공동작업을 통해서 수립하는 것이 좋다. 그러나 어떤 환자의 경우에는 훈련의 전 단계나 초기 단계에서 적절한 목표설정을 위해서 방향 제시와 지도가 필요하다. 그렇다 할지라도 목표설정과 훈련장면 설정을 위해서 환자와 함께 공유한다는 생각을 가지는 것이 중요하다. 훈련장면은 환자 자신이 경험한 상황을 묘사하는 것이 효율적이다. 훈련과정은 최소한의 도전을 받는 사회적 상황부터 시작하여 모임이 진행됨에 따라서 복합적인 기술이 요구되는 상황에 이르기까지 다양하게 진행한다. 훈련장면을 선택하기 위해서는 달성 가능하고, 긍정적이고 기능적이며, 높은 빈도를 나타내는 것을 먼저 선택한다.

(2) 진행단계

① 소개 및 지시

훈련모임의 첫 단계에서는 모임의 목적과 진행과정, 어느 영역에 관심을 두어야 하는지, 사회적응을 위해서 요구되는 사회기술은 어떠한 것인지 등을 소개하면서 구성원의 참여동기를 촉진시키고 훈련모임에 대한 기대를 가지도록 돕는다.

② 역할시연

역할시연을 위해서 각 환자는 문제영역에 바탕을 둔 상황(장면)을 구성하고 설정된 장면에서 상대 역할자를 선택한다. 상대 역할자는 보조치료자나 혹은 집단 구성원 중에서 선택할 수 있다. 사회기술이 심하게 결핍된 환자는 집단 앞에 나서서 어떤 행동을 한다는 것에 무척 불안해하고 당혹스럽게 느낄 수 있으므로 진행자가 격려와 지지를 함으로써 역할수행을 촉진할 수 있다.

집단 구성원의 사회적 접촉기회를 증대하기 위해서 다양한 보조역할자를 집단에 참여시키도록 한다. 예를 들면, 그 기관의 취업담당자, 가족 구성원 등이다. 집단 내에 새로운 사람들을 참여시키는 것이 긍정적인 측면이 있기는 하지만, 무차별적인 활용은 오히려 구성원들에게 부담감을 야기할 수 있으므로 환자의 대처능력, 활용자원의 유용성, 치료 및 재활의 목표 등을 고려해야 한다. 또한 집단 내의 환자들이 역할 상대자로 활용되기도 한다. 임상경험에 의하면 어떤 환자는 자신이 선정한 문제상황에서의 역할시연 때보다 상대 역할을 할 때의 사회행동이나 대처기능에서 더욱 건강하고 적절하게 반응하는 경우도 있다.

③ 피드백과 사회적 강화

역할시연 후에는 비디오 화면을 통하여 그 사람의 반응을 보면서 환자 자신의 의견이 제시되고 집단 구성원이나 참석한 치료자들로부터 조언을 듣는 다. 강화를 주는 방법은 구성원의 학습과 집단 안정도에 매우 큰 영향을 미치 므로 효과적으로 이루어져야 한다. 먼저 잘한 점과 예전보다 좋아진 측면을 칭찬한 후 개선점이나 부족한 점을 이야기한다. 사회적 강화, 격려, 계속적으 로 되풀이되는 성공경험은 환자의 관심과 노력을 지속하게 만든다. 그렇지 만 칭찬이나 승인을 무분별하게 사용하면 변화의 극대화를 감소시키기 때문 에 지나치게 사용하는 것은 학습효과를 떨어뜨릴 수 있다. 구성원 간의 사회 적 강화는 집단경험을 통해서 활용할 수 있는 유익한 학습기회다.

④ 시범
단순히 언어적 지시나 소개가 도움을 주기도 하지만 핵심적인 정보를 전달 하기 위한 방법 중 한 가지는 시범을 보여 주는 것이다. 시범을 위한 실행은 간략하면서도 가장 중요한 반응요소에 초점을 둔다. 반복적인 시범이 필요 한 환자도 있다. 어떤 경우에는 미리 녹화되어 있는 시범장면을 보여 주는 방 법을 활용하기도 한다.

⑤ 과제부여
훈련된 기술이 일상적인 사회적 상황에서도 잘 적용될 수 있도록 하기 위 해서 훈련모임 사이에 추가적인 실천이 필요하다. 이는 훈련상황에서의 성 공적인 수행이 직접적인 지시나 도움이 없이도 실제 상황에서 잘 유지되게 하는 것이 중요하다는 의미다. 과제부여 시에는 과제에 대한 기억과 관심을 유지시키기 위해서 인쇄된 양식의 과제부여카드에 당사자가 직접 내용을 적 게 하여 모임시간에 휴대하도록 한다. 과제는 구체적이고 실제적이며 성공 가능성이 높도록 난이도와 상황을 잘 조절해야 한다. 과제를 주는 방법 외에 훈련모임을 실제 상황에서 갖는 방법도 있다. 즉, 거리나 공공기관, 음식점, 가정 등에 직접 찾아가서 실시하는 방법인데, 다소 번거롭고 시간을 많이 필요로 한다는 단점이 있지만 실제 상황에서의 적용기회이기 때문에 유용한 방법이라고 할 수 있다.

(3) 일반화 단계

훈련상황에서 습득한 기술들을 다른 환경에서도 실행할 수 있게 만들려면 다양한 사회적 상호작용을 다루는 일반적인 전략을 환자에게 훈련시키는 것이 좋다. 사회기술의 일반화는 자극일반화와 반응일반화로서 획득된 기술이 훈련이 끝난 후에도 오랫동안 지속되는 영속성 등이 있다. 훈련효과의 일반화를 위해서 가장 널리 사용되는 절차는 실천(과제)이다. 여기에는 과제부여로 훈련상황과 실제상황을 연결시켜 주는 방법이 있다. 리버먼(Robert Liberman)은 사회기술을 유지하기 위한 또 하나의 전략으로서 추적관리 기간 동안의 연계성 모임(booster session)의 필요성을 제안하였다.

4) 사회기술훈련 방법

사회기술훈련이 필요한 정신장애인에게 기능적 혹은 행동적 평가는 상당히 중요하다. 사회적 기능에 대한 초기평가가 결손된 사회기술영역에 많은 도움이 되지만, 기능적·행동적 평가는 사회기술훈련 과정 동안에 계속 시행해 나가야 한다. 평가를 지속적으로 해 나가는 것은 훈련단계와 아주 밀접한 연관성이 있다. 치료자는 평가를 바탕으로 훈련 속도를 조절하고 목표와 장면을 올바르게 선택할 수 있으며, 적절한 지적이나 조언을 해 주는 기준으로 삼을 수 있다. 예를 들면, 치료자는 훈련 중에 정신장애인이 예행연습을 하는 것을 직접 눈으로 관찰함으로써 정신장애인의 사회기술 결손이 어떠한지 혹은 얼마나 능숙하게 사회기술을 사용하는지를 파악하게 된다. 그리고 그 평가를 바탕으로 다음 훈련시간의 목표와 장면을 효율적으로 설정할 수 있게 된다.

치료자는 심한 만성 정신장애인에게 광범위한 영역의 서비스와 치료가 필

> **표 8-3** 다양하고 포괄적인 정신건강서비스 영역
>
> 만성 정신질환을 앓고 있는 정신장애인에게 실질적인 도움을 주는 지역사회에 기초한 다양하고 포괄적인 정신건강서비스는 다음과 같다. 정신장애인과 가족이 이런 다양한 서비스를 이용할 수 있어야 사회기술훈련의 효과가 극대화되고 오래 지속되며 사회통합을 이룰 수 있다.
>
> 1. 신뢰할 수 있는 '지도적인' 정신건강기관: 정신장애인을 책임질 수 있고, 정신장애인이 이용하기 쉽고, 각 기관이 서로 통합되어 있고, 사례관리 및 적극적인 도움을 제공해 줄 수 있어야 한다.
> 2. 정신과적 치료영역: 입원치료, 약물치료, 위기 및 응급 중재, 사회기술훈련, 정신사회모임과 자조집단, 가족교육 및 가족모임
> 3. 사회적 · 의료적 서비스영역: 의료, 재정, 법률, 주거, 직업, 옹호
> 4. 중재의 융통성: 각 정신장애인마다 개별화된 평가와 치료를 무한정 제공해야 한다.
> 5. 치료와 재활은 실제 상황에서 하루 24시간 동안 '할 수 있다'는 긍정적 태도로 제공되어야 한다.

요하다는 보다 거시적인 시각에서 사회기술훈련을 실시해야 한다. 왜냐하면 사회기술훈련이란 만성 정신장애인이 필요로 하는 다양한 치료방법 및 지역사회지지서비스 중의 한 요소에 불과하기 때문이다. 대부분의 정신장애인은 약물치료, 위기개입, 가족교육 및 치료, 입원치료, 직업재활, 주거 등 다양한 치료적 서비스를 필요로 한다. 〈표 8-3〉에서와 같이 만성 정신장애인은 정신건강기관을 통해 이러한 다양한 서비스들을 무한정 이용할 수 있어야 한다.

사회기술훈련은 사회에서 보다 독립적인 생활을 할 수 있는 능력을 길러 주기 때문에 그만큼 포괄적인 서비스 양을 감소시킬 수 있다. 따라서 사회기술훈련을 통해 사회적 지각기술과 문제해결기술을 정신장애인에게 가르쳐야 한다. 이러한 사회적 지각 및 인지기술은 대인관계 상황에서 대화를 효과적으로 나누기 위해 반드시 필요한 기술이다.

사회기술훈련 방식은 인간학습을 촉진시킬 수 있는 모든 기법과 원칙을 이용한다. 〈표 8-4〉에 제시되어 있는 다양한 원칙 중에는 정신장애인에게서

표 8-4	사회기술훈련을 조직하고 체계적으로 실시해 나가는 데 이용되는 학습원칙

- 각 개인의 문제점과 목표를 행동적 개념으로 구체화시킨다.
- 행동적인 면에서 경과를 평가하고 추적한다.
- 기능적 분석을 통해 행동적 문제와 결손을 지속시킬 수 있는 환경적 선행인자 및 결과를 알아낸다.
- 정신장애인에게 적극적으로 참여하고 노력하겠다는 동기를 불어넣을 수 있는 강화인자가 무엇인지 밝혀낸다.
- 학습 시 시청각 도구를 이용하여 정신장애인의 인지적 결손을 보상한다.
- 학습을 방해하지 않고 오히려 촉진할 수 있도록 최적의 약물 용량과 종류를 결정한다.
- 목표로 삼은 바람직한 행동을 한꺼번에 가르치기보다는 작은 부분으로 세분화시켜 가르치고 그 호전을 강화시킨다(형태화).
- 정신장애인에게 치료적 지시를 하고 호전될 것이라는 기대감을 심어 준다.
- 정신장애인에게 직접 혹은 비디오를 통해 시범연기를 보여 준다.
- 반복연습과 학습을 시킨다.
- 적극적으로 격려하고 구체적으로 지도한다.
- 호전에 대해 인정과 칭찬과 같은 긍정적 피드백을 준다.
- 배운 기술을 실제 생활에서 활용할 수 있도록 일반화시킨다.

출처: 김철권, 변원탄 공역(1995b), pp. 131-134.

나타나는 아주 조그마한 호전 징후나 노력에도 양성강화를 많이 해 주는 것이 포함되어 있다. 사회기술훈련을 담당하는 치료자는 정신장애인을 너무 지지하는 것이 아니냐는 우려가 들 정도로 양성강화를 아주 많이 해 주어야 한다. 그 이유는 심한 만성 정신질환을 앓고 있는 대부분의 정신장애인은 과거의 학습노력에 대해 타인으로부터 양성강화를 거의 받지 못했으며, 게다가 학습장애를 초래하는 심한 인지 · 행동적 문제도 가지고 있기 때문이다. 따라서 사회기술훈련은 이러한 장애를 극복하기 위해 전통적인 정신분석치료보다 사회학습을 촉진시킬 수 있는 방식으로 진행해 나가야 한다.

　사회기술훈련을 집단으로 시행할 경우 다른 회원들의 역할연기를 통해 배울 수 있는 기회를 많이 가지게 될 뿐 아니라 비용효과적인 면에서도 상당한 도움이 된다. 사회기술훈련을 집단으로 시행할 경우의 이점은 〈표 8-5〉에 제시되어 있다.

집단상황은 일상생활에서 부딪히는 여러 상황과 유사성이 많기 때문에 정신장애인의 기술습득을 보다 일반화시킨다. 일상생활과 마찬가지로 집단으로 행하는 사회기술훈련 시간에 정신장애인은 다른 정신장애인들에게 자신의 감정을 표현하고 사회적 접촉을 시도할 수 있다. 집단치료 시간에는 정신장애인이 연습할 장면을 실제 상황과 비슷하게 구성하여 훈련시킬 수 있기 때문에 새로 학습한 행동을 실제 생활의 새로운 상황에 적용시키는 일반화를 촉진한다. 어떤 정신장애인은 집단이 주는 압박감 때문에 처음에는 참여를

표 8-5 사회기술훈련을 집단으로 시행할 때의 이점

1. 집단으로 시행하면 정신장애인 간의 사회적 반응이 쉽게 일어나기 때문에 다양한 사회기술을 자연스럽고 자발적으로 연습할 기회를 가지게 된다.
2. 집단이 공개토론 장소로 이용되기 때문에 치료자가 참석한 정신장애인의 사회기술 습득 및 진행 정도를 자연스럽게 평가할 수 있다.
3. 치료자뿐만 아니라 다른 동료 정신장애인이 칭찬이나 인정을 해 주기 때문에 학습한 기술의 강화효과가 증폭된다. 정신장애인은 치료자보다 동료 정신장애인으로부터의 피드백을 훨씬 더 신뢰하기 때문에 학습에 커다란 도움을 준다.
4. 참석한 다른 정신장애인들이 적절한 시범연기를 보다 실감나게 보여 줄 수 있기 때문에 치료자를 포함하여 많은 시범연기자를 확보할 수 있다.
5. 집단 구성원이 친구가 되어 주어진 과제를 완수하도록 격려나 촉구함으로써 서로 도움을 준다.
6. 많은 호전된 동료 정신장애인이 처음 참석한 다른 정신장애인을 격려함으로써 그 정신장애인이 사회기술훈련에 계속 참가하고 싶은 동기를 가지도록 만든다.
7. 치료자 외에도 계속 참석하고 있는 정신장애인들이 처음 참석한 정신장애인에게 사회기술훈련에 대한 오리엔테이션을 해 주고 바람직한 기대감을 심어 줄 수 있다.
8. 집단 내의 우호적인 관계가 정신장애인의 증상 호전에 좋은 영향을 미친다.
9. 집단치료방식은 한 명의 치료자가 보통 4~8명 정도의 정신장애인을 동시에 지도할 수 있기 때문에 시간이나 경비 면에서 개인치료보다 훨씬 더 효율적이다.

꺼리지만, 그러한 학습 스트레스 역시 일상생활에서 부딪히는 스트레스원과 아주 비슷하다. 만약 어떤 정신장애인이 집단치료 시간에 잘해 나간다면 그는 가족이나 사회 혹은 직장과 같은 다른 집단에서도 잘 생활해 나갈 가능성이 크다. 따라서 훈련시간에 설정하는 상황은 실제 생활의 관점에서 볼 때 가급적 실제 상황과 비슷해야 한다.

〈표 8-6〉은 지역사회정신건강기관에서 가르치는 일반적인 문제영역과 사회기술을 제시하고 있다.

조현병, 조울병 등 만성 정신질환을 앓고 있는 정신장애인은 사회적 결손 및 장애, 인지적 결손 그리고 집중력 결손 때문에 보다 집중적인 형태의 사회기술훈련이 필요하다. 실제로 손상 정도가 심한 정신장애인일수록 더 자주 사회기술훈련을 시행하여야 하며, 훈련 사이에 실제 연습도 더 많이 해야 한

표 8-6 지역사회 정신건강기관에서 가르치는 사회기술

문제영역	사회기술
• 대화를 시작하고 유지하는 것	• 체계적이고 단계적인 대화기술
• 금전적 예산을 짜고 지출하는 것	• 금전관리기술
• 사회적 서비스를 적극적으로 이용하는 것	• 공공기관 이용기술
• 가족 내 스트레스와 갈등	• 가족 내 의사소통기술과 문제해결기술
• 자녀의 행동적 문제	• 부모훈련집단
• 실직	• 직장을 구하는 기술
• 여가 시의 무료함	• 여가활동을 위한 기술
• 개인위생 문제	• 위생청결과 자가관리기술
• 약복용을 중단하는 것	• 약물 자가관리기술
• 재발	• 증상 자가관리기술
• 위기상황	• 문제해결기술
• 불안과 우울	• 스트레스 관리기술
• 공격성과 적대감	• 분노관리기술
• 데이트와 우정	• 데이트 및 우정기술

출처: 김철권, 변원탄 공역(1995b). p. 136.

다. 치료 빈도를 증가시키면 부족한 사회기술을 더 빨리 획득하고 일반화시킬 수 있다. 부족한 기술을 반복연습시킬 경우, 획득한 사회기술이 오랫동안 지속되고 새로운 상황에서 사용하는 일반화 효과도 촉진된다.

 # 제3절 정신장애인 가족을 위한 실천기술

1. 정신장애인 가족의 이해

우리나라는 1995년 「정신보건법」 시행 이후 지금까지 지역사회 정신건강 정책의 강조와 더불어 정신병원에서의 입원치료 기간을 점차 단축하려고 노력하고 있다. 그럼에도 불구하고 정신질환을 가진 클라이언트는 퇴원 후 지역사회로 돌아갔을 때도 가족이나 혈연 중심으로 보호 및 재활에 필요한 제반 여건들이 제공되고 있는 것이 현 실정이다. 따라서 이와 같은 가족 및 혈연 중심의 보호는 대다수의 정신장애인들로 하여금 일상생활의 많은 부분을 가족에게 의존할 수밖에 없도록 한다. 이것은 조금 개선되고는 있으나 우리나라가 아직도 보호와 재활의 일차적인 책임이 거의 전적으로 가족에게 주어지고 있음을 의미한다. 이와 같은 상황에서 가족이 경험하는 고통과 부담 또한 결코 적지 않으며, 그들이 기대하는 서비스 욕구 역시 매우 다양하다. 정신장애인 가족의 보호부담과 욕구의 이해를 통해 보다 효율적으로 가족을 지원할 수 있도록 하여야 한다.

1) 정신장애인 가족의 보호부담

(1) 경제적인 부담
많은 정신장애인의 가족은 자녀의 정신장애로 인해 지속적인 약물치료비용과 보호비용 지출이 발생하므로 경제적인 부담을 경험한다. 정신장애인 가족을 위해 직접적으로 지출되는 비용은 직접적 비용이다. 예를 들면, 정신 장애인 가족 성원을 위한 의료, 교육, 심리사회재활, 직업재활, 자립생활 지원 등에 소요되는 비용은 추가적인 경제적 부담이 된다. 간접적인 비용은 정신장애인 가족 성원을 돌봄으로써 다른 가족 성원들이 직업기회가 상실되거나 사회활동을 포기하는 것과 같은 경제적 손실을 의미한다.

특히 정신장애인 클라이언트는 능력상의 제한과 사회적 차별로 인해 직업 획득의 기회가 배제되어 미취업되는 경우도 많고, 취업이 되었다 하더라도 임금수준이 낮은 비숙련 노동에 종사하는 경우가 많다. 그러므로 정신장애인 클라이언트가 경제적 독립을 이루는 것은 매우 복잡하고 어려운 과정이다. 이러한 이유로 정신장애인 가족의 경제적 부담은 정신장애인의 재활에 더 큰 부담으로 작용한다.

정신장애인 가족의 경제적 부담을 완화시키기 위해서는 장애수당이 소득보장의 효과를 가질 수 있도록 현실화되어야 한다. 이 외에 기관 차원의 지원서비스로 직업재활관련 서비스에 대한 정보제공, 지원고용, 보호작업장 등에서 정신장애 클라이언트가 경제적인 부담을 덜 수 있도록 지원하는 것 등이 이루어져야 한다.

(2) 부정적인 정서의 경험

정신장애인의 가족은 정신질환의 발병 시부터 충격, 부정, 슬픔, 분노, 죄책감, 수치심 등의 부정적인 정서를 경험한다. 이러한 부정적인 정서는 정신장애 자녀의 진단 초기에는 심각하지 않다가 정신장애인의 재발과 이전 생활에의 부적응을 보이는 과정 동안 슬픔과 스트레스가 고조되어 정신장애에 대한 적응과 재조직의 단계에 이를 때까지 지속되는 경향이 있다.

부정적인 정서는 가족이 소극적인 대인관계를 형성하고 수치심과 자존감의 저하를 갖게 하며, 심한 경우 만성적인 스트레스, 불안, 무기력감, 우울, 분노 등을 경험하게 한다. 이러한 부정적인 정서는 정신장애인 가족 성원에 대한 보호제공 동기와 정신장애인의 심리사회재활서비스에 대한 지원을 약화시키는 요인이 된다. 이 외에도 가족은 정신장애인의 양육과 독립에 대한 죄의식과 자기비난(인과적 죄의식, 부모역할 관련 죄의식, 도덕적 죄의식)을 나타내기도 한다. 이러한 정신장애인 가족의 부정적인 정서를 완화시키기 위한 개입전략은 다음과 같다.

- 정신장애인의 가족들이 이야기를 할 수 있는 기회를 마련해 준다. 정신장애 자녀에 대해 이야기하도록 도움으로써 가족들은 정신장애인 가족 성원에게 앞으로 발생할 일을 예측하고 현실로 받아들일 수 있다. 이러한 경험을 통해 가족자조모임이 자연스럽게 형성될 수 있도록 돕는다.
- 미해결된 정서적 문제를 확인하고 해결하도록 돕는다. 이러한 전략은 정신장애인 부모가 비합리적인 죄의식을 인식하도록 도울 수 있다.
- 일상생활 속에서 슬픔을 표현할 수 있는 행동을 하도록 돕는다. 예를 들면, 슬픔을 자발적으로 표현할 수 있도록 한다. 샤워실에서 실컷 우는 것과 같은 방법을 제안한다.
- 정신장애인의 가족이 스스로를 돌볼 수 있도록 촉진시킨다. 예를 들면, 규칙적인 식사, 수면, 산책, 여가 등을 권장한다.
- 가족이 사회적 지지망을 개발하고 유지할 수 있도록 돕는다. 정신장애인가족회 등을 소개하고 참여할 수 있도록 유도한다.
- 정신장애에 대해 새로운 의미를 발견하도록 돕는다. 부정적인 삶의 사건에 대해 새로운 의미를 부여하도록 촉진시킨다.
- 우울과 슬픔, 죄책감, 분노 등의 부정적인 정서가 심해지는 시기에 대처할 수 있는 능력을 강화시킨다. 즉, 스트레스 조절, 문제해결기술, 부부 의사소통기술 등을 습득시켜 슬픔의 정서가 악화되지 않도록 돕는다.
- 가족의 강점을 강조한다. 가족의 강점과 역량에 대한 인식을 갖도록 돕

는다. 긍정적인 가족 성원의 의사소통, 욕구충족을 위한 자원활용, 인생사를 다룰 때 기능적으로 대처하는 극복전략 등을 강점으로 들 수 있다.

(3) 가족갈등

정신장애인 가족 성원으로 인해 초래되는 가족갈등은 일차적으로는 부모에게 나타난다.

첫째, 정신장애인의 부모는 다른 종류의 취약계층의 가족보다 부부간의 불화를 더 많이 경험한다. 또한 정신장애 자녀를 돌보는 것과 관련된 역할부담의 문제, 직업생활의 유예, 사회생활의 철회 등이 부부간의 갈등을 증폭시킨다.

둘째, 형제들은 정신장애 형제로 인해 자기비하와 수치감, 제대로 보살피지 못할 것이라는 죄책감, 부모의 보상심리에 따라 정신장애 형제를 대신하여 성공해야 한다는 과잉기대로 인해 느끼는 심리적 부담감, 자신의 결혼문제와 관련하여 정신장애 형제를 공개할 것인지에 대한 심리적인 부담감 그리고 부모 사후의 정신장애 형제에 대한 보호부담이 있다. 이러한 심리적 부담은 가족갈등과 역할긴장, 역기능적인 상호작용을 초래할 위험이 있다. 따라서 이러한 부정적 정서와 가족갈등을 완화시킬 수 있는 개인적·사회적 서비스가 강화되어야 한다.

(4) 정신장애인 가족 성원의 심리사회재활 과정 동안 반복되는 긴장

정신장애인의 가족은 정신장애인의 심리사회재활 과정 동안 반복되는 재발에 대한 불안과 긴장을 경험한다. 가족이 정신장애 자녀의 재활과정 동안 부분적 악화와 재발에 대해 효과적으로 대처할 수 있도록 지속적인 교육이 필요하고, 자기효능감과 탄력성을 가질 수 있도록 지원하는 서비스가 필요하다.

(5) 사회복지서비스의 부족과 전달체계에서 비롯되는 스트레스

정신장애인 가족은 자신의 독특한 욕구를 반영한 개별화된 가족 중심 서비스의 부족과 부적절한 전달체계로 인한 스트레스를 경험한다. 사회복지서비스는 경성(hard)서비스와 연성(soft)서비스로 구성되는데, 이러한 서비스의 절대적 부족으로 가족의 어려움은 더욱 가중된다. 경성서비스는 정신장애인을 위한 재가복지서비스, 단기보호, 주간보호, 그룹홈, 심리사회재활서비스, 재정적 지원, 법률서비스, 직업재활서비스 등이며, 연성서비스는 개별상담, 사례관리, 부모교육, 집단상담, 가족상담 등의 개인적·사회적 서비스 등이다. 서비스의 부족은 정신장애인을 돌보는 가족의 적응과 정신장애인의 재활을 더욱 어렵게 한다.

또한 부적절한 전달체계의 특성은 지역 내 심리사회재활기관의 부족, 서비스내용의 비전문화, 그리고 정신장애인의 직업재활까지 서비스가 연결성과 지속성을 가지지 못하고 분절적인 형태로 제공되는 경우가 많다는 점이다.

(6) 정신장애인의 미래에 대한 불안과 보호부담

정신장애인의 나이가 점차 들어감에 따라 주 보호제공자인 부모나 형제의 사망 이후 정신장애인의 보호문제가 주요 이슈가 된다. 특히 만성 정신장애인의 경우 평생 동안 지속적인 지원이 이루어져야 하므로 정신장애인의 평생계획 마련의 부담을 느낀다. 더구나 한국과 같이 후견인제도, 위탁보호, 그룹홈 등의 주거보호서비스 등이 활발하지 않으며 재정적인 지원정책이 취약한 경우 가족이 경험하는 불안과 부담은 가중된다.

(7) 사회적 고립

정신장애인 가족은 가족 외부에서 느끼는 사회적인 부담도 크다. 왜냐하면 서구사회와 달리 정신장애인에 대한 관심과 배려 그리고 복지정책이 충분하지 못한 상황에서 정신장애인 가족이라는 낙인과 편견, 고정관념 등으로

사회적 고립을 경험하는 경우가 많기 때문이다. 이러한 사회적 고립은 정신
장애인에 대한 지속적인 보호를 제공하고 양육하는 데 현실적으로 투여하는
시간과 노력 때문에 심화되는 경향이 있다. 특히 정신장애인에 대한 보호를
제공하는 가족은 자신의 욕구를 충족시키거나 직업생활을 영위하는 것 등이
유예되고 여가선용의 기회가 부족하며 대인관계와 사회생활에 상대적으로
소홀해지게 되는데, 이에 따라 우울이나 불안 등의 부정적인 정서가 유발되
며 사회적 지지망이 축소되는 문제가 나타난다. 이러한 사회적 지지망의 축
소는 다양한 사회적 지지로부터 소외되어 필요한 자원과의 연계를 더욱 어렵
게 한다.

2) 정신장애인 가족의 욕구

정신장애인을 보호하면서 보호제공자가 겪는 고통과 부담을 경감하고 더
욱 효과적으로 대처하기 위하여 정신장애관련 전문인들이 어떤 도움을 주면
될 것인지 개인적인 차원의 상담 및 치료에서 국가적인 차원의 정책 마련까
지 가족들이 갖고 있는 다양한 욕구를 조사한 바 있다. 이 자료(양옥경, 1995a)
에 의하면 보호제공자의 반수 이상이 불안감소를 위한 상담과 지역사회에서
활용 가능한 자원에 대한 정보 그리고 질병에 대한 교육을 원하였으며, 재활
및 직업을 위한 프로그램의 개발 및 제공, 주간보호 프로그램 제공, 독립적
삶의 원조 등을 원하였다. 또한 비록 1/5에도 미치지 못하는 수이지만, 가족
내에서의 보호부담의 역할분담방법 교육, 가족 내 갈등해소방법 교육, 자유
시간을 즐길 수 있는 지지 등을 지적하기도 하였다.

이와 같은 욕구는 정신건강전문가의 서비스 제공이나 정책 및 제도 마련에
절대적으로 반영되어야 할 것이다. 따라서 가장 많은 사람이 원하는 서비스
가 무엇인지를 아는 것도 중요하지만, 가장 많은 사람이 가장 절실히 원하는
것이 무엇인지를 아는 것도 서비스 제공의 우선순위를 정하는 데 도움이 될
것이다. 그들이 가장 우선적으로 원하는 서비스 세 가지를 순서대로 선택하

도록 한 결과, 보호제공자가 가장 절실히 원하는 것은 정신장애인이 독립적인 생활을 할 수 있도록 도움을 주는 것이었다. 두 번째로 가장 많이 원하는 것은 정신장애에 대한 교육이었고, 세 번째는 재활프로그램의 개발과 제공이었다.

그러나 가장 원하는 1위로 선택된 열 가지를 추려 본 결과, 최빈치는 역시 정신장애인이 독립적인 생활을 할 수 있도록 도움을 주는 것이었다. 그리고 지역사회의 활용 가능한 자원에 대한 정보를 얻는 것이었고, 그다음은 불안 감소를 위한 상담, 정신장애에 대한 교육, 동기부여방법 교육, 질병관리에 대한 교육, 위기개입, 약물남용 조절교육, 취업보조, 재활프로그램 제공 등이었다. 이 역시 독자적 주거정책과 다양한 사회재활 프로그램 제도가 없는 우리나라의 특징을 잘 반영한 것이라 할 수 있다. 이는 앞서 보호부담 중 사회 정책 및 제도 부재의 하위척도에서 가장 높은 부담을 보인 것과 비교해 볼 때 일맥상통하는 것이다.

2. 가족교육과 지원, 옹호 및 사회행동

1) 정신장애인 가족지원 패러다임의 전환 배경

정신장애인의 가족이 경험하는 스트레스와 부담의 정도는 정신장애인 가족의 가용자원 능력, 정신장애인 개인의 기능상태, 장애유형과 정도, 개별 가족의 대처능력, 자원활용능력, 가족기능 등 가족의 특성에 따라 다양하다. 이러한 다양성을 고려하여 정신장애인의 가족을 위해 효과적인 방법으로 지원서비스를 계획·전달하려면 기존의 가족접근방법에 대한 패러다임의 전환이 필요하다. 이는 치료적 접근이라기보다 '지원'이라는 접근이다.

지역사회 내의 심리사회재활서비스 기관들은 통합적인 서비스를 지향하면서 가족지지모형으로 전환하게 되었다. 가족지원 패러다임이 전환하게 된 배경은 다음과 같이 구분하여 고찰할 수 있다.

(1) 강점지향적 관점의 강조

가족지원모형의 기본적인 철학은 긍정적인 인간관에서 출발한다. 모든 사람은 잠재력이 있으므로 그것을 지지하면 긍정적인 성장을 할 가능성이 강화된다고 보는 것이다. 이런 관점에서 원조를 추구하는 사람(help-seeker)은 문제와 결핍을 갖고 있는 사람이기보다는 다양한 문제로 인해 피해를 입은 사람이며, 여러 가지 어려운 상황을 적응적으로 이겨 낸 뛰어난 탄력성(적응유연성)을 가진 사람이다.

이것은 정신건강사회복지실천의 기본적인 시각이 병리적 관점(pathological perspective)에서 강점지향적 관점(strength oriented perspective)으로 전환된 것을 의미한다. 병리적인 관점은 개인을 증상이나 진단을 기초로 범주화하며 개인의 강점을 간과하는 경향이 있다. 그러나 강점지향적인 관점은 개인이 가진 강점과 자원이 내부적인 혹은 환경적인 압력에 의해 부정적으로 일시적인 영향을 받는다고 설명한다(Saleebey, 1996). 그래서 강점관점에서 중요한 실천의 특징은 정신건강사회복지사가 클라이언트 자신, 가족 그리고 그들의 지역사회 내에 존재하는 강점과 자원을 발견하도록 돕는 역할을 강조한다.

(2) 가족역량강화의 강조

가족역량강화(family empowerment)의 철학은 특히 장애아동, 만성질환자, 정신장애인의 가족을 위한 지원서비스를 개발하는 과정에서 강조되었다. 가족역량강화란 가족이 어려움에 처한 상황에 대해서 탄력성을 발휘하고, 가족 성원이 자존감과 높은 내적인 동기를 갖고 문제해결자가 되는 것이다. 이러한 접근이 가능한 것은 가족 성원이 이미 힘과 능력을 갖고 있기 때문에 가족역량강화에서 개입의 방향은 전문가 주도의 방식이 아니라 원조추구자, 즉 원조를 찾는 사람들의 욕구(needs)와 바람(want)에 반응적이어야 함을 기본 전제로 한다는 데 있다.

이러한 방향에서 가족지원의 원칙도 가족이 필요로 하는 것을 직접적으로 제공하는 것보다는 가족이 스스로를 도울 수 있도록 역량을 강화하는 데 초점을 두고 있다. 이런 점에서 던스트와 트리베트(Dunst & Trivette, 1993)는 정신장애인 가족의 역량강화를 강조하는 가족지원의 원칙으로 다음을 제시하였다.

첫째, 가족의 공동체의식을 증진시켜 가족 성원 간에 상호의존적인 관계를 형성하도록 돕는다. 둘째, 가족의 자연적이고 비공식적인 지원체계를 활성화한다. 이것은 기존의 기관에 백화점식으로 나열된 서비스에 기초한 접근이 아니라 자원에 기초한 접근을 강조하는 것이다. 셋째, 개입에서 전문가 간의 팀워크를 강조한다. 넷째, 가족 전체의 통합성을 강조하며, 가족기능의 강화를 위해 결점이나 약점보다는 강점을 강조한다. 다섯째, 치료적 접근보다는 촉진적 접근을 하며, 가족을 서비스의 수혜자라기보다는 소비자로서의 욕구를 중심으로 서비스를 전달한다.

이러한 원칙들에서 역량강화의 강점지향 관점, 클라이언트에 대한 소비자로서의 시각과 자기결정권의 강조, 동맹관계로서 클라이언트와 사회복지사의 협력과 파트너십 그리고 기관 간의 협력과 파트너십의 개념이 강조되는 경향을 파악할 수 있다.

(3) 소비자중심주의(consumerism)와 정신장애인 가족에 대한 관점 변화

1960년 중반 이후부터 탈시설화가 이루어지고 지역사회정신건강의 중요성이 인식되면서, 조현병을 앓는 클라이언트의 치료와 재활을 위해 가족은 더 이상 클라이언트 병의 원인제공자나 치료적 대상이 아닌 클라이언트 재활에 있어서 중요한 환경적 자원이라는 관점이 확대되었다.

우선 가족을 병의 원인적 실체로 보고 접근한 가족치료방법들은 가족에게 심한 죄책감을 심어 주었고, 사회일반의 비난의 대상이 되게 하여 수치심을 갖게 만들었다. 그 결과 가족들의 비공식적 지지체계는 더욱 협소해지고, 그러한 가운데 탈시설화의 영향으로 별다른 공식적인 지지체계 없이 클라이언트를 보호하게 되어 심리적 · 경제적 부담을 더욱 가중시키는 결과를 초래하였다.

이러한 문제점들이 제기되고 1970년대 들어 조현병의 원인에 대한 생물학적 중요성이 강조되면서부터 질환의 재발에 관심을 가지게 되었다. 집에서 클라이언트를 돌보는 가족들에게 클라이언트 질환의 재발은 심한 불안과 좌절, 무력감을 안겨 주었으며 재활이나 사회복귀에 대한 기대를 더욱 잃게 하였다. 그리하여 서구에서 탈시설화 정책 이후 지역사회 내에서 조현병 클라이언트의 심리사회재활에 가장 기본적인 요건은 재발하지 않도록 하는 것이었다(Herz, 1984). 따라서 가족들은 조현병 클라이언트의 재발을 막고 지역사회에서 생활하면서 정상화 개념을 이루어 나가는 데 도움이 되는 방법들을 찾기 시작하였다.

나아가 가족들은 그동안 자신이 전문가들에 의해 조현병 클라이언트를 만드는 사람들로 취급당하는 것에 대한 강력한 불만을 표출하였으며, 자신에게 실질적으로 도움이 되는 정보와 조현병 클라이언트 치료방법 등에 대한 자세한 안내를 해 줄 것을 요구하기 시작하였다(Falloon, 1984). 이러한 움직임은 그들이 의료에 대한 선택권을 가진 의료소비자라는 자각과 함께 의료소비자 권리운동을 강화하게 되었고, 나아가 가족자조모임의 발달과 함께 미국정신장애인가족연맹(NAMI)의 결성과 활동으로 연결되었다.

특히 케네디 대통령은 1962년에 모든 소비자가 가져야 할 4대 원리로 안전의 권리, 알 권리, 선택의 권리 그리고 경청의 권리(양옥경, 김미옥, 1999)를 제시하였다. 이 원칙들은 1980년대에 와서 다시 강조되었고, 1990년대에는 전문가의 우월적인 지위에 대한 새로운 도전으로 부각되기 시작하였다. 이러한 도전은 서비스 전달에서 기관 중심이 아닌 소비자와 이용자 중심의 모형을 낳는 계기가 되었다(Tower, 1994).

그리하여 정신건강전문가들은 치료와 재활, 재발예방이 클라이언트 개인의 가족환경에 의하여 많은 영향을 받을 수 있다고 보았고, 재활을 촉진하고 재발을 예방·억제하고자 가족을 대상으로 그들을 비난하지 않으면서 도울 수 있는 다양한 접근을 모색하였다.

2) 가족역량강화 심리교육

정신장애인에 대한 가족치료방법과 정신건강 패러다임의 변화를 반영하고 있고, 현재 정신건강사회복지사들이 정신장애인 가족에게 많이 적용하는 가족역량강화 심리교육의 접근방법을 살펴보기로 한다.

(1) 가족역량강화 심리교육의 정의

가족역량강화 심리교육(family empowerment psycho-education)은 정신장애인 가족이 정신장애 클라이언트의 재활과정 동안 기능을 잘할 수 있도록 가족의 역량강화와 정책지원 및 정신건강 인프라 구축에 필요한 사회행동의식과 능력 고취 그리고 이에 필요한 이론과 정보를 제공하고 그들을 옹호하는 것을 강조한다. 이러한 강조점을 바탕으로 가족역량강화 심리교육을 정의하면 다음과 같다.

가족역량강화 심리교육이란 "단일 가족 혹은 여러 가족(혹은 정신장애 클라이언트 포함)을 대상으로 일정 기간 체계적으로 진행하고, 병에 대한 정보, 지식, 구체적인 대처능력기술(coping skills)을 제공하며, 동시에 상담과 지지 및 지원, 옹호(advocacy)를 해 주며, 반드시 효과를 평가하는 변인이 분명하게 설정되어야 하는 하나의 가족지원기법"이다. 이러한 개념 정의에 따라 현재 현장에서 많이 사용되는 '가족교육' '가족정신교육' '가족심리교육' '정신교육적 가족치료' 등의 개념은 '가족역량강화 심리교육'에 포함되는 것이라고 할 수 있다.

(2) 가족역량강화 심리교육의 목적

가족역량강화 심리교육의 목적을 정리하면 다음과 같다.

• 정신장애인의 재활에 일차적인 보호와 기능을 가장 효과적으로 제공할 수 있도록 가족에게 질환에 대한 정확한 이해를 돕기 위한 지식과 정보를 전달하고 발병에 대한 가족의 죄책감을 감소시킨다.
• 질환에 대한 태도를 변화시키고, 나아가 정신장애인의 재활과정에 대한 지원체계로서의 대처능력기술과 가족의 강점과 긍정적 기능을 개발·강화한다.
• 비슷한 입장의 타 가족들과의 문제 공유를 통한 심리적 지지망을 형성함과 동시에 가족자조집단 형성을 통하여 정책지원과 정신건강 인프라 구축에 필요한 사회행동의식과 능력 고취를 지원하고 도모한다.
• 치료 및 재활 관련 전문가팀 구성원과 가족 간에 보다 원활한 협력체계를 구축한다.

(3) 가족역량강화 심리교육의 효과

가족교육을 함으로써 기대할 수 있는 효과는 다음과 같다.

• 재발률 감소
• 가족의 높은 감정표현(high expressed emotion), 즉 행동보다 인격을 향한 비난(criticism), 공공연한 적대감(hostility), 지나친 간섭(over-involvement)의 완화
• 가족의 효과적인 대처방식 습득
• 병에 대한 지식 획득, 환자에 대한 두려움 감소와 주관적인 스트레스 감소
• 정신장애 클라이언트의 재활과정 동안 안정된 지지체계로서 기능
• 정신장애 클라이언트의 증상 및 기능 상태의 호전, 직업재활 유지

• 가족자조집단의 힘 결집을 통한 사회행동의식과 능력 고취

⑷ 가족역량강화 심리교육에 정신건강사회복지사 참여의 당위성

팀워크를 통한 교육에서는 타 전문직이 조현병이나 우울증의 원인을 설명할 때 자칫 생의학모형에 근거하여 병의 원인을 지나치게 강조하는 경향이 있고, 이에 따라 가족이 약물치료에 대한 지나친 의존과 동시에 자신의 역할에 대하여 무기력하게 느낄 가능성이 있다. 따라서 이에 대해 정신건강사회복지사가 심리사회적인 측면에서 재활과정의 중요성과 가족의 역량강화를 강조함으로써 생의학적 접근과 심리사회적 재활치료의 균형을 이루어 주어야 한다.

또한 정신건강사회복지사는 지역사회 내에서 포괄적인 사례관리자로서의 기능을 수행하고, 특히 생리·심리사회적인 측면의 재활에 관한 전문가로서의 위치를 유지하여 생의학모형에 치중한 병원 중심의 프로그램이 되지 않도록 해야 한다.

나아가 가족과 정신장애 클라이언트를 대상으로 하는 생리·심리사회적인 재활모델에서는 정신건강사회복지사의 지식기반이 뒷받침됨과 동시에 지역사회 연결망을 통하여 많은 역할을 수행하게 되므로 정신건강사회복지사의 역할에 대한 인식을 가족에게 널리 알려야 한다. 동시에 정신건강사회복지사가 정신건강정책 변화를 위한 사회행동과 정신장애인 재활과정에서 가족의 옹호와 파트너십을 가장 능동적으로 용이하게 설정해 나갈 수 있는 인적자원이라는 것에 대한 인식을 타 전문직들에게 강조할 필요성이 있다(이영호, 1996).

⑸ 가족역량강화 심리교육 실천가로서 정신건강사회복지사의 역할

가족역량강화 심리교육 실천가로서 정신건강사회복지사의 역할을 정리하면 다음과 같다.

- 가족교육, 상담 및 치료자의 역할
- 교육프로그램 조정자의 역할
- 정신장애인의 사례관리자의 역할
- 가족역량강화 및 옹호자, 대변자의 역할
- 심리사회적 재활모형의 실천자, 강조자, 교육자의 역할
- 재활프로그램 및 지역자원 안내 및 연결자의 역할

(6) 가족역량강화 심리교육을 실천할 때 정신건강사회복지사의 자세

첫째, 가족에게 교육받을 것을 권유하고 안내할 때 가족은 정신장애와 특히 조현병 자체를 부정하고자 하고 병의 실체를 알게 되는 것을 두려워한다. 그러므로 정신건강사회복지사는 이를 충분히 이해하고 가족에게 부담을 주지 않으면서 교육 자체가 도움이 많이 된다는 사실(중요성과 필요성)을 강조하며 교육에 대한 긍정적 기대를 가지게 하여야 한다. 정신질환에 대한 편견 때문에 가족은 여러 다른 가족과 함께 참여하는 것이 자신의 신분을 노출하는 것이 될까 봐 참여를 꺼리는 경우가 실제로 많다. 이러한 경우 정신건강사회복지사는 지속적으로 집단교육에 참여할 것을 권유·강조할 것이 아니라 개인상담을 통하여 교육과 안내 등의 도움을 주고자 하는 융통성을 지녀야 한다.

둘째, 정신질환, 조현병이라는 풍랑 속에서 같은 배를 타고 함께 노를 저어 가는 동반자의 입장에 서야 한다. 권위적인 자세나 지식을 자랑하는 태도를 결코 취해서는 안 되며 가족의 고통을 공감하면서 이제는 2인 3각 게임의 파트너라는 인식을 가져야 한다.

셋째, 교육을 실시할 때는 참여가족의 대다수가 사용하는 언어나 용어를 사용하여 편안하고 알기 쉽게 구체적인 예를 들며 설명해 주어야 한다. 이때 가족의 욕구와 의지를 잘 연결하여 교육과 가족의 역량강화의 필요성에 대한 강한 인식과 지속적인 참여동기를 강화하는 적극적인 자세를 가져야 한다.

넷째, 역량강화를 위한 실천에서는 정신건강사회복지사가 협력, 신뢰, 공

유된 노력을 기반으로 원조관계를 구축하며, 집합적 행동과 상호원조, 지지 망 혹은 지지집단을 활용하고 가족이 인식한 문제를 수용한다. 또한 클라이 언트의 강점을 확인하며, 가족의 의식을 고양시키고, 변화과정에 가족을 포 함시키며, 가족에게 구체적인 기술을 가르치고, 역량강화 지향의 협력적 관 계에서 가족의 강점을 경험한다. 더불어 정신장애 클라이언트를 위해 클라 이언트와 가족과 함께 자원을 동원하고 옹호하는 역할을 수행해야 한다. 이 러한 전략들은 주로 유사한 경험을 한 초청연사의 강의를 통해 상호인식을 고취시키고, 욕구충족과 문제해결을 위한 자원동원능력 증진에 초점을 두면 도움이 된다.

역량강화 심리교육 프로그램이 집단적·사회적 차원으로 접근할 때는 집 단적인 힘을 바탕으로 정신장애와 관련된 사회의 제반 문제에 대해 발언권을 가지고 영향력을 미치는 것이다. 이러한 대처전략은 사회정책적인 차원에서 사회에 여론화시키는 것 이상의 의미를 가진다. 이를 위해서 정신장애인 부 모들은 사회운동에 참여하고, 정신장애와 관련된 사회적 이슈를 의식화시켜 사회구조를 변화시키는 활동을 할 필요가 있다.

따라서 정신건강사회복지사는 가족자조모임을 활성화시키고 그들이 정신 건강복지사업 변화와 인프라 구축에 적극적으로 참여할 수 있도록 정보를 제 공함과 동시에, 의식개혁가나 사회운동가로서의 자세를 가지고 때로는 옹호 자, 대변자 역할을 기꺼이 수행할 수 있어야 한다.

(7) 가족역량강화 심리교육에서 정신건강사회복지사의 지식체계

가족역량강화 심리교육 실천가로서 정신건강사회복지사가 갖추어야 할 지식은 다음과 같다(이영호, 1999).

- 생리·심리사회적 재활모형에 관한 이론과 지식
- 사례관리에 관한 지식

- 조현병의 병리와 증상단계에 따른 제반 치료방법에 관한 지식
- 사회복지실천기술 지식을 적용하고 응용한 정신의학적 면담에 관한 지식
- 집단사회복지실천에 관한 지식 중 치료모형에 관한 지식(집단치료)
- 정신건강사회복지의 변화와 지역사회 조직에 관한 지식(특히 가족자조집단 원조 및 자원 활용)
- 조현병 환자 가족의 심리와 극복과정에 대한 지식
- 가족교육 및 상담, 치료와 관련된 지식

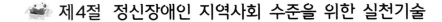

제4절 정신장애인 지역사회 수준을 위한 실천기술

1. 직업재활

1) 직업재활의 개념

정신장애인 재활의 주된 초점은 질환을 없애 주거나 줄이기보다는 건강을 극대화하여 정신장애인의 능력을 향상시키는 데 있다. 재활개념의 핵심적인 바탕이 심한 장애를 가진 정신장애인이라 할지라도 잠재적인 생산성을 가지고 있다는 믿음이라고 볼 때, 직업재활은 이러한 생산성을 개발할 수 있는 주요 재활수단이 된다(이상, 1998).

정신장애인의 직업재활은 정신장애로 인해 정상인이 수행하고 있는 사회적 역할을 충족시킬 수 없는 불리(handicap)를 지닌 정신장애인에게 구체적이고 체계적인 직업을 갖게 하여 일을 통해 사회적 역할을 지속적으로 수행할 수 있도록 돕는 치료적 접근을 말한다(Anthony & Liberman, 1986). 또한 직업재활이란 정신장애인 개인의 잠재력을 최대한 개발하고 적절한 직업상의 원조를 하여 취업과 직업유지, 나아가 직무에 만족감을 느끼며 지역사회에 통합하도록 하는 것이다(최희수, 1999).

따라서 직업재활의 궁극적인 목표는 정신장애인이 자신의 능력과 적성에 맞는 직종을 찾아서 취업하고 그 일에 만족을 느끼고 적응하면서 사회 구성원으로서의 역할을 수행하는 것이라고 볼 수 있다. 이와 같이 정신장애인의 직업재활은 장애를 유발하는 정신적 불능을 가진 채로 취업을 하여 장애상태를 최소화하며 사회통합과 자립을 하기 위한 원조과정이라 할 수 있다.

정신장애인의 재활에 가장 중심적인 위치를 차지하는 직업재활은 재활의 결과인 동시에 치료경과 및 과정으로서도 의미가 크다. 이것이 정신장애인의 재활에 기여하는 측면은 다음과 같다(한국정신건강복지연구소, 1994; 이봉원, 2000에서 재인용).

첫째, 직업은 정신장애인의 자아존중감과 자아개념을 향상시키며, 너무 쉽게 '환자역할'을 수행하는 것을 막아 주며, 의미 있는 직업활동을 통해 자신의 병을 부정할 수 있는 기회를 갖게 한다. 직업을 통해 그들은 자신 또는 타인이 성인에게 기대하고 있는 역할을 충족시키고 있기 때문이다.

둘째, 직업을 얻고 유지하기 위하여 정신장애인에게는 광범위한 기술의 획득과 활용이 요구된다. 즉, 사회적 기술, 직업기술, 대처기술, 증상 및 약물관리 등이 직업재활 과정에서 요구되는 기술이다. 이러한 기술 중 어느 하나라도 결함이 있을 경우 직업을 잃는 결과가 초래되기 때문이다. 그러므로 직업을 갖는다는 것은 정신장애인이 갖고 있는 총체적 기술의 척도가 될 수 있다.

셋째, 많은 정신장애인은 활동적으로 생산적인 직업에 종사하고 있을 때 정신과적 증상이 경감된다는 것이 여러 연구결과 증명되었다. 직업이 제공하는 생활구조, 경험과 사회관계망은 다른 생활사건에 의한 스트레스를 막거나 중화시키며 대처능력을 촉진시킴으로써 증상재발에 대한 보호요인으로 작용할 수 있다. 또한 직업을 가질 경우 재입원율도 낮아지며 증상의 감소에도 영향을 미치는 것으로 보고되었다(Bell et al., 1996).

넷째, 직업을 유지한다는 것은 개인이 지역사회에 머무를 수 있는 능력의 주요 지표가 된다. 직업이란 그 개인이 안녕한 상태이며 지역사회의 생산적인 구성원임을 증명해 준다. 그러므로 직업을 다시 찾는 것은 정신장애인이 지역사회에서 자신의 역할을 다하도록 하는 사회적응의 실체적 부분이다.

다섯째, 직업에 대한 보상으로 주어지는 수입에 의해 정신장애인은 지역사회 내에서 자신의 지위를 종속적인 것에서 기여자의 것으로 바꿀 수 있으며, 지역사회에서 생활하는 데 필요한 비용을 감당할 수 있다.

2) 직업재활의 과정과 직업재활 프로그램의 유형

정신장애인의 직업재활에 필요한 기본적인 적응기술로는 개인위생 및 청결유지, 외모와 옷차림, 시간준수를 포함한 자기관리기술, 대중교통이용, 전화 걸고 받기 등의 기본적인 도구사용기술, 동료와의 관계, 감독자의 업무지시파악, 비판과 지적 수용태도, 도움요청기술 등의 대인관계기술, 규칙적인 약물복용, 증상 자가관리, 규칙적인 식사 및 수면 관리 등의 건강관리기술, 작업을 이해하고 파악하고, 일에 대한 의욕과 적극성 등의 작업기술 등이다(최희철, 2012). 이는 완벽한 준비를 해야 한다는 것이 아니라 직업재활 과정 전반에서 지속적으로 훈련하고 강화되어야 하는 기술영역을 이해하는 것이 중요하다.

(1) 직업재활의 과정

직업재활의 과정을 리버먼이 제시한 7단계로 나누어 살펴보면 〈표 8-7〉과 같다.

표 8-7 리버먼의 직업재활의 7단계

직업재활의 과정	각 단계별 내용
1단계: 직업기술의 평가	• 정신장애인의 직업기술을 평가 • 발명 전과 현재의 직업기술 모두를 평가 • 평가방법은 정신장애인의 직업기술을 직접 관찰하거나 함께 일하는 감독자의 보고나 자신의 보고를 종합하여 평가

2단계: 직업적응	• 정신장애인의 직업에 적응하는 정도를 평가 • 출근시간을 어기지 않고 직장에 오는 것, 필요한 장비를 다루는 것, 다른 동료나 상사와 잘 어울리는 것, 근무하는 동안에 시간을 잘 관리하는 능력 등이 포함되며, 취업 전 기술(pre-vocation skill)이라 함 • 평가방법은 실제 작업환경에서 직접 관찰하거나 함께 일하는 동료들의 보고에 의해 평가
3단계: 직업기술의 훈련	• 구체적인 직업기술을 향상 • 이전에 직업을 가진 경험이 없거나 혹은 직업을 바꾸고 싶어 하는 사람을 위해 직업훈련을 구체적으로 시켜야 함 • 직업훈련의 형태는 관심을 가지는 직업종류, 직업기술, 수행능력, 이용할 수 있는 훈련프로그램, 직업훈련 프로그램에 참여할 수 있는 시간 및 자원의 양 등에 따라 달라짐
4단계: 보호작업장	• 보호적이고 지지적인 환경을 제공하는 특별한 작업장에서 일하는 것 • 사회에서의 직장생활과 비슷한 경험을 제공하여 직업적응, 작업기술, 사회기술 등 촉진
5단계: 임시취업	• 정식고용 전 단계로 전일제가 아닌 시간제이며, 과도기적인 고용상태에서 일하는 것 • 경쟁적인 취업의 기회가 부족하고 독립취업이 아직 준비가 되어 있지 않은 중간적 일 환경 개발에 목적이 있음 • 직업재활담당자의 지원하에 사업체에서 임시직 직원으로 일하고 일한 만큼 일정한 보수를 받음
6단계: 직업배치	• 사회에서 경쟁적인 직업을 구하는 것으로 구직훈련 프로그램 활용되기도 함 • 인터넷을 이용한 취업정보 제공이나 친구, 친척을 통해 취업을 알선해 주기도 함
7단계: 직업유지	• 직장을 계속해서 잘 다니는 것으로 직장을 구하는 것과는 또 다른 여러 기술이 필요한 아주 어려운 단계임 • 대부분의 경우 병원에서 퇴원한 후 곧바로 직장을 구하기 보다 정신장애인의 욕구와 능력에 따라 일련의 직업재활 단계를 거쳐 직장을 구하는 것이 효과적임

출처: 최희철, 천덕희(2019). pp. 216-217 재구성함.

(2) 직업재활 프로그램의 유형

① 보호작업장

보호작업장(sheltered workshop) 혹은 보호고용(sheltered employment) 프로그램은 경쟁적인 고용에 뛰어들 준비가 채 되지 않은 사람들이 일을 경험할 수 있는 중요한 기회이다. 즉, 일반 취업장에서 직업수행에 어려움이 있는 중증정신장애인에게 적절한 보호가 있는 직업현장에서 보수가 있는 취업의 기회를 제공하여 직업적 욕구를 충족시키기 위한 프로그램이라 할 수 있다(김철권, 변원탄, 1995a).

보호고용프로그램에서는 외부산업체에서 작업이 필요한 물품을 작업장으로 가져와 직업재활전문가의 지도감독하에 작업을 하고 일의 양에 따라서 혹은 근무시간에 따라서 급여를 받게 된다. 구조화된 작업세팅에서 벌어지는 다양한 사회적 상호작용으로 인해 정신장애인들이 경쟁적인 고용을 위해 필요한 사회기술을 연습해 볼 수 있는 기능적 장이 된다. 그러나 보호작업장과 같은 전통적인 직업재활서비스는 직업적으로 무의미하고 정신장애인에게 적절한 사회적, 정서적 및 직업적 기술들을 가르치지 않았기 때문에 대다수의 정신장애인의 재활에 도움이 되지 않는 것으로 보고, 작업장 자체가 낙인감, 절망감, 사회적 격리를 심화시킨다는 연구결과를 보고하기도 하였다. 그러나 적합하게 고안된 작업장은 재활과정에서 매우 중요한 과정으로 활용될 수도 있다.

② 임시취업

임시취업(transitional employment)은 임시고용 혹은 과도기적 고용으로 불리고 있으며, 경쟁적인 취업의 기회가 부족하고 독립취업의 준비가 되지 않은 정신장애인들의 지역사회에서의 취업기회를 제공하기 위해 중간적인 일 환경을 개발하는 데 관심을 두었던 뉴욕파인틴 하우스의 존 비어드(John

Beard) 관장에 의해 고안된 클럽하우스모델의 직업재활프로그램이다.

임시취업은 정신장애인이 정해진 기간 동안 과도기적으로 정상적인 환경에서 일해 볼 수 있는 기회를 가질 수 있다는 데 가장 큰 강점이 있다. 오랫동안 직업기회가 없었던 정신장애인은 임시취업의 성공경험을 통해 자신의 생산성에 대해 신뢰를 회복하게 되고, 다양한 형태의 임시취업에 다시 도전해 볼 수 있는 용기를 얻게 된다.

클럽하우스모델의 임시취업은 선 배치 후 훈련의 형태를 띠고 있지만 취업 이전의 일중심의 클럽하우스활동을 통해 자연스럽게 직업재활에 필요한 기술을 습득하게 되고, 취업 후에도 클럽하우스의 여가활동과 직업유지프로그램을 통해 지원을 받을 수 있다. 다양한 취업장에서 일해 본 정신장애인이 자신의 성취와 보다 높은 수입을 위해 독립취업을 시도할 수 있다.

③ 독립취업

임시취업을 성공적으로 수행하게 되면, 독립취업을 하게 된다. 이 단계부터는 직업유지를 잘하여 사회적, 직업적으로 독립할 수 있도록 하는 것이 매우 중요하다. 정신건강전문가는 이를 위해 독립취업한 정신장애인이 직장 내에서 업무로 인한 어려움이나 대인관계, 금전관리, 증상 및 약물 자가관리 등으로 인한 어려움이 없는지를 모니터링하면서 필요한 도움을 주어야 한다. 따라서 정신건강전문가가 작업장을 직접 방문하고, 자조모임을 활성화하도록 도와야 한다. 또한 사회기술훈련이나 직업적응훈련 등의 프로그램을 개별적 또는 집단적으로 제공하는 것이 도움이 된다.

④ 지원고용

지원고용모델은 1980년대 후반부터 정신장애인의 직업재활의 새로운 대안으로 관심을 받고 있는 직업재활프로그램이다. 중증정신장애인의 정상적인 환경에서의 고용을 지원하기 위해 고안된 지원고용은 직무지도원(job coach)에 의한 지속적이고 집중적인 개입과 영구적인 취업 기회를 보장한다는 점에서 특징적이다. 지원고용(supported employment)은 클럽하우스모델의 임시취업프로그램이 갖는 취업기간의 제한과 이로 인한 수입의 감소문제를 해결하고, 취업적응을 위한 지원의 강화를 위해 대안적으로 개발되어 활발하게 확대되고 있는 모델이다.

지원고용은 작업코치에 의한 지속적이고 적극적인 지원서비스 제공이 그 특징이다. 이러한 지원은 직무분석, 직업훈련, 직장에서의 간접적 중재와 원조, 상담, 작업관련 서비스들을 포함한다. 지원고용은 경쟁고용, 통합된 작업환경, 그리고 계속적인 훈련 및 서비스의 제공이라는 세 가지 기본전제를 바탕으로 하고 있다. 통합된 작업환경은 대부분의 근로자가 장애를 지니지 않은 사람들로 구성된 직장을 가리키며, 정신장애인들을 격리시키는 것이 아니라 정상화의 철학적 가치를 바탕으로 정신장애인근로자들의 정상적인 직장생활을 추구하는 것이다.

⑤ 사회적 기업

사회적 기업은 사회적인 목적을 가진 기업형태의 조직을 의미한다. 즉, 복지대상자의 욕구에 의해 생겨나고 사회적 기업을 운영하고자 하는 기관의 공익적인 운영철학이 밑바탕이 되어 기업적인 형태의 효율성과 자율성을 가진 조직으로 사회소외계층에게 고용의 기회를 제공하는 것이라 할 수 있다(문용훈, 이현희, 2005). 또한 사회적 기업의 필수요소로 사회적 기업의 운영기술을 전수해 줄 사회기술기업과의 파트너십이 필요하다. 이는 사회서비스 향상과 고용창출이라는 '복지'와 '지속가능한 고용성장'을 가능하게 하는 새로운 사회제도로서 각 나라별 특성에 따라 다양한 형태와 명칭을 갖는다. 국내에는 2005년 이후 몇몇 개인과 기관들을 통해 확산되기 시작하였다. 장애인영역에서의 대표적인 사회적 기업은 2007년 10월 노동부로부터 공식인증을 받은 'We Can'이다. 정신장애인 분야에서는 2010년부터 서울시가 '서울형 사회적 기업'을 지정하여 사회적 기업으로의 성장을 돕는 육성지원사업에 두 곳의 정신재활시설이 선정되면서 처음 참여가 시작되었으며, 점차 확대될 예정이다(최희철 외, 2019).

3) 정신장애인 직업재활의 저해요인

정신장애인의 직업재활은 우리나라는 물론 좀 더 일찍 발전과정을 거친 다른 나라에서도 실행에 많은 어려움을 경험하게 하는 저해요인을 갖고 있다.

첫째, 정신장애인의 개인적 특성과 관련하여 사고장애, 사회적 철회, 동기부족, 무감동 무감각 등과 같은 증상으로 불안정한 직업경력, 대인관계기술 부족 등을 유발하게 되는데, 이것이 직업을 갖는 데 큰 저해요인이 된다. 특히 정신장애인은 인지기능의 손상으로 인해 취업 후에도 대인관계에서 상대방의 사회적 단서를 정확하게 인식하고 처리하여 반응하는 정보처리 과정에 어려움이 있다. 이로 인해 갈등상황이 발생했을 때 효과적으로 대처할 수 없게 됨으로써 취업과 직업유지에 필요한 활동능력에 어려움(서진환, 1999)을 겪게 되어 직장생활에 상당한 장애를 초래하게 된다. 김규수(1999)는 정신장애인의 직업유지 실패의 75%가 대인관계로 인한 직장동료 및 상사와의 문제가 크게 영향을 끼쳤다고 보고하였다.

둘째, 정신질환의 낙인이 있다. 특히 고용주들은 질환과 관련된 심각한 낙인으로 인하여 정신질환을 가진 사람을 쉽게 고용하려 하지 않는다. 김철권(1999)은 만성 정신장애인의 치료와 재활에 있어서 일의 중요성이 무척 크고 직업재활에 대한 환자, 가족, 전문가들의 관심이 결코 적지 않음에도 불구하고 정신장애인이 직업재활의 혜택을 받지 못하는 이유는 정신장애인에 대한 사회적 낙인과 선입견에 있다고 하였다.

셋째, 심리적 요인으로 개인의 자존감, 강한 자아개념, 건강한 자아상이 없는 경우 취업을 하는 데 장애요인이 될 수 있다. 자아존중감이 낮은 사람은 자신의 가치를 불신하고 사회적 평가에 더 많은 영향을 받는다(이방현, 2001).

정신장애인은 심리사회적 특성으로 대인관계의 기회 및 경험의 제한 때문에 인간관계를 형성할 때 긴장감이 상대적으로 높아져 사회와의 접촉을 기피할 가능성이 높다. 또한 욕구좌절의 반복적인 경험이 내재화되어 연속적인 욕구불만으로 고착되거나, 자신감의 저하나 자기비하 또는 동기의 약화를 초래할 가능성이 높다. 이러한 이유들이 정신장애인이 취업하는 데 많은 장애요인이 된다.

따라서 정신장애인은 직업재활의 저해요인으로 인해 반복적인 취업실패를 경험하게 되며, 이것이 증상악화와 사회적 불리를 유발하고 다시 직업을 가진 후에 지속적인 직업유지에 실패하는 악순환을 겪게 된다.

4) 정신장애인 직업재활 활성화를 위한 직업유지전략

취업한 정신장애인의 직업유지요인을 통해 직업유지전략을 리버먼의 직업재활과정에 근거하여 제시하면 [그림 8-1]과 같다.

정신장애인의 직업유지를 위한 전략에서는 전문가의 전문적이고 체계적인 개입과 지지를 통해 정신장애인 개인의 사회기술능력과 직업기술능력을 강화시키는 것이 가장 중요하다. 여기에 직업배치가 이루어지면서 사회환경적 지지체계인 전문가의 지지와 고용주·동료의 지지를 조성할 수 있는 시스템이 제공된다면 정신장애인의 직업유지는 더욱 증진될 것이다.

이에 따라 정신장애인의 직업유지전략을 모색하기 위하여 직업준비단계에서는 정신장애인의 사회기술능력을 향상시키는 프로그램의 개발을 강조하면서, 대인관계 유지를 지속적으로 할 수 있고 자기표현능력을 향상시킬 수 있는 대인관계 기술훈련과 직장생활 이후의 여가활용, 금전관리, 증상 자가관리를 위주로 한 일상생활 기술훈련을 진행한다. 나아가 자신의 긍정적인 자아상을 형성하고 스스로가 문제상황에서 자신의 감정을 조절할 수 있는 자아존중감을 향상시킬 수 있다. 다음으로 직업기술훈련 단계에서는 정신장애인의 직업기술능력을 강화시키기 위한 방안으로서 자신의 욕구와 적성에

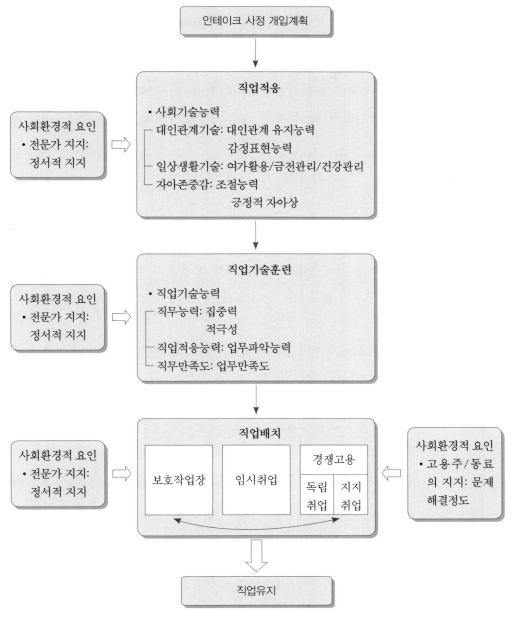

[그림 8-1] 정신장애인의 직업유지전략

맞는 직무능력을 사정하여 직업에 배치되기 전에 업무파악능력을 평가하고, 작업환경 및 직장 내의 분위기, 근무조건 등을 충분히 검토하여 업무만족도를 가진 상태에서 직업 배치되기 위한 직무만족도를 높일 수 있다. 정신장애인의 능력과 욕구에 맞는 직업에 배치된 다음에는 사회환경적 지지체계 강화를 강조하면서, 문제해결을 위주로 고용주 및 동료의 지지와 정서적 지지를 지원하고 원조하는 전문가의 지지가 중요하다.

2. 주거서비스

(1) 주거서비스의 개념과 원칙

주거서비스는 정신장애인이 지역사회 내에서 자연스럽게 어울려 살면서 자유롭고 독립적인 삶을 누릴 수 있도록 지원하는 다양한 주거형태의 서비스를 말한다.

주거서비스는 독자적인 생활을 할 수 있는 독립주거에서부터 거의 24시간 지도감독이 주어지는 중간집(halfway house)까지 그 형태는 다양하다. 특히 주거시설은 가족의 집이나 입원시설과는 구별되게 지역사회의 거주자로서 부모, 형태와 같은 보호자들과는 독립적으로 생활해 가는 비입원시설을 의미한다고 보아야 할 것이다(아주대학교 의과대학 정신과학교실, 1995).

우리나라의 경우 50인 이하로 정원을 제한한 입소생활시설까지를 포함하여 지역사회 내 입소시설과 10인 이하의 주거시설을 주거시설에 포함할 수 있다. 입소시설은 주거시설과 달리 주간에는 재활서비스를 제공하고 야간에는 주거의 목적으로 갖는 중간집과 유사한 형태로 운영된다. 주거시설의 경우 부분적으로 사회기술 및 여가생활, 독립생활과 관련된 재활서비스를 주거생활을 통해 제공할 수도 있으나 궁극적으로는 주거제공을 목적으로 하는 정신장애인을 위한 주거지로 보는 것이 바람직하다.

지역사회에 주거를 마련하는 주거서비스는 정신장애인들이 자유로운 환경에서 지역주민과 함께 어우러지는 생활을 독자적으로 꾸려나갈 수 있도록 정상화 원칙과 최소한의 규제원칙을 따라야 한다.

테스트와 스타인(Test & Stein, 1977)은 정신장애인에게 주거를 연결시켜 줄 때 두가지 원칙을 충족시킬 것을 강조한다. 즉 정신장애인들이 스스로 채울 수 없는 욕구를 확실하게 채워줄 수 있는 특수지지체계가 성립되어 있어야 한다. 그리고 이 특수지지체계는 정신장애인이 스스로 채울 수 있는 욕구를 채우지 않아야 한다, 이 원칙을 준수하기 위해서는 정신장애인의 개별화된 정확한 욕구사정과 특수지지체계의 형성이 필수적이며, 특수주거시설의 설립보다 일반적인 주거형태에서도 생활할 수 있도록 돕는 특수지지체계의 마련이 중요하다(최희철, 천덕희, 2017).

(2) 주거시설의 종류

① 중간집(halfway house)

중간집은 훈련주거시설의 가장 대표적인 형태이다. 중간집의 개념은 병원과 지역사회의 중간지점에 위치하면서 과도기적인 세팅으로 치료와 거주의 특성이 모두 포함되는 시설을 의미한다. 중간집의 주된 목적은 정신장애인이 병원으로부터 지역사회로 이전하는 것을 용이하게 해 주는 것이다. 여기에 거주하는 사람들은 병원과 같은 구조적인 환경과 지역사회 사이의 과도기적 세팅으로부터 도움을 받을 수 있는 사람들이다. 직원은 일반적으로 전문가 또는 준전문가가 배치되며 전문적인 재활 및 정신건강서비스가 제공된다. 중간집의 기본적인 특성은 사회화와 재사회화를 조장하고, 직업적 재활과 건설적인 여가선용을 강조한다. 따라서 중간집은 단순한 주거지로서 활용되는 것은 바람직하지 않으며, 여기에 의뢰되는 정신장애인은 개인적 욕구에 따라 의뢰되어야 한다. 병원세팅을 제외하고 규제와 보호의 정도가 가장 심한 곳인 중간집에는 24시간 3교대로 직원들이 밤낮으로 같이 생활한

다. 병원에서 조기 퇴원되어 오는 경우도 있고, 지역사회에서 직접 들어오기
도 한다. 이곳은 장기거주를 위한 곳이라기보다 거쳐 지나가는 임시과도기
적인 곳이다. 따라서 이 시설에 들어오면 일반적으로 6~8개월 정도 머문다
(Kresky et al,. 1976; Holman & Shore, 1978).

② 그룹홈(group home)

그룹홈은 지원주거의 대표적인 형태로서, 정신장애인들이 상호작용을 하
고 서로가 서로에게 함께 의지하면서 살아가는 형태의 가정을 말한다. 그룹
홈의 크기는 일반가정의 대가족 크기의 수준을 맞추어 주는 것이 좋으며, 일
반적으로 4~5명에서 많게는 8~10명 정도가 적합하다. 동거하는 관리인이
있는 경우 규제와 보호 정도가 높을 것이며, 동거하는 정신장애인의 수가 많
을수록 관리의 효율성을 높이기 위해 역시 규제가 강화된다. 그룹홈에서는
몇 년간 장기적으로 머무를 수 있다. 낮시간에는 작업장이나 직장 또는 지역
사회 내 다른 프로그램에 참여하다가 저녁에는 그룹홈에서 다른 동료들과 가
정의 기능을 충족하게 된다. 이러한 형태의 주거서비스를 통해서 정신장애
인은 경제적, 사회적으로 자립할 수 있게 되고, 가족의 보호부담이 줄어들게
되며, 적절한 사회적응과 훈련 등의 기능도 수행하게 된다.

최재성 등(2001)은 그룹홈의 장점을 네 가지로 설명하고 있다(최희철 외,
2017 재인용). 첫째, 정신장애인 개인의 능력에 적합한 프로그램을 개별적으
로 진행할 수 있다. 둘째, 집단 가정생활과 직·간접적인 직업경험을 통해서
사회성을 향상하고, 지역사회 주민들과의 사회통합에 기여한다. 셋째, 대규
모 시설보호체계에서 발생하는 막대한 예산을 줄일 수 있고, 정신장애인의
보호자들에 대한 보호부담을 줄일 수 있다. 넷째, 비장애인들이 이웃과 지역
사회 내에서 정신장애인을 일상적으로 접하면서 정신장애인에 대한 편견해
소에 기여할 수 있다.

③ 반독립주거(semi indefendent living)

반독립주거시설이란 단계별 주거스펙트럼에 따라 정신장애인이 배치되는 것이 아니라 정신장애인의 기능 정도와 욕구에 따라 주거지가 정해지는 것을 말한다. 독립적으로 주거생활을 하기 전 단계에서 반독립적인 주거경험을 하게 하는 지지주거의 형태로써, 독립생활을 준비하기 위한 형태의 주거서비스라 할 수 있다. Carling(1995)은 지지주거가 정신장애인이 스스로 선택하고, 비장애인과 같이 보통의 주거를 유지하며, 탄력적인 형태로 지원하는 것이 중요하다고 하였다. 개별적인 욕구와 능력에 따라서 개별화된 프로그램이 준비되며 직원이 상주하지 않기 때문에 저렴한 가격에 마련할 수 있다는 장점이 있다. 이곳은 대부분의 정신장애인에게는 집과 같은 곳으로, 퇴소날짜가 정해져 있지 않으며 평생을 보낼 수도 있다. 그러나 모든 정신장애인이 완전한 독립적 주거로 옮겨갈 수 있도록 하는 것을 목적으로 한다. 정신건강전문요원은 재활서비스를 제공하는 것 외에도 위기개입서비스를 제공하는데, 같이 살지 않기 때문에 밤과 같은 경우에 일어날 수 있는 위기상황을 대비하여 당직서비스를 제공하는 것이 필수사항이다.

④ 독립주거(indefendent living)

독립주거란 지역사회의 구성원들과 마찬가지로 정신장애인이 스스로 독립하여 생활하는 거주형태를 의미한다. 자신의 소유나 임대 모두를 포함하는 이 주거형태의 1차적인 특징은 정신장애인 자신에게 모든 생활의 책임과 자유 그리고 자율성이 보장된다는 점이며, 정신장애인이기 때문에 다른 지역사회 주민과 격리되어 특수한 형태의 주거생활을 강요받지 않는다. 독립주거는 지역사회정신건강의 정상화 개념을 가장 잘 실천하는 모델이며, 사회통합을 실현하기에 가장 좋은 모델이다.

독립주거는 정신장애인이 독립생활을 한다고 해도 수많은 문제를 직면하는 정신장애인의 욕구에 효과적으로 대처하기 위하여 지속적이고 강력한 지원이 필요하다는 개념으로 독립적인 일반주거에 대해서도 필요한 경우 지원할 수 있는 특수지지체계를 제공하는 것이다. 특히 전문가 중심이 아닌 정신장애인 중심의 프로그램으로 거주지역에 대한 결정은 개인의 선호도에서 출발하며 그들이 결정한 주거시설에서 살기 위해 필요한 기술, 방해가 되는 부분이 무엇인지 평가하고 실제 상황에서 필요한 기술을 교육하고 활용할 수 있도록 지원하는 것이다. 독립주거가정에서는 전반적인 주거공간의 관리와 건강관리를 스스로 하고 있으며, 낮동안에는 지역사회 내 다른 프로그램에 참여하기도 하며, 전문가는 위기상황이 발생하는 경우와 같은 특별한 상황에서만 개입을 하게 된다(서규동, 2008).

요약

 이 장에서는 정신건강사회복지사의 실천기술을 개인과 집단, 가족, 지역사회 대상으로 나누어 살펴보았다. 개인을 위한 실천기술로는 개별치료와 상담, 인지행동치료, 사례관리를 중심으로 살펴보았다. 특히 인지행동치료와 사례관리는 정신건강사회복지사가 가장 많이 활용하는 실천기술이라 할 수 있으며, 그 효과성은 이미 많은 연구에서 입증되었다. 사회기술훈련은 정신장애인이 사회에서 독립적으로 살아갈 수 있도록 돕기 위해 질병의 특성으로 인한 결핍된 기술을 다양하게 가르치는 것으로, 그 방법과 절차에 대해서 살펴보았다.

 가족대상의 실천기술은 「정신보건법」 제정 이후 정신장애인의 치료와 재활을 위해 가족은 더 이상 클라이언트가 앓고 있는 병의 원인제공자나 치료적 대상이 아닌 정신장애인의 치료와 재활에 중요한 환경적 자원이라는 패러다임의 전환으로 그 중요성이 크게 부각되고 있다. 따라서 정신장애인 가족의 보호부담, 가족의 욕구를 중심으로 가족에 대한 이해를 고찰하고, 정신장애인 가족지원 패러다임의 전환배경과 가족교육, 가족역량강화 심리교육의 효과와 정신장애인 가족수준의 실천기술을 소개하였다.

정신장애인의 지역사회대상 실천에서는 정신장애인의 직업재활이 중요한 실천방법이라 할 수 있다. 따라서 재활과정에서 가장 핵심적이며 재활의 꽃이라 하는 직업재활이 활발히 전개되어야 한다. 이에 우리나라의 직업재활의 현황과 정신장애인에게 있어 일의 의미 그리고 향후 직업재활 활성화방안에 대해서 살펴보았다.

마지막으로 정신장애인의 사회통합에서 중요한 영역인 주거서비스에 대해서도 살펴보았다. 주거서비스는 정신장애인들이 지역사회에서 독자적으로 생활할 수 있도록 개별화된 욕구사정과 사회지지체계의 형성이 중요하다고 할 수 있다.

토의사항

1. 정신장애인의 인지행동치료와 사례관리의 필요성에 대해서 토론해 보자.
2. 정신장애인에게 사회기술훈련을 왜 실시해야 하는지에 대해서 함께 논의해 보자.
3. 정신장애인 가족을 위한 개입방법에 대해 살펴보고 가족교육, 치료, 옹호 및 사회행동에 대한 사례들을 찾아 토론해 보자.
4. 정신장애인에 있어 직업의 의미와 직업재활의 현황과 문제점을 살펴보고, 향후 개선방안에 대해 논의해 보자.
5. 정신장애인을 위한 주거시설의 종류를 살펴보고, 주거서비스의 필요성에 대해 토론해 보자.

제9장
◇◇◇◇◇◇◇◇

정신건강사회복지의 실천대상별 이해와 개입방법

학습목표

1. 조현병의 원인과 증상 및 치료적 개입방법에 대하여 살펴본다.
2. 알코올중독의 원인과 증상 및 치료적 개입방법에 대하여 살펴본다.
3. 우울증, 치매의 원인과 증상 및 치료적 개입방법에 대하여 살펴본다.
4. 아동·청소년 정신건강 중 ADHD의 원인과 증상 및 치료적 개입방법에 대하여 살펴본다.
5. 자살의 원인과 그에 따른 치료적 개입방법에 대하여 살펴본다.
6. 재난의 정의와 분류 및 특징에 따른 다차원적 재난정신건강서비스에 대하여 살펴본다.

　　정신건강사회복지 현장에서 만나게 되는 정신건강사회복지의 실천대상은 정신질
환자, 가족, 나아가 일반대중 등 매우 다양하다. 이처럼 다양한 실천대상에 대한 사
회·환경적인 이해와 더불어 특정 질환의 증상에 대한 이해는 각 대상자들에게 개별
화된 개입을 가능하게 한다.

　　이 장에서는 이처럼 다양하고 복잡한 욕구를 가진 대상자에게 개별화되고 전문화
된 서비스를 제공하기 위하여 사회적인 관심사인 조현병, 알코올중독, 우울증과 치
매 등 개입대상별로 특징적인 증상을 살펴본다. 그리고 아동·청소년의 정신건강문
제를 예방하고 조기발견 및 상담, 치료하기 위한 아동·청소년 정신건강복지사업에
대해 살펴보고자 한다. 무엇보다 최근 증가하고 있는 자살에 대해서도 살펴보고자
한다. 마지막으로 재난으로 인한 정신건강문제와 그에 따른 개입전략에 대해서 살펴
보고자 한다.

제1절 조현병 클라이언트와 정신건강사회복지

1. 조현병의 개념과 원인

조현병(schizophrenia)은 주요 정신병의 하나로서 뇌의 기질적 장애로 인한 의식혼탁의 징조 없이 사고, 정동, 감각, 의욕, 운동성 행동 등 인격의 각 측면에서 특이한 와해를 일으키는 병이다.

 사례 조현병 증상을 앓은 젊은 여성

한 28세 여성이 3일간 전혀 먹지 않는다는 증상을 주 호소로 가족들에 의해 응급실에 실려 왔다. 그녀는 어려서부터 순하고 소극적이며 겁이 많아 남에게 늘 져 주는 성격의 소유자로, 초등학교 때까지는 부모님이 모두 사업하느라고 바빠서 할머니 밑에서 자랐으나 착하고 성적도 상위권이었다. 중학교 진학한 후에는 사업이 안정된 아버지가 환자의 교육에 직접 개입하였으나, 성적이 떨어져서 야단을 치면 많이 울고 말도 하지 않아서 나무라지도 못하였다. 고등학교 진학한 후 성적은 중간 정도였으며 학업에 특별한 애착을 갖지 못하고 수동적인 생활을 하면서 자신의 친구들이 자신에게 피해를 준다는 말을 조금씩 하기 시작하였다(관계사고).

고등학교 성적에 비하여 학력고사를 잘 봐서 대학에 입학하였으나 공부를 따라가는 것을 힘들어하였고, 주변에서 자신을 부정 입학생으로 볼까 봐 걱정을 하였다(관계사고). 그러던 중 2학년이 되자 남들이 자신을 괴롭히는 기분이 들어서 자신의 물건을 방 안에 모두 숨겨 놓는 등의 증세를 보여 정신건강의학과에 갔으나 신경과민이라는 진단을 받고 15일 만에 퇴원하였다. 그녀는 그 후에도 간헐적으로 '친구들이 자신에게 못되게 한다(피해사고).' '남자친구를 사귀려 했으나 친구들이 방해해서 못 사귀었다(피해사고).'는 등의 말을 하였으나, 내성적이며 소극적인 생활태도를 보인 것 외에는 대학졸업 때까지 특별한 문제 없이 지내왔다.

그러나 대학졸업 후 환자의 소극적인 성격을 걱정한 부모님이 '너는 집에 있는 것이 나을 것 같다.'고 하여 취직할 생각도 하지 않고 집에만 틀어박혀 지내기 시작했다. 그녀는 돈도 못 벌고 집에만 있는 것이 미안해서 집안이 부유하였지만 용돈을 달라는 소리도 못 하고 친구들을 만나는 일도 점점 줄어들었고 말수도 줄어들기 시작했다. 대학졸업 후 1년쯤 지나서 어느 날부터인가 거울을 자주 보기 시작하였고 '눈이 사납게 생긴 것 같아서 쌍꺼풀 수술을 해야겠다(신체망상).'고 하여 수술을 하였다. 그 후 6개월 정도는 잘 지냈으나 2014년 말부터 주위에 화장을 진하게 하고 옷도 야하게 입고 다니는 여자들을 보고 '저년들은 창녀.'라는 소리를 하기 시작하였고(이상한 행동), '옆집 창녀들이 자신을 도청한다(관계, 피해망상).'고 하여 화장실 환풍기에 물을 쏟아붓는 등의 행동을 하였다. 그녀는 '앞 건물 아파트에서 자신을 감시한다(피해망상).'고 하여 거의 외출도 안 하고 집에서 위축된 상태로 지내서 병원에 가려고 했으나, 할머니가 정신병원에 가면 멍청해진다고 하여 굿을 하고 한방치료를 받기 시작하였다. 이때부터는 공책에 하루종일 '천장신불 지장보살'이라는 말을 쓰고 '오렌지 하나님, 감사합니다.'라는 말을 외치기 시작하였다. 그래서 한의원에 갔지만 자신이 없다고 하여 병원에 데려가려고 하였으나 본인이 완강히 거부하였다. 그래서 집에서 지내오던 중 내원(來院) 3일 전부터 '앞집에서 검은 가루(핵무기)가 날아와서 밥을 다 오염시켰다.'고 하면서 식사를 전혀 하지 않아 응급실로 내원하였다. 입원 후에도 '검은 가루가 보인다.'고 하면서 '만화책에 나오는 잘생긴 남자 외계인인 오렌지 하나님이 자신을 데리고 갈 것'이라는 말을 되풀이하였다. 그 후에는 '검은 가루가 보인다.'는 말은 하지 않았으나 '힐러리가 자신의 처녀막을 찢었다(신체, 피해망상).'는 소리를 하였고, 전혀 활동을 안 하고 침대에만 누워 있는 등의 모습을 보였다.

조현병은 다양한 요인이 상호작용하여 발병되는 복잡한 정신병이라고 할 수 있다. 즉, 뇌의 신경생리적 · 신경생화학적 이상에서부터 성격, 성장과정, 가족 및 사회환경과도 밀접한 관계를 가지고 있다. 조현병을 두고 생물학적 · 심리적 · 사회적 요인에 관련된 정신병이라고 부르는 이유가 여기에 있다. 그러나 아직까지 결정적으로 '이것이 원인이다.'라고 말할 수 있는 요인이 밝혀진 바는 없다.

1) 스트레스 취약성 극복모형

생물학적 · 환경적 및 심리사회적 요인을 다 포함하는 모형으로, 원래 취약성(생리적 체질)을 갖고 있는 사람이 살아가면서 스트레스를 받을 때 조현병이 발병한다는 가설이다. 조현병에 취약한 요소를 가진 사람의 뇌는 일반인보다 스트레스를 잘 견뎌 내지 못하기 때문에 정상인들은 쉽게 해결할 수 있는 스트레스를 받아도 그것을 극복하지 못하고 조현병을 일으킨다는 것이다. 현재는 환경적 스트레스 자체가 조현병을 발생시키기보다는 병을 발생시키는 유발요인(보조요인)이라고 보고 있다.

2) 생물학적 요인

우리의 뇌는 여러 신경통로로 연결되어 있는데, 이를 직접 연결해 주는 화학물질을 신경전달물질이라 한다. 우리는 신경전달물질을 통해 생각하고 느끼고 지각하고 행동한다. 그런데 뇌 안의 신경전달물질에 변화가 있을 때 조현병이 생긴다는 것이다. 조현병일 경우에는 많은 신경전달물질 중에서도 도파민이 크게 연관되는 것으로 생각되고 있다. 즉, 조현병은 뇌 안에서 도파민이 너무 많이 전달되기 때문에 발병한다는 도파민 가설이 현재 가장 널리 인정받고 있다.

3) 유전적 성향

조현병의 유전적 성향에 관한 연구에는 가족연구, 쌍생아연구, 양자연구가 있으며, 유전적인 성향과 환경적인 요인 사이의 상호작용을 밝히고 조현병의 가족적인 경향성의 전달방식을 규명하려는 노력이 포함된다.

4) 심리사회적 요인

개인의 심리와 환경적 요인, 특히 가족체계에서 부모와의 상호작용방식이 조현병의 발병에 중요한 역할을 하며, 사회문화적 요인 또한 조현병의 발병뿐 아니라 진단, 치료 및 경과에 영향을 미치는 것으로 알려져 있다.

5) 사회문화적 요인

일부에서는 산업화와 도시화가 조현병의 원인과 관련이 있다고 주장한다. 특수한 가족관계, 위생상태의 불량, 경제적 박탈, 불충분한 교육, 범죄행위 등 가족 및 사회 기능의 장애가 조현병의 발병원인이라고 주장하기도 한다. 그러나 빈민가에서도 조현병에 걸리지 않고 자라는 아이들이 많기 때문에 단정할 수 없다. 사회가 조현병을 만들어 낸다는 입장도 있으나, 그보다 사회환경이 조현병의 치료에 미치는 영향을 강조하는 사람도 있다. 도시화, 공업화, 이민 같은 문화에 대한 적응과정, 경제적 변동, 문화적 변동이 조현병의 소인을 가진 사람에게 발병을 재촉하는 요인이 될 수 있다.

2. 조현병의 임상적 특징

1) 전체적인 태도 및 행동

흥분하고 날뛰고 공격적인 경우도 있고, 말없이 가만히 부동자세를 취하는 경우도 있으며, 괴상한 몸짓과 이상한 말을 하는 경우도 있다. 반면에 멍하니 감정이 없어 보이고 자기만의 생각에 골몰하고 있어 대화가 잘 안 되는 경우도 있다.

2) 지각의 이상

제일 흔히 나타나는 증상은 주변에 아무도 없고 주위의 사람이 자기에게 말을 한 일이 없는데도 사람의 말소리가 귀에 들리는 환청이다. 그 내용은 환자의 행동을 간섭하거나 지적하는 경우와 두 사람 이상의 말소리가 환자를 빗대 놓고 말을 주거니 받거니 하는 경우가 있다. 아무것도 없는데 무엇이 눈에 보이는 환시도 있다. 드물지만 미각, 촉각의 이상체험, 즉 환미, 환촉이 있을 수가 있고 착각도 많이 하게 된다.

3) 망상

망상은 논리적이고 이성적인 설득으로는 도저히 고쳐지지 않는 '병적인 믿음'을 말한다. 누가 나를 감시한다, 내 뒤를 미행하고 도청한다, 작당을 해서 나를 못살게 군다, 밥에 독약을 넣었다, 내 생각을 뺏어가서 생각을 할 수 없다, 나를 조종한다, 생각을 내 머릿속에 집어넣는다, 텔레파시를 보낸다, 텔레비전과 신문에서 내 이야기를 폭로한다는 등의 각종 피해망상과 남의 행동이나 주위의 변화가 나와 관계가 있다는 관계망상, 때로는 내가 손가락 하나로 지구를 멸망시킬 수 있다거나 나는 특별한 권능을 하늘로부터 받은 사람이다라는 과대망상도 보인다.

4) 언행과 정서

얌전하던 사람이 갑자기 욕설을 퍼붓고 거칠어지거나 활발하던 사람이 갑자기 방에 틀어박혀서 혼자 히죽히죽 웃거나 중얼거리는 것은 대개 환각과 망상 때문에 환자가 이 세계를 다른 사람들처럼 있는 그대로 보지 못하고 뭔가 무섭고 적대적인 세계로 보고 있기 때문이다. 환자는 겉으로는 공격적이나 속으로는 두려움에 떨고 있다. 병이 진행되면 환자의 말은 두서가 없고 뒤

죽박죽이 된다. 대화의 줄거리가 갑자기 바뀌거나 화제를 비약시킨다. 강박적으로 한 가지 주제에 매달려서 헤어나지 못하는 경향을 보이는 때도 있다.

정서는 불안정해서 울다가 웃다가 하여 말하는 내용과 감정표현이 모순되는 수가 있다. 슬픈 이야기를 하면서 깔깔거리고 웃거나 즐거운 내용의 이야기인데도 운다. 아니면 아무 감정도 없는 듯 멍한 상태를 보인다. 이 모두가 환자와 외부세계의 일상적인 관계가 단절되어 마음이 여러 갈래의 생각으로 분열되어서 그 사람이 자기 안에서 나오는 생각과 충동에 좌우되기 때문에 발생한다.

5) 운동기능의 장애

잦은 얼굴 찡그림, 똑같은 행동의 반복, 상동증, 전체적인 근육경직, 괴상한 자세유지, 자동적 복종, 납굴증 등이 주로 나타나는 조현병의 종류이지만 이런 현상은 흔하지 않다.

3. 조현병의 진단 및 경과

1) 진단기준

미국 정신의학회의 DSM-5에서는 특정한 증상이 최소한 1개월간 있고, 사회직업적 기능의 장애가 있으며, 증상이 6개월간 지속되어야 한다는 기준을 제시하고 있다. 그 증상은, ① 망상, ② 환각, ③ 언어의 지리멸렬, ④ 긴장성 행태, ⑤ 음성증상(감소된 정서표현이나 무의욕증 등) 등이며, 이 중 두 개 이상이 있어야 한다.

2) 경과

조현병은 반드시 인격의 황폐화를 일으키는 병은 아니다. 그러나 잦은 재발은 병의 치료를 어렵게 만들어 만성화를 재촉한다. 그러므로 재발이 안 되도록 막는 일이 중요하다. 이 병이 회복되는 비율은 10~60%로서 그 범위가 매우 넓은데, 20~30%는 비교적 정상생활을 할 수 있으며 40~60%는 현저한 장애를 남긴다는 보고가 있다.

4. 조현병의 치료

1) 약물치료

조현병은 도파민이라는 신경전달물질이 과도하게 분비되어 이상을 보인다는 가설을 바탕으로 한다. 이에 도파민의 작용을 억제하여 조현병의 증상을 완화시켜 주는 것이 항정신병 약물이다. 약물을 투여함으로써 환자는 안절부절못함, 망상, 환청, 충동적이고 난폭한 행동 등에서 벗어날 수 있으며, 점차 침착해지고 합리적으로 생각하고 행동할 수 있으며, 가족과 치료자와의 관계도 원만해질 수 있다. 실제로 약물을 투여받은 환자의 70%가 증상의 현저한 호전을 보였다.

조현병의 재발과 관련하여 약물의 지속적 투여의 필요성을 이해할 필요가 있다. 항정신병 약물을 지속적으로 투여하면 재발의 가능성은 약 1/4로 감소된다고 한다. 즉, 약물을 투여한 경우 1년 이내 14%가 재발하나, 투여하지 않은 경우는 약 55%가 1년 이내 재발한다고 알려져 있다. 그러나 지속적으로 약물을 투여하여도 언젠가는 약 30~50%의 환자가 재발한다고 알려져 있고, 약물을 투여하지 않으면 약 70%의 환자가 결국에는 재발하게 된다. 환자와 보호자들은 약물치료를 받아 증상이 호전된 후에는 다 치료되었다고 생각하여 임의로 약을 중단하는 경우가 많은데, 재발을 막기 위해서는 약물을 규칙적이고 지속적으로 투여해야 한다.

2) 정신사회재활치료

정신사회재활치료란 정신병으로 인해 파괴된 개인의 기능을 원래의 상태로 복구할 수 있도록 돕는 치료과정을 말한다. 넓은 의미에서 재활은 정신장애인이 정상인과 더불어 지역사회 내에서 살아갈 수 있는 기술이나 적응력을 길러 주는 모든 과정을 말한다. 항정신병 약물은 양성증상을 감소시키는 데는 효과가 크지만 지루하고 따분한 감정, 의욕의 상실, 우울, 불안감 및 신체적 증상의 호소 등 음성증상에는 효과가 적을 수 있다. 그러므로 정신치료, 집단치료, 환경치료, 사회기술훈련, 사회적응훈련, 일상생활 기술훈련, 직업기술훈련 등의 정신사회재활치료가 필요한 것이다. 약물치료와 정신사회재활치료를 병행하여 실시하는 것이 최근의 세계적인 치료동향을 이루고 있다.

(1) 정신건강의학과 낮병원, 밤병원

낮병원(day hospital)과 밤병원(night hospital)은 입원치료와 외래치료의 장점을 살린 것으로, 정신적 기능의 퇴행으로 개인의 일상생활 및 대인관계 유지에 어려움이 있는 환자들을 가정이나 사회로 원활히 복귀시키는 것을 목표로 한다. 이러한 환자를 대상으로 일상생활훈련, 대인관계훈련, 증상·약물훈련을 함으로써 환자들의 빠른 사회복귀를 돕는 것이다.

(2) 사회기술훈련과 환자교육

조현병 환자는 병의 특성이나 오랜 투병생활로 인해 대인관계 형성이나 자기주장을 잘 하지 못한다. 이에 사회기술훈련(social skills training)에는 자기주장훈련, 대인관계훈련, 일상생활 기술훈련 등이 포함된다. 기본적인 의사소통, 여가활동, 오락 및 교우관계, 약물의 자기관리, 이성관계, 태도교정 등을 가르친다. 이 프로그램의 효과에 대한 연구발표는 잘 알려진 사실로, 환자의 증상재발을 현저하게 억제해 줄 뿐만 아니라 사회성의 현저한 호전으로 자신감의 회복, 적응능력의 증가 등 환자의 삶의 질 향상에 효과가 아주 높다.

환자교육은 증상관리교육과 약물관리교육으로 구성된다. 증상관리교육은 만성 정신장애인으로 하여금 자신의 증상이 어떻게 하면 일상생활에 최소한의 영향을 끼칠 수 있는가를 교육해서 그 증상을 관리하여 재발과 재입원을 막도록 도와주려는 교육프로그램이다. 약물관리교육은 환자가 정신건강의학과 약물에 대한 올바른 지식을 갖게 하고 적절한 투약방법을 이해함으로써 스스로 약을 잘 복용하고, 약의 부작용을 스스로 관리하여 증상의 안정된 상태를 유지시키고 재발을 예방하는 데 목적이 있다.

(3) 가족교육 및 치료

가족 중 특히 환자에게 해로운 영향을 끼치는 사람들의 감정적 문제를 처리하고, 가족 중에서 건강한 사람을 치료진의 일원으로 참여시키며, 가족 전체의 역동적 관계를 가족치료 시간에 스스로 경험하고 깨닫는 것을 도움으로써 환자의 퇴원 후 치료(after care)에 상당히 중요한 영향을 줄 수 있다. 특히 최근 가족심리교육은 가족이 환자의 재활에 긍정적 기능을 할 수 있도록 돕는 유용한 치료적 방법으로 인식되고 있다.

(4) 정신재활시설을 통한 지역사회적응 프로그램

지역사회 내의 정신재활시설에서 환자에게 적극적인 사회적응의 기법을 가르쳐 주는 프로그램이다. 이 역시 환자의 증상과 심리사회적 결함을 미리 측정한 후, 그 결함의 부분을 기법으로 가르치며 직접 사회적응에서 이용할 수 있도록 한다. 행동치료의 원칙과 지역사회자원 동원기법이 많이 응용되고 있다.

(5) 직업재활

직업재활은 정신장애인이 불리를 극복하고 보다 구조적이고 체계적인 직업을 가져 사회적 역할을 수행할 수 있도록 돕는 것이다. 처음부터 지역사회 내 사업체와 정식 근로계약을 체결하여 사회적 편견을 갖지 않도록 하는 것이 중요하다. 근로조건에는 직업재활을 통해 환자의 기술이 향상될 수 있도록 치료적 프로그램이 포함되어야 하는데, 일반적으로 집단치료나 사회성훈련이 포함된다. 또한 약물치료에 대한 교육, 보호자교육 등도 이 프로그램과 병행되어야 하며, 사업체의 정상 근로자들을 교육하는 것도 중요한 한 부분이 되어야 한다.

직업재활의 과정은, 첫째, 직업기술의 평가, 둘째, 직장에 적응하는 것, 셋째, 직업기술훈련, 넷째, 보호환경에서의 취업, 다섯째, 임시고용, 여섯째, 직장을 구하는 것, 일곱째, 직업을 유지하는 것의 7단계로 이루어진다.

제2절 물질 및 알코올중독과 정신건강사회복지

1. 물질 및 중독에 대한 이해

물질(substance)이란 뇌에 영향을 미쳐 의식이나 마음상태를 변화시키는 물질을 말하는 것으로, 합법적 물질(또는 약물)과 비합법적 물질이 있다. 합법적 물질은 진정제, 항불안제, 알코올, 카페인, 담배 등이 있으며, 비합법적 물질은 아편류, 정신자극제, 환각제, 방향성 물질(본드 등)이 있다. 이들은 정신적 · 신체적 건강을 해칠 뿐 아니라 실직, 빈곤, 폭력, 범죄 등 사회적 문제를 초래하기 때문에 물질의 남용은 의학적 문제이면서 동시에 심각한 사회문제이기도 하다. 우리는 흔히 물질과 관련 개념을 혼용하여 사용하고 있는데, 명확한 개념을 논의하기 위해서 각 용어의 차이를 정리하면 다음과 같다.

- 남용(abuse)은 사회적 또는 직업상의 기능장애를 초래하는 물질의 병적 사용, 즉 의학적 사용과는 상관없이 약물을 지속적으로 또는 빈번히 사용하는 것이다.

- 의존성(dependence)은 물질을 지속적·주기적으로 사용한 결과, 사용자에게 정신적·신체적 변화를 일으켜 해로운 결과가 있음에도 불구하고 스스로 약물 사용을 중단하거나 조절하지 못하고 강박적으로 사용하는 상태를 말한다. 일반적으로 이러한 상태를 중독(addiction)이라고 한다.
- 내성(tolerance)은 약물을 사용했을 때 효과가 점차로 감소하거나 같은 효과를 얻기 위해 점차 용량을 증가시켜야 같은 효과를 얻는 것을 말한다.
- 금단증상(withdrawal syndrome)은 약물사용을 중단하거나 사용량을 줄였을 때 나타나는 증상을 말한다.

현재 우리가 흔히 사용하는 중독은 공식 명칭은 아니다. DSM-5에서는 물질관련장애(Substance Related Disorder)와 물질사용장애(Substance Use Disorder)가 정식명칭으로 사용된다. 중독질환은 자꾸 사용하고 싶은 충동과 갈망을 느끼고(의존성), 사용할 때마다 양을 늘리지 않으면 효과가 없으며(내성), 사용을 중지하면 온몸에 견디기 힘든 이상을 일으키고(금단증상), 인격퇴행 등의 임상적 증상과 징후를 나타낸다. 또한 다양한 중독은 개인에 대한 폐해뿐만 아니라 가족, 사회, 국가 전체에 폐해를 가져온다.

이 절에서는 일상생활에서 흔히 사용되는 약물인 알코올중독에 대해 살펴보고자 한다.

2. 알코올중독

술문제는 술의 역사와 함께 하고 있으나 최근 그 정도가 날로 심각해지고 있는 상황이다. 알코올의존자에게 알코올은 마치 물과 공기와 같이 삶에서 절대적인 위치를 점하고 있지만, 그들은 삶의 필수품으로 생각하는 술로 인해 인생이 철저히 망가지는 불행을 겪게 된다. 이런 까닭에 '술은 유일하게 허가된 마약'이라고 하는지 모른다(정원철, 2003).

인간서비스영역에서 알코올로 인해 파생되는 문제는 상당히 비중이 큰 것으로 보인다. 많은 경우 알코올의 남용과 의존은 단순히 알코올사용장애라는 제한적인 의미를 넘어서 개인을 클라이언트로 만나게 만드는 측면에서도 이해해야 한다. 이런 사실은 많은 성인 클라이언트들이 알코올에 직·간접적으로 연관되어 있다는 사실에서도 잘 드러난다.

여기서 용어의 사용에 대해 간략히 정리하고자 한다. DSM-5의 공식 진단 분류체계에서는 '알코올리즘'이라는 용어가 사용되지 않으며, 알코올은 다른 남용 가능성이 있는 물질과 같이 취급되어서 사용장애에 대해 남용 및 의존의 두 가지 진단이 가능하도록 하고 있다. DSM-5에서 알코올남용은 물질의 비적응적 사용으로, 반복적인 물질 사용과 관계되어 반복해서 뚜렷하게 나쁜 결과가 나타나는 것이다. 동시에 알코올의존은 개인이 물질과 관련하여 심각한 문제임에도 불구하고 물질을 계속 사용함을 보여 주는 일종의 인지적·행동적·생리적 증상들로 정의되고 있다. 우리말에서 중독은 'intoxication'과 'addiction' 두 가지 의미로 쓰이고 있다. 중독(intoxication)은 특정 물질의 작용으로 신체적·정신적 기능에 해로운 변화가 온 상태이며, 중독(addiction)은 물질을 계속 사용하려는 부적응 패턴의 일종을 말한다. 중독자라는 용어는 개인에 대한 도덕적 비난을 함축할 수 있기 때문에 사용을 꺼리는 경향이 있고, 굳이 이 두 가지 용어를 분류하자면 의존에 해당하는 개념이라고 하겠다.

알코올사용장애는 남용과 의존이 가지는 심리·사회성으로 인해 전통적인 인간서비스영역으로 인식되고 있다. 인간서비스 전문가들은 정신건강영역의 현장이 아니라 할지라도 다양한 형태의 문제음주자와 직면하게 되며, 인간서비스 과정에서 알코올문제는 1차적 표적문제가 될 수도 있고, 2차적 표적문제가 될 수도 있다. 따라서 인간서비스 전문가라면 어떤 인간서비스 현장에 종사하건 간에 알코올사용장애라는 질병에 일정 수준 이상의 지식을 가져야 한다.

사례   **알코올의존 증상을 앓은 중년 남자**

내과에 입원 중이던 47세 남자 환자가 사람을 잘 알아보지 못하고 횡설수설하며 이상한 행동을 보여 정신건강의학과 폐쇄병동으로 옮기게 되었다. 환자는 20대부터 활달하고 대인관계가 좋으며 사람들과 어울려 술을 즐겨 마셨는데, 약 15여 년 전 다니던 회사를 그만두고 사업을 시작하면서 음주의 횟수와 양이 늘어났다(2홉들이 소주 2병, 일주일에 4회 이상). 번창하던 사업이 5년 만에 큰 손해를 보고 실패하자 의기소침하여 음주량이 더 늘었고, 사소한 일에도 부인에게 시비를 걸어 가정불화가 심하였다고 한다.

약 4년 전쯤에는 친구의 권유로 새로운 일을 준비하였으나 차일피일 미루어지는 바람에 경제적으로 큰 손실만 보았고, 동업하자던 친구마저 남은 돈을 가지고 종적을 감추었다. 그 후로는 매일 술만 마시기 시작하여 한번 마시기 시작하면 보름 정도 식사도 하지 않고 안주도 없이 하루종일 술만 마시다가 속이 아파 더 이상 마실 수 없을 때가 되어야 그만두었다고 한다. 그동안 지방간, 급성 췌장염 등으로 세 차례 내과에 입원했다. 약 2년 전에는 만일 계속 술을 마시면 심각한 상태가 될지도 모른다는 의사의 경고를 받자 보다 못한 가족이 설득하여 정신건강의학과 개방병동에 입원한 후 금주를 위하여 정신건강의학적 치료를 받은 적도 있었다. 이후 술을 끊고 부인이 경영하는 음식점을 관리하면서 그런대로 잘 지내오다가, 약 1년 전쯤에 음식점 확장을 위해 돈을 빌리기 위해서 친구를 찾아갔으나 자신이 뜻하던 대로 되지 않자 '나를 무시한다.'며 그날부터 다시 음주를 시작하였다. 술을 마신 채 음식점에 나가서 만류하는 부인과 종업원들에게 고집을 피우며 손님들과 싸우는 등 엉뚱한 짓을 하였으며 가정에서도 부인이나 자녀들에게 점차 난폭해졌다고 한다. 20일 전부터는 음식점에도 나오지 않고 부인이 돌아와 보면 술을 먹고 쓰러져 자고 있었으며, 약 10일 전에는 부인이 더 이상 술값을 주지 않자 화를 내고 집을 나가 3일 동안 소식이 없었다. 3일 뒤 평소에 자주 다니던 병원 응급실에서 연락이 와서 달려가 보니 환자가 배를 움켜쥐고 지하철역에 쓰러져 있는 것을 경찰이 발견하여 병원에 데려왔다고 하며, 검사결과 술에 의한 급성 췌장염 재발이라는 판정을 받고 내과로 입원하게 되었다. 환자는 입원 2일째부터 낮이면 몸을 심하게 떨고 안절부절못하며 걸을 때도 비틀거렸다. 그리고 밤이 되면 흥분, 불안증상이 더 심해지며 '벽에 거미들이 움직인다.' '몸 위로 벌레들이 기어 다닌다.'는 말을 하면서 허공에 손을 휘젓거나 사방을 두리번거렸고, '누군가 자신을 해칠 것 같다.'며 매우 불안해하고 밖으로 나가려는 행동을 보이며 잠을 거의 자지 못하였다. 과거에 사업할 때의 이야기를 마치 며칠 전에 일어난 것처럼 이야기하고 부인이 찾아와도 못 알아보는 경우도 있었다. 한번은 간호사에게 말도 없이 병원 정문 앞에 나가 있으면서 왜 나갔는지를 기억 못하고, 검사를 위해 금식하도록 지시했지만 그것을 기억하지 못하여 식사하는 등 치료에 비협조적이고 이상한 행동을 보여 폐쇄병동으로 이실(移室, transfer)되었다.

1) 알코올의존의 원인

알코올의존의 정확한 원인은 아직 밝혀지지 않고 있으나, 대략 다음과 같은 요인이 얽혀 의존의 원인이 되는 것으로 생각된다. 그러나 더 중요한 것은 어떤 원인으로 의존하게 되었든 간에 일단 의존하게 되면 그 경과나 예후는 거의 비슷해진다는 사실이다. 따라서 개인의 의존을 다룰 때는 원인이 무엇이었을지에 집착하기보다 자꾸 술을 마시게 되는 요인들이 무엇인지 찾아보고 그에 대한 대책을 세우는 것이 더 중요하다.

(1) 유전적 요인

우선 인종 간의 차이가 있는데, 유태인과 중국인에게는 적고 아일랜드인에게는 많은 것으로 알려지고 있다. 또 가족 내 빈도에 있어 알코올중독 환자의 일란성 쌍생아는 이란성 쌍생아보다 2배 이상 중독 가능성이 높으며, 일반인에 비해 알코올중독 환자의 자녀들은 4배 이상 중독에 쉽게 빠진다. 음주에 의해 얼굴이 붉어지고 심계항진과 불쾌한 현상이 나타나는 것은 타고난 알코올 분해효소가 부족하여 생기는 것인데, 대개 이런 경향은 가족 내력이 있는 경우가 많다. 여성과 아시아인에게서 이런 경향이 많이 나타나는 것만 봐도 유전적인 영향을 생각해 볼 수 있다.

(2) 신체적(생물학적) 원인

일단 술에 중독되면 뇌세포가 알코올에 적응되면서 술에 의존하여 몸의 평형상태를 유지하도록 변하며 알코올을 갈구하게 된다. 이는 1970년대에 제안된 이론으로 알코올이 대사되는 과정에서 만들어지는 물질이 알코올 내성과 신체적 의존을 증가시킨다는 것이다.

(3) 심리적 원인

아동기 병력, 병전 인격, 분석학적 이론, 학습이론 등 중독자의 심리적인 면에서 원인을 찾을 수도 있다. 성장 후에 알코올 관련 질환에 걸리기 쉬운 알코올중독의 위험성이 높은 소아들에 관한 연구에서는 신경인지적 검사에서의 결손과 뇌파에서의 이상 소견 등이 나타난다. 그들은 어린 시절에 주의력결핍장애나 행동수반장애, 반사회성 인격장애 또는 정신활성물질의 사용장애 병력이 많다. 알코올중독자들은 비교적 수치심을 잘 느끼고 소외되어 있고 침착하지 못하며, 자극과민성이 있고 불안해하며, 예민하고 성적으로 억압하는 경향이 있다. 알코올장애에 빠지기 전에 흔히 보이는 성격에는 부적합 인격, 피동공격성 인격, 강박성 인격, 의존성 인격, 편집성 인격 등이 있다.

(4) 사회적 원인

지적 수준이 높은 사람, 사회경제적 수준이 높고 도시에 사는 사람일수록 알코올성 장애의 빈도가 높게 나타나며, 가톨릭 신자가 기독교 신자에 비해 많은 편이라고 한다. 미혼이 많으며, 이혼이나 별거 등의 어려움으로 알코올 문제의 빈도가 높다. 우리나라와 같이 음주문화에 대해 허용적인 사회에서는 음주로 인한 중독의 문제가 많다.

2) 알코올이 정신건강에 미치는 영향

술은 인류의 역사와 함께 출현하였고, 오랜 세월 동안 인류에게 사랑을 받아 왔다. 오래전부터 인류는 불안과 공포 그리고 고통을 술로써 해결하려고 노력하였고, 용기를 얻으려고 하거나 신과 접촉하고자 할 때 이용하였다. 이처럼 술은 인간의 마음을 변화시켜 좀 더 용기 있게 하거나 편안하고 즐겁게 하는 데 사용되어 왔다. 술이 인간의 마음을 변화시키는 이유는 중추신경을 억제하는 작용을 하기 때문이다.

따라서 술을 소량 마시면 대뇌피질을 억제하므로 마음에서는 오히려 억압된 감정이 어느 정도 자유로워져, 평소보다 기분이 좋아지고 말이 많아지고 없던 용기도 생겨서 사람들 앞에서 편안하게 말할 수 있게 되기도 한다. 이처럼 술은 우리 생활에서 긍정적인 역할을 하기도 하나, 과도하고 상습적인 장기간의 음주는 오랫동안 중추신경계에 나쁜 영향을 미친다.

사고력과 기억력에도 장애가 온다. 한 자료에 의하면 술은 중추신경계에 영향을 미쳐서 사고력, 집중력, 기억력, 판단력 등에 장애를 일으킨다. 이러한 기억력과 판단력 장애는 술에 취했을 때에만 나타나는 것이 아니고, 장기간 술을 마실 경우 대뇌에 영구적인 이상이 생겨 술을 마시지 않았을 때에도 기억력이나 판단력이 떨어진다. 이런 뇌기능 장애는 나이를 먹을수록 정도가 심해진다. 60세 이상의 노인들을 대상으로 실시한 실험에 의하면, 보통 노인층의 4% 정도가 치매환자인 데 비해 상습적으로 음주를 하는 사람들의 경우는 약 23%가 치매환자로 밝혀졌다. 이와 같이 술은 뇌에 중대한 영향을 미쳐서 정신질환을 유발한다.

(1) 알코올 급성중독

알코올중독의 기본 양상은 알코올의 섭취에 의하여 나타난 특수한 신경학적 또는 심리적 징후들과 행동의 변화다. 술을 마셔서 급성중독 상태일 때 나타나는 신경학적 징후로는 말이 또렷하지 못하고, 운동기능의 협응이 안 되어서 섬세한 일을 하지 못하며, 보행 시 비틀거리는 증상이 있고, 주의력과 기억력의 장애가 온다. 심리적인 징후로는 기분이 불안정하고 변덕스러우며, 성적인 행동이나 공격적인 행동을 억제하기 어렵고, 말이 많아지는 것 등이 있다. 그리고 행동의 장애로는 싸움을 하는 것, 판단력의 손상, 사회적·직업적 기능의 장애, 책임을 완수하지 못하는 것 등을 볼 수 있다. 이러한 급성중독 상태의 지속시간은 마신 알코올의 양과 얼마나 빨리 마셨느냐에 따라 다른데, 대개 음주를 중단한 후 수 시간부터 12시간가량 지속된다.

(2) 알코올 금단증상

장기간 지속적인 음주 후 갑자기 술을 중단했을 때 나타나는 징후로 손이나 혀의 떨림, 오심이나 구토, 무기력감, 나른함, 가슴이 뜀, 식은땀, 불안하거나 우울함, 구갈증, 두통, 수면장애, 악몽 등이 나타날 수 있다. 이런 증후는 금주 후 곧바로 나타나서 대개 1주일 이내에 소실된다. 간혹 뇌전증발작이 나타날 수 있다.

(3) 알코올 금단섬망

장기적인 알코올중독자가 갑자기 음주를 중단하거나 감량했을 때 나타나는 증상이다. 대개 5~15년 이상 술을 마셔 온 사람에게서 나타나는데, 처음에는 불안, 초조, 식욕부진, 진전(떨림), 공포감에 의한 수면장애 등의 증상이 보인다. 다음으로 섬망상태와 함께 자율신경기능 항진증상이 있고, 진전, 망상, 환각, 안절부절못하는 행동, 지남력장애 등을 볼 수 있다. 특징적으로 이때 환각은 주로 환시로 나타나며, 벌레나 괴물 같은 것들이 보여서 자신의 몸에 상처를 내기도 하고 심한 공포감에 사로잡히기도 한다. 대개 경과는 음주 중단 후 1~3일째에 시작하여 5~7일에 해소된다. 심한 경우 치료를 받지 않으면 사망하기도 한다.

(4) 알코올성 환각증

알코올의존이 있는 사람이 폭음을 중단 또는 감량한 후 보통 48시간 이내에 갖가지 환청을 듣게 되는 질환이다. 환청은 주로 목소리며, 그 내용은 기분이 좋지 않거나 괴롭히는 것이 대부분이다. 대개 수 시간에서 수 일 동안 지속되며 간혹 만성경과로 가는 경우가 있다. 이럴 때에는 환청 이외에 피해망상 등이 같이 나타나서 조현병과 유사한 양상을 보인다.

(5) 알코올성 건망증

지속적으로 과음을 하면 티아민(thiamine)이라는 비타민이 결핍되기 쉬운데, 알코올성 건만증은 이 때문에 오는 건망증후군이다. 주 증상은 건망증으로 자기 주변의 시간, 공간, 인물 등에 대한 지남력의 장애, 기억의 결핍된 부분에 엉뚱한 다른 삽화(기억)를 끼워 넣어 말하는 작화증, 말초신경장애 등을 보인다. 그 외 소뇌의 이상에 의한 운동실조증 등의 신경학적 장애가 나타날 수 있다.

(6) 알코올과 관련된 치매

장기적으로 음주를 지속할 경우 앞의 경우들과 같은 일시적인 중독증상 이외에 비교적 영구적인 상태인 치매가 발생할 수 있다.

이상 알코올이 우리 신체와 정신기능에 어떤 영향을 미치는지 알아보았다. 이러한 정신질환은 알코올이 직접적으로 인간 마음의 기질인 뇌에 영향을 미쳐 발생하는 것들이다. 이처럼 우리 뇌는 알코올에 민감하므로 여러 가지 질환이 발생하게 된다. 혹 자신이 앞에 열거한 것과 같은 상태를 일시적으로라도 경험한 적이 있다면, 자신의 음주가 이미 문제가 될 수도 있는 상황에 이르렀음을 인식하고 적절한 치료 등 도움을 구하는 것이 매우 중요하다.

3) 알코올중독증의 단계

- 1단계
  - 계속 이유를 찾으면서 서서히 양과 횟수가 증가한다.
  - 자주 폭음과 과음을 하게 된다.
  - 알코올중독의 시초로서 작은 스트레스에 직면하기만 하면 과음하게 된다.
  - 흔히 5~10년이 경과하면 다음 단계로 이행한다.
- 2단계
  - 음주에 관련된 활동에 지나치게 집착한다.
  - 음주가 일상적인 생활이 된다.
  - 가정불화, 사회적응장애, 심리적인 불안, 우울증상 등이 나타난다.
  - 부분적으로 신체증상(손떨림 등)이 나타나기 시작한다.
  - 수 년이 지나면 3단계로 이행한다.
- 3단계
  - 신체적 의존, 금단증상 및 신체 합병증이 나타난다.
  - 결국에는 금주가 불가능한 4단계로 진행한다.
- 4단계
  - 술을 1~2일 끊으면 금단증상이 나타나 금주가 불가능해진다.

4) 알코올중독의 치료

알코올중독의 치료에서는 다른 물질사용장애의 치료와 같은 원칙이 적용된다. 다른 정신건강의학과적 치료와 마찬가지로 가장 중요한 것은 치료적 동맹을 형성하는 것이다. 특히 치료프로그램에서 탈락하지 않도록 동기를 부여하는 것이 중요하다. 가장 먼저 클라이언트의 임상적 상황에 대한 정확한 평가가 요구된다. 초기의 치료는 중독 및 금단에 대한 것이며, 아울러 만성적 알코올 사용으로 인한 신체적·정신적·사회적 문제를 해결하여야 한다. 음주의 중단 내지는 절제가 궁극적 목표라 하겠으나, 이것이 전부는 아니며 클라이언트의 기능적 상태, 삶의 질, 클라이언트 및 가족의 주관적 만족도 등이 고려되어야 한다. 또한 초기치료 후에 재발 방지 및 재활요법의 중요성도 잊어서는 안 된다. 치료에는 개인심리치료, 약간의 일시적 약물치료, 집단치료, 가족치료, 사회적 지지체계 및 자원활용 등이 있으며, 이들이 통합된 프로그램으로 시행되어야 한다.

(1) 치료의 목표: 완전한 중단인가, 조절된 음주인가

많은 임상적 경험은 알코올중독에는 완전한 금주만이 가능한 치료라고 보고 있다. 중증, 특히 입원이 필요했던 대부분의 클라이언트의 경우 장기간의 금주 후에 한 번의 음주만으로 다시 조절불능 상태에 빠져 버리는 것과 같이 조절된 음주가 불가능하기 때문이다. 그러나 최근에는 일부 클라이언트의 경우 음주조절을 목표로 삼을 수 있다고 보기도 한다. 치료 전 심각도가 낮고 초기 상태인 경우에 한해 조절된 음주로 이전과 비교하여 정신사회적 기능이 현저히 개선될 수도 있다. 알코올중독 치료의 성공을 완전한 금주에 한정하는 경우 치료효과는 매우 실망스러운 수준이었으나, 음주 일의 감소 및 신체적·정신적 건강의 증진을 목표로 보는 경우 70% 정도에서 효과를 거두고 있다고 판정되기도 한다.

(2) 어디에서 치료할 것인가

치료의 상황은 입원, 거주시설, 부분입원, 외래 등 다양할 수 있다. 어디서 치료받아야 할지는 클라이언트의 협조능력, 제공되는 치료로부터 받을 이점, 구조화와 지지의 필요성, 클라이언트의 의지, 클라이언트의 고위험 행동을 피할 수 있는 능력, 특정 조건에서만 가능한 특정 치료법의 필요성 등에 의해 결정된다. 클라이언트는 이런 요소들 및 특정 단계에서 안전하게 도움을 받을 수 있는 능력에 대한 평가를 거쳐 한 단계의 치료에서 다음 단계의

표 9-1 알코올사용장애 치료 시 입원이 필요한 경우

1. 과량복용으로 외래 및 응급실에서 안전한 치료가 어려울 때
2. 심하거나 내과적 합병증이 있는 금단증후군의 위험이 있을 때
3. 통원 해독치료를 어렵게 하는 전반적인 내과적 상황(술로 인한 심한 내과적 질환상태)
4. 입원 이외의 상황에서는 치료효과가 없거나, 치료를 잘 받지 않았다는 확실한 병력
5. 정신건강의학과적 공존장애가 치료에 참가할 능력을 제한하거나, 스스로 절박하여
   입원치료를 원하는 경우
6. 자신 혹은 타인에게 위험한 경우

치료로 넘어간다. 〈표 9-1〉에 제시한 것과 같은 경우에는 입원치료가 필요
하다. 퇴원은 해독의 완료, 프로그램의 종료, 동기화가 확인된 경우 등에 고
려한다. 퇴원 이후에 부분입원, 외래치료, 단주친목(A.A.) 연결 등의 사후치
료(aftercare)와 자조집단 참여는 장기간의 입원보다 효과적일 수 있다.

(3) 입원치료

알코올중독의 치료 중 제일 먼저 시작해야 할 것은 해독이다. 이 기간 중
심각한 금단증상이 발생할 수 있으므로, 이를 예방하거나 치료하려면 입원
이 필요하다. 동반된 다른 정신적·신체적 질병이 있는 경우에는 같이 치료
해야 하며, 음주로 인해 자신이나 타인의 신체적·정신적 위험이 일시적으로
있다면 입원치료를 하여 위험에서 보호해야 한다.

(4) 약물치료

약물치료는 정신건강의학과 의사의 처방을 받아 시행해야 한다. 시중에서
술 끊는 약이라고 판매되는 약들은 부작용이 있어 위험할 수도 있으므로 반
드시 당사자에게 설명하고 정신건강의학과 의사의 지시와 감독하에 사용해
야만 한다.

(5) 재활치료

치료는 타인의 강요에 의해 시작되는 경우가 대부분이므로 많은 환자는 술을 마시고 싶은 욕구로 인해 계속 갈등을 겪는다. 이러한 갈등은 치료에서 꼭 다루어져야 하며 치료받고자 하는 동기를 강화하는 데 중점을 두어야 한다. 알코올중독자는 자신의 건강에는 문제가 없다고 자신하거나 자신과 관련된 문제들에 대해서는 부정하고 합리화하는 반면에 주변 사람(특히 감정적 교류가 많은 가족)의 탓으로 돌리려고 하는 투사의 특징이 있다. 따라서 환자에게 술로 인한 증상과 객관적인 현실을 인식시키고, 스스로가 술에 대해 무기력하고 조절능력이 없음을 인정하도록 해야 한다. 그리고 알코올중독이 병이라는 사실과 이 병에서 회복되는 유일한 길은 술을 완전히 끊는 것밖에 없다는 것을 환자와 가족이 깨달아야 한다.

음주문제로 인해 치료를 받으러 올 즈음의 환자에게는 음주만이 모든 상황을 극복하는 유일한 방법이 되어 있다. 따라서 상황에 대처하는 좀 더 나은 기술을 개발하고, 술을 피하기 어려운 상황에 대처하는 기술과 동료에 의한 음주의 유혹을 극복하는 방법을 배우게 된다.

(6) 치료의 과정

일단 술과 격리하고 해독을 하는 것이 중요하다. 술을 끊으면 심각한 금단증상이 생길 수 있기 때문에 대개 알코올의 해독은 입원치료 상황에서 하는 것이 안전하다. 환자가 술에 의해 내과적인 손상이 있을 수도 있으므로 환자의 신체상태에 대한 철저한 검사와 진단이 필요하다. 중독자는 대부분 영양결핍이 동반되므로 적절한 영양공급을 해 주어야 하고, 금단증상을 줄이기 위한 정신건강의학과적 약물의 투여도 병행된다. 대개 2~3주 정도면 알코올의 해독치료는 마무리된다. 해독과 병행해서 술을 끊기 위한 다양한 치료프로그램이 제공된다. 먼저 환자를 정신건강의학과적으로 면밀히 평가한 후 치료계획을 수립한다. 그리고 개인면담, 교육, 집단치료, 인지행동치료, 환경치료, 심리극 등의 심리재활치료를 통해 환자 스스로 자신과 알코올중독에 대해 잘 알고 미래에 대한 계획을 세우도록 한다. 이런 치료는 입원상황에서 끝나는 것이 아니라 퇴원 후에도 재발방지를 위해 지속적으로 이루어져야 한다.

환자의 치료에는 가족과 주변 사람들의 이해와 치료를 위한 참여가 절대적으로 필요하다. 가족도 환자로부터 고통받고 길들여져서 적절한 치료적 도움이 필요한 경우가 많다. 가족교육이나 가족치료에 적극적으로 참여할수록 가족과 환자 모두가 도움을 받아야 하는 경우가 많다.

5) 알코올치료 프로그램

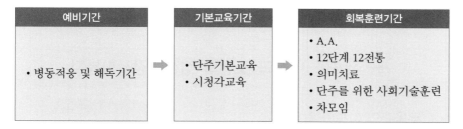

기본교육기간

① 단주기본교육: 알코올중독에 대한 전반적인 교육을 통해 기본적인 알코올에 대한 이해와 자신의 문제를 인식할 수 있도록 하여 단주하고자 하는 동기를 유지할 수 있도록 한다.

② 시청각교육: 알코올중독자의 객관적인 사례나 실험을 통하여 술문제를 인식하게 하여 효과적인 치료를 꾀한다.

회복훈련기간

① A.A.(단주친목): 실제 단주를 하고 있는 협심자와 집단모임을 통해 경험을 공유하고 '나도 할 수 있다.'는 자신감을 고취하고 퇴원 후 A.A.와의 연결고리 역할을 하여 단주생활을 유지하는 데 도움을 준다.

② 12단계 12전통: 12단계의 기본원칙, 실천방법들에 관한 교육과 토론을 통하여 퇴원 후 적극적으로 A.A.모임에 참석할 수 있도록 유도한다.

③ 의미치료: 의미치료는 환자로 하여금 자신의 존재가치와 삶의 목표 그리고 의미를 발견하도록 도와줌으로써 단주 의지를 확고히 하고, 행동·실천할 수 있는 책임의식을 갖고 환경과 본능과 압력에 저항할 수 있는 힘을 기르도록 한다.

④ 단주를 위한 사회기술훈련: 퇴원 후 일상생활에서 겪을 수 있는 어려운 상황들을 설정하여 실제적인 실습을 통한 단주 대처기술을 배운다. 토론과 인지행동치료, 역할극(role play)에 중점을 둔다.

제3절 여성과 노인의 정신건강사회복지

1. 우울증의 이해와 치료

살아가면서 어렵고 힘든 좌절을 경험한 후에 일시적으로 우울한 감정을 경험하는 것은 정상적이고 자연스러운 반응이다. 그러나 우울상태가 몇 달 이상 계속되고 그 정도가 심해지면 우울증이라 부른다. 우울증은 사람들이 살아가면서 고통받는 심리적인 문제다. 이는 감기와 같이 가장 흔한 심리적 문제다.

우울증이란 한마디로 기분이 우울한 상태가 특징인 정신과 질환이라고 할 수 있다. 이 질환은 고대 이집트 시대부터 기록이 있을 정도로 오래되었으며, 주위에서 가장 흔히 볼 수 있는 정신건강의학과 질환 중의 하나다. 그러나 보통 알고 있는 것처럼 일시적으로 슬프고 우울한 기분이 드는 상태와는 다르며, 단순히 의지가 약해서 생기는 병이 아니다.

우울증은 수면, 식사, 신체, 사고방식, 행동까지 영향을 미치며, 몇 달 또는 몇 년 동안 증상이 계속되기도 한다. 또 재발이 잘되기 때문에 치료를 제대로 받지 못할 경우에는 우울증상으로 장기간 고통을 받게 되거나 심하면 자살까지 이를 수도 있는 무서운 병이다. 반면에 우울증은 정신건강의학과 질환 중에서 가장 치료가 잘되는 질환 중 하나이므로 적절히 치료만 받는다면 대개의 경우 정상인과 같이 즐거운 삶을 누릴 수 있다.

 사례 　**우울증 증상을 앓은 부인**

　　세 자녀를 두고 있는 가정주부다. 남편은 외국계 기업의 중견간부로 경제적인 면에서 생활의 불편함이 전혀 없다. 언제인지 확실하지는 않으나 남편은 아내가 점차 우울해 가는 것에 주의하게 되었으며, 아내는 '인생이 허무해요.' 하며 반복해서 호소하기 시작했다.

　　남편은 우리가 불행할 아무런 이유도 없다고 아내의 마음을 달래면서 이웃과도 어울리고 취미를 가져 보라고 권하기도 했다. 그러나 아내는 인생에 아무런 목적도 없다는 생각에 더욱더 깊이 빠졌고, 얼마 후에는 집안청소, 식사준비, 자녀를 돌보는 일 등에도 관심을 잃게 되었다.

　　처음에 남편은 그저 아내가 기분이 언짢고 곧 극복할 것으로 생각했으나 이제는 걱정하기 시작했다. 남편은 아내가 병에 걸렸거나 그와 자녀들을 이제 사랑하지 않는 것으로 생각하였고, 아내가 왜 그러한 행동을 하고 있는지 이해할 수 없었다.

　　남편이 아내와 논의하기로 결심하고 이야기를 나눈 결과, 아내는 남편에게 자신은 이제 아무런 동기도 없고 간단한 집안일도 크게 힘이 들며, 남편과 자녀를 사랑하기는 하나 그 어느 것에도 열정이 나지 않는다고 하였다. 아이들의 어머니로서 그리고 아내로서 해야 할 일을 다하지 못하는 데서 오는 약간의 죄책감도 있었으나 모든 것이 그저 너무나 우울한 것이기만 했다. 인생의 의미와 중요성을 잃고 그저 혼자 있고 싶어 하였다. 아내는 계속하여 울고 있었는데, 울음을 멈추게 할 수도 없고 우울한 상태에서 헤어나게 할 수도 없었던 남편은 마침내 정신건강의학과에 가 봐야겠다고 생각하고 면담 약속을 해 놓았다.

　다음 날 남편은 오전만 근무하고 오후에는 아내와 함께 정신건강의학과 의사와 면담을 하기 위해 일찍 퇴근했다. 집에 도착하자, 그는 부인이 거의 의식을 잃은 상태에 빠져 있는 것을 발견했다. 자살을 하려고 수면제를 다량 복용한 것이다. 부인은 급히 응급실로 옮겨졌고 현재 정신건강의학과에서 치료를 받고 있다.

1) 우울증의 이해

(1) 우울증의 원인

우울증의 원인은 다양하게 설명된다. 생물학적 요인, 생활사건, 심리적 요인, 유전적 요인, 신체질환, 약물과 알코올 등이 복합적으로 작용하는 것으로 본다.

① 생물학적 요인

대부분의 전문가는 신경전달물질이나 호르몬 등 뇌의 화학적 물질의 불균형에 의해 우울증이 발생한다고 믿고 있다. 뇌 속 수십 억 개 신경세포들의 정보를 전달하는 것이 신경전달물질인데, 우울증은 이런 신경전달물질 중 기분에 변화를 주는 신경전달물질의 불균형에서 기인하며, 이를 조절하는 것이 약물치료다.

② 생활사건

사랑하는 사람의 죽음이나 난치성 질병, 실연, 시험 낙방, 엄청난 재산의 손실 등은 우울증을 일으키기 쉬운 생활사건이다. 이런 사건을 겪으면 누구나 정상적으로 슬퍼하는 과정을 거치지만, 우울상태가 몇 달 이상 계속되고 그 정도가 심해지면 우울증을 의심해 보아야 하며 치료를 받도록 하여야 한다.

③ 심리적 요인

여러 심리학 이론들은 '자기 자신에게 화가 난 상태'를 우울이라 설명하기도 한다. 대인관계 속에서 쌓인 분노나 공격 감정을 직접 발산하지 못하고 자신을 비하하고 처벌하는 등 자신을 향해 발산하는 사람, 어릴 적 자신의 이미지를 부정적으로 가지며 성장한 사람, 대인관계나 일에 있어 지나치게 완벽한 사람, 현실에 대한 기대가 높은데 좌절감이나 무기력감을 느끼는 사람 등이 우울증에 걸리기 쉽다.

④ 유전적 요인

일부 사람들은 유전적 요인에 의해 우울증에 걸릴 수도 있다. 우울증을 앓았던 직계가족이나 가까운 친인척이 있는 경우는 다른 사람에 비해 우울증에 걸릴 확률이 높다.

⑤ 신체질환

갑상선, 부갑상선 질환과 부신과 관련된 질환을 비롯하여 당뇨병, 뇌출혈, 고혈압 및 심장질환, 암과 같은 난치성 질환은 우울증을 동반할 가능성이 높은 편이다.

⑥ 약물과 알코올

때때로 우울증은 특정 약물의 부작용으로 발생하기도 한다. 일부 고혈압약, 결핵약, 피임약, 이뇨제나 진통제 등은 우울증을 유발하므로 의사와 상의하여 우울증의 원인이 되는지 잘 살펴보고 복용해야 한다. 특히 술을 장기적으로 많이 마시는 경우 우울증과 관련이 있으며, 만일 다른 약물과 같이 술을 마신다면 이들 간에 상호작용이 일어날 수 있고 만성적인 자기모멸감으로 우울증에 걸리기 쉽다.

(2) 우울증의 임상적 특징

우울증의 경고증상은 여러 가지가 있다. 우울증은 다른 병과 마찬가지로 어느 날 갑자기 생기는 것이 아니다. 우울증을 예방하기 위해서는 평소 다음과 같은 신호들을 주의 깊게 관찰해야 한다.

① 수면장애

대부분 우울증 환자는 불면증을 호소하지만 반대로 잠을 너무 많이 자는 경우도 있다. 불면증인 경우는 새벽에 일찍 깨서 다시 잠을 못 드는 경우가 많고, 잠을 많이 자는 경우는 잠을 아무리 많이 자고 일어나더라도 안 잔 것처럼 피곤하고 불쾌한 기분이 든다.

② 식욕부진

먹는 것에 대해 무관심해지고 좋아했던 음식조차 먹기 싫어진다. 자연히 체중도 감소한다. 그러나 반대로 지나치게 먹는 것에 탐닉하는 경우도 있다.

③ 의욕상실

매사 의욕이 없고 몸에 기운이 빠지고 피곤함을 느낀다. 자신감과 집중력도 급격히 떨어진다. 또한 좋아하던 일이나 취미생활, 더 나아가 성적인 흥미마저 없어진다.

④ 자기관리 소홀

만사가 귀찮아지므로 자신의 외모에 대해서 무관심해지고 타인의 시선에 대해서도 무관심해진다.

⑤ 자신감 상실

우울한 사람은 자신감을 잃고 자신의 가치를 격하시킨다. 그로 인해 자신을 무능력하다고 생각한다. 또한 모든 것이 자신 때문이라는 죄책감도 자주 든다.

⑥ 정서불안

평소 유쾌하던 사람이 쉽게 흥분하고 불안·초조해하는 경향이 생길 수 있다. 조그만 자극에도 짜증을 내고 흔들린다.

⑦ 기분의 요동

우울증이 있는 경우 일반적으로 아침에는 기분이 안 좋다가 오후에는 오히려 괜찮아지는 경우가 많다. 정반대로 느끼는 경우도 있다. 그 외에도 순간 기분이 좋다가 곧 눈물을 흘리기도 하는 등 기분 변화가 심하다.

⑧ 자살에 대한 생각

기분이 침체되었을 때 쉽게 자살에 대한 생각을 한다. 우울증 환자의 15% 정도는 자살로 인생을 마감할 정도로 자살은 우울증의 가장 심각한 증상이다.

(3) 우울증의 종류

① 주요우울증

심한 우울증 상태가 최소 2주 이상 계속된다. 평소 재미있어 하던 활동도 흥미를 잃고, 자신감이 없어지며, 식욕이 떨어져 체중이 감소한다. 또 항상 피곤하고 잘 잊어버리고 집중력이 떨어진다. 주요우울증은 남자보다 여자에게 2배 이상 많다.

② 양극성 장애(조울증)

기분이 우울한 상태와 모든 일이 다 잘될 것 같은 자신만만하고 들뜬 기분의 상태가 반복되는 상태를 말한다. 들뜬 기분이 되면 힘이 넘치고 생각도 빨라지고, 잠을 잘 필요성을 느끼지 않을 정도로 에너지가 넘치는 것처럼 보인다. 쉽게 흥분하고 짜증을 내고 남들에 대한 간섭이 많아진다. 판단력과 통제력에 문제가 있기 때문에 쓸모없는 일을 주장하고 일을 벌여 경제적으로 큰 손실을 가져오기도 한다. 대체로 성인인구의 약 1%가 양극성 장애를 가지고 있고, 친인척 중 양극성 장애가 있는 집안에서는 양극성 장애에 걸릴 위험성이 높다.

조증의 이해를 돕기 위해 우울증의 증상과 비교하면 〈표 9-2〉와 같다.

표 9-2 우울증과 조증의 증상 비교

우울증	조증
• 계속되는 우울, 불안 혹은 공허감 • 절망적인 느낌, 염세적 사고 • 죄책감, 무가치 혹은 무기력감 • 성생활을 포함하여 한때 즐거웠던 일이나 취미 생활에서 의욕 및 흥미 상실 • 불면, 아침에 일찍 깨거나 과다한 수면 • 식욕감소나 체중감소, 과식이나 체중증가 • 힘이 없고 피로하며 몸이 처지는 기분 • 죽음이나 자살에 대한 생각, 자살기도 • 초조감, 쉽게 짜증남 • 집중력 및 기억력 저하, 의사결정의 어려움 • 두통, 소화기장애 또는 만성통증 등 치료에 잘 반응하지 않고 계속되는 신체증상	• 부적절하게 들뜨는 기분 • 부적절하게 민감한 반응 • 심한 불면 • 과대사고 • 말이 많아짐 • 조리 없고 빠른 사고 • 성욕의 증대 • 지나친 의욕, 힘이 생김 • 어설픈 판단 • 부적절한 사회적 행동

③ 우울신경증

주요우울증보다 정도가 심하지 않지만 더 오래 지속된다. 최소 2년 동안 지속되며, 전체적으로 보면 우울한 날이 우울하지 않은 날보다 더 많다. 인생의 낙이 없어 보이고, 즐거움을 거의 경험하지 못하며, 불면증·식욕부진을 보인다. 이는 신경성의 수준이지만 역시 뇌의 생화학적 작용에 의한 것이다.

④ 계절성 우울증

어떤 사람들은 우울증상이 매년 같은 시기에 나타난다. 대개는 날씨가 좀 쌀쌀해지고 기온이 낮아지는 가을이나 겨울에 나타난다.

⑤ 산후우울증

출산 후 산모에게 우울증이 나타날 가능성이 높다. 그 원인으로는 앞으로 닥칠 양육과 관련된 정신적·사회적 스트레스, 호르몬의 변화와 유전적인 요인이 작용한다. 대체로 자신은 몰랐겠지만 과거에 우울증이 있었던 경우에 산후우울증이 생길 가능성이 더 많다. 일반적으로 산후우울증은 가벼운 형태로는 약 50%의 여성에게서 발생한다. 출생 후 며칠 내 또는 수 주일 내에 시작하여 비교적 짧고 정도도 심하지 않으며 주변에서 잘 위로하고 도와주면 호전된다. 그러나 산모 중 10%는 심한 우울증을 앓기도 한다. 출산 후 3주일 정도 후 시작되며 여러 달 동안 지속될 수 있다. 보통 정신치료와 항우울제 치료와 같은 전문적인 치료가 필요하다. 산후우울증 중에서 가장 심한 형태는 정신병 증상을 보이는 것으로 1,000명 중 약 1~3명 정도 발생한다. 이런 형태는 출산 후 1주일을 전후로 시작되는 것이 보통이며 입원을 해야 할 정도로 심하며, 환각증상이나 망상, 의식혼란이 있을 정도로 매우 위험한 상태다.

(4) 우울증의 치료

우울증 초기에는 외래 통원치료를 받게 된다. 대부분 약물치료와 함께 정신치료를 받으면 정상적인 일상생활을 계속할 수 있다. 증세가 심한 환자나 자살 가능성이 높은 환자, 신체적 질환이 있는 환자 등은 입원치료가 필요하다.

① 약물치료

항우울제 약물치료는 습관성이 되지 않으므로 우울증의 정도와 기간을 감소시킬 수 있다. 주요우울증 환자의 70~80% 이상은 항우울제 치료만으로 증세가 좋아진다.

② 지지정신치료

환자의 현재 상태에 대해 함께 이해하고 공감하는 치료방법으로 환자에게 안정을 주고 사회적 기술을 증진시킨다.

③ 인지치료

우울증을 완화시키고 환자의 사고체계를 바꿔 주는 것으로 긍정적인 사고체계를 갖는 데 도움을 준다. 경조증부터 중증의 우울증을 치료하는 데 성공적이고, 약물치료의 효과를 돕는 역할을 한다.

④ 행동치료

사람들의 모든 행동은 배우고 훈련한 결과라고 보는 관점에서 출발한 치료법으로, 환자의 생활에서 긍정적인 요소는 높여 주고 충격적인 변화나 이별 같은 부정적인 요소는 감소시켜 준다.

⑤ 대인관계치료

대인관계 문제가 우울증의 원인이든 결과이든 관계없이 문제를 해결하고 주위 사람들과 잘 지내도록 하는 데 초점을 맞춘 치료법이다.

⑥ 집단치료

여러 명의 환자들이 한자리에 모여 서로에게 정서적 지지를 주고 다양한 경험을 공유하게 한다. 이를 통해 타인에 대한 배려와 다른 사람들의 극복방법 등 정보를 얻게 된다.

2. 치매의 이해와 치료

치매(dementia)는 정신건강의학과에서 흔하게 만날 수 있는 뇌의 기질성 질환이다. 치매환자에게서 보이는 극심한 정신혼란이나 비현실적인 행동은 정신건강의학과 입원치료의 대상이 되기도 한다. 정신건강의학과에서 행해지는 치매환자의 치료목표는 치매로 인한 정신증상의 억제와 치매에 따른 합병증을 제거하는 것이다. 치매는 유형에 따라 치료가 되기도 하지만, 치매라는 용어에서 알 수 있듯이 대부분은 치료가 잘되지 않으며 지속적으로 악화되는 노인성 정신질환이다.

치매를 가진 노인의 삶의 질 및 인권의 문제, 치매환자를 둘러싼 가족의 심리적 · 정서적 · 경제적 부담, 치매환자를 원조하는 체계적인 제도의 미비, 치매의 특성인 난치성 등으로 인해 치매는 정신건강사회복지의 기능적 대상이 되고 있다.

사례 **치매를 앓은 할머니**

12년 전 봄 시부모가 돌아가시고 할머니 자신도 거의 환갑이 되어 갈 무렵, 간혹 물건 둔 곳을 잊어버리거나 사람 이름이 금방 생각나지 않는 일이 자주 있었다. 하지만 남보다 심한 편도 아니었고 생활에 아무런 지장이 없었다.

이듬해 수원 사는 둘째아들 집에 가는 중에 알던 길을 찾지 못하고 헤매다 경찰의 도움으로 아들 집을 찾아간 일이 있었다. 아침에 아들이 꼭 전해 달라고 한 말이 무엇이었는지 생각이 나지 않아 다시 전화를 하여 물어보기도 하였고, 친구를 며느리에게 소개하려고 하다가 이름이 생각나지 않아 얼버무리는 일도 있었다. 환갑 때 자식들이 해 준 금가락지를 어디에 두었는지 몰라 집 안을 온통 뒤져 보름 만에 찾는 일이 있어 치매 클리닉을 방문하여 검사를 받았다. 검사에서 명백한 인지기능의 저하가 발견되었고, 아직 치매는 아니지만 치매로 진행될 가능성이 있는 '치매 의심' 단계인 '경계인지장애'라는 진단을 받았다.

2년 정도가 지나자 무슨 내용인지 전혀 알 수가 없다면서 텔레비전의 연속극이나 뉴스도 보지 않고 신문도 읽지 않게 되었다. 이 무렵 자주 불안해하고 우울하다는 말을 하였다. 멀리 사는 자식들이 와서 같이 외식이라도 하러 나가자고 해도 싫다고 하고, 점점 아무런 희망도 없고 사는 재미도 없다며 매사에 부정적이었다. 누가 기억력이 괜찮아졌냐고 물으면 '내가 언제 기억력이 나빴던 적이 있었냐?'면서 기억력장애에 대해 강하게 부정하였다.

다시 2년이 지나 겨울이 되자, 이제 할머니는 금방 일어난 일을 까맣게 잊어버려 자식네에 자꾸 전화를 하거나, 식사를 하고 돌아서서 또 식사를 하려고 하였고, 거스름돈을 제대로 계산할 줄 몰라 쇼핑을 할 수 없게 되었으며, 길을 잃어버리기 때문에 혼자서 멀리 외출할 수도 없었다. 하지만 지금이 몇 월 며칠인지도 알고, 장소나 사람들을 혼동하는 경우도 없었고, 집 앞의 잘 알고 있는 곳에는 가끔 혼자 나가기도 했다.

약 4년이 지난 가을, 할머니가 자신의 방에서 며느리에게 '얘야, 여기가 어디니? 나는 우리 집에 갈란다.'며 늘 생활해 온 자신의 방을 알지 못하고 엉뚱한 말을 하였다. 점점 할머니의 엉뚱한 말이 늘어나고 사람을 의심하고 도둑이 들었다며 불안해 하며 안절부절못하는 일이 잦아졌다. 한여름에 겨울옷을 입고 다니기도 하고 고쟁이 바람으로 돌아다니기도 하는 등의 행동 때문에 며느리가 한순간도 눈을 떼지 못하고 할머니를 도와드려야 했다. 이런 상태로 1년 정도 지나자, 할머니는 아들과 며느리의 이름은 물론 자신의 나이조차도 잘 알지 못하게 되었다. 외출하여 작은아들네 가는 것을 좋아하여 가끔 길을 스스로 이야기하기도 하지만, 이제는 소변을 가리지 못해 기저귀를 차고 다녀야 했다.

또 1년이 지난 가을, 할머니는 며느리를 '엄마'라고 부르며 하루종일 졸졸 따라다니고 대변도 가리지 못하게 되었다. 소리를 지르고 옷을 찢어 버리거나 상스러운 욕을 하기도 했다. 밤에는 자지 않으며 화장실을 찾지 못해 각 방을 다 열고 돌아다니고 냉장고 문을 열고 쪼그리고 앉아 용변을 보기도 하는 등 가족의 고통이 점점 심해지기 시작하였다.

이렇게 2년이 지나 가을이 되면서 할머니는 점점 자신의 방에서 나오지 않고 꼭 필요한 대답 외에는 말을 하지 않게 되었다. 고작 '싫어, 그래, 밥, 물, 아파' 등 대여섯 가지의 말만 할 뿐 거의 가족을 알아보지도 못하고 아무런 표정도 얼굴에 나타나지 않게 되었다. 그리하여 의사의 권유로 치매전문병원에 입원하여 전문적인 간병과 치료를 받기 시작하였다. 아직도 아들들이 찾아가면 말은 없지만, 고개를 들고 미소를 지어 보일 수는 있게 되었다.

1) 치매의 임상적 특징

치매란 다양한 원인에 의한 뇌손상이나 뇌병변으로 인해 인지기능이 저하되는 정신장애를 통칭하는 것이다. 치매환자는 뇌가 손상됨으로써 사고장애, 기억장애, 판단장애, 지남력장애 등과 같은 인지기능과 정신기능이 감퇴된다. 또한 정서장애, 성격 변화, 일상생활 동작능력장애 등이 수반됨으로써 직업활동과 일상적 사회활동 또는 대인관계에 심각한 장애를 입게 된다. 치매의 임상적 특징은 다음과 같다.

- 치매의 원인은 뇌의 손상과 변형이다. 치매는 심인성 정신장애가 아닌 뇌의 신경계 손상이나 기능저하에 의해 발생하는 기질성 정신장애(organic mental disorder)다.
- 치매는 후천적으로 발생한다. 치매는 후천적 원인에 의한 뇌손상으로 인해 인지기능이 떨어지는 질환으로 선천적으로 발생하는 지적장애(mental retardation)와는 구별된다.
- 치매는 주로 노년기에 발생한다. 대부분 노년기에 발생하는 치매는 청소년기에 발생하는 조현병이나 정신증과는 증상 면에서 유사한 점도 있지만 지능의 결손이 뚜렷하고 점차 악화되어 간다는 특징이 있다.
- 치매의 원인과 증상은 매우 다양하다. 모든 치매에서는 기억장애가 공통적으로 발견되지만, 원인에 따라 나타나는 증상은 매우 다양하다. 즉, 치매는 원인에 따라 뇌의 손상 부위가 각기 다르기 때문에 치매환자가 보이는 증상도 각기 다를 수밖에 없다.
- 치매는 정신기능뿐만 아니라 삶 전체에 황폐화를 초래한다. 치매환자는 정신기능은 물론 기본적 일상생활, 대인관계, 사회활동이 불가능해져 전체적인 삶이 황폐화된다.
- 치매에는 의식장애가 동반되지 않는다. 치매환자의 의식은 또렷하게 유지된다. 이는 의식장애를 수반하는 섬망(delirium)과 구분된다.

2) 주요 증상과 진행과정

(1) 주요 증상
유형과 형태에 따라 차이는 있지만 치매의 일반적인 증상은 다음과 같다.

- 추상적인 사고가 어렵고 망상과 의심을 보인다.
- 지적 기능, 특히 지능의 저하가 가장 뚜렷하다.

- 사회적 · 직업적 기능수행이 불가능하다.
- 판단 및 충동 자제가 어려워 난폭한 행동을 하기 쉽다.

(2) 진행과정
치매의 일반적인 진행과정은 다음과 같다.

① 초기
- 기억의 점진적 상실
- 외모와 일에 대한 무관심
- 쇠약
- 감각의 장애
- 장소에 대한 지남력
- 언어의 부적절

② 중기
- 완전한 지남력장애
- 안절부절못함
- 실인증, 실어증
- 이해력의 둔마
- 읽기 및 쓰기 장애
- 운동부전

③ 말기
- 자극에 대한 과민반응
- 불결
- 운동성 상실
- 착어증(언어실어증)
- 상동증적 운동
- 반사운동만 하는 식물성 상태

3) 치매의 종류
치매는 뇌졸중 후에 발생하게 되는 혈관성 치매, 대뇌피질의 신경세포가 서서히 소실되면서 지적 능력이 저하되는 신경퇴행성 치매, 기타 뇌손상, 알코올중독, 중추신경계 감염, 독성대사장애, 산소결핍, 저혈당 등으로 발생하는 치매 등으로 분류할 수 있다. 혈관성 치매는 위험인자가 되는 고혈압, 당

표 9-3 치매의 종류

혈관성 치매	신경퇴행성 치매			기타 원인에 의한 치매
• 뇌허혈이나 뇌출혈 등 뇌졸중 후에 발생 • 갑자기 시작되고 갑자기 악화되는 양상을 보이거나 호전되기도 함 • 위험인자: 고혈압, 당뇨, 심장질환, 비만, 흡연, 뇌졸중 등 • 이들 위험인자모두가 예방이가능하고, 뇌졸중이 발생한 후에도 지속적인치료를 통해 지적 기능의 악화를 방지할 수있음	• 대뇌피질의 신경세포가 소실되면서 지적 능력이 저하 • 서서히 발병하고 서서히 진행하며 점차 악화됨			**뇌손상으로 인한 치매** • 교통사고, 산업재해 등으로 인해 광범위한 뇌손상을 입은 경우 • 심각한 지적 능력 저하가 초래되어 회복되지 않는 경우도 있음
	루이체 치매	**알츠하이머병**	**전두측두엽 치매**	
	• 섬망이나 환시와 같은 정신병적 증상이 나타나는 경우가 많음 • 다른 치매와는 달리 인지기능, 추체외로 증상 및 정신병적 증상에 기복이 있는 양상을 보임	• 1907년 알츠하이머가 처음 보고한 병 • 치매의 가장 흔한 유형(60~70%) • 원인: 베타아밀로이드(β-amyloid)의 독성에 의해 신경세포가 사멸한다는 이론이 널리 알려져 있고, C단단백질의 독성에 의한다는 새로운 가설이 제기되고 있음 • 연령증가에 따라 급속히 증가하고, 여성에게 더욱 흔하며, 치매 가족력이 있거나 ApoE ε4 유전형이 있으면 위험도가 증가	• 인지기능의 저하보다는 성격과 행동의 변화가 뚜렷하게 먼저 출현 • 이상행동은 발병초기부터 서서히 시작되어 악화 • 사회규범을 모르는 듯 행동하고 갑자기 과격한 행동을 보이며, 사고가 경직되어 설득이 어렵고 고집이 세며, 많이 먹고 주의가 산만 • 초기에는 성격의 변화 혹은 무관심, 부적절한 사회적 행동이 두드러짐 • 언어기능에서는 말수가 점진적으로 줄고, 상동언어, 반향어 등이 나타나면서 후기에는 결국 무언증(mutism)을 보임	**알코올성 치매** • 알코올중독으로 입원한 환자의 3% 정도 • 초기에는 약물치료에 반응하여 호전되기도 하지만 만성화되면 회복 불가능 • 위험요인: 여성, 50대 이상의 연령, 지속적인 음주 **기타 치매** • 중추신경계 감염(신경매독, 결핵, 바이러스성 뇌염, AIDS), 독성대사장애(악성빈혈, 엽산결핍증, 갑상선기능저하증), 산소결핍증(연탄가스 중독, 저혈당, 저산소증) 등으로 인해 치매가 발생

뇨, 심혈관질환, 비만 등이 모두 예방 가능한 인자이므로 만성질환을 위한 꾸준한 건강관리로 예방할 수 있다. 신경퇴행성 치매에는 잘 알려진 알츠하이머병, 섬망이나 환시와 같은 정신병적 질환을 동반하는 루이체 치매, 인지기능보다 성격과 행동의 변화가 먼저 나타나는 전두측두엽 치매 등이 있다.

치료될 수 있는 치매에는 정상압 뇌수종으로 인한 치매, 대사질환(갑상선기능저하증, 비타민 B12 및 엽산 결핍증, 당뇨병, 만성 뇌전증환 및 신장질환)으로 인한 치매, 경막하 혈종으로 인한 치매, 뇌종양으로 인한 치매, 알코올중독으로 인한 치매, 매독이나 AIDS로 인한 치매가 있다. 한편, 노년기 우울증으로 인한 가성 치매도 정신운동성 지체와 인지기능 저하를 초래하기 때문에 치매로 오인될 수 있다.

예방할 수 있는 치매는 혈관성 치매다. 혈관질환의 위험인자인 고혈압, 심장병, 고지혈증, 당뇨병, 흡연 등을 치료하고 건강한 생활습관을 유지하면 발생을 예방할 수 있다. 일단 발생하더라도 더 이상의 뇌졸중이 발생하지 않도록 예방하면 악화를 막을 수 있고 항치매 약물 등으로 치료할 수 있다. 또한 이런 노력들이 치매의 진행을 느리게 할 것이다.

진행을 느리게 할 수 있는 치매로는 알츠하이머병 등의 신경퇴행성 치매를 들 수 있다. 치매는 완치되지 않지만 진행을 느리게 할 수는 있다. 이것은 최근에 개발된 항치매 약물을 통하여 가능하다. 최근에는 많은 치료약이 개발되어 적절한 치료로 치매의 급속한 악화를 막을 수 있다.

4) 치매의 임상적 유형

(1) 단순 황폐화형

가장 흔한 유형으로 뚜렷한 특징은 기억력의 저하와 무감동이다. 환자는 기억력이 점차 떨어지면서 흥미가 축소되고 진취성을 상실하며 사고의 부진과 무감동, 안절부절못함을 보인다. 환자는 환경과의 접촉을 피하고 증상의 진행과 함께 의식이 혼미한 수준까지 악화되면서 사망에 이르게 된다.

(2) 섬망과 혼돈형

주요 특징은 불면증과 환각, 안절부절못함, 저항적 행동, 만성적 혼돈이다. 특히 야간에 증상이 더욱 심해지는 특징이 있다.

(3) 망상형

망상형은 기억력의 감퇴를 동반하지만 사고의 변화가 가장 뚜렷하다는 특징이 있다. 주로 피해망상이 가장 흔하다. 과거 사용해 오던 현실적인 방어기능이 거의 작동하지 못함에 따라 환자의 망상은 점차 곤란에 빠지게 되고, 이로써 환자는 점차 비현실적인 망상을 발전시키게 된다. 경우에 따라서 난폭한 행동을 할 수도 있다.

(4) 우울과 초조형

이 유형은 일반적인 치매증상 외에도 자기중심성, 초조, 불안, 우울, 허무망상을 뚜렷하게 보인다.

5) 정신건강사회복지사의 개입원칙

- 치매노인으로 하여금 정서적인 안정과 병전의 존엄성이 유지되도록 한다.
- 치매노인의 욕구는 존중되어야 한다.
- 치매노인의 영양상태에 많은 관심을 가진다.
- 가능하다면 치매노인을 병전의 친숙한 환경으로 보살피도록 한다.
- 항정신병 약물은 치매환자의 일차적인 치료약물은 아닐지라도 치매노인의 불안, 우울, 초조, 망상을 제거하는 데 많은 도움을 준다.
- 치매노인을 둔 가족을 원조하여 가족이 장기적인 원조에 지치지 않도록

한다.

- 치료목표를 정확히 세워서 전문적인 개입을 실시한다. 즉, 어떤 유형의 치매인가를 파악하고 현실적인 치료목표를 설정한다.
- 치매노인에 대해 정신건강사회복지사는 케어 제공자, 교사, 상담자, 의뢰자, 촉진자, 대변자로서의 역할을 한다.
- 치매환자의 인격은 최대한 존중되어야 하며, 중증치매 환자라 하더라도 적절한 케어와 치료가 제공된다면 치매의 경과는 지연될 수 있다는 신념을 가진다.

제4절　아동 · 청소년 정신건강사회복지

1. 아동 · 청소년 정신건강의 이해

아동 · 청소년은 건강한 성인이 되기 위한 준비기간으로, 이 시기의 중요성은 아무리 강조해도 지나치지 않을 것이다. 어린 시절의 경험이 인격성숙과 정신건강 유지에 결정적으로 중요하다는 인식이 확산되면서 아동 · 청소년의 정신건강에 대한 관심과 염려가 증가하고 있다.

초 · 중 · 고등학교 과정에서 다양한 정서적 문제, 학습과 관련해서 발생하는 어려움, 청소년비행과 같은 품행에 대한 우려가 많다. 국내의 연구에 따르면 초등학교 학생의 37.4%, 고등학교 학생의 31% 정도가 전문가의 상담을 필요로 하는 것으로 알려져 있다. 외국의 연구에 따르면 초등학교에 입학하는 아동의 20%가 중등도 이상의 행동문제를 가지고 있다.

이 시기에 흔하게 발생하는 정신건강상의 문제들은 주의력결핍 과잉행동장애(ADHD), 우울증(아동 · 청소년), 자살, 약물 오남용(중독), 비행, 폭력, 성문제(성행위, 10대 임신, 성병), 등교거부, 가출 등이 있다. 이 절에서는 주의력

결핍 과잉행동장애(ADHD)를 중심으로 살펴보고자 한다.

1) 주의력결핍 과잉행동장애의 개념

주의력결핍 과잉행동장애(Attention Deficit Hyperactivity Disorder: ADHD)는 낮은 집중력으로 인한 짧은 주의집중기간, 과잉행동 그리고 충동성을 핵심 증상으로 하는 질환이다. 유병률은 2~20%이며, 남아에게서 더 흔하게 발병한다. 학령 전기 또는 학령기에 가장 흔하게 관찰된다.

2) 주의력결핍 과잉행동장애의 원인

ADHD의 원인은 충분히 밝혀지지 않고 있다. 그러나 뇌기능장애가 관련 있다는 증거는 충분하다고 추정되고 있으며 기질, 유전적 요인(가족적 요인), 소아가 처한 사회가 요구하는 일상의 행동방식 등이 거론되고 있다.

(1) 생물학적 요인

① 유전적 요인

일란성 쌍생아 연구에서 일치율이 이란성 쌍생아보다 높은 것으로 나타났고, ADHD 환아의 형제는 ADHD에 이환될 위험도가 일반인구보다 3배 이상 높으며, 부모의 알코올중독과 반사회적 인격장애가 더 빈번하게 발생하고 있는 것으로 나타났다.

② 발달적 요인(뇌손상)

출생 전후의 미세한 뇌손상 또는 출생 후 감염, 독성물질, 대사장애, 외상에 의한 뇌손상과 관련이 있다는 보고가 있다.

③ 신경화학적 요인

신경전달물질 계통의 기능장애로 노르에피네프린(norrepinephrine)과 도파민(dopamine) 결핍이 원인이라는 학설이 있다.

④ 신경생리학적 요인

ADHD 아동의 상당수에서 뇌성숙지연이 있어 비특이적이고 비정상적인 뇌파 소견을 보이기도 한다.

⑤ 신경해부학적 요인

ADHD 아동은 전두엽에 이상이 있어 행동에 제동을 걸수 없고, 두뇌의 회전이 느리며, 눈과 귀를 통해 다량의 불필요한 정보가 입수된다는 주장으로, 중심적인 가설로 받아들이고 있다.

(2) 정신사회적 요인

현재까지는 부적절한 부모의 보살핌, 장기간의 감정박탈 등이 ADHD 발병과 관련되어 있는 것은 아니라고 알려져 있다. 그러나 이러한 것들은 ADHD의 증상행동을 악화시킬 수 있다.

3) 주의력결핍 과잉행동장애의 특성

ADHD 아동은 유아기부터 자극에 지나치게 민감하고 소음, 빛, 온도 등의 환경변화에 과민반응을 보이고, 잠들기 어려우며 자주 운다. 걸음마기 이후에는 활동이 부산하고 위험한 행동을 서슴없이 한다. 유치원이나 학교에 가서는 가만히 앉아 있지 못하고, 자리에 앉아 있어도 지나치게 많이 움직이며 손발을 꼼지락거린다. 사소한 자극에도 폭발적으로 반응하며 쉽게 울거나 웃거나 한다. 충동성 때문에 참을성이 없거나 실수가 잦아서 자주 사고를 낸다. 학습장애, 언어장애, 발달성 협응장애가 동반되는 경우가 많고, 이차적

표 9-4 주의력결핍 과잉행동장애 특성

구분	세부내용
1. 과잉행동	안절부절, 꼼지락거림, 불필요한 몸 움직임, 계속해서 쉴 새 없이 움직이거나 팔다리를 흔들어대거나, 다른 아이에게 불필요한 말을 자주 많이 걸고, 장난하거나 쓸데없는 소리를 낸다.
2. 주의력 결핍	세심한 주의를 기울이지 못하고 학업이나 다른 활동을 할 때 조심성이 없어 실수를 잘하며, 놀이에 계속하여 집중하기 어렵고, 다른 사람의 말을 귀 기울여 듣지 않는 것 같고, 지시한 학업을 끝까지 완수하지 못하고, 지속적인 정신력을 요구하는 학업 또는 숙제를 피하거나 거부하며, 장난감이나 연필, 책 등을 자주 잃어버리고, 외부자극으로 생각이 쉽게 흩어지며, 일상적인 활동을 자주 잊어버린다.
3. 충동성	다른 사람의 말이 끝나기도 전에 불쑥 이야기를 하고, 차례를 기다리지 못하며, 다른 사람이 하는 일에 끼어들어 방해하거나 참견한다.

으로 정서장애와 행동장애가 흔하게 동반된다. 이를 구분하여 정리하면 〈표 9-4〉와 같다.

4) 주의력결핍 과잉행동장애의 치료와 예후

(1) 약물치료

ADHD의 치료방법 중 약물치료가 가장 효과적인 것으로 알려져 있다. 약물치료만으로 70~85% 정도가 과잉행동이 유의하게 감소하고, 주의집중력이 증가하여 학업을 개선시키는 효과가 있다.

(2) 심리사회적 치료

약물치료만으로는 충분히 만족스러운 효과를 기대할 수 없을 때, 심리사회적 접근법을 사용할 수 있다. 인지행동치료가 주로 사용되며 경우에 따라 지지적 개인정신치료와 부모 및 교사의 상담이나 환경조정이 필요하다.

(3) 예후

ADHD의 예후는 매우 다양하다. 청소년기나 성인 때까지 지속되기도 하고, 사춘기가 되면 호전되기도 한다. 대개 과잉행동 증상은 사춘기에 소실되는 경향을 보이나, ADHD의 25% 정도는 성인기까지 주의력결핍과 충동성 증상이 지속되어 사고빈발 경향과 같은 문제를 유발한다. ADHD가 청소년기 이후에도 지속되는 경우 행동장애가 발생할 위험성이 크며, 이 경우 상당수가 반사회적 인격장애 또는 알코올 및 약물중독자가 될 수 있다.

2. 아동·청소년 정신건강복지사업

1) 아동·청소년 정신건강복지사업의 개념 및 목적

아동·청소년의 정신건강복지를 위한 정신건강복지사업의 목적은 지역사회 내 아동·청소년 정신건강서비스 제공체계를 구축함으로써 아동·청소년기 정신건강문제의 예방, 조기발견 및 상담·치료를 통하여 건강한 사회구성원으로의 성장발달을 지원하는 것이다.

이를 위해 2002년부터 기존 정신건강복지센터를 활용하여 16개소에서 아동·청소년 정신건강복지사업을 시작한 후 95개소의 정신건강복지센터에서 아동·청소년 정신건강복지사업을 수행하고 있다. 우리나라 아동·청소년 정신건강복지센터의 현황은 〈표 9-5〉와 같다.

아동·청소년 정신건강복지사업 대상은, ① 지역 내 만 18세 이하 아동·청소년(미취학 아동 포함), ② 지역사회 내 취약계층 아동청소년[북한이탈주민, 다문화가정, 조손가정, 한부모가정, 청소년 쉼터(가출청소년 일시보호소), 공동생활가정, 아동복지시설 아동·청소년 등], ③ 아동·청소년 정신건강 관계자(부모, 교사, 시설 종사자 등) 등이며, 사업수행인력은 정신건강전문요원, 간호사, 임상심리사, 사회복지사, 기타 아동·청소년 분야에 전문성이 있는 자(정신건강영역의 심리검사 및 평가가 가능한 자를 우선 선발)를 상근 1인(예산 가능범위에

| 표 9-5 | 아동 · 청소년 정신건강복지사업 수행 정신건강복지센터 현황(국비지원) |

구분	계	서울	강원	경기	경남	경북	대구	대전	부산	세종	울산	인천	전남	전북	제주	충남	충북
기관수	95	2	6	11	5	8	8	5	9	1	4	6	7	7	2	6	8

따라 상근 또는 비상근 인력 추가 가능)으로 두고, 소아청소년 정신건강의학과 전문의, 아동 · 청소년 관련 학과 교수 등 관련 전문가를 자문위원으로 위촉하여 사업을 수행하도록 하고 있다.

2) 아동 · 청소년 정신건강복지사업의 내용

아동 · 청소년 정신건강복지사업의 주요내용을 살펴보면, 아동 · 청소년 정신건강문제의 조기검진 및 조기개입을 위해 우선적으로 지역사회 현황을 파악하고 연계체계를 구축한다. 이와 더불어 교육 및 홍보를 통하여 고위험군을 조기발견하여, 조기발견된 고위험군을 대상으로 심층면담 또는 표준화 도구를 활용하여 심층사정평가를 시행하고, 그 결과를 근거로 이들에게 필요한 사례관리, 집단(개인)상담, 치료(검사)비 지원, 치료 및 서비스 연계 등과 같은 정신건강서비스를 제공한다. 이 같은 아동 · 청소년 정신건강복지사업

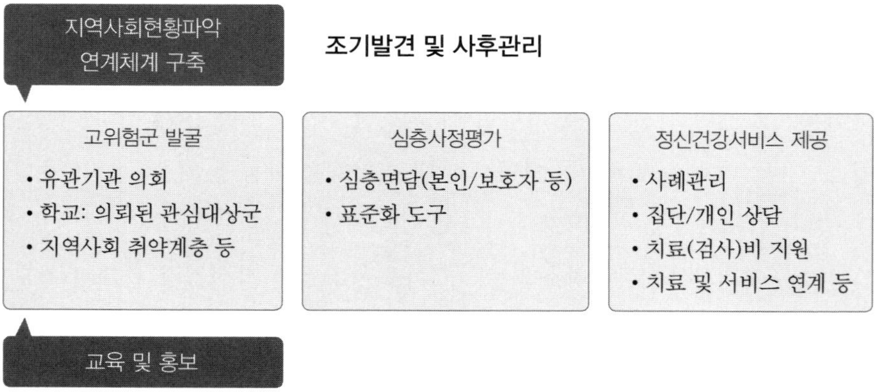

[그림 9-1] 아동 · 청소년 정신건강복지사업 추진 체계도

추진 체계도는 [그림 9-1]과 같다.

(1) 지역사회 현황 파악 및 연계체계 구축

지역 내 교육 관련 부서(교육청, 학교 등) 등 유관기관 간 연계 · 협력을 통하여 통합적인 아동 · 청소년 정신건강서비스 제공체계를 구축하고, 관내 및 인근 아동 · 청소년 정신건강 관련 자원 및 각급 초 · 중 · 고등학교, 직업 · 특수학교, 청소년상담센터, 청소년수련관, 아동복지시설, 특수아동을 위한 시설(쉼터, 입소시설, 장애인시설, 의료기관 등), 사법기관(소년원 등), 직업시설, 아동 · 청소년 근로시설, 놀이 및 유흥시설, 기타 유해장소 및 기타 아동 · 청소년 정신건강 관련 전문인력 등 자원현황을 파악하여 연계체계를 구축한다.

(2) 교육 및 홍보

아동 · 청소년 정신건강복지사업에 대한 교육 및 홍보는 대상에 따라, 첫째, 아동 · 청소년, 둘째, 교사 및 학부모, 셋째, 지역사회 유관기관으로 구분하여 사업내용을 달리하고 있다. 교육 및 홍보대상과 사업내용의 세부적인 내용은 〈표 9-6〉과 같다.

표 9-6 교육 및 홍보대상 및 사업내용

대상	사업내용
1. 아동 · 청소년	아동 · 청소년을 대상으로 정신건강복지 및 정신질환 예방교육 등을 실시
2. 교사 및 학부모	① 아동 · 청소년 정신건강문제의 조기발견, 예방 및 대처방법에 대한 교육을 통해 정신건강문제의 이해를 돕고 아동 · 청소년의 정신건강복지를 위한 파트너십 구축 ② 선별검사 관련 안내교육 및 정신건강의학과적 문제가 있는 아동 · 청소년의 조기발견을 위한 관찰, 특이사항, 대면기술, 아동 · 청소년 우울 및 자살 예방교육 등을 실시

	③ 관할 교육청과 협의하여 아동 · 청소년 정신건강복지사업을 정부차 원에서 보건복지부와 교육부가 협의 · 추진하는 것이며, 지역단위 에서 교육청과 정신건강복지센터가 연계 협력하여 추진하는 것임 을 교사 및 부모가 알 수 있도록 공동안내문을 작성 · 홍보 · 협의
3. 지역사회 유관기관	① 아동 · 청소년관련 시설 종사자를 대상으로 시설을 직접 방문하거 나 공동장소에서 교육 ② 아동 · 청소년 정신건강에 대한 예방 및 관리 등을 실시 ③ 위험군 발견 시 정신건강복지센터로 의뢰할 수 있는 체계 안내 등 의 교육 및 정보 제공

(3) 정신건강문제 조기발견 체계 및 대상

정신건강문제를 가진 아동 · 청소년의 조기발견체계 및 대상은, ① 지역사회 취약계층, ② 지역사회 유관기관, ③ 교육부 지정 초 · 중 · 고등학교, ④ 지역주민 의뢰로 구분할 수 있다. 정신건강문제 조기발견 체계 및 대상에 대한 세부적인 내용은 〈표 9-7〉과 같다.

표 9-7 정신건강문제 조기발견 대상

체계	대상
1. 지역사회 취약계층	지역사회 내 다문화가정 · 조손가정 · 한부모가정 · 청소년쉼터 · 공동생활가정 · 아동복지시설 입소자 등 취약계층 아동 · 청소년 및 정신건강서비스를 필요로 하는 아동 · 청소년
2. 지역사회 유관기관	교육부 지정학교 이외의 초 · 중 · 고등학교 및 아동 · 청소년 관련 기관, 자살예방센터 등에서 의뢰되는 정신건강서비스를 필요로 하는 아동 · 청소년
3. 교육부 지정 초 · 중 · 고등학교	교육부에서 지정한 학교에서 선별검사를 통해 선별된 위험군(관심대상군) 중 보호자의 동의를 받아 정신건강복지센터로 의뢰된 아동 · 청소년
4. 지역주민 의뢰	지역주민 대상 교육이나 홍보를 통해서 자발적으로 정신건강에 대한 서비스를 요청한 아동 · 청소년

(4) 심층사정평가

조기발견체계를 통해 발굴된 정신건강서비스를 필요로 하는 아동 · 청소년을 대상으로 심층사정평가를 시행해야 한다. 필요한 경우 대상자 가정이나 기관을 방문하여 실시할 수 있다. 특히 취약계층 아동 · 청소년의 경우에는 정신건강서비스가 필요하다고 판단되는 아동 · 청소년에 대해서는 심층사정평가를 수행하여 정신건강서비스를 적극적으로 제공해야 한다.

심층사정평가는 심층면담과 표준화된 사정도구를 이용하여 아동 · 청소년의 정신건강문제를 사정하는 것을 의미한다. 심층면담은 보호자의 동의절차를 밟은 아동 · 청소년을 대상으로 시행하며, 표준화된 사정도구는 심층면담 결과의 객관적인 결과를 도출하는 보조도구로 사용된다.

(5) 사례관리(개인상담, 집단프로그램 등)

사례관리는 심층사정평가를 통해 정신건강서비스(사례관리 및 정신의료기관 연계 등)가 필요하다고 확인된 자를 대상으로 시행한다. 이때 아동 · 청소년 본인 및 보호자(시설교사 또는 부모)의 동의를 얻은 후 해당 시설(학교) 및 부모의 요구와 아동 · 청소년 정신건강문제의 종류, 심각성 등을 고려하여 정신건강복지센터, 정신건강기관 및 사회복지시설(학교) 간 연계를 통해 개별상담, 집단프로그램을 운영해야 하고, 증상 악화 시에는 적절한 치료연계가 이루어질 수 있도록 해야 한다.

(6) 치료연계 및 진료(검사 및 치료)비 지원

심층사정평가를 통해 임상적 치료를 필요로 하는 경우는 지역 정신의료기관으로 연계하여 확진을 위한 진단검사 및 치료(개입치료 또는 약물치료 등) 서비스를 받을 수 있게 해야 한다. 저소득층(국민기초생활수급대상자 혹은 차상위계층) 아동 · 청소년의 경우 예산의 범위 내에서 확진을 위한 검사비용 등 진료비를 1인당 40만 원 이내에서 보조할 수 있다.

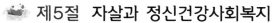

제5절　자살과 정신건강사회복지

1. 자살의 정의와 원인

WHO는 자살문제 해결을 위해서 국가 차원의 자살예방 전략을 세우고 이에 근거하여 지방자치단체가 적절한 자살예방 정책을 수립, 협력해야 한다고 권고한 바 있으며(WHO, 2014), 일본은 국가 차원의 전략을 수립하고 지역 단위별 개별화된 지원 활동 등을 통해 2009년부터 9년째 지속적인 자살률의 감소세를 보이고 있음을 확인할 수 있다(일본 후생노동성, 2019). 우리 정부는 2018년 범부처의 참여로 "자살예방 국가행동계획"을 수립했으며, 보건복지부 내 전담 부서 설치 및 생명존중정책 민관협의회 발족 등 정책 추진기반을 마련하고, 자살예방 사업을 확대하는 과정에 있다. 이러한 상황 속에서 보건과 복지의 통합적 서비스영역의 전문직인 정신건강사회복지사의 자살예방에 대한 역할과 기대는 점점 더 커지고 있다. 이에 이 절에서는 자살의 정의와 원인 그리고 현황 및 평가와 개입전략을 살펴보았다.

1) 자살의 정의

자살에 대한 정의는 대체로 다음과 같이 내리는 것이 일반적이다. 먼저 자살의 사전적 정의[1]는 '스스로 자기의 목숨을 끊음'이라는 의미를 가지고 있다. 그 어원[2]은 라틴어 sui(자기 자신을)와 caedo(죽이다)라는 두 낱말의 합성어로, 그 원인이 개인적이든 사회적이든 당사자가 자유의사에 의하여 자신의 목숨을 끊는 행위를 말한다고 설명하고 있다(전준희, 2012). 이러한 자살에 대

---

1) 네이버 국어사전.
2) 동아 영한사전.

한 정의를 세계보건기구(WHO)에서는 '죽음의 의도와 동기를 인식하면서 자신에게 손상을 입히는 행위'로 정의하였다.

2) 자살의 원인

만(Mann, 2007)은 자살행동의 스트레스 소인 통합모델을 제시하였다. 이 모델은 자살위험은 정신질환의 심각도와 관련이 있는 것이 아니며, 어떤 자살과 관련된 소인의 변화에 의해 자살이 유발된다고 설명한다. 즉, 자살의 생물학적 혹은 유전적 소인을 가진 사람에게 생활사건 또는 스트레스가 가해졌을 때 자살행동이 유발된다고 보는 등 다양한 요인이 복합적으로 작용하고 있다고 보고 있는 것이다.

(1) 생물학적 원인

생물학적 요인으로는 크게 유전적 요인과 신경생물학적 요인이 있다. 전자는 가족, 쌍생아 및 입양 연구들에서 자살행동의 유전적 요인에 대한 증거들을 제시하고, 치명적인 자살 시도의 경우 유전적 요인이 55%까지 추정되고 있다는 점을 들어 자살행동의 소인과 연관된 유전적 인자가 있다는 것을 시사하고 있다(전준희, 2012에서 재인용). 후자는 뇌척수액 내의 세로토닌 대사산물 농도의 감소가 공격적이고 충동적인 행동의 발생, 자살 수행자의 뇌 부검에서 세로토닌 이상과 자해 행동과의 연관성, 세로토닌의 활성도 감소가 우울증을 가진 사람에게서 자살사고나 절망감이 생겼을 때 공격적이고 충동적인 행동으로 나타날 가능성이 높다는 연구(정재훈, 2017)들이 자살행동의 신경생물학적 요인을 시사하고 있다.

(2) 사회문화적 원인

에밀 뒤르켐(Emile Durkheim)은 개인의 자살은 사회라는 넓은 테두리 안에서 발생하는 경향과 변화의 맥락에서 바라봐야 한다고 하였다. 뒤르켐은 각각의 사회집단에서 자살률이 서로 다른 것은 사회적인 유대의 상이함과 개인과 사회의 관계의 다양성의 결과라고 주장한다. 그는 두 개의 차원에서 자살의 근거를 두고 있는데, 하나는 사회적 통합(integration)이고 다른 하나는 사회적 규제(regulation)다. 사회적 통합은 어떤 사회의 구성원이 사회적인 네트워크 안에 어느 정도 결속되어 있는가 하는 것을 말한다. 사회적 규제는 사회 구성원의 욕구와 행동이 사회적 가치와 규범에 어느 정도 통제받는가 하는 것을 말한다. 뒤르켐은 이 근거를 통해 세 가지 유형, 즉 이기적 자살(egoistic suicide)[3], 이타적 자살(altruistic suicide)[4], 그리고 아노미적 자살(anomic suicide)[5]로 분류하고 있다(전준희, 2012에서 재인용).

2. 한국에서의 자살 현황

대한민국의 자살률은 [그림 9-2]에서 보듯이 2011년을 정점으로 이후 완만한 감소 추세를 나타내고 있었으나, 2018년 자살 사망자 수는 13,670명으로 2017년 대비 1,207명(9.7%) 증가하였다.

3) 개인과 사회의 상호관계가 결핍된 결과로 발생되며, 한 개인이 사회 안에 올바르게 통합되지 못하고, 융화하는 정도가 부족한 경우에 사회적 규범이 그 개인의 행동에 영향을 미치지 못하거나 사회적 유대가 끊어져서 격리되고 지지를 잃음으로써 오는 사회적 고립감과 소외감에 빠져 자살을 선택하게 되는 경우로 지나친 개인주의나 자기중심주의에 처했을 경우에 일어나는 현상.
4) 한 개인이 그가 속한 사회에 오히려 지나치게 결속된 나머지 그 사회나 조직을 위해서 자기를 희생할 심정으로 자살하는 경우와 개인에 대한 사회와의 유대를 지나치게 강조하거나 또는 개인에 대한 사회의 권위와 충성의 요구로 인하여 개인이 자신의 정체성을 잃게 되었을 때에 일어나는 현상.
5) 사회 구조가 지나치게 이완되거나 경직되었을 경우에 사람들은 자기가 익숙해 있던 세계가 붕괴됨으로 인하여 이 붕괴, 즉 사회 집단과의 결속에서 격리된 결과로 생기는 사회적 및 심리적 고립현상을 '아노미'라 하며 경제적 아노미, 가정적 아노미 등이 해당된다. 이것이 현대사회에서 자살을 이해하는 데 가장 중요한 요소로 본다. 최근 우리 사회에서 벌어지고 있는 높은 실업률, 커져 가는 소득 양극화, 가계 부실 등은 아노미와 연관될 수 있다. 대표적으로 자살과 실업률과의 관계는 매우 높은 상관관계를 갖는데, 이러한 지표는 경제적 불안정성을 겪고 있는 우리 사회 자살 문제에서 상당기간 자유로울 수 없을 것으로 예측된다.

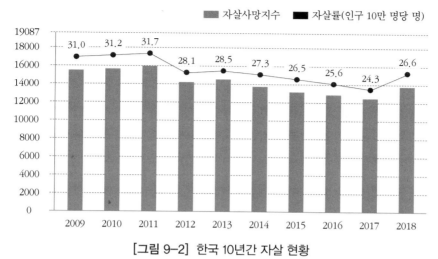

[그림 9-2] 한국 10년간 자살 현황

출처: 통계청(2019).

자살률(인구 10만 명당)은 26.6명으로 2017년 대비 2.3명(9.5%) 증가하였다. 한국의 10년간 자살 현황은 〈표 9-8〉과 같다.

표 9-8 한국 10년간 자살 현황

연도	2009	2010	2011	2012	2013	2014	2015	2016	2017	2018
자살 사망자 수	15,412	15,566	15,906	14,160	14,427	13,836	13,513	13,092	12,463	13,670
자살률(인구 10만 명당 명)	31.0	31.2	31.7	28.1	28.5	27.3	26.5	25.6	24.3	26.6

출처: 통계청(2019).

한국의 전 연령별 자살률을 살펴보면 〈표 9-9〉에서 보듯이 2018년의 경우 80대 이상의 자살률이 가장 높고, 그다음이 70대, 60대, 50대 순으로 남녀 모두 고령화되어 갈수록 자살률이 증가하는 것으로 나타나 노인 자살률에 다각도의 대책과 관심이 필요하다. 성별 자살률을 살펴보면 남자는 38.5명(10.4%), 여자는 14.8명(7.4%)으로 남자의 자살률이 높게 나타났으며, 남녀

표 9-9 2018년 성별과 연령대별 자살 현황

구분	9세 이하	10대	20대	30대	40대	50대	60대	70대	80대 이상	전체
남자	0.0	5.7	21.5	36.4	45.4	51.4	53.0	83.2	138.5	38.5
여자	0.0	5.9	13.2	18.3	17.3	15.1	13.6	22.0	37.3	14.8
전체	0.0	5.8	17.6	27.5	31.5	33.4	32.9	48.9	69.8	26.6

출처: 중앙자살예방센터(2019).

간 자살률 성비는 10대가 1.0배로 가장 낮았으며, 60대가 3.9배로 가장 높게 나타났다(중앙자살예방센터, 2019).

2018년 자살 원인(동기)별 자살 현황을 살펴보면 〈표 9-10〉과 같다. 가장 큰 원인은 정신건강의학과적 문제로 국민의 정신건강문제에 대한 각별한 관심과 상담서비스 및 지원이 필요함을 시사한다. 두 번째가 경제생활문제로 빈부격차문제와 관련된 경제상황의 어려움에 많은 지원과 대책이 필요하다

표 9-10 자살 원인(동기별) 자살 현황

자살 원인(동기)	자살 사망자 수	비율
정신과적 문제	4,171	31.6
경제생활 문제	3,390	25.7
육체적 질병 문제	2,429	18.4
가정문제	1,043	7.9
미상	842	6.4
직장 또는 업무상의 문제	487	3.7
남녀 문제	419	3.2
기타	326	2.5
사별문제	109	0.8
학대 또는 폭력 문제	0	0.0
전체	13,213	100.0

출처: 중앙자살예방센터(2019).

고 하겠다. 특히 코로나 바이러스19 이후 전 국민의 경제적 어려움은 정신건강 문제와 밀접한 관련이 있으므로 이에 대해 정부와 정치 · 경제 · 사회 · 문화적 차원에서 다각도의 지원과 노력이 강구되어야 할 것이다.

또한 〈표 9-11〉에서 보듯이 2007년도 사망 원인 통계에서 다양한 사망 원인 중 고의적 자해(자살)의 사망 원인 순위는 4위였으나, 2016년과 2017년에서는 5위로 하락했다. 그럼에도 불구하고 자살은 운수사고율보다 높은 수치를 차지하고 있다.

표 9-11 2007년, 2016년, 2017년 사망 원인 순위 추이　　　　　　　　(단위: 인구 10만 명당 명, 명, %)

순위	2007년		2016년		2017년					
	사망 원인	사망률	사망 원인	사망률	사망 원인	사망자 수	구성비	사망률	'07 순위 대비	'16 순위 대비
1	악성신생물 (암)	138.1	악성신생물 (암)	153.0	악성신생물 (암)	78,863	27.6	153.9	–	–
2	뇌혈관 질환	60.0	심장 질환	58.2	심장 질환	30,582	10.8	60.2	↑ +1	–
3	심장 질환	44.1	뇌혈관 질환	45.8	뇌혈관 질환	22,745	8.0	44.4	↓ -1	–
4	고의적 자해(자살)	24.9	폐렴	32.2	폐렴	19,378	6.8	37.8	↑ +6	–
5	당뇨병	23.1	고의적 자해(자살)	25.6	고의적 자해(자살)	12,463	4.4	24.3	↓ -1	–
6	운수 사고	15.6	당뇨병	19.2	당뇨병	9,184	3.2	17.9	↓ -1	–
7	만성 하기도 질환	15.4	만성 하기도 질환	13.7	간 질환	6,797	2.4	13.3	↑ +1	↑ +1
8	간 질환	15.0	간 질환	13.3	만성 하기도 질환	6,750	2.4	13.2	↓ -1	↓ -1
9	고혈압성 질환	11.1	고혈압성 질환	10.6	고혈압성 질환	5,775	2.0	11.3	–	–
10	폐렴	9.4	운수 사고	10.1	운수 사고	5,028	1.8	9.8	↓ -4	–

출처: 통계청(2007, 2016, 2017). 사망 원인 통계.

그리고 [그림 9-3]과 같이 우리나라 자살률은 24.6명으로 OECD 회원국 가운데 가장 높다. OECD 평균 자살률이 11.5명인 것을 감안하면 2배를 넘는 수치이다. 과거 우리나라에 비해 자살률이 높았던 헝가리, 일본보다 훨씬 높은 수준이 된 것이다.

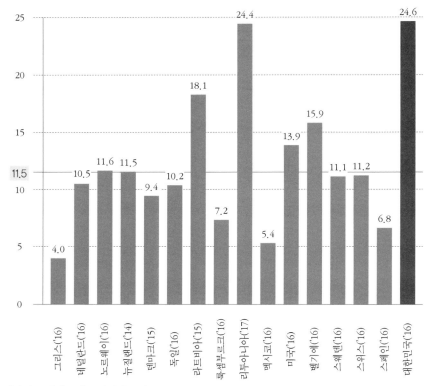

* 대한민국 이외 국가는 가나다 순임.

[그림 9-3] OECD 국가 자살률 비교

출처: 통계청(2019).

3. 자살위험성의 평가와 개입전략

자살 가능성이 있는 대상자에 대한 평가는 면담을 통한 직접적인 평가와 심리검사를 이용한 간접적인 평가로 나누어질 수 있다. 하지만 두 가지 평가가 모두 이루어졌다고 해서 자살을 완벽하게 예측하기는 어렵다. 이는 자살이 여러 요인들의 복잡한 상호작용 속에서 결정되는 행위이며, 매우 드물게 일어나는 사건이기 때문이다. 그러나 자살위험성을 적절히 평가하는 것은 내담자의 생명을 보호하고 시기적절한 개입을 하는 데 있어 필수적인 과정이다. 특히 자살위험은 민감하게 대응하여야 한다. 자살의 특성상 비극적인 결과를 초래할 수 있으므로 위험성을 간과하는 것보다는 민감하게 대응하는 것이 필요하다.

1) 면담을 통한 평가

자살의 위험성을 평가하기 위해 정신건강사회복지사는 잠재적인 자살위험성이 있는 클라이언트와의 면담에서 자살생각, 자살계획, 자살시도력, 자

표 9-12 면담을 통한 자살 관련 평가 내용

구분	세부내용
자살생각	자살생각의 유무, 자살생각의 빈도, 지속성
자살계획 및 치명성	구체적 계획내용, 자살의 방법, 자살방법의 실행가능성
자실시도와 과거력	자살시도의 이유, 선택방법, 시도 후의 감정
자살에 관한 가족력	클라이언트는 자살유가족일 수도 있음
정신질환의 과거력	진단명, 입원경험, 치료효과
사회적 지지	가족 및 친구, 친밀도, 연락빈도, 친지와 연락두절 이유
경계적 여건	생활비, 경제적 상태, 직업, 자녀의 지원
신체적 건강상태	치료질병, 신체적 통증, 수면문제, 식욕문제, 피곤 등
음주 및 약물남용	술, 흡연, 금단증상

살가족력, 정신질환 치료력 등을 확인하는 것이 바람직하다. 자살위기자를 면담하는 것은 분명히 부담스러운 일이지만 클라이언트의 자살위험성을 정확히 파악하기 위해서는 면담을 통한 평가가 중요하다. 〈표 9-12〉는 면담을 통해 파악이 필요한 내용이다.

2) 척도를 통한 간접적 평가

다양한 심리검사를 자살위험성 평가에 활용할 수 있다. 심리검사는 점수에 따라 위험성의 정도를 가늠할 수 있게 해 주며, 평가시기에 따라 현재 상태가 어떻게 변화해 가는지를 점검할 수 있게 해 준다. 또한 내담자의 상태에 대한 객관적인 근거자료로 활용할 수 있다. 심리검사를 활용하기 위해서는 심리검사에 대한 지식과 심리평가과정에 대한 이해, 그리고 이를 해석할 수 있는 전문적 지식이 필요하다. 즉, 단순히 점수만을 파악하는 것이 아니라 점수가 의미하는 바에 대한 해석을 할 수 있는 전문성이 필요하다. 관련 척도는, ① Beck의 자살생각척도(Beck Scale For Suicide Ideation), ② 자살생각척도(Scale for Suicide Ideation), ③ Beck의 절망감 척도(Beck Hopelessness Scale), ④ 한국판 노인우울증척도(Revised Korean Version of the Geriatric Depression Scale: GDS-K-R)가 있다.

3) 자살위험성 분류

자살위험성 평가는 일차적으로는 내담자와 면담하는 과정에서 파악한 정보를 바탕으로 한다. 위험성 평가기록을 면밀히 검토하고, 가용한 심리검사 결과가 있다면 이를 참조하며, 보호자와의 면담이나 내담자의 행동관찰을 고려하여 최종적으로 전문가가 위험수준을 판단한다.

여기에서 자살위험성의 수준을 분류하는 이유는 위험수준에 따라 취해야 할 조치와 정신건강사회복지사가 해야 할 역할이 다를 수 있기 때문이다. 물론 낮은 자살위험수준에 해당된다고 판단되는 사람도 자살을 할 수 있고, 많

표 9-13	세계보건기구(WHO) 행동지침		
위험성	증상	평가	행동지침
0	고통이 없음	-	-
1	감정적으로 혼란	자살생각에 대해 탐색	경청하고 공감
2	죽음에 대한 막연한 생각	자살생각에 대해 탐색	경청하고 공감
3	막연한 자살생각	자살의도(계획과 방법) 평가	자원체계 탐색
4	자살계획은 있지만 정신건강의학적 장애는 없음	자살의도(계획과 방법) 평가	자원체계 탐색
5	자살생각, 정신건강의학적 장애가 있으며 심한 스트레스 사건	자살의도(계획과 방법) 평가, 계약하기	정신건강의학과 의뢰
6	위험성 5+초조함, 자살시도력	자살수단 접근차단, 함께 지내기	입원

은 위험요소를 가지고 있다고 판단되는 사람이 죽음보다는 삶을 선택할 수도 있다. 그러므로 낮은 위험수준으로 분류된 사람이라도 충분한 관심을 기울일 필요가 있다.

특정기관에서 자살위기자를 대응할 경우에는 약속된 기준이 필요하며 이는 기관의 자살위기대응의 일관성을 결정할 수 있는 중요한 요인이 될 수 있다. 즉, 기관의 다양한 전문성과 사회복지사의 개인차에 따라 동일한 사례라도 다른 위험성으로 분류될 수 있으며, 이에 따른 개입이 달라질 수 있기 때문에 약속된 근거를 마련함이 중요하다. 이를 통해 특정한 사례에 대하여 적극적인 대처부터 소극적인 대처까지 다양하게 나타날 수 있는 자살위험성 대처방식의 불안정성을 해소할 수 있다. 여기서는 세계보건기구(WHO)에서 제시하고 있는 자살위험성 분류와 대응에 대한 절차와 규정을 소개한다.

자살위험성은 대개 높음/중간/낮음의 3단계로 분류하는 방식이 일반적이다. 이는 긴급한 상황에서 신속하게 활용할 수 있는 장점을 갖고 있기 때문이다. 〈표 9-14〉의 방식은 자살의 위험성을 높음/중간/낮음으로 분류한 경우

표 9-14 자살 위험성 분류와 개입내용

정도	위험요인	개입내용
낮은 위험 (Low)	1. 자살사고만 있음 2. 자살계획은 없음 3. 위험요인이 적음 4. 장기위험(오랜 시간 후에 시도할 　만한)	• 정서적 지지 • 타 상담자원 연결(위기상담이 아닌) • 1~2차례 접촉을 통해 타 기관으로 의뢰
중간 위험 (Moderate)	1. 잦은 자살 계획 2. 막연한 자살계획 3. 낮은 치명성 4. 몇 가지 위험요인 5. 단기위험(며칠, 몇 주)	• 약속: 신속하고 적절하게 • 전화방문 혹은 직접방문 • 자살위험성 재발에 대해 지속평가 • 잠재적 자살도구의 제거 • 가족 및 중요지인과 함께함 • 자존감 증대를 위해 위기는 일시적 임을 　알리고 지지함 • 지속적 자원과 연결 • 응급서비스 알려 줌 • 자살위험성 제거 시까지 6~8주 관리
높은 위험 (High)	1. 고도의 치명성을 갖고 있는 준비 　된 도구 등 다양한 위험요인 갖고 　있음(예: 농약, 날카로운 칼) 2. 일촉즉발의 위험성(1일 이내) 3. 자살시도력(가족 포함) 4. 정신건강의학 증상(정신증, 환청, 　편집증) 5. 극단적 비관(무망감 등 표현함)	• 병원 등 보호적 환경에서 대면평가 • 경찰과 119 구급대 협조 • 가족 및 중요 지인을 참여시켜서 상황을 　확인하도록 함 • 대상자를 혼자 두지 말 것 • 다가오는 6~8주 동안 집중적인 사후관 　리와 의료적인 관심 제공

다. 그러나 이러한 위험성을 분류할 때에는 대체로 위험성을 높게 볼 필요가 있다. 즉, 클라이언트의 위험성이 어느 단계인지 애매한 상황에서는 대체로 높은 쪽으로 평가를 하는 것이 자살위기에 개입할 때 민감하고 적극적인 대처를 이끌어 낼 수 있기 때문이다. 민감하고 적극적인 대처가 결국은 클라이언트의 생명을 구할 수 있는 가능성이 높기 때문이다.

4) 자살위험성 개입전략

정신건강사회복지의 현장에서 활용할 수 있는 자살위기에 대한 개입방법은 다양하다. 하지만 정신건강사회복지사의 개입전략은 좀 더 광범위하고 통합적인 관점에서 이루어질 필요가 있다. 왜냐하면 자살현상은 사회 전체와 사회구성원에게 영향을 미치기 때문이다. 자살의 원인 역시 한두 가지의 원인만으로 발생하는 것이 아닌 이상 이러한 위험요인들을 통합적으로 고찰하고 그에 맞는 개입을 해야 한다.

우선 정신건강사회복지사는 자살의 역동, 상담기법, 개입전략, 예방에 익숙해짐으로써 자살위기자에게 개입하는 지식과 능력을 강화할 수 있다. 자살배경에 관한 정보, 자살의 개념을 알고 적용하는 것은 자살위기개입을 위한 전문성에도 도움이 된다. 자살의 역동과 관련하여 몇 가지 유형과 특성이 있다. 자살과 살해에는 여러 가지 이유가 있다. 다양한 사회적·윤리적 집단에 따라, 나이에 따라 각각 자살에 대한 시각이 다르다.

이러한 과정에서 정신건강사회복지사는 다음의 두 가지를 충분히 인식하여야 한다. 첫째, '자살에 대해 묻는 것은 자살을 유도한다.', 둘째, '자살을 위협하는 사람은 자살하지 않는다.'이다. 특히 우리나라와 같은 자살에 대한 터부가 강한 나라의 경우에는 전문가들조차 자살에 대한 질문을 꺼리고, 심지어는 자살에 대해 묻는 것이 화근이 된다는 잘못된 사고방식을 갖고 있기도 하다. 분명한 것은 자살위기자를 돕는 과정에서 자살에 대해 묻는 것은 중요한 개입이라는 점이다. 자살위기자를 충분히 돕기 위해서는 자살에 대해 잘 알아야 하고, 대상자의 위험신호를 인식할 수 있어야 한다. 이는 치명성의 수준을 아는 데도 도움이 된다.

'자살을 위협하는 사람은 자살하지 않는다.'는 명제에 대해서도 일반인과 마찬가지로 정신건강사회복지사들도 그러한 편견이 있다. 자살을 위협하는 사람은 그 상황에서 나름 절박한 사연이 있고 위협은 결국 자살 성공으로 이어지는 경우가 많다. 따라서 자살 위협 자체는 미묘하지만 분명한 단서로 도

표 9-15 자살 위험성 초기 신호

초기 신호 내용
1. 무망감, 절망감을 느낀다(미래에 희망이 없다).
2. 가치가 없음을 느낀다.
3. 점차적으로 위축되면서 무감동해지고, 무기력해진다.
4. 고립되고 사회적 활동이 감소한다.
5. 학교생활이나 직장생활에서 중도탈락한다.
6. 예전에는 즐거워했던 활동에 대한 흥미를 잃는다.
7. 에너지와 동기를 상실한다.
8. 수면습관이 변한다.
9. 식사습관이 변한다.
10. 스스로에게 소홀해지고 외모를 돌보지 않는다.
11. 슬픈 생각 또는 죽음에 몰입한다.
12. 집중을 못한다.
13. 몸이 자꾸 불편하다고 한다. 여기저기가 아프다고 한다.
14. 갑작스럽게 화를 내고 폭발한다.
15. 무모한 행동을 한다.
16. 술이나 약물남용이 증가한다.
17. 화를 잘 내고, 성급해하며, 불안해한다.

출처: 전준희(2012).

움을 요청하고 있는 것으로 보아야 하는 것이다. 그러기 때문에 정신건강사회복지사는 자살위험성의 다양한 신호에 대해서 잘 이해하고 있어야 한다. 〈표 9-15〉, 〈표 9-16〉은 자살 위험성 초기 신호 내용과 자살의 위험신호를 보여 준다.

자살위기에 개입할 때는 지시적이고 강력한 개입전략이 필요하다. 정신건강사회복지사는 자살위기자에 대한 개입에서 해야 하는 것과 해서는 안 되는 것이 있다. 즉, 강의하거나 설교하거나 비난하지 말 것, 대상자와 대상자의 선택과 행동에 대해서 비판하지 말 것, 자살의 찬반에 대해 논쟁하지 말 것 등이다.

표 9-16 자살의 위험신호

내용
1. 과거의 자살시도력(얼마나 치명적이었는지는 중요하지 않음)
2. 심각한 상실을 경험함(인간관계, 직업, 가까운 사람의 죽음 등)
3. 가족 내의 자살시도력
4. 학대경험, 가족폭력의 피해경험
5. 우울증을 심하게 앓고 있음
6. 만성적인 우울증이나 다른 정신질환을 앓고 있음
7. 공존질환이 있음(정신질환 + 알코올중독 + 불안).
8. 알코올문제가 있음
9. 만성질병, 만성적 고통, 심각한 장애
10. 죄를 저질러서 체포당할 위기

출처: 전준희(2012).

자살행동과 자살위기자에게 대처하는 방식에 영향을 주는 여러 가지 고려사항이 있다. 자살위기자의 안전, 나이, 성별, 사회적 지위, 가족이나 친구로부터의 지지 가능성, 위험에 처한 사람에 대한 지역사회의 태도 등의 사회적·환경적 요인도 고려하여야 한다. 그 외에도 자살위기자에 대한 윤리적 의무도 고려해야 한다. 실제 현장에서는 비밀보장의 의무와 고지의 의무에 대한 실천적 이슈에 대해 고민을 하게 된다.

🌸 제6절 재난과 정신건강사회복지

오늘날 세계도처에서는 기후변화와 지진, 홍수, 산불과 같은 자연재해, 국제 분쟁으로 인한 테러 등의 재난으로 인한 인명과 재산, 정신적 피해가 늘어나고 있다. 우리나라에서도 1990년 이후로 성수대교 붕괴, 삼풍백화점 붕괴, 태풍 매미 피해, 강원도 산불, 서울 우면산 산사태 등과 같은 자연재해와 경주마우나오션리조트 붕괴, 세월호 침몰 등 적지 않은 인명피해가 동반된

인재가 발생하였다. 향후 이러한 재난은 계속 증가할 것으로 예측되어 재난의 시대에 살고 있다고 해도 과언이 아니다. 이러한 상황임에도 불구하고 재난 관리 분야에서의 정책과 제도적 시스템 구축 및 대책은 여전히 많은 한계점이 존재하고 있어 국민의 재산과 생명, 정신건강을 지켜 주지 못하고 있다. 따라서 장기적인 안목에서 재난발생의 잠재적 증가를 사전에 제거 또는 억제하는 예방적 대책과 사후 신속하고 효율적인 수습복구 대책을 보다 선진화, 과학화함과 동시에 재난 피해자의 심리와 정신건강 지원체계를 마련하여 국민의 "삶의 질 향상"을 위한 노력이 각별히 필요하다고 하겠다.

재난 이후 특히 생존자, 피해자, 유가족, 구조자 등 재난경험자를 대상으로 하는 심리와 정신건강적 차원 그리고 학문적으로 조명하기 시작한 것은 그리 오래되지 않았다. 또한 「재난 및 안전관리 기본법」에서 말하는 재난이란 개인 차원에서 보면 생명 · 신체 · 재산에서의 피해만 정의하고 있어, 정신건강에 대한 법제도적 배려가 미흡한 것이 사실이다. 실제 재난 이후 발생하는 재난경험자의 정신건강에 대한 피해는 심각하다. 이들 중 많은 사람이 외상 후 스트레스장애, 우울장애, 공황장애, 불안장애, 알코올사용장애 등으로 인해 고통 받으며, 이러한 정신장애는 짧게는 수개월에서 심지어 일생 동안 지속되기도 한다.

재난이 개인의 정신건강에 미치는 영향과 정신건강의 사회적 비용 또한 상당히 크고 장기적이라는 점에서 재난정신건강에 대한 사회적 관심이 시급하다고 본다. 그동안 재난정신건강은 전통적인 의료적/임상적 관점에서 논의되고 개입도 치료적 개입에 초점이 맞추어져 왔다. 그러나 재난이 사회경제적으로 취약한 지역에서 자주 발생하고 이들 지역주민의 사회경제적 취약성이 이들의 정신건강문제의 취약성과 긴밀한 관계가 있다는 사실에 주목할 때, 사회복지분야는 재난정신건강에 관심을 보여야 하겠다. 재난정신건강이 사회적 약자에 집중되는 문제라는 점과 다양한 사회, 경제, 정치적 요인들이 심화, 만성화에 기여한다는 점, 개인뿐만 아니라 환경에의 총체적 개입이 있을 때 만성적인 정신건강 문제로 이환의 위험을 줄일 수 있다는 점 등을 고려할 때, 사회복지분야의 전통적인 '환경 속의 개인'이란 사회복지적 접근은 재난정신건강 문제에서도 매우 적절할 것으로 보인다.

이에 이 절에서는 재난과 관련된 정신건강문제를 살펴봄과 동시에 정신건강사회복지적 접근을 살펴보았다.

1. 재난의 정의와 분류 및 특징

1) 재난의 정의

재난의 정의는 그 관점에 따라 다양하다. 유엔재해기구(UNDP)에 따르면 "갑작스럽게 발생하여 지역사회의 기본 조직과 정상 기능을 와해시키는 큰 규모의 사건으로서 그 영향을 받은 지역사회가 외부의 도움이 없이는 극복할 수 없고, 생명과 재산, 사회 간접시설과 생활 수단에 일상적인 능력으로 처리할 수 없는 피해를 일으키는 단일 또는 일련의 사건"이라고 규정하고 있다(WHO, 2011). 그러나 우리나라「재난 및 안전관리 기본법」(2019)은 "재난"이라 함은 국민의 생명·신체 및 재산과 국가에 피해를 주거나 줄 수 있는 것으로 다음 세 가지 내용으로 정의를 하고 있어 재난을 '국민의 생명, 신체 및 재산과 국가에 피해를 주거나 줄 수 있는 것'으로 정의하고 있어 물리, 물질인 영향만을 강조하고 있다.

- 태풍·홍수·호우(豪雨)·폭풍·해일(海溢)·폭설·가뭄·지진·황사 (黃砂)·적조 그 밖에 이에 준하는 자연현상으로 인하여 발생하는 재해
- 화재·붕괴·폭발·교통사고·화생방사고·환경오염사고 그 밖에 이와 유사한 사고로 대통령이 정하는 규모이상의 피해
- 에너지·통신·교통·금융·의료·수도 등 국가기반체계의 마비와 전염병 확산 등으로 인한 피해

재난과 관련하여 재해에 대한 자연재해 대책법에 의한 정의는 다음과 같다. "재해"라 함은 「재난 및 안전관리 기본법」 제3조 제1호의 규정에 의한 재난으로 인하여 발생하는 피해를 말한다. "자연재해"라 함은 제1호의 규정에 의한 재해 중 태풍·홍수·호우(豪雨)·강풍·풍랑·해일·조수(潮水)·대설·가뭄·지진(지진해일을 포함한다)·황사 그 밖에 이에 준하는 자연현상으로 인하여 발생하는 재해를 말한다. "풍수해"라 함은 태풍·홍수·호우(豪雨)·강풍·풍랑·해일·조수(潮水)·대설 그 밖에 이에 준하는 자연현상으로 인하여 발생하는 재해를 말한다.

결국 우리나라 「재난 및 안전관리 기본법」은 재난의 정의에서 정신건강 차원을 포괄하지 못하는 한계를 갖고 있다. 따라서 재난을 무엇으로 보느냐는 관점은 단지 정의의 문제가 아니라 재난에 대한 대응의 차이로 나타날 수 있으므로 정신건강적 차원에 대한 고려가 필요하다.

2) 재난의 분류 및 특징

(1) 재난의 분류

재난의 분류는 「재난 및 안전관리 기본법」(2019)에 의하면 크게 세 가지로 분류된다. 자세한 내용은 다음 〈표 9-17〉과 같다.

표 9-17 재난의 분류

분류	내용
자연	태풍, 홍수, 호우, 폭풍, 해일, 폭설, 지진, 황사, 가뭄, 냉해·동해, 우박·서리, 병충해, 이상조류, 적조현상
인위	화재, 붕괴·폭발, 교통사고, 화생방사고, 환경오염사고
기반	에너지, 통신, 교통, 금융, 의료, 수도, 전염병

(2) 재난의 특징

재난의 특징은 다음과 같다(「재난 및 안전관리 기본법」, 2019).

첫째, 실질적인 위험이 크더라도 그것을 체감하지 못하거나 방심한다.

둘째, 본인과 가족과의 직접적인 재난피해 외에는 무관심하다.

셋째, 시간과 기술 · 산업발전에 따라 발생빈도나 피해규모가 다르다.

넷째, 인간의 면밀한 노력이나 철저한 관리에 의해 상당부분 근절시킬 수 있다.

다섯째, 발생과정은 돌발적이며 강한 충격을 지니고 있으나 같은 유형의 재난피해라도 형태나 규모, 영향범위가 다르다.

여섯째, 재난발생 가능성과 상황변화를 예측하기 어렵다.

일곱째, 고의나 과실이든 타인에게 끼친 손해는 배상의 책임을 가진다.

2. 재난으로 인한 심리, 정서, 신체적 반응

재난발생 후 생기는 심리 · 정서적 반응을 이해하기 위해서는 그 개인의 기능에 영향을 미치는 생물 · 심리 · 사회문화적 요인을 알아야 한다. 개인의 생물 · 심리 · 행동적 체계는 위기의 영향을 받게 되고, 생존을 위한 재조직과 균형상태를 회복하려는 경향성을 지니고 있다. 이 과정에서 영향을 미치는 요인들은 다음과 같다(장혁란, 2019).

① 개인의 성격구조
② 개인의 성, 연령, 민족성, 경제적 지위
③ 개인의 일상적인 대처유형
④ 스트레스를 유발시키는 자극의 강도
⑤ 개인의 욕구와 지지체계의 활용 가능성
⑥ 개인이 경험하는 상실의 범위

⑦ 긴급구조 자원의 가능성

　　충격적인 사건 후에 주로 나타나는 정서적 반응은 두려움, 불안, 염려, 의기소침 등이다. 시간이 경과함에 따라 생활유형의 변화와 상실로 유발되는 감정을 조절하는 방법은 다양하게 나타난다. 어떤 사람은 지지망을 잘 활용하여 위기에 잘 대처해 나가는 반면에 어떤 사람은 경직되고 강박적인 행동이나 우유부단한 양가감정을 나타내기도 한다. 이들은 일상생활에서 제 기능을 잘 유지하지 못하고 자신의 환경을 통제하기 힘들 정도의 혼란과 무력감을 나타낸다. 그러므로 위기상황에서 동반되는 방어기제와 정서상태를 이해하는 것은 재난에 따른 위기에 개입하기 위해 매우 중요하다.
　　위기발생 후 시간이 지남에 따라 대부분의 사람은 자신의 삶을 회복하여 이전의 일상적인 생활상태로 되돌아간다. 즉, 위기상황을 해결하고 개인적인 적응유형이 안정상태로 회복되지만 일반적으로 사람들은 재난에 대해 다음과 같은 반응을 나타낸다.

　　① 자신감의 감소
　　② 익숙하지 않은 상황에 대한 반응으로서 감정과 사고의 혼란
　　③ 자신의 모든 행동과 결정이 실패를 초래했다는 생각
　　④ 소외감, 고독감, 우울감
　　⑤ 자신의 원조에 대해 다른 사람들이 흔쾌하게 생각하지 않거나 무능력한 것에 대한 분노
　　⑥ 집단에 대한 신뢰감의 감소와 부정적 반응의 증가

　　또한 재난에 대해 다음과 같은 비정상적인 반응, 즉 신체적, 행동적, 정신건강 문제를 나타내기도 한다(장혁란, 2019).

① 신체적 반응: 떨림 , 빠른 맥박, 비정상적인 호흡, 메스꺼움, 구토 등
② 공황반응: 통제력의 상실, 안전과 무관하게 목적 없이 뛰어다님
③ 지나친 행동반응: 불필요하고 지나친 말과 행동
④ 우울반응: 감정조절의 상실, 무기력, 우울감

3. 재난으로 인한 정신건강문제

자연재난에 노출된 개인에게는 심리적 외상(trauma)으로 인한 스트레스 증상이 발현될 수 있는데 개인에 따라서 일정기간이 지나면 스트레스 수준이 낮아지지만 시간이 경과한 이후에도 스트레스 증상이 장기간 유지되며 다양한 심리적인 고통과 정신과적 문제를 경험하기도 한다(Carp, 2010). 그중에서도 외상 후 스트레스장애(Post Traumatic Stress Disorder: PTSD)는 생명과 신체적 안녕을 위협하는 재난 및 충격적 사건에 노출됨으로써 경험하게 되는 여러 가지 정신적 · 신체적인 증상을 의미하며 재난피해자들에게 진단되는 대표적인 정신과적 질환이다. 실제로 재난을 직접적으로 경험한 피해자들에게서 약 30~40%가 외상 후 스트레스장애가 발병된다고 보고되고 있으며(유미숙, 천혜숙, 2013), 자연재난 피해자의 심리적 고통을 고찰한 연구에서도 전체의 약 18~21%가 임상적으로 유의한 수준의 외상 후 스트레스장애를 경험하고 있다고 보고되었다(Norris, Murphy, Baker, & Perilla, 2004).

외상은 전쟁, 천재지변, 교통사고, 화재, 성폭행 등과 같이 생명과 신체에 대한 손상위협을 주는 극심한 사건으로 인한 정신적인 충격을 말한다. 이러한 외상에 잇따라 나타나는 여러 가지 정신적 · 신체적 증상을 총체적으로 외상 후 스트레스장애라고 한다. 외상 후 스트레스장애의 발생시기와 지속기간을 근거로 세 가지 하위유형으로 구분되며 그 내용은 다음과 같다(김정휘, 허주연, 김태욱, 2012).

1) 급성 스트레스 장애

갑작스러운 외상적 사건을 경험하였을 때, 수 시간에서 수일간에 걸쳐 일어나는 급성 스트레스 반응은 어떤 면에서는 적응적인 반응이라고 할 수 있다. 주로 사건의 충격으로 인해 감정반응의 둔화, 비현실감, 이인증, 해리성 기억상실 등과 같은 증상을 보이는 것이 특징이다. 또한 외상적 사건에 대한 기억을 재경험하는 침입(intrusion)의 증상도 나타나며, 각성상태가 높아져서 불면증, 짜증, 신경질, 과도한 불안, 놀람반응의 증상 등을 보인다. 이러한 증상들을 보이는 사람 중 약 76~88%는 시간이 지나면서 서서히 증상이 약화되어 사라진다. 그러나 약 12~24%는 증상이 수일에서 수 주간 지속되는데, 이런 경우에 급성 스트레스 장애(acute stress disorder)의 진단을 내리며, 더욱 주의 깊은 관찰과 치료적 개입이 필요하다. 이 진단을 받은 사람들 중 약 60~80%는 외상 후 스트레스장애로 발전된다.

2) 외상 후 스트레스장애

생명을 위협하는 심각한 상황을 직접 경험했을 때나 충격적인 사건을 경험하고 난 뒤, 대부분의 사람은 그 후유증으로 고통을 받는데, 이러한 증상이 1개월 이상 지속될 때 사람들은 흔히 외상 후 스트레스장애(PTSD)로 진단된다. 적게는 5%에서 많게는 75%에서 이 장애가 나타난다. 여기서 외상적인 사건이란 큰 사회적 파장을 일으키는 사고, 참사, 전쟁, 자동차사고, 테러 및 폭력, 지진, 홍수, 재해 등 생명을 위협하는 상황을 말한다. 예를 들면, 세월호 대참사, 미국 건국 이래 사상 최악의 9.11 테러 대참사 때도 당시 생존자, 피해자 가족, 부상자들에게 이러한 증상이 나타났다.

주된 증상은, 첫째, 외상기억의 반복적인 재경험이다. 이는 사건의 기억을 반복적으로 재경험하는 것이다. 꿈에 계속 상황이 재연되거나, 평상시에도 반복적으로 그 사건이 생각나서, 마치 그 사건이 현재에도 일어나고 있는 것 같이 행동하거나 느끼게 된다. 둘째, 회피(avoidance)와 둔감화(numbness)이다. 이는 그러한 사건을 상기시키는 것들을 회피한다거나 그와 관련된 대화를 피하는 것이다. 이에 따라 사건의 중요한 부분을 회상하지 못하기도 한다. 사람에 따라서 사회적 활동이나 흥미를 잃게 되고 심한 우울에 빠지기도 한다. 셋째, 과도한 각성상태(hyper-arousal state)와 연관된 증상이다. 이는 외상적 사건으로 인해 심하게는 불면증, 분노폭발, 집중력 감퇴, 놀람 반응 등 과민상태가 지속되기도 한다. 그리고 혼자 살아남은 데 대한 죄책감, 수치감에 괴로워하며 이를 피하기 위해 약물 남용이나 알코올 남용으로 확대될 수도 있다.

대개 이런 증상은 사건발생 수일 내 나타나며, 짧게는 1주에서 길게는 20~30년 지속되는 경우도 있다. 따라서 이러한 일들이 계속될 경우에는 외상 후 스트레스장애를 의심하고 정신건강 전문가를 찾아 치료를 받아야 한다. 특히 외상 후 스트레스장애는 어릴 때 큰 외상을 받은 경험이 있거나 의존성, 편집성 등의 성격소유자, 가정 등 사회적 지지가 부적합한 경우, 그리고 최근 스트레스 등으로 생활의 변화가 컸던 사람들에게서 많이 발생한다. 치료는 발병 초기에 심리상담과 필요한 경우 적절한 약물치료를 실시하여 빠른 시일 내에 통상적인 업무에 복귀시키는 것이다. 또 가족과 친지들의 정서적 지지가 중요하다.

4. 재난과 정신건강사회복지적 개입전략

재난과 관련된 정신건강은 외상적 사건과 심리, 사회, 경제, 정치, 의료적 맥락과의 상호작용의 결과로 이해되어야 한다. 따라서 재난정신건강에 대한 개입전략 또한 동일한 맥락에서 논의되어야 될 것이다. 이러한 관점은 그동안 재난정신건강 논의가 병리적, 치료적 모델에 치우침으로 인해 간과해 온 사회복지 분야 고유의 사회문제에 대한 관점과 접근방식, 역할과 기여할 수 있는 영역을 부각시킬 수 있을 것이다(김연희, 2011).

1) 다차원적 재난정신건강서비스의 전제 조건

(1) 대상의 규정: 소수의 임상집단을 위한 개입에서 공중보건적 접근으로 전환

재난정신건강을 공중보건적으로 접근한다는 것은 크게 세 가지의 특성에 서 의미가 있다.

첫째, 재난정신건강서비스는 모든 시민을 잠재적 대상으로 하고 공평한 접 근성을 보장하여야 한다는 것이다. 재난은 예고 없이 발생하고 모든 사람이 겪을 수 있는 문제이다. 다수의 정신건강문제를 예방하고 조기에 개입할 필 요가 있다는 점에서 공중보건적 접근이 적절하다.

둘째, 공중보건적 접근은 적극적인 예방과 조기개입을 통해 질병이 없 는 상태 이상의 건강과 삶의 질 향상이라는 목적을 추구하는 것이다(WHO, 2011). 조기 발견과 시기적절한 예방적 개입서비스를 통해 돌발적 위기 상황 에 대한 자연적인 반응이 만성적 질환으로 이환되는 것을 예방함으로써 개인 의 심리사회적 기능과 삶의 질이 보존되도록 하여야 할 것이다. 이는 사회적 으로는 질병발생을 예방함으로써 의료비용의 절감뿐만 아니라 사회구성원 의 노동생산성의 보존이라는 점에서 사회적 비용효과도 가져올 것이다.

셋째, 공중보건의 목적을 달성하기 위해서는 개인의 행동과 위험요인에 대 한 개인적 차원의 개입뿐만 아니라 불평등, 빈곤, 취약집단의 역량강화와 사 회경제적 정의 옹호라는 환경차원에서의 다양한 개입활동까지 확장된 개입 의 범위를 의미한다(Reuter & Kushner, 2010). 건강이나 질병과 마찬가지로 재 난피해자와 지역사회의 정신건강문제와 삶의 질 또한 지역사회의 사회경제 적 불평등에 의해 많이 영향을 받으며, 사회경제적 정의구현을 위한 다각적 노력이 있을 때 가능하다는 점에서 재난정신건강은 공중보건적 접근이 필요 하다는 것을 보여 준다.

(2) 문제인식의 패러다임: 병리모델에서 생태체계적 모델로의 전환

생태체계적 모델은 스트레스 경험을 재난이란 예외적 상황에 대한 정상적인 반응으로 본다. 재난피해자의 병리적 증상의 감소라는 치료적 목표를 갖고 고위험군 개인(high risk person)의 임상적 개입에만 치중하는 병리모델과 달리 생태체계적 관점에서는 재난에 대한 취약성의 원인이 되고, 회복과정을 지연시키는 다양한 사회·경제·환경적 상황(high risk situation)에 대한 관심을 제기하며 이들 요인들에 대한 다차원적 개입에 중요성을 부여한다(Saraceno & Dua, 2009). 재난정신건강 문제는 재난 상황의 특성에 의해 결정되기도 하지만(agent produced), 재난에 대처하는 환경적 맥락(response produced)에 의해 상당히 영향을 받는다.

예를 들어, 홍수 피해에 취약한 지역은 주변의 산이 많이 훼손되었거나, 상하수로 관리가 낙후되었다거나 하는 열악한 물리적 환경에 이미 노출되어 있었으며, 이는 지역의 경제적, 환경적 불평등 문제에 기인하는 경우가 많다. 이미 존재하는 경제적 불평등과 정치적 역량의 부족은 재난 후 물리적 환경의 복구, 경제적 터전의 재건, 일상의 회복, 직업 활동의 재개 등을 위한 자원을 동원하는 과정에서도 불이익으로 나타난다. 또 사회적 약자들은 부정적 생활사건과 일상적 어려움들에 좀 더 자주 노출되기도 하여 이 모든 상황은 지역주민의 무기력감, 소외, 좌절 등에 기여하면서 재난으로 인한 외상으로부터 회복을 지연시키는 결과를 초래하게 된다(김연희, 2011).

(3) 개입의 초점: 증상중심 개입에서 개인과 공동체의 대처역량의 회복과 강화로 전환

재난이 정신건강에 미치는 영향과 회복과정을 이해하는 데 '스트레스 과정이론'이 유용한 관점을 제시한다.

스트레스 과정이론

개인의 정신건강 수준을 결정하는 것은 재난과 같은 특정 위기 상황 그 자체보다는 개인이 그 위협을 어떻게 평가하는가, 위협에 부여하는 의미에 의해 달려 있다고 한다(Lazarus & Folkman, 1984). 그런데 위기 상황이 얼마나 위협적인지는 두 단계의 인지적 평가를 통해 도출되는 위기상황에 대한 주관적 인식이 실제 개인의 정신건강수준을 결정한다는 것이다.

첫 번째 평가는 개인의 신념체계와 문제의 인식(예측가능성, 불확실성의 정도, 문제 상황의 기간)이다. 두 번째 평가는 개인이 자신이 보유하고 있는 대처자원의 수준에 대한 평가이다. 대처자원으로 자신의 문제대처 능력과 동원할 수 있는 사회적 지지 수준을 평가하게 된다.

재난은 개인과 지역사회에 삶의 모든 영역(물리적 환경, 건강, 경제, 사회적 관계, 심리적 안녕 등)에서 파괴, 충격, 상실을 가져다주는 사건이다. 불시에 닥쳐 온 상황이고 재난 앞에서 인간의 무기력함을 경험하고 결과를 예측하기 어렵다는 점에서 위협적 요소를 많이 갖추고 있다. 그런데 아동이나 노인, 장애인 등과 같이 자신이 보유하고 있는 대처자원이 제한적이라고 인식하는 개인들은 재난과 같은 위기상황에 의해 더 부정적인 영향을 받게 된다. 자신의 삶에서 통제 불능의 상황을 많이 겪었던 사회적 약자들에게는 재난이라는 위기상황을 더 위협적으로 평가하고 그 결과 정신건강에 더 취약하게 된다.

따라서 재난에 노출된 개인과 지역사회의 심리사회적 회복을 돕는 방법은 이들의 문제해결 능력과 사회적 지지를 회복시키거나 강화시키는 전략들이다. 구체적인 문제해결 기술을 보유하고 자신의 대처능력에 대한 신념, 즉 자기효능감을 강화하는 개입은 재난피해자를 위한 효과적인 정신건강 개입이될 것이다. 개별차원과 지역사회차원에서 효능감은 심리사회적 안녕을 증가시킬 뿐만 아니라 자신의 상황을 변화시키려는 정치적 행동화, 지역사회문제

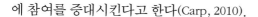

에 참여를 증대시킨다고 한다(Carp, 2010).

(4) 전달체계의 구조: 제공자 중심에서 이용자 중심의 서비스 체계

현재 우리나라 재난정신건강서비스는 서구적 모델을 그대로 따르고 있다. 서구적인 치료모델은 한국사회의 소외계층들이 심리·정서적 문제에 대처하는 행동양식과는 거리가 있다.

> **정신건강서비스:**
> **제공자 중심에서 이용자 중심으로 서비스 체계 전환의 필요성 사례**
> 미국은 9.11 사태 직후 미국상담심리학회와 위기관리학회에서 회원들을 뉴욕으로 급파하여 많은 위기상담가가 그 지역의 호텔에서 호출 대기를 하고 있었으나 이들의 서비스를 활용한 사람은 매우 적었다고 한다.

재난정신건강서비스가 유용한 서비스 자원이 되려면 피해자들에게 좀 더 지리적, 심리적 접근성이 있는 서비스 전달체계가 구축되어야 한다. 지역과 지역민의 문화적 신념, 행동과 욕구, 지역의 서비스 자원 수준, 서비스 이용 행동양식에 부합하는 서비스 전달체계를 만들어야 이들이 활용하게 될 것이며 서비스 성과를 기대할 수 있을 것이다. 문제는 정신건강서비스 전달체계는 많은 소외지역에 존재하지 않는 것이다. 정신건강서비스 전달체계는 이미 주요 표적집단인 만성 중증정신질환자의 관리로도 포화 상태이기에 일시적 위기개입 이상의 중장기적인 임상개입을 기대할 수 없는 현실이다. 재난에 취약한 지역에서는 복지서비스 전달체계나, 지역 보건소, 방문 간호사 등이 이들의 삶에 좀 더 친밀하며, 쉽게 활용될 수 있는 서비스 전달체계가 될 수 있다. 재난으로 인한 사회, 경제, 의료적 문제들을 해결해가면서 자연스럽게 심리·정서적 문제들에 대한 개입을 시도하고 후속관리를 할 수 있으며,

필요할 경우 전문치료 기관으로 연계를 할 수 있는 소비자에게 접근성이 높은 서비스 전달체계 자원으로 활용방안을 진지하게 고려할 필요가 있겠다.

2) 다차원적 재난정신건강서비스의 적용차원과 개입전략

다차원적 재난정신건강서비스도 시간의 흐름과 필요한 서비스 수준에 따라 보편적 예방서비스, 조기예방 개입 서비스, 치료적 개입서비스의 순으로 종적으로 편성하는 것이 효율적 구조가 될 것이다.

(1) 보편적 예방서비스

재난 지역 일반인을 대상으로 하는 보편적 예방 개입은 미디어, 인터넷, 정보문서 등을 활용하여 재난 상황에서 건강을 도모하는 행동양식에 대한 교육과 정보 제공에 초점을 둔다. 과도한 재난 보도나 부정확한 루머의 확산을 통제하는 것도 이 단계에서 효과적인 개입전략으로 나타났다(김소희, 박미현, 2012). 가족과 친지의 생사확인과 서로 연락을 취할 수단을 확보하는 것도 재난피해자의 심리 · 정서적 안녕을 확보하는 방법이 되겠다. 또 다른 보편적 개입으로는 재난 직후 투입되는 다양한 응급구호 인력들이 적절한 훈련을 받은 후 '심리적 응급처치(psychological first aid)'를 시행하는 것이다(이명수, 2019). 심리적 응급처치와 같은 재난 직후 보편적 예방개입을 이들과 이미 신뢰적 관계를 갖고 있는 지역행정조직요원이나 사회복지서비스 제공자, 지역 지도자들이 제공하게 될 때, 지역주민들에게 좀 더 효과적인 개입이 가능할 것이다

(2) 조기예방 개입 서비스

보편적 예방 개입 이후에도 문제의 징후를 보이거나 고위험군으로 분류되는 집단들에게는 스크리닝, 단기 자조집단, 심리교육 등의 전형적인 재난정신건강 개입전략뿐만 아니라, 다양한 주민 조직 활동들을 통해 피해자 개인

과 지역사회의 회복을 돕는 조기예방 개입을 실시한다. 교육자, 집단지도자, 주민조직가, 중재자, 옹호자 등의 정신건강사회복지사가 수행하는 다양한 역할을 통해 개인과 환경에 개입을 하며 그 결과 피해지역주민들이 재난 이전의 삶으로 회복 가능성에 대한 기대와 자신감을 회복시킬 수 있다. 예를 들어, 지역사회 주민들이 봉사활동을 조직하여 복구과정에 상호부조의 가치를 강화시킨다거나 지역 화단조성과 같은 공동체 활동을 조직하여 정서적 순화와 공동체 의식을 강화하는 것도 비전통적인 정신건강 개입전략이 될 수 있다. 지역사회 주민의 신뢰, 응집력, 상호부조, 즉 집합적 효능감과 안녕감을 강화시키는 효과성이 입증된 예방적 개입전략이다(Chung et al., 2009). 지역공동체 효능감은 지역주민의 문제해결을 위한 행동화로 연결된다는 점에서도 중요하다(Carp, 2010).

조기예방 개입 서비스의 예

- 스트레스 상황에서 사회적 지지자원인 가족, 지역사회 주민 간의 관계를 강화하고 정서를 순화시킬 수 있는 문화적 이벤트나 여가활동을 조직하는 것
- 신속하게 학교를 개교하여, 아동의 삶에서 주요부분을 정상화시키고 안전과 안정감을 회복시키는 집단 활동
- 개인, 가족, 지역사회 차원에서 스트레스 상황에서 갈등해결능력을 강화시키는 교육프로그램, 중재프로그램 등을 제공하여 개인과 지역사회 공동체의 대처역량 강화
- 재난으로 인해 사업장이나 직장을 잃은 개인들의 취업지원, 사업복구지원 등 재정적 안정을 회복시키는 서비스

많은 사람이 재난 후 즉각적인 스트레스를 호소하지만 정신건강의학과 의사를 찾는 경우는 흔치 않고 신체적 증상을 호소하며 1차 진료 기관을 찾거나 재정지원을 위해 복지관을 찾는다는 점을 고려하여 보건소, 방문간호사, 기타 의료기관, 지역사회 종합복지관 등에 재난정신건강서비스를 배치하여 통합적 서비스를 구축하려는 지역사회서비스 조정(coordination)도 정신건강사회복지사가 재난정신건강에 기여할 수 있는 지역사회조직화 서비스 전략이다.

(3) 치료적 개입서비스

치료적 개입차원은 재난으로 인한 정신건강문제에 대한 치료적 개입을 제공함으로써 문제의 만성화, 증상의 악화를 예방하려는 노력을 하는 과정이다. 전형적인 재난정신건강에서 활용되는 치료적 개입으로는 지지체계가 약하고 고립화의 위험이 큰 피해자들—노인 또는 장애인—에 대한 가정방문을 통해 지지적 상담을 제공하고 긍정적 사고와 문제해결기술을 배양하는 자조집단과 상담을 지원하며, 호흡명상기법, 심호흡기법, 스트레스면역훈련, 인지행동치료, 노출치료, 체계적 둔감화기법, 수용전념치료, EMDR(Eye Movement Desenitization & Reprocessing; 안구운동 민감소실 및 재처리요법)을 시행하고, 정신건강 치료기관으로 의뢰하며, 증상의 진전에 대한 지속적 모니터링 과정 등을 제공하는 것이다.

요약

    이 장에서는 정신건강사회복지의 실천대상별 이해와 더불어 실천대상별 개입
방법에 대하여 살펴보았다. 정신장애의 대표적 질환이라고 할 수 있는 조현병의
원인과 증상 및 개입방법을 살펴보았고, 알코올중독의 원인과 증상 및 개입방법을
살펴보았다. 또한 여성과 노인의 정신건강문제 중에서 대표적으로 우울증과 치매
의 원인과 증상 및 개입방법에 대하여 살펴보았고, 최근 중요성이 부각되고 있는
아동 · 청소년 정신건강문제의 예방, 조기발견 및 상담, 치료를 위한 아동 · 청소년
정신건강복지사업 중 ADHD와 매년 증가하고 있는 자살문제에 대해서도 살펴보
았다. 마지막으로 각종 재난이 개인의 정신건강에 어떤 영향을 미치는지를 살펴보
고, 재난과 관련한 정신건강사회복지의 개입전략에 대해서 살펴보았다. 이들 대상
은 정신건강실천영역에서 가장 흔하게 접할 수 있는 개입대상일 뿐만 아니라 정신
건강사회복지의 사회재활적 관점에서 치료적 접근이 필수적으로 요구되는 실천대
상들이라 할 수 있다. 그러므로 이러한 주요한 개입대상들에 대하여 질병의 원인
과 증상 및 개입방법을 숙지하여 정신건강실천현장에서 그들에게 보다 효과적인
원조서비스를 제공할 수 있도록 해야 한다.

토의사항

1. 조현병의 원인과 증상 및 개입방법에서 정신건강사회복지사의 개입의 당위성에 대해 토론
   해 보자.
2. 알코올중독자의 심리 · 사회적 문제는 무엇이며, 그에 따른 사회복지적 개입방법에 대해 토
   론해 보자.
3. 우울증, 치매환자에 대한 사회복지적 개입방법에 대해 토론해 보자.
4. 아동 · 청소년 정신건강에서 정신건강사회복지사 개입의 필요성에 대해 토론해 보자.
5. 우리사회에서 쟁점이 되고 있는 '자살' 문제에 대한 정신건강사회복지사의 개입전략에 대해
   토론해 보자.
6. 재난정신건강서비스의 개입필요성과 재난정신건강사회복지사의 역할에 대해 토론해 보자.

부록

부록 1 정신장애인 판정기준(보건복지부, 2019년 개정)

장애정도	장애상태
장애의 정도가 심한 장애인	1. 조현병으로서 망상, 환청, 사고장애, 기괴한 행동 등의 양성증상 또는 사회적 위축과 같은 음성증상이 심하고 현저한 인격변화가 있으며, 기능 및 능력장애로 인하여 능력장애 판정기준의 6항목 중 3항목 이상에서 전적인 도움이 필요하며, GAF척도 점수가 40점 이하인 사람(정신병을 진단받은 지 1년 이상 경과한 사람에 한한다. 이하 같다) 2. 양극성 정동장애(조울병)로 기분, 의욕, 행동 및 사고장애 증상이 심한 증상기가 지속되거나 자주 반복되며, 기능 및 능력장애로 인하여 능력장애 판정기준의 6항목 중 3항목 이상에서 전적인 도움이 필요하며, GAF척도 점수가 40점 이하인 사람 3. 재발성 우울장애로 정신병적 증상이 동반되고 기분, 의욕, 행동 등에 대한 우울증상이 심한 증상기가 지속되거나 자주 반복되며, 기능 및 능력장애로 인하여 능력장애 판정기준의 6항목 중 3항목 이상에서 전적인 도움이 필요하며, GAF척도 점수가 40점 이하인 사람 4. 조현정동장애로 1호 내지 3호에 준하는 증상이 있는 사람 5. 조현병으로 망상, 환청, 사고장애, 기괴한 행동 등의 양성증상 및 사회적 위축 등의 음성증상이 있고 중등도의 인격변화가 있으며, 기능 및 능력장애로 인하여 능력장애 판정기준의 6항목 중 3항목 이상에서 많은 도움이 필요하며, GAF척도 점수가 41점 이상 50점 이하인 사람 6. 양극성 정동장애(조울병)로 기분, 의욕, 행동 및 사고장애 증상이 있는 증상기가 지속되거나 자주 반복되며, 기능 및 능력장애로 인하여 능력장애 판정기준의 6항목 중 3항목 이상에서 많은 도움이 필요하며, GAF척도 점수가 41점 이상 50점 이하인 사람 7. 재발성 우울장애로 망상 등 정신병적 증상이 동반되고 기분, 의욕, 행동 등에 대한 우울증상이 있는 증상기가 지속되거나 자주 반복되며, 기능 및 능력장애로 인하여 능력장애 판정기준의 6항목 중 3항목 이상에서 많은 도움이 필요하며, GFA척도 점수가 41점 이상 50점 이하인 사람 8. 조현정동장애로 5호 내지 7호에 준하는 증상이 있는 사람 9. 조현병으로 망상, 환청, 사고장애, 기괴한 행동 등의 양성증상이 있으나 인격변화나 퇴행은 심하지 아니한 경우로서, 기능 및 능력장애로 인하여 능력장애 판정기준의 6항목 중 3항목 이상에서 간헐적인 도움이 필요하며, GAF척도 점수가 51점 이상 60점 이하인 사람

장애의 정도가 심한 장애인	10. 양극성 정동장애(조울병)로 기분, 의욕, 행동 및 사고장애 증상이 현저하 지는 아니하지만 증상기가 지속되거나 자주 반복되는 경우로서, 기능 및 능력 장애로 인하여 능력장애 판정기준의 6항목 중 3항목 이상에서 간헐 적인 도움이 필요하며, GAF척도 점수가 51점 이상 60점 이하인 사람 11. 재발성 우울장애로 기분, 의욕, 행동 등에 대한 우울증상이 있는 증상기 가 지속되거나 자주 반복되는 경우로서, 기능 및 능력장애로 인하여 능 력장애 판정기준의 6항목 중 3항목 이상에서 간헐적인 도움이 필요하며, GAF척도 점수가 51점 이상 60점 이하인 사람 12. 조현정동장애로 9호 내지 11호에 준하는 증상이 있는 사람

1. 정신장애 판정기관 및 전문의

1) 장애진단 직전 1년 이상 지속적으로 진료한 의료기관의 정신건강의학과 전문의
   - 지속적으로 진료받았다 함은 3개월 이상 약물치료가 중단되지 않았음을 의미한다.
2) 1에 해당하는 전문의가 없는 경우 장애진단 직전 3개월 이상 지속적으로 진료한 의료기관의 정신 건강의학과 전문의가 진단할 수 있으나 장애진단 직전 1년 이상의 정신건강의학과 진료기록 등을 확인하여야 한다.
3) 장애진단을 하는 전문의는 장애판정 직전 1년 이상 지속적으로 치료를 받은 환자로서 진단 시에도 적절한 치료 중임에도 불구하고 장애가 고착되었음을 진단서, 소견서, 진료기록 등으로 확인하여야 한다(필요시 환자에게 타 병원 진료기록 등을 제출하게 함).

2. 정신장애 및 재판정 시기

1) 1년 이상의 성실하고, 지속적인 치료 후에 호전의 기미가 거의 없을 정도로 장애가 고착되었을 때에 장애를 판정한다.
2) 최초 판정일로부터 2년 이후의 일정한 시기를 정하여 재판정을 하여야 하며, 재판정 시에 장애상태의 현저한 변화가 예측되는 경우에는 다시 재판정일로

부터 2년 이후의 일정한 시기를 정하여 재판정을 하여야 한다. 다만, 재판정 당시 장애의 중증도나 연령 등을 고려할 때에 장애상태가 거의 변화하지 않을 것으로 예측되는 경우에는 재판정을 제외할 수 있다.

3. 정신장애 등급 판정 절차

정신장애의 장애등급 판정은

1) 현재 치료 중인 상태를 확인
2) 정신질환의 진단명 및 최초 진단시기에 대한 확인
3) 정신질환의 상태(impairment)의 확인
4) 정신질환으로 인한 정신적 능력장애(disability) 상태의 확인
5) 정신장애 등급의 종합적인 판정의 순서를 따라야 한다.

(1) 현재 치료 중인 상태를 확인

현재 약물복용 등 치료 중인 상태에서 정신장애 판정을 하여야 한다.

(2) 정신질환의 진단명 및 최초 진단시기에 대한 확인

우리나라에서 공식적인 정신질환 분류체계로 사용하고 있는 제10차 국제질병사인 분류(International Classification of Diseases, 10th Version)의 진단지침에 따라 ICD 10의 F20 조현병, F25 조현정동장애(調絃情動障碍), F31 양극성 정동장애 및 F33 재발성 우울장애로 진단된 경우에 한하여 정신장애 판정을 하여야 한다.

(3) 정신질환의 상태(impairment)의 확인

정신질환의 상태에 대한 확인은 진단된 정신질환의 상태가 정신장애 등급판정 기준에 따라 어느 등급에 적절한지를 임상적 진단평가과정을 통하여 판단한 뒤 등급을 정한다.

(4) 정신질환으로 인한 정신적 능력장애(disability) 상태의 확인

① 정신질환으로 인한 능력장애에 대한 확인은 정신장애자에 대한 임상적 진단 평가와 보호자 및 주위 사람으로부터의 정보, 정신보건의료서비스를 제공하고 있는 치료자의 의견, 학업이나 직업활동 상황 등 일상 환경에서의 적응상태 등을 감안하여 등급판정을 내린다.

② '능력장애의 상태'는 정신질환에 의한 일상생활 혹은 사회생활의 지장의 정도 및 주위의 도움(간호, 지도) 정도에 대해 판단하는 것으로서 장애의 정도를 판단하기 위한 지표로서 이용된다.

〈능력장애 측정 기준〉

1) 적절한 음식섭취

   −영양의 균형을 생각하고, 스스로 준비해서 먹는 음식섭취의 판단 등에 관한 능력장애의 유무를 판단한다.

2) 대소변관리, 세면, 목욕, 청소 등의 청결 유지

   −세면, 세족, 배설 후의 위생, 목욕 등 신체위생의 유지, 청소 등의 청결의 유지에 관한 판단 등에 관한 능력 장애 유무를 판단한다. 이들에 대해, 의지의 발동성이라는 관점으로부터, 자발적으로 적절하게 행하는 것이 가능한지 여부, 도움이 필요한지 여부를 판단한다.

3) 적절한 대화기술 및 협조적인 대인관계

   −타인의 말을 알아듣고, 자신의 의사를 상대에게 전하는 의사소통의 능력, 타인과 적절하게 사귀는 능력에 주목한다.

4) 규칙적인 통원 · 약물 복용

   −자발적 · 규칙적으로 통원 및 복약을 하고, 병상이나 부작용 등에 관하여 주치의에게 잘 이야기하는 것이 가능한가, 도움이 필요한가 여부를 판단한다.

5) 소지품 및 금전관리나 적절한 구매행위

   −금전을 독립적으로 적절하게 관리하고, 자발적으로 적절하게 물건을 사는 것이 가능한가, 도움이 필요한가 여부를 판단한다(금전의 인지, 물건 사기의 의욕, 물건 사기에

　　동반되는 대인관계 처리능력에 주목한다).

6) 대중교통이나 일반공공시설의 이용

　　－각종의 신청 등 사회적 수속을 행하거나, 은행이나 보건소 등의 공공시설을 적절하게

　　　이용하는 것이 가능한지 여부를 판단한다.

(5) 정신장애 등급의 종합적인 판정

① 정신질환의 상태와 능력장애의 상태에 대한 판정을 종합하여 최종 장애등급 판정을 내린다. 다만, 정신질환의 상태와 능력장애의 상태에 따른 등급에 차이가 있을 경우 능력장애의 상태를 우선적으로 고려한다.

② 정신질환의 상태 및 능력장애의 상태가 시간에 따라 기복이 있거나, 투약 등 치료를 통하여 상태의 변화가 있는 경우에는 최근 3개월간의 증상이 가장 심하였을 경우와 가장 호전되었을 경우의 평균적 상태를 기준으로 등급을 판정한다.

부록 2 정신건강사업 연혁

1984.   보건사회부 정신질환 종합대책 수립(무허가시설 양성화 시작)

   정신질환 역학조사

1985.   정신보건법안 국회 제출(정부안)

   정신요양시설 47개소 운영 지원

1986.   제12대 국회 회기 만료로 정신보건법안 자동 폐기

   정신요양시설 52개소 운영 지원

1987.   OECF 차관으로 정신병원 건립 지원

   정신요양시설 65개소 운영 지원

1988.   정신질환자 치료유병률 제1차 조사

   정신요양시설 71개소 운영 지원

1989.   정신요양시설 73개소 운영 지원

1990.   정신요양시설 74개소 운영 지원

1991.   보건사회부 질병관리과로 정신보건 업무 이관

1992.   정신보건법안 국회 제출(정부안)

1993.   정신질환자 치료유병률 제2차 조사

1994.   지역사회정신보건사업 연구용역

1995. 「정신보건법」 제정(보건복지위원회 대안)

   서울시 지역사회정신보건사업 실시(강남구)

   정신요양시설 75개소 운영 지원

1996.   경기도 지역사회정신보건사업 실시(수원시, 양평군)

   정신요양시설 76개소 운영 지원

1997. 「정신보건법」 시행

   중앙 및 지방정신보건심의위원회 구성

   보건국 정신보건과 신설

   정신보건법안 제1차 개정(정신요양병원제도 폐지)

정신재활시설 2개소 운영 지원

정신요양시설 78개소 운영 지원

1998. 정신보건발전 5개년 계획 수립

모델형 정신건강복지센터 운영사업 4개소 시작

(서울 성동, 서울 성북, 강원 춘천, 울산 남구)

정신재활시설 10개소 설치 · 운영

정신요양시설 중 10개소 정신의료기관(9개소) 및 정신재활시설(1개소)로 전환

정신요양시설 67개소 운영 지원(1997년말 1개소 폐쇄조치)

1999. 모델형 정신건강복지센터 운영사업 14개소로 확대

(서울 성동, 부산 금정, 대구 서구, 인천 중구, 광주 동구, 울산 남구, 경기 부천, 강원 춘천, 충북 청원, 충남 아산, 전북 군산, 전남 영광, 경북 포항, 경남 창원)

지역사회정신보건사업 기술지원단 운영 시작

정신재활시설 19개소 운영 지원

정신요양시설 중 4개소 정신의료기관으로 전환

정신요양시설 63개소 운영 지원

정신요양시설 제1차 평가

정신질환 예방 · 홍보사업 실시

2000. 모델형 정신건강복지센터 운영사업 16개소로 확대

「정신건강복지법」 제2차 개정(행정규제 정비)

정신재활시설 47개소 운영 지원

정신요양시설 중 8개소 정신의료기관으로 전환

정신요양시설 55개소 운영 지원

정신요양시설 제2차 평가

알코올상담센터 시범사업 4개소 시작

2001. 정신건강복지센터 총 64개소(모델형 16개소 및 기본형 48개소)로 확대

정신질환실태 역학조사

정신재활시설 64개소 운영 지원

정신재활시설 제1차 평가

알코올상담센터 시범사업 9개소로 확대

2002. 정신건강복지센터 총 64개소(모델형 16개소 및 기본형 48개소) 지원

아동·청소년 정신보건사업 16개소 시작

알코올상담센터 시범사업 14개소로 확대

정신재활시설 86개소 운영 지원

정신요양시설 제3차 평가

2003. 정신건강복지센터 운영지원 총 69개소(모델형 16, 기본형 53)로 확대

아동·청소년 정신보건사업 16개소 지원

정신재활시설 90개소 운영 지원

알코올상담센터 17개소 운영 지원 및 본사업으로 전환

정신요양시설 2교대제 도입

2004. 「정신보건법」 시행령 및 시행규칙 개정

정신건강복지센터 운영지원 총 88개소(모델형 23, 기본형 65)로 확대

아동·청소년 정신보건사업 24개소로 확대정신재활시설 101개소 운영 지원

알코올상담센터 17개소 운영 지원

2005. 정신건강복지센터 운영지원 총 97개소(모델형 32, 기본형 65)로 확대

지방비지원 정신건강복지센터 포함 총 126개소 운영

아동·청소년 정신보건사업 31개소로 확대

정신요양시설 및 정신재활시설 운영비 보조 지방이양

알코올상담센터 20개소 운영 지원

자살 등 위기 상담전화 운영

2006. 정신건강복지센터 운영지원 총 105개소(모델형 40, 기본형 65)로 확대

아동·청소년 정신보건사업 강화

음주폐해예방 및 알코올중독 치료·재활지원

(알코올상담센터 26개소 운영)

생명사랑 및 자살예방사업 추진

정신질환자 인식개선 및 권익증진 강화

지방정신보건사업지원단 구성·운영

정신과전문의 등 정신보건지도자 교육·훈련

정신질환실태 역학조사

2007. 정신건강복지센터 운영지원 총 151개소로 확대

아동·청소년 정신보건사업 및 검진사업 강화

(2007년 16세 청소년 정신건강검진사업 포함)

음주폐해 예방 및 알코올중독 상담·재활지원

(알코올상담센터 30개소 운영)

생명사랑 및 자살예방사업 추진

정신질환자 인식개선 및 권익증진 강화

중앙 및 지방정신보건사업지원단 연계체계 강화 및 운영 활성화

5개 국립정신병원의 정신의료기관 및 정신건강전문요원 수련기관 상시지
도체계 마련

2008. 기본형과 모델형 정신건강복지센터를 표준형으로 통합하고 광역형을 신
설(표준형 148개소, 광역형 3개소)

아동·청소년 정신보건사업 및 검진사업 강화

(35개 정신건강복지센터에서 초·중·고 정신건강검진사업 실시)

음주폐해 예방 및 알코올중독 상담·재활지원

(알코올상담센터 34개소 운영)

생명사랑 및 자살예방사업 추진(자살예방종합대책 마련·발표)

정신질환자 인식개선 및 권익증진 강화(「정신보건법」 개정, 2008. 3. 21.)

마약류중독자 치료보호 지원(2008. 9. 29., 식약청에서 업무이관)

국립서울병원의 국립정신건강연구원으로의 개편 계획수립·추진

「국민건강증진법」 개정 추진(금주구역 지정 등)

인터넷중독 폐해예방 및 치료사업 추진

중앙 및 지방정신보건사업지원단 연계체계 강화 및 운영활성화

보건소 정신건강전문요원 양성사업 종료

2009. 「정신보건법」 시행령, 시행규칙 개정 시행(2009. 3. 22.)

정신건강증진시설 설치 · 운영자, 종사자 인권교육 실시

정신건강전문요원의 수련과정 등에 관한 규정(고시) 개정

음주폐해 예방 및 알코올중독 상담 · 재활지원

(알코올상담센터 34개소 운영)

「국민건강증진법」 개정법률안 국회제출(주류판매금지시설 등)

정신건강복지센터 운영지원 총 156개소(표준형 153개소, 광역형 3개소)

생명사랑 및 자살예방사업 추진(자살예방종합대책 실행계획 수립 · 시행,

인터넷 자살유해정보 차단 및 집단자살예방대책 수립)

인터넷중독 폐해예방 및 치료사업 부내 업무이관

2010. 「정신보건법」 전부개정법률안 국회 제출(2010. 12.)

정신건강복지센터 운영 지원(표준형 158개소, 광역형 5개소)

생명사랑 및 자살예방사업 추진(자살예방종합대책 실행계획 수립 · 시행,

인터넷을 통한 자살유해정보 유통 및 동반자살 차단을 위한 관련 부처 간

협력 강화)

알코올상담센터 41개소 운영

마약류중독자 치료보호 가이드라인 제작 · 보급

2011. 정신건강복지센터 운영 지원(표준형 158개소, 광역형 6개소)

알코올상담센터 43개소 운영 지원

아동 · 청소년 정신보건사업 지원(42개소)

정신질환실태 역학조사 실시

「자살예방 및 생명존중문화 조성을 위한 법률」 제정(2011. 3. 30.)

검찰의뢰 마약류중독자 치료보호 환자관리 가이드라인 마련 · 배포

2012. 정신건강복지센터 운영 지원(표준형 174개소, 광역형 9개소)

지역사회정신보건 시범사업 실시(광주광역시)

아동·청소년 정신보건사업 지원(42개소)

정신건강증진 종합대책 발표(2012. 6.)

2013. 정신건강복지센터 운영 지원(기초 189개소, 광역 11개소)

지역사회정신보건 시범사업 실시(광주광역시)

아동·청소년 정신보건사업 전담요원 배치(100명)

자살예방 및 정신건강증진사업 전담요원 배치(200명)

정신보건법 전부개정법률안 국무회의 통과(2013. 12. 31.)

응급실 기반 자살시도자 관리사업(전국 25응급의료기관)

지역사회기반 노인자살예방사업(2개소)

알코올 상담센터 50개소 운영(2014년 중독관리통합지원센터로 기능 개편)

2014. 정신건강복지센터 운영지원(기초 195개소, 광역형 13개소)

사회복지전담공무원 정신건강증진사업 지원(15개 시·도)

국가 정신건강 증진 마스터 플랜(2016~2020) 계획수립 연구

중앙심리부검센터 운영 지원

복지부 평가지표 및 평가체계 개선안 마련

2015. 정신건강복지센터 운영지원(기초 209개소, 광역형 15개소)

사회복지전담공무원 정신건강증진사업 지원(15개 시·도)

2016. 국립정신건강센터 설립 및 국립정신병원 내 정신건강사업과 신설

정신건강복지센터 운영지원(기초 209개소, 광역형 16개소)

관계부처 합동 정신건강종합대책 수립·발표(2016. 2. 25.)

「정신건강복지법」 전부 개정(2016. 5. 29.)

2017. 「정신건강증진 및 정신질환자 복지서비스 지원에 관한 법률」 시행(2017. 5. 30.)

응급실 기반 자살시도자 사후관리 사업 확대(27개소 → 42개소)

2018. 자살예방정책과 신설(2018. 2. 6.)

정신건강전문요원 보수교육 시행(2018. 4.)

입원적합성심사위원회 운영(2018. 5.)

「정신건강복지법」에 국가트라우마센터 설치 운영 근거 신설(2018. 6. 12.,
2018. 12. 13. 시행)

「정신건강복지법」에 중독관리통합지원센터사업 근거 신설(2018. 12. 11.,
2019. 6. 12. 시행)

부록 3 시 · 도별 야간/일 · 휴무일 운영기관

| 지역 | 야간 및 주말 | | 웹페이지 | 주간 |
	지정기관	연결번호		지정기관
서울	서울시자살예방센터	02-3458-1090	www.suicide.or.kr	서울시 자살예방센터
부산	부산광역 정신건강복지센터	051-466-5076	www.busaninmaum.com	부산광역 자살예방센터
대구	대구광역 정신건강복지센터	053-622-0199	www.dgmhc.or.kr	대구광역 정신건강복지센터
인천	인천광역 자살예방센터	032-468-9921	www.icmh.or.kr	인천광역 자살예방센터
광주	광주광역 정신건강복지센터	062-610-9400	visionmh.gwangju.go.kr	광주광역 정신건강복지센터
대전	대전광역 정신건강복지센터	042-486-7142	www.djpmhc.or.kr	대전광역 정신건강복지센터
울산	울산광역 정신건강복지센터	052-256-1818	www.usmhc.or.kr	울산광역 정신건강복지센터
경기	경기도자살예방센터	031-250-0250	www.mindsave.org	경기도 자살예방센터
강원	강원도광역 정신건강복지센터	033-251-1972	www.gwmh.or.kr	강원도광역 정신건강복지센터
충북	충청북도광역 정신건강복지센터	043-272-0597	www.cbmind.or.kr	충청북도광역 정신건강복지센터
충남	충청남도광역 정신건강복지센터	041-633-9188	www.chmhc.or.kr	충청남도광역 정신건강복지센터
전북	전라북도광역 정신건강복지센터	063-270-9701	www.jbmhc.or.kr	전라북도광역 정신건강복지센터
전남	전라남도광역 정신건강복지센터	061-350-1716	www.061mind.or.kr	전라남도광역 정신건강복지센터
경북	경상북도광역 정신건강복지센터	054-748-6403	www.gbmhc.or.kr	경상북도광역 정신건강복지센터

경남	경남광역 정신건강복지센터	055-239-1419	www.gnmhc.or.kr	경상남도광역 정신건강복지센터
제주	제주광역 정신건강복지센터	064-171-3090	www.jejumind.or.kr	제주광역 정신건강복지센터
세종	충청남도광역 정신건강복지센터	041-633-9188	www.chmhc.or.kr	충청남도광역 정신건강복지센터

〈2018. 12. 31. 기준〉

부록 4 **중독관리통합지원센터 현황**

시 · 도	기관명	시 · 군 · 구	주소	연락처
서울 (4)	강북구중독관리 통합지원센터	강북구	강북구 삼양로 335-1 2층	02-989-9223~4
	구로중독관리 통합지원센터	구로구	구로구 새말로 60 별관 지하 1층	02-2679-9353
	도봉중독관리 통합지원센터	도봉구	도봉구 방학로 53 백윤빌딩 2층	02-6082-6793~4
	노원구중독관리 통합지원센터	노원구	노원구 노원로 16길 15, 912동 1층	02-6941-3677~8
부산 (3)	부산중독관리 통합지원센터	서구	서구 구덕로 179 융합의학연구동 2층	051-246-7570, 7574
	해운대중독관리 통합지원센터	해운대구	해운대구 반송로 853 반송보건지소 1층	051-545-1172
	사상구중독관리 통합지원센터	사상구	사상구 모라로 110번길 85, 주공아파트1단지 나상가 2층	051-988-1191
대구 (2)	대구동부중독관리 통합지원센터	동구	동구 아양로 246-1, 3층	053-957-8817~8
	대구서부중독관리 통합지원센터	달서구	달서구 학산로 50 월성문화관 내	053-638-3778
인천 (5)	계양구중독관리 통합지원센터	계양구	계양구 계양대로 126, 계양구의회청사 1층	032-555-8765
	부평구중독관리 통합지원센터	부평구	부평구 마장로 410번길 5 청천 2동 주민센터 3층	032-507-3404~5
	연수구중독관리 통합지원센터	연수구	연수구 앵고개로 183, 남동부수도사업소 2층	032-236-9477~8
	동구중독관리 통합지원센터	동구	동구 인중로 377, 2층	032-764-1183
	남동구중독관리 통합지원센터	남동구	남동구 구월로 320 웰빙프라자 4층	032-468-6412

광주 (5)	광주서구중독 관리센터	서구	서구 회재로 897-1 용현빌딩 2층	062-654-3802~3
	광주북구중독 관리센터	북구	북구 유동 중가로 26, 4층	062-526-1195
	광주동구중독 관리센터	동구	동구 금남로5가 166, 대화빌딩 3층	062-222-5666
	광주남구중독 관리센터	남구	남구 독립로 25-, 3·4층	062-413-1195
	광주광산구중독 관리센터	광산구	광산구 상무대로 239-1, 5층	062-714-1233
대전 (3)	대전대덕구중독관리 통합지원센터	대덕구	대덕구 중리서로 42, 3층	042-635-8275
	대전서구중독관리 통합지원센터	서구	서구 갈마로 40, 3층	042-527-9125
	대전동구중독관리 통합지원센터	동구	동구 동대전로 333, 3층	042-286-8275~6
울산 (2)	울산남구중독관리 통합지원센터	남구	남구 달동 화합로 105, 로하스빌딩 5층	052-275-1117
	울산중구중독관리 통합지원센터	중구	중구 학성로 84-1번지 3층	052-245-9007
경기 (7)	성남시중독관리 통합지원센터	성남시	성남시 수정로 218, 수정구보건소 5층	031-751-2768~9
	수원시중독관리 통합지원센터	수원시	수원시 팔달구 매산로 89, 구중부소방서 2층	031-256-9478
	안산시중독관리 통합지원센터	안산시	안산시 단원구 고잔동 515, 2층	031-411-8445~6
	안양시중독관리 통합지원센터	안양시	안양시 만안구 문예로 48, 안양시보건소 만안보건과 5층	031-464-0175
	의정부시중독관리 통합지원센터	의정부시	의정부시 의정로 52번길 18, 의정부동 삼보빌딩 3층	031-829-5001
	파주시중독관리 통합지원센터	파주시	파주시 봉천로 68, 2층	031-948-8004

	화성중독관리 통합지원센터	화성시	화성시 정남면 서봉로 998, 정남보건지소 1층	031-354-6614
강원 (3)	강릉중독관리 통합지원센터	강릉시	강릉시 경강로 2279, 강맥빌딩 A동 2층	033-653-9667~8
	원주시중독관리 통합지원센터	원주시	원주시 원일로 139, 원주건강문화센터 지하 1층	033-748-5119
	춘천중독관리 통합지원센터	춘천시	춘천시 삭주로 84, 수인빌딩 3층	033-255-3482
충북 (1)	청주중독관리 통합지원센터	청주시	청주시 상당구 대성로 172번길 21, 흥덕보건소별관 3층	043-272-0067
충남 (2)	아산시중독관리 통합지원센터	아산시	아산시 번영로 224번길 20번지	041-537-3453
	천안시중독관리 통합지원센터	천안시	천안시 동남구 버들로 40, 영덕빌딩 1층	041-577-8097~8
전북 (2)	군산중독관리 통합지원센터	군산시	군산시 대야면 백마길 16	063-464-0061~3
	전주시중독관리 통합지원센터	전주시	전주시 덕진구 백제대로 689	063-223-4567
전남 (2)	목포중독관리 통합지원센터	목포시	목포시 석현로 48, 하당보건지소 2층	061-284-9694
	여수시중독관리 통합지원센터	여수시	여수시 시청서4길 47, 여수시보건소	061-659-4295~7
경북 (2)	구미중독관리 통합지원센터	구미시	구미시 검성로 115-1	054-474-9791
	포항중독관리 통합지원센터	포항시	포항시 북구 삼흥로 98, 북구보건소 별관 2층	054-270-4148~50
경남 (5)	김해중독관리 통합지원센터	김해시	김해시 분성로 227, 김해보건소	055-314-0317
	마산중독관리 통합지원센터	마산시	창원시 마산합포구 합포로 2 · 3층	055-247-6994
	진주중독관리 통합지원센터	진주시	진주시 진주대로 816번길 20, 2층	055-758-7801

	창원중독관리 통합지원센터	창원시	창원시 의창구 중앙대로 162번길 9, 신월동 창원보건소 4층	055-261-5011
	양산시중독관리 통합지원센터	양산시	양산시 중앙로 7-32, 양산시보건복지센터 4층	tel. 055-367-9072 fax. 055-367-9074
제주 (2)	제주중독관리 통합지원센터	제주시	제주시 서광로 175, 아세아빌딩 5층	064-759-0911
	서귀포중독관리 통합지원센터	서귀포시	서귀포시 중앙로 101번길 52	064-760-6037

부록 5 정신요양시설 설치운영 현황

시·도	시·군·구	시설명	주소	전화번호
서울(3)	용인시	서울시립 영보정신요양원	경기도 용인시 처인구 이동면 이원로 483	031-323-5703
	은평구	은혜로운집	은평구 갈현로 15길 27-1	02-3156-6400
	종로구	서울정신요양원	경기도 양주시 장흥면 가마골로 258번길 122	031-826-3300
부산(3)	서구	그리스도요양원	서구 옥천로 130번길 40	051-257-0103
	동래구	송원정신요양원	경남 양산시 하북면 양산대로 1870-63	055-375-1799
	사하구	자매정신요양원	사하구 사리로 37	051-207-3845
대구(3)	동구	정심수양원	동구 팔공산로 254길 123	053-982-7592
	북구	성부정신수양원	북구 복현로 34길 18-17	053-382-2915
	달성군	성요한의집	달성군 화원읍 명천로 58	053-267-4300
인천(2)	서구	소망의집	서구 심곡로 132번길 22	032-563-2322
	강화군	강화정신요양원	강화군 선원면 창리 고식이길 20번길 19-3	032-933-4578
광주(4)	동구	무등정신요양원	전남 나주시 노안면 노안삼도로 507-22	061-336-1911
	동구	빛고을정신요양원	전남 나주시 다도면 다도로 287-22	061-337-3427
	남구	소화누리	남구 용대로 74번길 27	062-675-4024
	남구	귀일정신요양원	남구 용대로 74번길 21	062-672-9931
대전(4)	동구	대전정신요양원	동구 옥천로 315	042-284-6604
	서구	우리누리	서구 장안로 835	042-585-2778
	유성구	신생원	유성구 진잠옛로 135번길	042-822-9215
	유성구	심경장원	유성구 진잠옛로 222-170	042-822-1601
울산(1)	울주군	성애원	울주군 남명리1길 34-48	052-262-7227
세종(1)		방주의집	전동면 솔티로 293-3	044-862-7000
경기(6)	용인시	세광정신요양원	용인시 처인구 백암면 용천로 71번길 54	031-333-6881
	화성시	은혜원	화성시 장안면 포승장안로 1194-24	031-351-2772
	오산시	승우정신요양원	오산시 가장산업동로 69-9	031-373-3895

	고양시	박애원	고양시 일산동구 상지석길 441	031-977-5280
	동두천시	동두천요양원	동두천시 평화로 3208번길 43-15	031-867-9820
	가평군	가평꽃동네 정신요양원	가평군 하면 꽃동네길 60번지	031-589-0210
충북(4)	청주시	상록원	청주시 상당구 산성로 658번길 301	043-253-4760
	옥천군	영생원	옥천군 옥천읍 삼청3길 34	043-731-0601
	옥천군	부활원	옥천군 군북면 이백6길 109	043-732-5353
	음성군	꽃동네정신요양원	음성군 맹동면 꽃동네길 22	043-879-0210
충남 (10)	천안시 동남구	기독성심원	천안시 동남구 성심원길 124	041-553-6031
	천안시 동남구	마음편한집	천안시 동남구 동면 동산행암길 44-67	041-523-2531
	공주시	공주벧엘정신요양원	공주시 백제문화로 2015-20	041-855-6342
	아산시	파랑새둥지	아산시 신창면 온천대로 842번길 111	041-546-8312
	논산시	한울빌리지	논산시 양촌면 계백한전길 161	041-735-0921
	논산시	성지드림빌	논산시 연산면 한전2길 45-14	041-735-0307
	논산시	논산정신요양원	논산시 상월면 월오 1길 54	041-732-9666
	부여군	오석산요양원	부여군 부여읍 청마로 61	041-835-5900
	홍성군	홍성정신요양원	홍성군 홍성읍 대내길 97	041-632-3108
	예산군	예산정신요양원	예산군 예산읍 간양길 258	041-334-7951
전북(4)	전주시	참사랑낙원	전주시 완산구 바람쐬는길 125	063-288-0484
	익산시	삼정원	익산시 금마면 쌍능길 145	063-836-7021
	남원시	스마일빌	남원시 대산면 대곡신계길 397	063-626-8666
	완주군	정심원	완주군 소양면 송광수만로 343	063-243-1212
전남(4)	목포시	성산정신요양원	목포시 무안군 삼향읍 유교길 101	061-280-6530
	순천시	인선요양원	순천시 매봉길 30	061-721-0264
	해남군	신혜정신요양원	해남군 해남읍 중앙1로 391	061-532-4048
	장성군	영락정신요양원	장성군 북하면 백양로 445	061-394-3210

경북(5)	김천시	영남정신요양원	김천시 어모면 작점로 640	054-435-5877
	안동시	대성그린빌	안동시 임하면 진사리길 14	054-822-8870
	영주시	새희망힐링스	영주시 반지미로 275-15	054-634-3220
	영천시	마야정신요양원	영천시 북안면 내서로 55-24	054-333-5006
	상주시	천봉산요양원	상주시 만산 8길 70	054-535-4654
경남(4)	창원시	마산정신요양원	창원시 마산합포구 진북면 진북 산업로 622-60	055-271-4664
	김해시	생림정신요양원	김해시 생림면 인제로 775	055-323-9511
	고성군	고성정신요양원	고성군 마암면 남해안대로 3268-92	055-672-6659
	함양군	함양정신요양원	함양군 함양읍 월명길 12	055-962-2071
제주(1)	제주시	무지개마을	제주특별자치도 제주시 아봉로 449-1	064-723-2256

부록 6 광역정신건강복지센터(자살예방센터) 현황

자살예방센터 기관명		연락처
광역자살예방센터(9개)	서울시자살예방센터	02-3458-1000
	부산광역자살예방센터	051-242-2575
	대구광역자살예방센터	053-256-0199
	인천광역자살예방센터	032-468-9917
	광주광역자살예방센터	062-600-1930
	경기도자살예방센터	031-212-0437
	강원도자살예방센터	033-251-2294
	충청남도자살예방센터	041-633-9185
	대전광역자살예방센터	042-486-0005

정신건강복지센터 기관명		연락처
광역정신건강복지센터(16개)	서울시정신건강복지센터	02-3444-9934
	부산광역정신건강복지센터	051-242-2575
	대구광역정신건강복지센터	053-256-0199
	인천광역정신건강복지센터	032-468-9911
	광주광역정신건강복지센터	062-600-1930
	대전광역정신건강복지센터	042-486-0005
	울산광역정신건강복지센터	052-716-7199
	경기도정신건강복지센터	031-212-0435~6
	강원도정신건강복지센터	033-251-1970
	충청북도광역정신건강복지센터	043-217-0597
	충청남도광역정신건강복지센터	041-633-9183
	전라북도광역정신건강복지센터	063-251-0650
	전라남도광역정신건강복지센터	061-350-1700
	경상남도정신건강복지센터	055-239-1400
	경상북도정신건강복지센터	054-748-6400
	제주특별자치도광역정신건강복지센터	064-717-3000

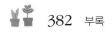

부록 7 **정신건강 관련 주요 단체**

1. 정부 및 공공기관	
보건복지부	www.mohw.go.kr
국립정신건강센터	www.ncmh.go.kr
중앙정신건강복지사업지원단	www.nmhc.or.kr
질병관리본부	www.cdc.go.kr
한국보건사회연구원	www.kihasa.re.kr
한국보건복지인력개발원	www.kohi.or.kr
사행산업통합감독위원회(중독예방치유센터)	www.ngcc.go.kr
한국 정보화진흥원(스마트쉼센터)	www.iapc.or.kr
2. 학회	
한국정신건강사회복지학회	www.kamhsw.org
한국사회복지학회	www.kasw.org
한국임상심리학회	www.kcp.or.kr
대한신경정신의학회	www.knpa.or.kr
한국중독정신의학회	www.addictionacademy.org
대한노인정신의학회	www.kagp.or.kr
대한소아청소년정신의학회	www.kacap.or.kr
3. 협회	
한국정신건강사회복지사협회	www.kamhsw.or.kr
한국정신건강전문요원협회	www.kamhp.or.kr
한국정신재활시설협회	www.kpr.or.kr
한국자살예방협회	www.suicideprevention.or.kr
한국정신사회재활협회	www.kapr.or.kr
대한의료사회복지사협회	www.kamsw.or.kr
대한간호협회(정신간호사회)	www.koreanurse.or.kr
한국중독전문가협회	www.kaap.kr
대한정신보건가족협회	www.kfamd.or.kr
4. 정신건강 관련 단체	
한국정신장애연대	www.kami.ne.kr
Blutouch	www.blutouch.net
한국마약퇴치운동본부	www.drugfree.or.kr
지역사회정신건강자원봉사단	www.cmhv.ohpy.com
한국대학생알코올 문제예방협회	www.bacchus.or.kr

부록 8   정신건강 관련 척도

▣ 한국판 간이정신진단검사(MMSE-K)

이 척도는 치매 여부를 평가하도록 개발한 도구이다.

> 결과채점 : 총 12개 항목을 평가하여 해당 점수의 합으로 판단한다. 총 30점 만점이며 24점 이상은 확정
> 적 정상, 19점 이하는 확정적 치매, 20~23점은 치매 의심 등으로 판단한다.

MMSE-K

1. 지남력(5점)

 1) 오늘은? ( )년 ( )월 ( )일 ( )요일, 지금은 어느 계절입니까? ( )

 2) 당신의 주소는?(4점)

  ( )도(시) ( )시(군, 구), ( )동(면, 리)

  여기는 어떤 곳입니까? ( )

 3) 여기는 무엇을 하는 곳입니까?(1점) ( )

2. 기억등록

 4) 기억력 검사임을 미리 밝히고 물건 이름 세 가지(예: 책상, 시계, 창문 등)를 제시하고 말하도
   록 한다(3점).

 5) 3분 내지 5분 뒤에 4)번의 물건 이름들을 회상하기(3점)

3. 주의집중 및 계산(5점)

 6) 100−7=( ), −7=( ), −7=( ), −7=( ), −7=( )

  (피검자가 못하거나 시도하지 않은 경우, '삼천리강산'을 거꾸로 말하는 것으로 대치 가능)

4. 언어기능 및 시행

 7) 물건이름 맞추기(예: 연필, 시계 등)(2점)

 8) 오른손으로 종이를 집어서 반으로 접어 무릎 위에 놓기(3단계 명령)(3점)

 9) 5각형 두 개를 겹쳐 그리기(1점)

 10) 따라 말하기(예: 간장공장공장장)(1점)

5. 이해 및 판단

 11) 옷은 왜 빨아 입습니까?(1점)

 12) 길에서 남의 주민등록증을 주웠을 때 어떻게 하면 쉽게 주인에게 되돌려 줄 수 있습니까?
   (1점)

원척도의 출처: 권용철, 박종한(1989). 노인용 한국판 Mini-mental State Examination(MMSE-K)의 표준화 연구−
제1편: MMSE-K의 개발. 신경정신의학. 28.

▣ 자기평가용 도박중독척도(K-SOGS : Korean Form of South Oaks Gambling Screen)

이 척도는 비전문가나 전문가에 의해 면담 시 실시할 수 있으며, 자가 실시도 가능한 장점이 있고, 도박의 심각도를 임상적 수준별로 분류할 수 있다. 병적 도박수준을 빠르고 간편하게 감별하는 가장 타당하고 신뢰도 높은 표준측정도구로 알려져 있다.

K-SOGS

1. 당신이 이제까지 살아오면서 다음의 도박경험을 한 적이 있는 경우 해당되는 칸에 ✓ 표시를 하십시오
    [해본 적 없다(0), 주 1회 이하(1), 주 2회 이상(2)].
    ① 화투나 트럼프 등을 이용한 돈내기
    ② 경마, 경륜, 경정, 투견 등 동물 등의 시합에 돈 걸기
    ③ 스포츠에 돈을 걸기
    ④ 주사위(2개의 주사위 놀이도 포함)로 하는 도박
    ⑤ 성인 오락실이나 카지노에 가기
    ⑥ 복권 사기
    ⑦ 빙고하기(수를 기입한 카드의 빈칸을 메우는 복권식 놀이)
    ⑧ 주식이나 채권시장에 참여하기

2. 당신이 도박을 처음 시작하게 된 시기는?
    ① 15세 이전   ② 16~20세   ③ 21~25세   ④ 26~29세
    ⑤ 30대   ⑥ 40대   ⑦ 50대   ⑧ 60대 이후

3. 당신의 도박경험 중, 하루 최대의 판돈은 얼마였습니까?
    ① 도박을 한 적이 없다.   ② 천 원이나 그 이하
    ③ 천 원에서 만 원 사이   ④ 만원에서 십만 원 사이
    ⑤ 십만 원에서 백만 원 사이   ⑥ 백만 원에서 천만 원 사이
    ⑦ 천만 원 이상

4. 당신의 부모님에게 도박문제가 있(었)습니까?
    ① 아버지나 어머니 두 분 다 도박을 너무 많이 하신(셨)다.
    ② 아버지가 도박을 너무 많이 하신(셨)다.
    ③ 어머니가 도박을 너무 많이 하신(셨)다.
    ④ 두 분 다 도박문제가 없다.

5. 당신은 도박을 하는 경우, 얼마나 자주 잃은 돈을 만회하기 위해 다시 가십니까?
　① 그런 적이 없다.　　　　　② 가끔(잃은 경우의 절반 정도에서)
　③ 잃은 경우 상당 부분　　　④ 잃었을 때마다 매번

6. 도박에서 실제는 그렇지 않은데 돈을 땄다고 주장한 적이 있습니까?
　① 그런 적이 없다(또는 도박을 한 적이 없다).
　② 그렇기는 한데, 잃은 경우가 더 많다.
　③ 거의 대부분 땄다.

7. 당신에게 도박문제가 있다고 생각하십니까?
　① 아니오.
　② 과거에는 그랬었지만, 지금은 그렇지 않습니다.
　③ 그렇습니다.

8. 당신은 의도했던 것보다 도박을 많이 하였습니까?

9. 사람들이 당신이 도박하는 것에 대해 비난을 한 경우가 있습니까?

10. 당신은 도박 시에 일어난 문제나 도박을 하는 것 자체에 대해서 죄책감을 느낀 적이 있습니까?

11. 당신은 도박을 중단해 보려 했지만 잘 안 된 적이 있습니까?

12. 당신은 배우자나 자녀 또는 다른 중요한 사람들에게 경마권, 복권, 도박 및 기타 도박 관련 징후들을 숨기려고 한 적이 있습니까?

13. 당신이 돈 쓰는 문제에 대하여 당신과 함께 사는 사람들과 다투신 적이 있습니까?

14. (13번 문항에 해당되는 경우) 돈 문제로 인한 다툼에서 당신의 도박이 중심 문제였습니까?

15. 당신이 누군가로부터 돈을 빌린 후 도박에서 잃었기 때문에 갚지 못한 적이 있습니까?

16. 당신은 도박으로 인해 직장이나 학교에서의 시간을 빼앗긴 적이 있습니까?

17. 도박 때문에 돈을 빌려보거나 갚아본 적이 있는 경우, 어디 누구로부터 빌렸었습니까?(각각의 질문
    에 대해 예/아니오로 대답해 주십시오)
    ① 집으로부터
    ② 배우자로부터
    ③ 친척으로부터
    ④ 은행, 금융회사, 조합원 신용조합으로부터
    ⑤ 카드회사로부터
    ⑥ 고리대금업자로부터
    ⑦ 주식, 채권, 기타 유가증권 등을 현금화해서
    ⑧ 개인 및 가족의 소유물을 팔아서
    ⑨ 가계수표(유효기간이 지난)로 돈을 빌려서
    ⑩ 마권업자에게 신용대출한도액을 가지고 있었거나 있어서
    ⑪ 카지노에 신용대출한도액을 가지고 있었거나 있어서

척도의 출처: SOGS는 Lesieur와 Blume(1987)에 의해 개발된 간편한 자기평가용 도박척도로 DSM−III−R의 병적
도박에 대한 진단기준에 기초하여 구성된 20문항의 질문지로 개발되었다.

▣ Beck의 불안 질문지(BAI : Beck's Anxiety Inventory)

이 척도는 개인의 불안수준을 평가하기 위한 측정도구이다.

결과채점: 각 문항에 대해 0~3점까지 부여한 점수의 합인 총점으로 계산하며 응답범위는 0~63점이다.

BAI

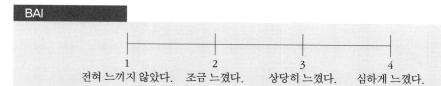

1. 가끔씩 몸이 저리고 쑤시며 감각이 마비된 느낌을 받는다.
2. 흥분된 느낌을 받는다.
3. 가끔씩 다리가 떨리곤 한다.
4. 편안하게 쉴 수가 없다.
5. 매우 나쁜 일이 일어날 것 같은 두려움을 느낀다.
6. 어지러움(현기증)을 느낀다.
7. 가끔씩 심장이 두근거리고 빨리 뛴다.
8. 침착하지 못하다.
9. 자주 겁을 먹고 무서움을 느낀다.
10. 신경이 과민되어 있다.
11. 가끔씩 숨이 막히고 질식할 것 같다.
12. 자주 손이 떨린다.
13. 안절부절못해 한다.
14. 미칠 것 같은 두려움을 느낀다.
15. 가끔씩 숨쉬기 곤란할 때가 있다.
16. 죽을 것 같은 두려움을 느낀다.
17. 불안한 상태에 있다.
18. 자주 소화가 잘 안 되고 뱃속이 불편하다.
19. 가끔씩 기절할 것 같다.
20. 자주 얼굴이 붉어지곤 한다.
21. 땀을 많이 흘린다(더위로 인한 경우는 제외).

원척도의 출처: Beck, A, T., Emery, G., & Greebberg, R. L.(1985). Anxious Disorders and Phobias: A Cognitive Perspective. New York: Basic Book, Inc., Publishers.
번역내용의 출처: 서수균(1996). 자기집중적 주의: 실제 자기 개념 및 자기 안내자 선호성을 고려한 자기 불일치와 우울 및 불안의 관계. 서울대학교 대학원 석사학위논문.

▣ Beck의 우울장애 척도 한국판(BDI 한국판: Beck's Depression Inventory)

이 척도는 우울장애의 유형과 정도를 측정하는 척도이다.

> 결과채점: 각 문항에 대해 0~3점까지 부여한 점수의 합인 총점으로 계산하며 응답범위는 0~63점이다.
> 보통 9점 이하는 비우울장애, 10~15점은 경한 우울장애, 16~23점은 중한 우울장애, 그 이상은 심한 우
> 울장애 상태라고 판단한다.

BDI

1 ① 나는 슬프지 않다. (　　)
　② 나는 슬프다. (　　)
　③ 나는 항상 슬프고 기운을 낼 수 없다. (　　)
　④ 나는 너무나 슬프고 불행해서 도저히 견딜 수 없다. (　　)

2 ① 나는 앞날에 대해서 별로 낙심하지 않는다. (　　)
　② 나는 앞날에 대해서 용기가 나지 않는다. (　　)
　③ 나는 앞날에 대해 기대할 것이 아무것도 없다고 느낀다. (　　)
　④ 나는 앞날은 아주 절망적이고 나아질 가망이 없다고 느낀다. (　　)

3 ① 나는 실패자라고 느끼지 않는다. (　　)
　② 나는 보통사람들보다 더 많이 실패한 것 같다. (　　)
　③ 내가 살아온 과거를 뒤돌아보면, 실패투성이인 것 같다. (　　)
　④ 나는 인간으로서 완전한 실패자라고 느낀다. (　　)

4 ① 나는 전과 같이 일상생활에 만족하고 있다. (　　)
　② 나의 일상생활은 예전처럼 즐겁지 않다. (　　)
　③ 나는 요즘에는 어떤 것에서도 별로 만족을 얻지 못한다. (　　)
　④ 나는 모든 것이 다 불만스럽고 싫증 난다. (　　)

5 ① 나는 특별히 죄책감을 느끼지 않는다. (　　)
　② 나는 죄책감을 느낄 때가 많다. (　　)
　③ 나는 죄책감을 느낄 때가 아주 많다. (　　)
　④ 나는 항상 죄책감에 시달리고 있다. (　　)

6 ① 나는 벌을 받고 있다고 느끼지 않는다. (   )

  ② 나는 어쩌면 벌을 받을지도 모른다는 느낌이 든다. (   )

  ③ 나는 벌을 받을 것 같다. (   )

  ④ 나는 지금 벌을 받고 있다고 느낀다. (   )

7 ① 나는 나 자신에게 실망하지 않는다. (   )

  ② 나는 나 자신에게 실망하고 있다. (   )

  ③ 나는 나 자신에게 화가 난다. (   )

  ④ 나는 나 자신을 증오한다. (   )

8 ① 내가 다른 사람들보다 못한 것 같지는 않다. (   )

  ② 나는 나의 약점이나 실수에 대해서 나 자신을 탓하는 편이다 (   )

  ③ 내가 한 일이 잘못되었을 때는 언제나 나를 탓한다. (   )

  ④ 일어나는 모든 나쁜 일들은 다 내 탓이다. (   )

9 ① 나는 자살 같은 것은 생각하지 않는다. (   )

  ② 나는 자살할 생각을 가끔 하지만, 실제로 하지 않을 것이다. (   )

  ③ 자살하고 싶은 생각이 자주 든다. (   )

  ④ 나는 기회만 있으면 자살하겠다. (   )

10 ① 나는 평소보다 더 울지 않는다. (   )

  ② 나는 전보다 더 많이 운다. (   )

  ③ 나는 요즈음 항상 운다. (   )

  ④ 나는 전에는 울고 싶을 때 울 수 있었지만, 요즈음은 울려야 울 기력조차 없다. (   )

11 ① 나는 요즈음 평소보다 더 짜증을 내는 편은 아니다. (   )

  ② 나는 전보다 더 쉽게 짜증이 나고 귀찮아진다. (   )

  ③ 나는 요즈음 항상 짜증을 내고 있다. (   )

  ④ 전에는 짜증스럽던 일에 요즘은 너무 지쳐서 짜증조차 나지 않는다. (   )

12 ① 나는 다른 사람들에 대한 관심을 잃지 않고 있다. (   )

  ② 나는 전보다 다른 사람들에 대한 관심이 줄었다. (   )

  ③ 나는 다른 사람들에 대한 관심이 거의 없어졌다. (   )

  ④ 나는 다른 사람들에 대한 관심이 완전히 없어졌다. (   )

13 ① 나는 평소처럼 결정을 잘 내린다. ( )
　② 나는 결정을 미루는 때가 전보다 더 많다. ( )
　③ 나는 전에 비해 결정내리는 데에 더 큰 어려움을 느낀다. ( )
　④ 나는 더 이상 아무 결정도 내릴 수가 없다. ( )

14 ① 나는 전보다 내 모습이 나빠졌다고 느끼지 않는다. ( )
　② 나는 나이 들어 보이거나 매력 없이 보일까 봐 걱정한다. ( )
　③ 나는 내 모습이 매력 없게 변해버린 것 같은 느낌이 든다. ( )
　④ 나는 내가 추하게 보인다고 믿는다. ( )

15 ① 나는 전처럼 일을 할 수 있다. ( )
　② 어떤 일을 시작하는 데에 전보다 더 많은 노력이 든다. ( )
　③ 무슨 일이든 하려면 나 자신을 매우 심하게 채찍질해야만 한다. ( )
　④ 나는 전혀 아무 일도 할 수가 없다. ( )

16 ① 나는 평소처럼 잠을 잘 수 있다. ( )
　② 나는 전만큼 잠을 자지는 못한다. ( )
　③ 나는 전보다 한두 시간 일찍 깨고 다시 잠들기 어렵다. ( )
　④ 나는 평소보다 몇 시간이나 일찍 깨고, 한번 깨면 다시 잠들 수 없다. ( )

17 ① 나는 평소보다 더 피곤하지는 않다. ( )
　② 나는 전보다 더 쉽게 피곤해진다. ( )
　③ 나는 무엇을 해도 피곤해진다. ( )
　④ 나는 너무나 피곤해서 아무 일도 할 수 없다. ( )

18 ① 내 식욕은 평소와 다름없다. ( )
　② 나는 요즈음 전보다 식욕이 좋지 않다. ( )
　③ 나는 요즈음 식욕이 많이 떨어졌다. ( )
　④ 요즈음에는 전혀 식욕이 없다. ( )

19 ① 요즈음 체중이 별로 줄지 않았다. ( )
　② 전보다 몸무게가 2kg가량 줄었다. ( )
　③ 전보다 몸무게가 5kg가량 줄었다. ( )
　④ 전보다 몸무게가 7kg가량 줄었다. ( )
* 나는 현재 음식 조절로 체중을 줄이고 있는 중이다(예 / 아니요).

20 ① 나는 건강에 대해 전보다 더 염려하고 있지는 않다. (　)

② 나는 여러 가지 통증, 소화불량, 변비 등과 같은 신체적인 문제로 걱정하고 있다. (　)

③ 나는 건강이 염려되어 다른 일을 생각하기 힘들다. (　)

④ 나는 건강이 너무 염려되어 다른 일은 아무것도 생각할 수 없다. (　)

21 ① 나는 요즈음 성(sex)에 대한 관심에 별다른 변화가 있는 것 같지는 않다. (　)

② 나는 전보다 성(sex)에 대한 관심이 줄었다. (　)

③ 나는 전보다 성(sex)에 대한 관심이 상당히 줄었다. (　)

④ 나는 성(sex)에 대한 관심을 완전히 잃었다. (　)

원척도의 출처: Beck, A. T.(1967). Depression: Clinical, Experimental, and Theoretical Aspects. New York: Harper & Row.

번역내용의 출처: 이영호(1993). 귀인양식, 생활사건, 사건귀인 및 무망감과 우울의 관계: 공변량 구조모형을 통한 분석. 서울대학교 대학원 박사학위논문.

■ Beck의 자살생각척도(SSI: Scale for Suicidal Ideation)

이 척도는 자살에 대한 생각과 행동을 측정하는 도구이다.

결과채점: 각 문항에 대해 0~2점까지 부여한 점수의 합인 총점으로 계산하며 응답범위는 0~38점이다.

SSI

이 질문지는 여러분이 일상생활에서 경험할 수 있는 내용들로 구성되어 있습니다. 다음의 문항들을 자세히 읽어보시고 당신이 일상생활에서 느끼고 있는 바를 가장 잘 나타내 주는 문항의 해당 번호를 기입해 주십시오.

1. 살고 싶은 소망은?
   ⓪ 보통 혹은 많이 있다.
   ① 약간 있다.
   ② 전혀 없다.

2. 죽고 싶은 소망은?
   ⓪ 전혀 없다.
   ① 약간 있다.
   ② 보통 혹은 많이 있다.

3. 살고 싶은 이유/ 죽고 싶은 이유는?
   ⓪ 사는 것이 죽는 것보다 낫기 때문에
   ① 사는 것이나 죽는 것이나 마찬가지다.
   ② 죽는 것이 사는 것보다 낫기 때문에

4. 실제로 자살시도를 하려는 욕구가 있는가?
   ⓪ 전혀 없다.
   ① 약간 있다.
   ② 보통 혹은 많이 있다.

5. 별로 적극적이지는 않고 수동적인 자살욕구가 생길 때는?
   ⓪ 생명을 건지기 위해 필요한 조치를 미리 할 것이다.
   ① 삶과 죽음을 운명에 맡기겠다.
   ② 살기 위한 노력을 하지 않겠다.

6. 자살하고 싶은 생각이나 소망이 얼마나 오랫동안 지속되는가?

  ⓪ 잠깐 그런 생각이 들다가 곧 사라진다.

  ① 한동안 그런 생각이 계속된다.

  ② 계속, 거의 항상 그런 생각이 지속된다.

7. 얼마나 자주 자살하고 싶은 생각이 드나?

  ⓪ 거의 그런 생각이 들지 않는다.

  ① 거의 그런 생각이 든다.

  ② 그런 생각이 계속 지속된다.

8. 자살생각이나 소망에 대한 당신의 태도는?

  ⓪ 절대로 받아들이지 않는다.

  ① 양가적이나 크게 개의치 않는다.

  ② 그런 생각을 받아들인다.

9. 자살하고 싶은 충동을 통제할 수 있는가?

  ⓪ 충분히 통제할 수 있다.

  ① 통제할 수 있을지 확신할 수 없다.

  ② 전혀 통제할 수 없을 것 같다.

10. 실제로 자살시도를 하는 것에 대한 방해물이 있다면?(예: 가족, 종교, 다시 살 수 없다는 생각 등)

  ⓪ 방해물 때문에 자살시도를 하지 않을 것이다.

  ① 방해물 때문에 조금은 마음이 쓰인다.

  ② 방해물에 개의치 않는다.

11. 자살에 대해 깊게 생각해 본 이유는?

  ⓪ 자살에 대해 생각해 본 적이 없다.

  ⓪ 주변 사람들을 조종하기 위해서: 관심을 끌거나 보복하기 위해서

  ① 주변 사람들의 관심을 끌고 보복하거나, 현실도피의 방법으로

  ② 현실도피적인 문제해결 방법으로

12. 자살에 대해 깊게 생각했을 때 구체적인 방법까지 계획했는가?

  ⓪ 자살에 대해 생각해 본 적이 없다.

  ① 자살생각을 했으나 구체적인 방법까지는 생각하지 않았다.

  ② 구체적인 방법을 자세하고 치밀하게 생각해 놓았다.

13. 자살방법을 깊게 생각했다면 그것이 얼마나 현실적으로 실현 가능하며, 또한 시도할 기회가 있다고 생각하나?

   ⓪ 방법도 현실적으로 실현 가능하지 않고 기회도 없을 것이다.

   ① 방법이 시간과 노력이 필요하며, 기회가 쉽게 오지 않을 것이다.

   ②a 생각한 방법이 현실적으로 실현 가능하며, 기회도 있을 것이다.

   ②b 앞으로 기회나 방법이 생길 것 같다.

14. 실제로 자살을 할 수 있는 능력이 있다고 생각하나?

   ⓪ 용기가 없고 너무 약하고 두렵고 능력이 없어서 자살을 할 수 없다.

   ① 자살할 용기와 능력이 있는지 확신할 수 없다.

   ② 자살할 용기와 자신이 있다.

15. 정말로 자살시도를 할 것이라고 확신하나?

   ⓪ 전혀 그렇지 않다.

   ① 잘 모르겠다.

   ② 그렇다.

16. 자살에 대한 생각을 실행하기 위해 실제로 준비한 것이 있나?

   ⓪ 없다.

   ① 부분적으로 했다(예: 약을 사 모으기 시작함).

   ② 완전하게 준비했다(예: 약을 사 모았다).

17. 자살하려는 글(유서)을 쓴 적이 있는가?

   ⓪ 없다.

   ① 쓰기 시작했으나 다 쓰지 못했다. 단지 쓰려고 생각했다.

   ② 다 써놓았다.

18. 죽음을 예상하고 마지막으로 한 일은?

   ⓪ 없다.

   ① 생각만 해보았거나 약간의 정리를 했다.

   ② 확실한 계획을 세웠거나 다 정리를 해놓았다.

19. 자살에 대한 생각을 다른 사람들에게 이야기한 적은 있습니까? 혹은 속이거나 숨겼습니까?

　⓪a 자살에 대해 생각해 본 적이 없다.

　⓪b 다른 사람에게 터놓고 이야기하였다.

　① 드러내는 것을 주저하다가 숨겼다.

　② 그런 생각을 속이고 숨겼다.

원척도의 출처: Beck, A. T., Kovacs, M., & Weissman, A.(1979). Assessment of Suicidal Intention: The Scale for Suicide Ideation. Journal of Consulting and Clinical Psychology, 47: 343–352.
번역내용의 출처: 신민섭(1993). 자살 기제에 대한 실증적 연구: 자기도피 척도의 타당화. 연세대학교 대학원 박사학위논문.

▣ 청소년 인터넷중독 진단척도(K-척도)

이 척도는 청소년 인터넷중독 정도를 자가로 진단할 수 있도록 개발한 도구이다. K-척도는 청소년용과 성인용으로 나누어져 있다.

> 결과채점: 총 6개의 요인, 즉 1요인-일상생활장애(1~6번), 2요인-긍정적 기대(7번), 3요인-금단증상 (8~11번), 4요인-가상적 대인관계 지향성(12~14번), 5요인-일탈행동(15~16번), 6요인-내성(17~20번) 등으로 구성된다. 각 문항은 '전혀 그렇지 않다(1점)'부터 '매우 그렇다(4점)'까지 응답하도록 되어 있고, 총 응답범위는 20~80점이다. 중·고등학생을 기준으로 할 때, 채점결과 고위험군(총점이 53점 이상이며, 1요인이 17점 이상, 3요인이 11점 이상, 6요인이 13점 이상인 경우), 잠재적 위험사용자군(총점이 48~52점 이상이며, 1요인이 15점 이상, 3요인이 10점 이상, 6요인이 12점 이상인 경우)

K-척도

	전혀 그렇지 않다	그렇지 않다	그렇다	매우 그렇다
1. 인터넷 사용으로 건강이 이전보다 나빠진 것 같다.				
2. 인터넷을 너무 사용해서 머리가 아프다				
3. 인터넷을 하다가 계획한 일들을 제대로 못한 적이 있다.				
4. 인터넷을 하느라고 피곤해서 수업시간에 잠을 자기도 한다.				
5. 인터넷을 너무 사용해서 시력 등에 문제가 생겼다.				
6. 다른 할 일이 많을 때에도 인터넷을 사용하게 된다.				
7. 인터넷을 하는 동안 나는 더욱 자신감이 생긴다.				
8. 인터넷을 하지 못하면 생활이 지루하고 재미가 없다.				
9. 인터넷을 하지 못하면 안절부절못하고 초조해진다.				
10. 인터넷을 하고 있지 않을 때에도 인터넷에 대한 생각이 자꾸 떠오른다.				
11. 인터넷을 할 때 누군가 방해를 하면 짜증스럽고 화가 난다.				
12. 인터넷에서 알게 된 사람들이 현실에서 아는 사람들보다 나에게 더 잘 해준다.				

13. 오프라인에서보다 온라인에서 나를 인정해 주는 사람이 더 많다.			
14. 실제에서보다 인터넷에서에서 만난 사람들을 더 잘 이해하게 된다.			
15. 인터넷 사용시간을 속이려고 한 적이 있다.			
16. 인터넷 때문에 돈을 더 많이 쓰게 된다.			
17. 인터넷을 하다가 그만두면 또 하고 싶다.			
18. 인터넷 사용시간을 줄이려고 해보았지만 실패한다.			
19. 인터넷 사용을 줄여야 한다는 생각이 끊임없이 들곤 한다.			
20. 주위 사람들이 내가 인터넷을 너무 많이 한다고 지적한다.			

원척도의 출처: 한국정보문화진흥원 산하 인터넷중독 예방상담센터에서 개발하였으며 청소년용의 경우 40문항과 20문항의 두 가지 도구가 있다.

▣ 한국어판 ADHD 평정척도(K-ARS: Korean ADHD Rating Scale)

이 척도는 13세 이하의 아동을 대상으로 부모나 선생님이 주의력 결핍 과잉행동장애 정도를 평가할 수 있도록 개발한 도구이다.

> 결과채점: 아동의 문제행동 정도에 따라서 0점(전혀 그렇지 않다)부터 3점(매우 그렇다)까지 평정하도록 되어있다. 2점 이상의 점수는 아동 발달단계에서 비정상적인 것으로 판단한다. 홀수문항의 총점은 아동의 부주의성을, 짝수문항의 총점은 과잉행동과 충동성을 측정한다. 부모용의 경우 절단점은 19점, 교사용의 경우 17점을 기준으로 진단한다.

ADHD 평정척도

	전혀 그렇지 않다	그렇지 않다	그렇다	매우 그렇다
1. 학교 수업이나 일 또는 다른 활동을 할 때 주의 집중을 하지 않고 부주의해서 실수를 많이 한다.				
2. 가만히 앉아 있지 못하고 손발을 계속 움직이거나 몸을 꿈틀거린다.				
3. 과제나 놀이를 할 때 지속적으로 주의집중하는 데 어려움이 있다.				
4. 수업시간이나 가만히 앉아 있어야 하는 상황에서 자리에서 일어나 돌아다닌다.				
5. 다른 사람이 직접 이야기하는데도 잘 귀 기울여 듣지 않는 것처럼 보인다.				
6. 상황에 맞지 않게 과도하게 뛰어다니거나 기어오른다.				
7. 지시에 따라서 학업이나 집안일이나 자신이 해야 할 일을 끝마치지 못한다.				
8. 조용히 하는 놀이나 오락활동에 참여하는 데 어려움이 있다.				
9. 과제나 활동을 체계적으로 하는 데 어려움이 있다.				
10. 항상 '끊임없이 움직이거나' 마치 '모터가 달려서 움직이는 것처럼' 행동한다.				
11. 공부나 숙제 등 지속적으로 정신적 노력이 필요한 일이나 활동을 피하거나 싫어하거나 또는 하기를 꺼려한다.				

12. 말을 너무 많이 한다.				
13. 과제나 활동을 하는 데 필요한 것들(장난감, 숙제, 연필 등)을 잃어버린다.				
14. 질문을 끝까지 듣지 않고 대답한다.				
15. 외부자극에 의해 쉽게 산만해진다.				
16. 자기 순서를 기다리지 못한다.				
17. 일상적인 활동을 잊어버린다(예: 학교 숙제를 잊어버리거나 도시락을 두고 학교에 간다).				
18. 다른 사람을 방해하고 간섭한다.				

원척도의 출처: DSM-IV의 진단기준을 근거로 Dupaul(1991)이 개발한 척도로, 소유경 등(2002)의 한국판으로 개발하여 사용 중이다.

▣ 한국형 알코올중독 자가진단표(NAST: National Alcohol Screening Test)

이 척도는 알코올중독 자가진단도구로 널리 활용되고 있다.

> 결과채점: 각 문항에 본인 및 가족이 자가평가하며, '예'라고 답한 문항이 3개 이상이면 알코올중독의 가능성이 높고, 4개 이상이면 알코올중독이라고 판단한다. 10번과 11번 문항이 '예'이면 전체 점수와 상관없이 입원치료를 필요로 한다.

NAST

	본인		가족	
	그렇다	아니다	그렇다	아니다
1. 자기연민(슬픔)에 잘 빠지며, 이것을 술로 해결하려고 한다.				
2. 혼자 술 마시는 것을 좋아한다.				
3. 술 마신 다음 날 해장술을 마신다.				
4. 일단 술 한 잔을 마시면 계속 마시고 싶다.				
5. 술 마시고 싶은 충동이 일어나면(술 생각나면) 거의 참을 수가 없다.				
6. 최근 6개월간 2회 이상 술 마실 때 일어났던 일을 기억하지 못한다.				
7. 대인관계나 사회생활에 술이 해롭다고 느낀다.				
8. 술로 인해 일하는 데 어려움이 많다.				
9. 술로 인해 배우자(보호자)가 나를 떠났거나 떠나겠다고 위협한다.				
10. 술이 깨면 진땀, 손떨림, 불안을 느끼거나 잠을 자지 못한다.				
11. 술이 깨면서 공포나 몸떨림을 경험하고 헛것이 보이거나 헛소리가 들린 적이 있다.				
12. 술로 인해 생긴 문제(골절, 창상)로 치료받은 적이 있다.				

원척도의 출처: MAST(1971, Michigan Alcoholism Screening Test)를 근거로 국립서울정신병원에서 한국형 알코올중독 선별검사도구 12문항을 개발하였다.

참고문헌

강혜영(2004). 우리나라 정신보건정책의 효율성 제고를 위한 정책수단에 관한 연구. 연세대학교 보건대학원 석사학위논문.

곽명숙, 김웅락, 박인숙(2003). 정신장애인 복지정책의 문제점 인식과 정책대안 유형에 관한 주관성 연구. 주관성연구, 8, 177-201.

관계부처합동(2019). 자살예방 국가행동계획 추진상황 및 향후계획.

국제 정신사회재활서비스협회(1985). IAPSRS.

권복순(1998). 심리사회적 사정. 정신보건사회복지사 이론교육 교재. 한국정신보건사회사업학회.

권진숙 역(2005). 사례관리. 서울: 학지사.

권진숙 외(2012). 사례관리론: 한국사례관리학회편. 서울: 학지사.

권진숙 외(2017). 정신건강사회복지론. 경기: 공동체.

권진숙, 윤명숙(1999). 21세기의 복지환경과 사회복지주체의 역할. 한국사회복지학회 춘계학술대회 자료집.

권진숙, 정선영(2002). 한국사회복지 임상실천 연구경향. 서울: 한국학술단체연합회.

김경호(2005). 사회복지실천기술론. 서울: 청목출판사.

김광일, 김명정(1973). 정신과 입원치료에 있어서 사회문화적 문제. 신경정신의학, 12(4), 245-254.

김규수(1995). 의료사회사업론: 이론과 실제. 서울: 형설출판사.

김규수(1998). 정신장애인의 사회복귀를 위한 정신보건정책적 현황과 실행과제. 정신보건과 사회사업, 6, 77-98.

김규수(1999). 정신보건사회사업실천론. 서울: 형설출판사.

김규수(2002). 정신보건사회복지론. 서울: 형설출판사.

김규수, 심경순, 이지훈(2003). 정신장애인의 사회통합. 서울: 학지사.

김기태 외(2001). 정신보건복지론. 서울: 양서원.

김만두 외 역(1999). 사회복지대백과사전. 서울: 나눔의 집.

김상규, 윤욱, 전재일(1983). 사회복지론. 서울: 설영출판사.

김성옥(2000). 지역사회 정신보건사업기관의 유형별 조직특성 비교: 일부 지역사회 정신보건센터와 보건소를 중심으로. 보건과 사회과학, 8, 113-147.

김성완, 윤진상, 이무석, 이형영(2000). 최근 일간지에 보도된 정신병에 대한 기사 분석. 신경정신의학, 39(5), 838-848.

김소희, 박미현(2012). 재난피해가족의 레질리언스 강화를 위한 사회복지실천 개입전략 탐색. 사회과학연구, 38(3), 101-121.

김연희 (2011). 재난 정신건강서비스에서 사회복지분야의 역할과 개입전략: 다차원적 접근 모델. 사회복지연구, 42(4), pp. 5-34.

김영란(1999). 경기도 지역사회정신보건센터의 실무자의 직무만족에 관한 연구. 정신 보건과 사회사업, 8, 49-78.

김정휘, 허주연, 김태욱 역(2012). 진단명 외상 후 스트레스 장애(PTSD): 원인, 증상, 진단, 치료와 예방. 서울: 시그마프레스.

김창곤(1999). 정신의료사회사업 실무를 위한 심리사회적 사정. 한국정신보건사회사업 학회 자료집.

김창곤(2003). 정신장애환자의 심리사회적 문제사정 도구개발에 관한 연구. 숭실대학 교 대학원 박사학위논문.

김철권(1997). 우리나라 지역사회 정신보건의 현황과 미래방향. 대한의사협회지, 40, 179-185.

김철권(1999). 만성정신질환자의 직업재활에 관한 고찰. 정신보건, 4(1). 한국정신사회 재활협회지.

김철권(2000). 정신분열병을 극복하는 법. 서울: 하나의학사.

김철권(2001). 정신분열병 환자를 위한 사회기술훈련. 서울: 하나의학사.

김철권 역(1995). 정신과 환자를 위한 사회기술 훈련(R. P. Liberman 저). 서울: 도서출판 신한.

김철권, 변원탄 공역(1995a). 만성 정신과 환자를 위한 정신재활(R. P. Liberman 저). 서

울: 도서출판 신한.

김철권, 변원탄 공역(1995b). 정신과 환자를 위한 사회기술훈련(R. P. Liberman 저). 서울: 하나의학사.

김철권 외(2003). 정신분열병과 가족. 서울: 하나의학사.

김태성(2001). 사회복지정책의 이해. 서울: 나남출판.

김혜련(1991). 정신보건법 제정과정에서 나타난 관련집단에 관한 연구. 한국사회복지학, 18, 1-24.

남궁기, 최문종(2000). 정신보건전문요원 수련교재. 한국정신보건사회사업학회.

대한신경정신의학회(1997). 신경정신과학. 서울: 하나의학사.

문옥경(2001). 문제음주자 배우자에 대한 사례관리 모델 적용 연구: 지역사회 알코올 상담센터 사례를 중심으로. 강남대학교 사회복지대학원 석사학위논문.

문용훈, 이현희(2005). 정신장애인 고용확대를 위한 사회적 기업모델 적용에 관한 연구. 태화임상사회사업연구 제12호. 태화기독교사회복지관.

문인숙, 양옥경(1991). 정신장애와 사회사업. 서울: 일신사.

민성길(1996). 최신정신의학. 서울: 일조각.

민성길(1999). 최신정신의학(4판). 서울: 일조각.

민성길 외(1999). 최신 신경정신의학. 서울: 일조각.

박미은(2001). 정신장애인에 대한 임파워먼트 실천의 필요성과 개입방법에 관한 연구. 한국장애인재활, 5(1), 32-55.

박민철 역(1991). 지지 정신치료(P. N. Novalis, J. R. Stephen, & R. Peele, 저). 서울: 하나의학사.

박민철 역(1996). 간추린 집단정신치료(S. Vinopradov, & I. D. Yalom 저). 서울: 하나의학사.

박석돈(2001). 사회복지서비스법. 서울: 삼영사.

박순환 역(2000). 입원환자의 집단정신치료(I. D. Yalon 저). 서울: 하나의학사.

보건복지가족부(1999). 정신보건관련법규 및 지침. 정신보건시설총람.

보건복지가족부(2000a). 국가정신보건전달체계개발에 관한 연구.

보건복지가족부(2000b). 정신장애에 대한 10가지 편견 바꾸기. 신경정신의학회보, 40(7).

보건복지가족부(2003a). 장애등급 판정기준.

보건복지가족부(2003b). 정신보건기관 총람.

보건복지가족부(2004a). 2004년도 정신보건사업 안내.

보건복지가족부(2004b). 장애인 복지 사업안내.

보건복지가족부(2005a). 2005 정신보건전문요원 수련기관 지정 및 정원조정(안).

보건복지가족부(2005b). 2005년도 정신보건사업안내.

보건복지가족부(2006). 정신질환실태 역학조사.

보건복지가족부(2007). 2007 정신보건전문요원 수련기관 지정 및 정원조정.

보건복지가족부(2008). 보건복지가족백서.

보건복지가족부(2009a). 2009년도 정신보건사업안내.

보건복지가족부(2009b). 2010년 전문요원 수련기관 신규지정 및 정원조정 계획.

보건복지가족부(2011). 2011년 정신질환실태 역학조사.

보건복지부(2014). 2014년 정신건강사업안내.

보건복지부(2017a). 2016년도 정신질환실태 조사.

보건복지부(2017b). 자료정신보건법 개정 및 「정신건강복지법」 주요내용 보도자료.

보건복지부(2019a). 2019 자살예방백서.

보건복지부(2019b). 2019 정신건강사업안내.

서규동(2008). 정신장애인의 독립주거 생활경험에 관한 연구. 숭실대학교 대학원 박
    사학위논문.

서동우(1999a). 우리나라 정신보건의 현황과 방향. 보건복지부정책 포럼.

서동우(1999b). 우리나라 정신보건전달체계 모형. 정신건강연구, 18, 1-11.

서동우(2000). 장애범주 확대에 따른 정신보건정책. 보건복지포럼, 46, 5-15.

서동우(2001). 보건소, 정신보건센터 및 사회복귀시설의 지역사회정신보건사업 활성화 방안
    연구. 서울: 한국건강증진개발원.

서동우 외(2004). 2003년 지역사회정신보건 사업 기술 지원단 사업보고서. 보건사회연
    구원 정책보고서, 2004-10. 보건사회연구원.

서진환(1999). 정신분열증 환자를 위한 직업재활 프로그램의 개발과 효과성 연구. 연
    세대학교 대학원 박사학위논문.

서진환(2004). 정신보건센터의 사회복지 실습과제 개발 연구: 개입연구 방법을 적용

한 사례관리 프로그램 개발. 사회복지연구, 24, 93-124.

설진화(2000). 정신분열병 환자의 직업재활 프로그램 모형개발에 관한 연구. 대구대학교 대학원 박사학위논문.

신숙경 외(2009). 노인자살위기개입. 경기: 경기복지재단.

심경순(2002). 정신분열병 환자의 직업유지에 미치는 요인에 관한 연구. 대구대학교 대학원 박사학위논문.

심민섭(2009). 자살의 심리적 이해. 한국자살예방협회 자료집.

아주대학교 의과대학 정신과학교실(1995). 정신요양원 수용자의 사회복귀 및 거주시설 운영에 관한 연구. 보건복지부.

안성희(1997). 그룹홈 서비스가 퇴원한 만성정신분열병 환자의 사회적응에 미치는 영향에 관한 연구. 숭실대학교 대학원 석사학위논문.

안영실(1987). 정신의학사회사업의 실천에 있어 팀접근법에 관한 이론적 고찰. 사회문화영남논총, 5.

안향림, 박정은(1998). 정신의료사회사업. 서울: 홍익재.

양옥경(1995a). 정신장애인 가족에 관한 연구: 가족의 보호부담, 대처기제, 서비스욕구를 중심으로. 신경정신의학, 34(3), 809-829.

양옥경(1995b). 사회복지법으로서의 정신보건법. 한국사회복지학회 학술대회 자료집. 한국사회복지학회.

양옥경(1996). 지역사회정신건강. 서울: 나남출판.

양옥경(2000). 공중정신보건을 위한 지역사회정신건강 모형개발 연구. 정신보건과 사회사업, 9, 79-96.

양옥경, 김미옥(1999). 사회복지실천에서의 권한부여 모델에 관한 고찰. 사회복지, 143.

양옥경, 김정진, 서미경, 김미옥, 김소희(2000). 사회복지실천론. 서울: 나남출판.

엄명용(2005). 사회복지실천의 이해. 서울: 학지사.

엄예선(1990). 가족치료의 소개 및 한국문화에서의 가족치료의 적합성. 인문사회과학논총, 5.

오조영란, 홍성욱(1999). 페미니즘으로 본 의료와 여성의 건강. 남성의 과학을 넘어서: 페미니즘의 시각으로 본 과학, 기술, 의료. 서울: 창작과 비평사.

용인시 보건소, 용인시 정신보건센터(1998). '98 용인시 정신보건심포지엄: 정신질환자를 위한 주거시설의 발전방향.

원호택(1997). 이상심리학. 서울: 법문사.

유미숙, 천혜숙 역(2013). 외상후 스트레스 장애: 치료 가이드. 서울: 시그마프레스.

윤명숙(1998a). 알코올 및 약물 남용. 정신보건사회복지사 이론교육 교재. 한국정신보건
　　　사업학회.

윤명숙(1998b). 알코올 중독 남편의 단주가 부부관계에 미치는 영향에 관한 연구. 이
　　　화여자대학교 대학원 박사학위논문.

윤명숙(2004). 한국의 알코올, 약물남용 문제해결을 위한 지역사회정신보건개입방안:
　　　지역사회 알코올상담센터 중심으로. 한국사회복지학회 학술대회 자료집. 한국사회복
　　　지학회.

윤명숙, 이선영(2008). 한국정신건강정책의 실태 및 문제점과 개선 방향. 한국정책학
　　　회. 35(12), 329-354.

이규태(1998). 정신건강을 위한 심리치료. 서울: 하나의학사.

이근후, 박영숙, 최종진 공역(1986). 정신역동적 정신치료(L. F. Saul 저). 서울: 맥밀란.

이동훈(2004). 정신장애인의 주거시설 형태에 따른 거주자의 지역사회통합정도에 관
　　　한 비교연구. 한국사회복귀시설 2004년 춘계학술대회.

이명수(2019). 재난유형과 개입시기에 따른 정신건강지원서비스 모형 및 업무수행전
　　　략 개발. 보건복지부.

이무석(2003). 정신분석에로의 초대. 서울: 이유.

이방현(2001). 기능이 높은 정신장애인의 취업경험에 관한 질적 연구. 이화여자대학
　　　교 대학원 석사학위논문.

이봉원(1997). 사회복귀시설의 경제적 측면의 전망. 한국정신사회재활협회 춘계학술대회
　　　자료집.

이봉원(2000). 사회복귀시설의 과제와 전망. 한국사회복귀시설협회 학술대회 자료집.

이상(1998). 정신분열병 환자의 직업재활에 있어서 생태체계적 사정도구의 적용가능
　　　성에 관한 연구. 숭실대학교 대학원 미석사학위논문.

이선혜(1999). 정신보건서비스 전달체계의 강화방안에 관한 연구: 전달체계의 서비스
　　　기능을 중심으로. 사회과학논총, 8.

이선혜(2000). 대리(de Facto) 정신보건 서비스체계의 이용에 영향을 미치는 요인에

관한 분석. 한국사회복지학, 42, 340-371.

이영실(1995). 정신의료와 재활. 서울: 도서출판 신한.

이영형, 이귀행 공역(1996). 정신분석의 발달(C. Thompson 저). 서울: 하나의학사.

이영호(1996). 팀-웍 접근을 통한 정신분열증 환자 가족교육프로그램에 관한 연구. 사회복지개발연구, 2(2), 101-119.

이영호(1999). 정신분열증 환자 재활을 위한 정신교육적 가족치료 모형 개발에 관한 연구. 대구대학교 대학원 박사학위논문.

이영호(2003). 정신건강론. 경기: 학현사.

이용표(1999). 정신보건프로그램에서의 능력고취. 사회복지연구, 13, 112-137.

이용표(2000). 지역사회정신보건프로그램이 정신장애인의 재활효과에 미치는 영향. 서울대학교 대학원 박사학위논문.

이인재(2002). 지역복지 실천의 의미와 주체. 비판사회정책, 11, 205-233.

이정균, 김용식(2001). 정신의학(4판). 서울: 일조각.

이충순, 한은선, 황태연 편(1996). 현대 정신보건과 지역사회: 정신장애인을 위한 정신사회 재활치료 프로그램. 서울: 수원시 정신보건센터.

임상사회사업연구회 역(2000). 임상사회복지 사정분류체계: PIE 매뉴얼 및 PIE체계론(J. M. Karls, & K. E. Wandrei 편저). 서울: 나남출판.

임은희(2004). 사회복지실천론. 서울: 학지사.

장혁란(2019). 재난 경험 중년여성을 위한 인지적 정서조절전략 기반 외상 후 성장프로그램 개발 및 효과: 지진 경험 중년여성을 중심으로. 대구대학교 대학원 박사학위논문.

전석균(1994). 정신분열증 환자의 재활을 위한 사회기술훈련 프로그램의 효과성에 관한 연구. 숭실대학교 대학원 박사학위논문.

전준희(2012). 자살과 정신보건사회복지. 한국정신보건사회복지사협회 수련교재.

정성덕 역(1989). 소집단 정신치료(H. Walton 저). 서울: 하나의학사.

정원철(2003). 정신보건사회사업론. 서울: 학문사.

정재훈(2017). 정신과 외래 환자에서 자살의 심리적 그리고 생물학적 위험요인과 자살생각 간의 관계. 한림대학교 대학원 박사학위논문.

조흥식(1998). 미국의 지역사회 정신보건 서비스 전달체계와 지역사회 지원서비스 모델에 관한 연구. 재활복지, 2(1), 78-107.

중앙정신보건사업지원단 외(2005). 2005년 지역사회정신보건 신규센터 및 신규 사업요원 교육 자료집.

최송식(1995). 알코올 중독 가족의 공동의존증에 대한 사정과 개입 전략. 부산대학교 대학원 박사학위논문.

최재성, 황성동, 장비, 최정균(2001). 장애인공동생활가정(그룹홈)의 실태분석을 통한 성격규명과 활성화 방향. 사회과학논집. 32, 87-113.

최희수(1999). 정신분열병 환자의 직업재활 성과의 예측요인에 관한 연구. 서울여자 대학교 대학원 박사학위논문.

최희철(2012). 직업재활. 한국정신보건사회복지사협회 편저, 정신보건사회복지의 이론 과 실제. 경기: 양서원.

최희철, 천덕희(2019). 정신건강사회복지론. 경기: 양서원.

한국보건사회연구원, 보건복지부(1999). 전국 정신보건시설의 정신건강 프로그램 및 재원환자의 정신건강 실태조사.

한국사회복귀시설협회(2004) 2004년 춘계학술세미나 및 한국지역사회정신보건학회 2004년 춘계학술대회 자료집.

한국자살예방협회(2007). 자살의 이해와 예방. 서울: 학지사

한국정신보건사회사업학회(2004a). 정신보건사회복지사 수련 지침서.

한국정신보건사회사업학회(2004b). 정신보건전문요원 수련교재. 경기: 양서원.

황성동(1996). 한국 정신보건제도의 실태 및 개선방안에 대한 연구. 한국사회복지학, 191-217.

Adams, R. E., Boscarino, J., & Galea, S. (2006). Social and psychological resources and health outcomes after the World Trade Center disaster. *Social Science & Medicine, 62,* 176-188.

Ahern, J., Galea, S., & Resnick, H. (2002). Television images and psychological symptoms after the September 11 terrorist attacks. *Psychiatry, 65*(4), 289-300.

Allness, D. J., & Knoedler, W. H. (1998). *The PACT model of community-based treatment for persons with severe and persistent mental illnesses: A manual for*

PACT stat-up. Arlngton, VA: National Alliance for the mentally Ill.

American Psychiatric Association (APA) (1994a). *Diagnostic and statistical manual of mental disorders* (4th ed., pp. 25-31). Washington, DC: Author.

American Psychiatric Association (APA). (1994b). *Diagnostic and statistical manual of mental disorders* (4th ed.). Washington, DC: APA. Chicago.

Anderson, M. (2010). Community psychology, political efficacy and trust. *Political Psychology, 31*(1), 59-90.

Anthony, W. A. (1991). *Psychiatric Rehabilitation.* Boston: Boston University Press.

Anthony, W. A. et al. (1997). Practice guideline for treatment of patients with schzophrenia. *American Journal of Psychiatry, 154*(4), 1-63.

Anthony, W. A., & Liberman, R. P. (1986). The practice of psychiatric rehabilitation: historical conceptual and research base. *Schizophrenia Bulletin, 12*(4), 542-559.

Aranceta, J., Moreno, B., Moya, M., & Anadon, A. (2009). Prevention of overweight and obesity from a public health perspective. *Nutrition Reviews, 67,* 583-588.

Auerswald, E. H. (1968). Interdisciplinary versus ecological approach. *Family Process, 7,* 202-215.

Bell, M., & Lysaker, P. (1996). Levels of expectation for work activity in schizophrenia: Clinical and rehabilitation outcomes. *Psychiatric Rehabilitation Journal, 19*(3), 71-76.

Bentley, K. J. (2000). Empowering our own: Pear leadership training for a drop-in center. *Psychiatric Rehabilitation Journal, 24*(2), 174-178.

Bentley, K. J. (2002). *Social work practice in mental health.* Pacific Grove, CA: Brooks/Cole.

Bertalanffy, L. (1968). *General system theory and human relations.* New York: Braziller.

Bogart, T., & Solomon, P. (1999). *Procedure to share treatment information among mental health providers, consumers, and families. Psychiatric Services, 50*(10), 1321-1325.

Bonanno, G. A. (2004). Loss, trauma, and human resilience: Have we underestimated the human capacity to thrive after extremely aversive events? *Americal psychologist, 59*, 20-28.

Bond, G. R. (1998). Principles of the individual placement and support model: Empirical support. *Psychiatric Rehabilitation Journal, 22*(1), 11-23.

Brill, N. (1976). *Teamwork: Working together in the human services*. Philadelphia: Lippincott.

Bronfenbrenner, V. (1979). *The ecology of human development*. Cambridge, MA: Havard University Press.

Browne, C. V. (1995). Empowerment in social work practice with older women. *Social Work, 40*(3), 358-364.

Calhoun, L. G., Cann, A., Tedeschi, R. G., McMillan, J. (2000). A correlational test of the relationship between posttraumatic growth, religion, and cognitive processing. *Journal of Traumtic Stress, 13*, 521-528.

Carling, P. J. (1995). *Return to Community: Building Support Systems for People with Psychiatric Disabilities*. New York: Guilford Press.

Carp, J. (2010). Resiliency: The essence of survival in chaos. *Families in Society, 91*(3), 266-271.

Carter, R., & Golant, S. K. (1998). *Helping someone with mental illness*. New York: Times Books.

Choudry, W., Quraishi, F., Haque, Z. (2006). Mental health and psychological aspects of disaster prepareness in Bangladesh. *International Review of Psychiatry, 18*(2), 529-535.

Chung, B., Jones, L., Jones, A., Corbett, C., et al.(2009). Using community arts events to enhance collective efficacy and community engagement to address deression in an African American community. *American Journal of Public Health, 99*(2), 237-244.

Clauss, C. S. (1999). Developing an anti-stigma campaign in the United States: Change policy and perspectives.

Compton, B. R., & Gallaway, B. (1999). *Social work processes* (6th ed.). Pacific

Grove, CA: Brooks/Cole.

Critis-Chrstoph, P. (1992). The efficacy of brief dynamic psychotherapy: A meta-analysis. *American Journal of Psychiatry, 149*(2), 151-158.

Cross, T., Bazron, B., Dennis, K., & Issac, M. (1989). *Towards a culturally competent system of care*. Washington, DC: Georgetown University Child Development Center.

Davis, J. M., & Adams. H. E. (1995). Models (ch. 2). In L. A. Heiden & M. Hersen (Eds.), *Introduction to clinical psychology*. New York: Plenum Press.

Docwrth, Ken (1999). 'Stigma' 시청각 자료. 하버드 의과대학 메사추세츠 정신보건 센터.

Drake, R. E. (1998). A brief history of the individual placement and support model. *Psychiatric Rehabilitation Journal, 22*, 3-7.

Dubos, R. (1978). Health and creative adaptation. *Human Nature, 1*, 74-82.

Dunst, C. J., Trivette, C. M., Gordon, N. J., & Starnes, A. L. (1993). Family centered case management practice: Characteristics & consequences. In G. H. S. Singer & L. E. Powers (Eds.), *Families, disability & empowerment: Active coping skills & strategies for family interventions*. Paul H. Brookes.

Early, T. J., & GlenMaye, L. F. (2000). Valuing familes: Social work practice with families from a strengths perspective. *Social Work, 45*(2), 118-130.

Edwards, M. (1998). An interdisciplinary perspective on disasters and stress: The promise of an ecological framework. *Sociological Forum, 13*(1), 115-132.

Epstein, L. (1988). *Helping people: The task-centered approach*. Columbus, OH: Merrill.

Fabrega, H. J. (1990). Psychiatric stigma in the classical and medieval period: A review of the literature. *Comprehensive Psychiatry, 31*, 289-306.

Falloon, I. R. H., Boyd, J. L., & McGill, C. W. (1984). *Family care of schizophrenia: A problem solving approach to the treatment of mental illness*. New York: Guilford Press.

Falloon, I. R. H., et al. (1985). Family management in the prevention of morbidity of schizophrenia, clinical outcome of a two-year longitudinal study. *Archives of General Psychiatry, 42*, 32-48.

Fergusan, E. A. (1969). *Social work an introduction. Philadelphia*: J. B. Lippincott Company.

Fink, A. E., Wilson, E. E., & Conover, M. B. (1963). *The field of social work*. New York: Holt, Rinehart & Winston, Inc.

Friedlander, W. A., & Apte, R. Z. (1980). *Introduction to social welfare*. Englewood Cliffs, NJ: Prentice Hall.

Galea S., Nandi, A., & Vlahov, D. (2005). The epidemiology of post-traumatic stress disorder after disasters. *Epidemiologic Reviews, 27*, 78-91.

Galea, S., Resnick, H., Ahern, J., Gold, J., Bucuvalas, M., Kilpatrick, D., Stuber, J., Vlahov, D. (2002). Posttraumatic stress disorder in Manhattan, New York City, after the September 11th terrorist attacks. *Journal of Urban Health, 79*, 340-353.

Geiser, R. et al. (1988). Respite care for mentally ill patients and their families. *Hospital and Community Psychiatry, 39*, 291-295.

Germain, C. B. (1984). *Social work practice in health care*. New York: The Free Press.

German, C. B., & Gitterman, A. (1980). *The life model of social work practice*. New York: Columbia University Press.

Germain, C. B., & Gitterman, A. (1986). The life model approach to social work practice revisited (Chapter 23). In F. Turner (Ed.), *social work treatment* (pp. 618-644). New York: Free Press.

German, C. B., & Gitterman, A. (1995). Ecological perspective. In R. L. Edwards (Ed.), *Encyclopedia of social work*. Washington: NASW Press.

Harms, L. (2004). After the accident: Survivors' perceptions of recovery following road trauma. *Austrailian Social Work, 57*(2), 161-174.

Harris, E. C. (1997). Suicide as an outcome for mental disorders. A meta-analysis. *British Journal of Psychiatry, 170*(3), 205-228.

Hartman, A. (1978). Diagrammatic assessment of family relationships. *Social*

Casework, 59, 465-476.

Herz, M. I. (1984). Recognizing and preventing relapse in patients with schizophrenia. *Hosp Community Psychiatry, 35*, 344-349.

Holman, T., & Shore, M. F. (1978). Halfway House and Family Involvement as Related to Community Adjustment for Ex-residents of Psychiatric Halfway House. *Journal of Community Psychology 6*(2), 123-129.

Honkonen, T., Saarinen, S., & Salokangas, R. K. (1999). Deinsititutionalization and schizophrenia in Finland II: Discharged patients and their psychosocial functioning. *Schizophrenia Bulletin, 25*, 534-551.

Hoonman, G. (1979). Team building in the human services. In B. R. Compton & B. Galaway (Eds.), *Social work process.* Illinois: The Dorsey Press.

Ikin, J. F., Creamer, M. C., Sim, M. R., & Mckenzie, D. P. (2010). Comorbidity of PTSD and depression in Korean War veterans: Prevalence, predictors, and impairment. *Journal of Affective Disorders, 125*, 279-286.

International conference on social work in health and mental health(2010). *Changing health.*

Johnson, H. C. (2001). *Unpublished date.* West Hartford, CT: University of Connecticut School of Social Work.

Johnson, H. C., Cournoyer, D. E., Fisher, G. A., McQulillan, B. E., Moriarty, S., Richert, A. et al. (2000). Children's emotional and behavioral disorders: Attributions of parental responsibility by professionals. *American Journal of Orthopsychiatry, 70*(3), 327-339.

Jordan, C., & Cynthia, F. (1995). *Clinical assessment for social worker.* Chicago: Lyceum Books, Inc.

Joseph P., McEvoy, S., Patricia L., & Frances, A. (1999). Expert consensus treatment guidelines for schizophrenia: A guide for patients and families. *The Journal of Clinical Psychiatry, 60*, 73-80.

Kagan, S. L. (1991). *United we stand: Collaboration for child care and early education services.* New York: Teachers College Press. Columbia University.

Kessler, R. C., Galea, S., Jones, R., & Parker, H. (2006). Mental illness and suicidality after hurricane Katrina. Bulletin of the World Health Organization.

Kresky, M., Maeda, E. M., & Rothwell, N. D. (1976). The Apartment Living Program: A Community-Living Option for Halfway House Residents. *Hospital and Community Psychiatry 27*(30), 153-154.

Lazarus, R. & Folkman, S. (1984). *Stress, appraisal and coping.* New York: Springer.

Lehman, A. F. & Lieberman, J. A. (2004). *Practice guideline for the treatment of patients with schizophrenia* (2nd ed.). American Psychiatric Association.

Lehman, A. F., & Steinwachs, D. M. (1998). Patterns of usual care for schizophrenia: Initial results from the schizophrenia Patient Outcomes Research Team (PORT) client survey. *Schizophrenia Bulletin, 24*, 11-20.

Liberman, R. P. (1986). Handbook of psychiatric rehabilitation. Boston: Ally & Bacon.

Loganovsky, K., Havenaar, J. M., Tintle, N. L., Guey, L. T., Kotov, R. & Bromet, E. J. (2008). The mental health of clean-up workers 18 years after the Chernobyl accident. *Psychological Medicine, 38*, 481-488.

Lowe, J. I., & Herranen, M. (1981). Understing teamwork. *Social Work Health Care, 7*(2), 1-11.

Lyons. J. S., Miller. N. D., Reyes. F., & Sokol. P. T. (2000). Strengths of children and adolescents in residential settings: Prevalence and associations with psychopathology and discharge placement. J. A. Acad. *Child adolescent psychiatry, 39*(2), 176-181.

Mann, J. & Currier, D. (2007). A review of prospective studies of biologic predictors of suicidal behavior in mood disorders. *Archives of suicide research, 11*(1), 3-16.

Mannion, E. (2000). *Training manual for the implementation of family education in the adult mental health system of Country*, PA. Philadelhpia, PA: University of Pennsylvania Center for Health Policy and Services Research.

McQuaide, S., & Ehrenreich, J. H. (1997). Assessing client strengths. *Families in Society*, March/April, 201-212.

Miley, K. K., O'melia, M. W., & Dubois, B. L. (1995). *Generalist social work practice: An empowering approach.* Boston: Allyn and Bacon.

Mowbray, C. T. et al. (1999). Supported education for individuals with psychiatric disbilities: Long-term outcomes from and experimental study. *Social Work Research, 23,* 89-100.

Mowbray, C. T., Moxley, D. P., Jasper, C. A., & Howell, L. A. (1997) (Eds.). *Consumers as providers in psychiatric rehabilitation.* Columbia, MD: International Assciation of Psychiatric Rehabilitation.

Mueser, K. T. et al. (1997). Recent advances in pschiatric rehabilitation for patients with severe mental illness. *Harvard Review of Psychiatry, 5,* 123-137.

Muir, L. (1984). Teamwork. In M. R. Olsen (Ed.), *Social work and mental health: A guide for the approach social worker.* London: Tavistock.

Nicholson, J. et al. (1994). Rehabilitation for parenting roles for people with serious mental illness. *Psychosocial Rehabilitation Journal, 18,* 109-119.

Norris, F. H., Friedman, M., & Watson, P. (2002). 60,000 disaster victims speak: Part II. Summary and implications of the disaster mental health reseach. *Psychiatry, 65,* 240-260.

Norris, F. H., Murphy, A., Baker, C., & Perilla, J. (2004). Post-disaster PTSD over four waves of a panel study of Mexico's 1999 flood. *Journal of Traumatic Stress, 17,* 283-292.

North, C. S., Pfefferbaum, B., Tivis, L., Aya, K., Reddy, C., & Spitznagel, E. I. (2004). The course of posttraumatic stress disorder in a follow-up study of survivors of the Oklahoma City bombing. *Annals of Clinical Psychiatry, 16,* 209-215.

O'Keefe, D. E. (1954). Psychiatric social work. In R. H. Kurtz (Ed.), *Social work year book.* New York: NASW.

O'Looney, J. (1994). Modeling collaboration and social services integration: A single state? Experience with developmental and nondevelopmental models. *Administration in Social Work, 18*(1), 61-86.

O'Neill, J. V. (2000). Surgeon general's report lauded. *NAWS News, 45*(2), 1, 6.

Papadopoulos, R. (2011). Mental health perspective on human dislocation. International conference on the health of North Korean migrants.

Pepper, B. (1985). Where (and how) Should Young Adult Chronic Patients Live? The concept of a residential spectrum. *The Lines 2*, 1-6.

Perman, H. H. (1975). Social work in psychiatric setting. In S. Arieti (Ed.), *American handbook of psychiatry* (2nd ed., Vol. 5). New York: Basic Books, Inc.

Pincus, A., & Minahan, A. (1973). *Social work practice: Model and method*. Itasca, IL: Peacock.

Pratt, C., Gill, K., & Barrett, M. (1999). *Psychiatric rehabilitation*. San Diego: Academic Press.

Quarantelli, E. (1979). The consequences of disasters for mental health: Conflicting views.

Rapp, C. A. (1998). *Strengths model: Case management with people suffering from seere and persistent mental illness*. New York: Oxford University Press.

Reutter, L., & Kushner, K. E. (2010). Health equity through action on the social determinants of health: Taking up the challenge in nursing. *Nursing Inquiry, 17*, 269-280.

Russo, R. (1990). Applying a strengths-based practice approach in working with people with developmental disabilities and their families. *Families in Society, Jan*, 25-33.

Saleebey, D. (1996). The strength perspective in social work practice: Extensions & cautions. *Social Work, 41*, 296-305.

Sands, R. G. (1991). *Clinical social work practice in community mental health*. New York: Macmillan Publishing Company.

Saraceno, B., & Dua, T. (2009). Global mental health: The role of psychiatry. *European Archives of Psychiatry a Clinical Neuroscience, 259*, 109-117.

Schamess, G., & Lightburn. A. (1999). *Humane managed care?* Washington, DC: NASW.

Scheff, T. J. (1966). *Being mentally Ill: A sociological theory*. Chicago: Alpine

Publishing Company.

Silberman, P., & James, K. (2000). Managed care regulation: Impact on quality. *Quality Managed health Care, 8*(2), 21-39.

Smith, D. E., Lee, D., & Davidson, L. (2010). Health care equality and parity for treatment of addictive disease. *Journal of Psychoactive Drugs, 42*, 121-126.

Solomon, P., & Draine, J. (2000). The state of knowledge of the effectiveness of consumer provided services. Unpublished report, University of Pennsylvania, School of Social Work.

Stanard. R. P. (1999). The effect of training in a strengths model of case management on client outcomes in community mental health center. *Community Mental Health Journal, 35*(2), 169-179.

Sullvan, W. P. (1992). Reclaiming the community: The strengths perspective and deinstitutionalization. *Social Work, 137*(3), 204-209.

Test, M. A., & Stein, L. I. (1977). Special Living Arrangements: A Model for Decision Making. *Hospital and Community Psychiatry 28*(8), 608-610.

Timms, N. (1964). *Psychiatric social work in great britain (1939-1962)*. London: Routledge & Kegan Paul.

Tower, K. D. (1994). Consumer centered social work practice: Restoring client self-determination. *Social Work, 39*(2), 191-196.

Trieman, N., Leff, J., & Glover, G. (1999). Outcome of long stay psychiatric patients resettled in the community: Prospective cohort study. *British Medical Journal, 319*(7201), 13-16.

Weick, A. (1992). Building a strength perspective for social work. In D. Saleebey (Ed.), *The strengths perspective in social work practice*. New York: Longman.

Weklar, E., & Parker, K. (1997). *Supporting a consumer employee inside the agency*. Inc.

William J. R. (1985). *Family problem solving*. New York: Columbia University Press.

Wittman, M. (1979). Social work. In S. Arieti (Ed.), *American handbook of psychiatry*

(2nd ed.). New York: Basic Book, Inc.

Younghusband, E. (1978). *Social work in Britain: 1950–1975* (Vol. 1). London: George Allen & Unwin.

Zastrow, C. (1982). Introduction to social welfare institution. *Social problems, services, and current issues*. Homewood, IL: The Dorsey Press.

Zastrow, C. (1992). *The practice of social work* (4th ed.). Belmont, CA: Wadsworth Publishing Company.

大島借 編(1987). 社會福祉實習教育論. 東京: 海聲社.

중앙자살예방센터 http://www.spckorea.or.kr/
통계청 http://www.kostat.go.kr
한국정신재활시설협회 http://www.kpr.or.kr
WHO http://www.who.int/about/definition/en

찾아보기

인명

내용

저자 소개

이영호(Lee Youngho)
대구대학교 대학원 사회복지학 박사
인제대학교 부산백병원 정신건강사회복지사
김해시 정신건강복지센터 센터장
한국교류분석상담학회 초대회장
현 인제대학교 사회복지학과 교수

심경순(Shim Kyungsoon)
대구대학교 대학원 사회복지학 박사
양산병원 숭인재활정신의학 연구소 정신건강사회복지사
송국클럽하우스 소장
현 부산가톨릭대학교 사회복지학과 교수

김태준(Kim Taejoon)
대구대학교 대학원 사회복지학 박사
사회복지법인 광우복지원 다대사회복지관 복지과장
인제대학교 부산백병원 정신건강사회복지사
현 부산디지털대학교 사회복지학과 교수

정신건강사회복지론
Social Welfare in Mental Health

2020년 9월 20일 1판 1쇄 발행
2022년 1월 20일 1판 2쇄 발행

지은이 • 이영호 · 심경순 · 김태준
펴낸이 • 김진환
펴낸곳 • ㈜ 학지사

     04031 서울특별시 마포구 양화로 15길 20 마인드월드빌딩
대표전화 • 02-330-5114   팩스 • 02-324-2345
등록번호 • 제313-2006-000265호

홈페이지 • http://www.hakjisa.co.kr
페이스북 • https://www.facebook.com/hakjisa

ISBN 978-89-997-2171-7 93330

정가 23,000원

이 도서의 국립중앙도서관 출판시도서목록(CIP)은 서지정보유통지
원시스템 홈페이지(http://seoji.nl.go.kr)와 국가자료공동목록시스템
(http://www.nl.go.kr/kolisnet)에서 이용하실 수 있습니다.
(CIP 제어번호: CIP2020034117)

출판 · 교육 · 미디어기업 학지사

간호보건의학출판 학지사메디컬 www.hakjisamd.co.kr
심리검사연구소 인싸이트 www.inpsyt.co.kr
학술논문서비스 뉴논문 www.newnonmun.com
교육연수원 카운피아 www.counpia.com